평신도 성경 개관서

평신도 성경 개관서

지은이 이수빈
펴낸이 김명식
펴낸곳 (주)넥서스

초판 1쇄 발행 2015년 2월 5일
초판 2쇄 발행 2015년 2월 10일

출판신고 1992년 4월 3일 제311-2002-2호
121-893 서울시 마포구 양화로 8길 24
Tel (02)330-5500 Fax (02)330-5555

ISBN 979-11-5752-263-7 03230

www.nexusbook.com
넥서스CROSS는 (주)넥서스의 기독 브랜드입니다.

평신도

성경 개관서

이수빈 지음

넥서스CROSS

| 추천의 글 1 |

성경 르네상스를 꿈꾸다!

"성경을 읽으십니까?" 요즘 기독교인들은 이 질문에 자신 있게 대답할 수 있을까? 매해 송구영신 예배를 드리면서, 지난 한 해 동안 성경을 제대로 읽지 못한 것을 회개하고, 새해에는 무슨 일이 있어도 성경을 한 번 이상 통독하겠다고 하나님과 약속하지만, 그게 쉽지 않다는 사실을 우리는 잘 안다.

기독교를 '책의 종교'라고 하는데, 이 말에서 알 수 있듯이 기독교는 자신들이 경전(經典), 즉 신적인 특별한 책으로 인정한 구약과 신약성경을 매우 중요하게 생각한다. 기독교에 있어서 성경은 기독교인의 사고와 삶에 절대적인 기준이기 때문이다. 그래서 기독교인들이 성경을 바르게 읽고, 제대로 이해하는 것은 기독교 자체적으로는 말할 필요도 없고, 사회적으로도 대단히 중요하다. 기독교인들이 성경을 어떻게 읽고 거기서 어떤 내용을 파악하느냐에 따라서 기독교의 성향이 달라질 수 있기 때문이다.

기독교는 기독교인들뿐만 아니라 비기독교인들도 성경을 읽게 하려고 다양한 형태의 성경을 제작해서 비교적 저렴한 가격으로 판매하고, 또 성경을 무상으로 배포하는 일에 경쟁적으로 최선을 다한다. 그러다 보니 세상은 온통 성경 천지이다. 그런데 문제는 정작 사람들이 성경을 읽지 않는다는 것이다. 성경에 정통해야 할 목회자들도 성경을 읽고 연구하는 것을 즐겨하지 않아 보인다. 성경은 기독교인들에게도 이미 고리타분함의 대명사가 된 지 오래이다. 이렇게 성경은 넘쳐나는데 기독교인들마저 성경을 읽지 않는 세태를 보면서 나는 이 시대를 '신(新) 중세 시대'로 명명한다.

"성경을 잘 아십니까?" 과연 기독교인들은 이 질문에 자신 있게 대답할 수 있을까? 성경은 정말 방대한 책이어서 읽는 것도 쉽지 않지만, 전체 내용을 체계적으로 파악하는 것은 더욱더 어렵다. 지금까지의 역사를 살펴보면 기독교인들은 성경을 제대로 읽지 못했고, 제대로 교육받지 못했다. 기독교인들은 성경의 많은 부분을 곡해하고 바르게 이해하지 못했으며, 오히려 성경이 말하는 것과 정반대 방향으로 나아가기도 했다.

특히 서구 기독교회는 선교 제국주의에 사로잡혀 아시아와 아프리카, 남아메리카를 침략하고 식민지로 삼았는데, 그들은 다른 나라를 침략하는 근거를 성경에서 찾았으며 다른 민족들을 무자비하게 학살하는 데에도 성경을 인용했다. 아메리카에 건너간 청교도들이 인디언들을 학살하고 그들로부터 땅을 빼앗고 국가를 세우면서도 성서를 인용해서 자신들의 추악한 행동을 합리화했고, 흑인들을 노예로 부리면서도 그들의 비인간적인 행위를 성경을 통해서 정당화했다. 남미를 정복한 스페인 사람들도 성경에 근거했고, 네덜란드 사람들도 남아프리카 공화국을 정복하고 통치하면서 성경에 근거해서 자신들의 행위를 출애굽 사건으로 해석했다.

이러한 잘못은 성경을 제대로 그리고 바르게 읽지 못해서 발생한다. 그러니 시간을 들여서 꾸준하고 성실하게 성경을 꼼꼼하게 읽고 연구하는 것이 기독교인들뿐만 아니라 다른 사람들에게도 정말 중요하다. 성경은 간편한 방식으로 단숨에 이해할 수 있는 그런 쉬운 책이 결코 아니기 때문이다.

"성경을 진지하게 공부하고 싶습니까?" 이 질문에 진심으로 "그렇다!"라고 대답할 사람들이 적지 않을 것이다. 생각하는 것보다 많은 기독교인이 성경을 좀 더 깊게 배우고 싶어 한다. 한국 교회는 이들의 열망에 귀 기울여야 한다.

한국 교회의 개혁(改革)을 이야기하는 사람들이 꽤 많다. 그렇다. 신 중세 시대를 타파하기 위해서는 종교개혁을 해야 한다. 그리고 그 개혁은 성경을 하나님 말씀으로 읽고 연구하는 것으로 시작해야 한다. 한국 교회는 성경을 사랑하고 사경(査經)에 열심인 교회로 소문났었다. 한국 교회는 다시 성경으로 돌아가야 한다. 성경을 읽고 사경하는 일에 최선을 다함으로써 한국 교회가 성경 르네상스 시대를 다시 펼쳐나가길 빈다.

성경 르네상스 시대를 열기 위해서는 무엇보다 평신도들이 깨어야 한다. 평신도들이 성경을 읽고 연구해야 한다. 평신도들 가운데 성경에 능통한 사람들이 많아져야 한다. 목회자들을 쩔쩔매게 하는 평신도들이 늘어나야 한다. 이런 점에서 이수빈 집사는 성경 르네상스 시대를 여는 데 기여하는 몇 안 되는 소중한 평신도들 가운데 한 사람이다.

페이스북을 통해서 이수빈 집사를 알게 되었는데, 그가 개인적으로 성경을 연구해서 책을 출판하려 한다는 이야기를 듣고 처음에는 허황하다고 생각했다. 전혀 신학을 공부하거나 지도받지 않은 평신도가 성경을 제대로 읽는 것도 어려운데, 성경에 대한 책을 낸다는 것은 어불성설로 보였기 때문이다. 하지만 얼마 전 이수빈 집사가 거의 완성한 원고를 들고 전주에 내려왔을 때, 평신도가 성경을 공부하고 책을 내는 것이 결코 황당무계한 일이 아님을 알았다. 그가 들려주는 이야기를 들으면서 한국에서 평신도가 성경을 읽고 연구하는 것이 얼마나 어려운 일인지 그리고 그것이 얼마나 소중한 일인지를 새삼 확인했다.

이수빈 집사가 형설지공(螢雪之功)으로 지은 이 책은 한국 교회들에 일침(一針)이 될 것이라 믿는다. 무엇보다 이 책이 신 중세 시대를 타파하는 데 기여할 것이라고 확신한다.

부디 많은 사람이 이 책을 읽기를 원한다. 목회자들은 이 책을 읽으면서 진지한 평신도들이 성경을 어떻게 읽고 연구하는지를 살펴보면 좋겠다. 그리고 평신도들은 이 책을 읽으면서 자신들도 주체적으로 성경을 읽고 연구할 수 있다는 사실을 깨달으면 좋겠다. 그래서 성경을 읽고 연구하는 일에 힘을 쏟는 이수빈 집사 같은 평신도 성경 연구자들이 앞으로 많이 나오길 빈다.

오직 성경! 그렇다. 한국 교회가 다시 설정해야 할 목표이다. 목회자든 평신도든 다시 성경을 읽고 공부하는 일에 매진하고, 경박한 부흥회가 아닌 진지한 사경회를 통해 한국 교회를 개혁하는 성경 르네상스 시대를 우리 함께 열어 가자.

이종록 목사(한일장신대학교 구약학 교수)

| 추천의 글 2 |

성경에 대한 깊은 묵상과 말씀의 능력을 체험하자!

우리나라에 복음이 기록된 성경이 전래된 것은 1816년 영국 탐사선이었던 Alceste호와 Lyra호가 서해안 마량진에 정착하여 당시 첨사였던 조대복에게 성경이 전달되면서 시작되었다. 이처럼 우리나라는 선교사보다 먼저 성경이 들어오게 되었다. 성경말씀은 살아 있고 활력이 있어 좌우에 날선 어떤 검보다도 예리하여 혼과 영과 관절과 골수를 찔러 쪼개기까지 하며 또 마음과 생각과 뜻을 판단하는 능력을 지니고 있다(히 4:12).

이처럼 진리의 보화인 성경을 묵상하고 연구하는 일은 모든 그리스도인에게 필수적으로 요구되는 과제이다. 오늘날 한국 교회가 끝없이 추락하는 원인은 다름 아닌 성경에 대한 깊은 묵상과 말씀의 능력을 체험하지 못하고 눈에 보이는 이익과 향락 그리고 권력욕에 사로잡힌 결과이다.

그러나 실상 성도가 성경을 묵상하고 연구하려고 해도 마땅한 교재를 찾지 못하는 실정에 처해 있다. 어떤 교재는 너무 학문적이고 신학적이어서 지속적으로 공부하기에는 무리가 있고, 어떤 교재는 영문을 번역하여 소개하였으나 한국 실정에 잘 맞지 않을 뿐만 아니라 너무 다양한 내용을 담고 있어서 한눈에 시원하게 요점이 보이지 않는다. 이러한 정황 속에서 목회자와 신학자가 아닌 성도로서는 최초로 이수빈 집사가 소중한 성경 이야기를 쉽고도 간결하게 한눈에 쏙 들어올 정도로 잘 정리된 요약서를 세상에 내놓았다.

저자는 기존의 성경 66권의 장별 배열에 의존하기보다는 일차적으로 성경을 연대순으로 풀었다. 그래서 각 시대에 해당하는 사건과 인물을 연결시켜 하나님께서 이들을 통해 오늘날 현대 그리스도인들에게 시여하시는 메시지에 담긴 깊은 내용을 일목요연하게 제공하고자 노력하였다.

저자를 만났을 때, 이수빈 집사는 성경만큼 쉬운 책이 없는데 왜들 어렵고 복잡하게 말씀을 소개하고 있는지 답답하다고 자신의 심경을 토로한 적이 있다. 신학자이자 말씀 사역자인 추천인은 조금 당황스럽고 부끄러움을 금치 못했다. 저자는 성경을 모르는 자였으나, 〈히브리서〉 4장 12절 말씀대로 어느 날 읽기 시작한 성경이 너무 재미있고 좋아서 자신의 사업을 줄이고 말씀에만 매달리다 보니 어느덧 수백 번에 가까운 성경 완독을 경험하게 되었고 성경이 쉽게 다가오게 되었다.

그리고 자신이 만났던 복음의 진리를 보다 쉽게 일반 성도들의 눈높이에 맞추어서 소개하고자 이 책을 출판하게 되었다. 비록 신학적인 면에서 아쉬운 흔적은 보이지만, "과부 마음은 홀아비가 안다."는 속담처럼, 술 담배 문화와 향락과 유희가 만연한 이 시대에 성도에게 필요한 것을 누구보다도 더 잘 아는 성도가 눈높이를 맞추어 성도에게 복음을 가장 쉽고도 명쾌하게 전달해 줄 것으로 사료되는 바이다.

모쪼록 무너져만 가는 한국 교회의 현실을 목도하며 성도 이수빈 집사가 팔을 걷어 부치고 진리의 복된 소식을 전하는 귀한 이 작품을 통하여 '그리스도를 닮아가는 성도의 영원한 과제인 성화의 삶을 성공적으로 살아가는 축복'이 넘치시길 소원하는 바이다.

윤종훈 교수(총신대, 신학과 학과장)

| 추천의 글 3 |

하나님의 말씀이 살아 있는 책!

제가 이수빈 집사님을 페이스북을 통하여 알게 되어 온누리교회에서 처음 만난 것이 작년 4월인 것 같습니다. 그때 성경을 정리한 자료들과 너덜너덜한 성경책이 기억에 남습니다. 그리고 7월에 목회자들과 평신도리더십을 대상으로 한 성경 공부에 참석할 때도 말씀을 알려는 모습에 깊은 인상을 받았습니다. '평신도로서 이렇게 말씀을 사모하는 분도 계시는구나 하는 생각과 앞으로 계기가 주어진다면 좋은 평신도 사역자가 되겠구나!' 하는 마음이 들었습니다. 그래서 평신도 사역에 관심 있는 분들에게 소개도 하게 되었습니다.

항상 성경말씀을 평신도의 입장에서 정리해보겠다는 계획이 마침내 열매가 맺혀 본인이 추천의 글을 쓸 수 있는 영광을 얻게 되었습니다. 성경은 약 1,500여 년의 오랜 기간에 걸쳐 다양한 문화와 상황 속에서 40여 명의 기자에 의해 성령의 감동으로 기록된 책이기에 이해하기가 어렵거나 오해하기 쉬운 내용들이 들어 있습니다. 그래서 잘못 해석하여 미혹되거나 이단에 빠지기도 합니다. 성경을 올바르게 이해하기 위해서는 바른 인도자가 필요합니다. 이번에 이수빈 집사님께서 평신도의 눈을 가지고 각 권마다 '역사적인 개요와 내용 정리'로 누구나 쉽게 한눈에 볼 수 있도록 요약해서 정리 출간하게 된 것을 기쁘게 생각합니다.

"주의 말씀은 내 발의 등이요 내 길에 빛이니이다"(시 119:105)

"하나님의 말씀은 살아 있고 활력이 있어 좌우에 날선 어떤 검보다도 예리하여 혼과 영과 및 관절과 골수를 찔러 쪼개기까지 하며 또 마음과 생각과 뜻을 판단하나니"(히 4:12)라고 성경은 말씀하십니다. 이처럼 성경 66권은 단순한 책이 아니라 살아계신 하나님의 말씀입니다.

그러므로 제자들은 항상 말씀으로 무장한 성도가 되어야 할 것입니다. 본서를 통하여 성경 66권의 개요와 내용을 잘 파악하여 삶에 적용할 수 있는 기회가 되기를 바랍니다. 여러 성도님들이 본서를 통해서 하나님의 말씀인 성경에 더 가까이 다가갈 수 있기를 소원합니다. 그래서 말씀으로 충만하여 하나님의 사랑과 은혜를 더욱 깊이 누리시기를 기원합니다.

류모세 선교사

성경반 참여자의 한마디

★ 찬양대 일원으로 이수빈 안수집사님을 만나게 되었고 어느 날 우연히 손때 묻고 너덜너덜한 성경책을 접하면서 150독 이상 성경읽기에 몰두 하게 된 동기와 간증을 듣고 큰 감동과 도전을 받게 되었습니다. 이단이 활개치고 말씀 중심보다는 형식에 치우쳐 가는 듯한 교회 모습을 보면서 성경을 모르고 믿는다는 것은 모래 위에 지은 집 같기에 성경읽기 운동은 더욱 확산되어야 한다고 생각됩니다. 집사님은 두란노출판사에서 주관한 '각 권의 핵심 말씀으로 하루에 읽는 구약 39권 세미나'의 주 강사로 온누리교회에서 강의하였고 본 교회에서는 일대일 양육과 성경반을 개설하여 성경 속의 말씀 그대로를 깊고 넓게 체계적으로 가르치며 이를 또한 모든 이와 공유하기 위해 평신도로서 최초로 책을 출간하게 됨을 축하합니다. 4개월 동안 성경 공부를 통해 궁금했던 문제들이 풀리게 되고 말씀이 점점 선명하게 보이기 시작했고 성경 전체의 맥이 잡혀지고 말씀을 깨닫는 기쁨과 감사로 행복했습니다. _무학교회 이원희 은퇴권사

★ 성령님의 인도로 2014년에 이룬 가장 은혜로운 일은 이수빈 집사와 함께한 16주 성경반이었다. 말씀과 함께한 기독교 역사 해설은 말씀의 배경과 참 뜻을 이해하는 데 큰 도움이 되었다. 이수빈 집사와 같은 귀한 재목과 믿음생활을 함께할 수 있어 나는 행운아이다. 이 집사의 은사가 더 많은 성도에게 성경을 쉽게 접할 수 있는 길라잡이 역할이 되기를 기원합니다.
무학교회 강신철 협동안수집사

★ 성경읽기와 하나님의 말씀에 목말라 하면서도 그렇게 하지 못하고 있을 때, 이수빈 안수집사가 인도하는 '성경공부반'을 통하여 4개월 동안 체계적인 가르침으로 성경의 구석구석을 여행할 수 있었습니다. 성경을 쉽고 재미있고, 성경 전체의 흐름을 누구나 이해할 수 있도록 가르쳐 주었고, 특히 평신도 입장에서 성경읽기를 150독 이상하면서 바라본 하나님의 마음을 전해 주어 새로운 차원의 이해와 깨달음, 복음의 풍요함을 느끼는 행복한 시간이 되었습니다. 그리고 성경을 더욱 가까이하는 계기가 되었습니다. _무학교회 권범식 안수집사

★ 만물의 형상보다 지으신 하나님을 바라봐야 하는 시대적 소명 앞에 겸손함으로 오직 성경만을 성경으로 가르치는 평신도 사역자가 있습니다. 그가 어떻게 주님께 붙들리어 깊이를 깨닫게 되었는지 저는 알 수 없으나 성경 속 말씀만으로도 충분히 듣는 이들로 하여금 복을 세어 보게 하고 그분의 크신 사랑 앞에 무릎 꿇게 하시며 예수 그리스도의 값없는 사랑으로 참된 하나님의 자녀 됨을 깨달아 알아가게 됨으로써 기독교는 종교가 아니라 삶임을 부족한 입술로 고백하게 합니다. 온전한 말씀 앞에서 부족한 자, 땅끝까지 이르러 그의 나라와 의가 확장되기만을 기도합니다. **_무학교회 한인규 장로**

★ 주변의 소개로 2014년 9월에 아내와 함께 이수빈 집사께서 진행하는 성경 공부반에 참여하게 된 것은 우리 부부에게 성경을 읽는 새로운 눈을 뜨게 하여 준 계기가 되었습니다. 그동안 성경말씀을 어려워했던 저와 제 아내는 성경을 읽어가며 진행하는 이수빈 집사님의 성경공부를 통해 성경을 깊이 알게 하여 주었고, 성경 속에 말씀을 한 구절 중심으로 보는 것이 아니라 성경이 무엇을 이야기하고 있는가를 알려 주었습니다. 이제 이수빈 집사님이 우리 부부와 같이 성경말씀에 어려움을 느끼는 성도를 위해 성경반에서 알려 주었던 내용들을 정리하여 책으로 출간하게 되심을 진심으로 축하드립니다. **_무학교회 윤수철 안수집사, 권미애 집사 부부**

일대일 동반자의 한마디

★ 집사님과의 16주간 일대일 동반자 과정은 "말씀에 목이 마르다는 것" 그 의미를 깨닫게 한 소중한 시간이었습니다. 신앙이 부담감이 아닌, 오히려 말씀을 통한 진리의 자유함을 맛볼 수 있는 계기가 되었습니다. 무엇보다도 일대일 동반자 과정 중에 눈물을 흘리며 삶을 고백했던 저의 손을 꼭 잡으시며 함께 눈물로 기도해 주셨던 집사님께 감사를 드립니다. 세상을 향한 두려움과 분노 그리고 욕심이 이제 '내려놓는' 대상이 되었고, 그 공간에는 '하나님이 나의 힘 되신다.'는 놀라운 확신이 그 자리를 채웁니다. _**무학교회 김은호 성도, 대기업차장**

★ 성경말씀이 경시되고 소외되는 현재 한국 교회의 현실에 마음 아파하며 눈물 흘리시던 이수빈 안수집사님의 모습이 떠오릅니다. 이 한 권의 책이 한국 교회 평신도 사역의 큰 분수령이 되기를 두 손 모아 기도드리겠습니다. _**무학교회 이원종 집사, 연세원의원장**

★ 주 안에서 이수빈 집사님과 교제는 말씀에 기초를 두고 말씀을 이해하는 소중한 시간이고 진행형입니다. 성경의 통섭적인 이해 없이 믿음의 성장이 절대 있을 수 없고, 말씀으로 인한 행동의 변화로 하나님과 더 깊은 관계가 형성될 수밖에 없다는 사실을 알기에 저의 이전 믿음생활은 너무 천박했습니다. 말씀의 완벽한 이해에 힘써주시는 집사님의 능력을 하나님께서 귀히 쓰시기를 기도합니다. _**무학교회 황정욱 성도, 한양대학교 의생명공학전문대학원 교수**

★ 처음 일대일 만남으로 이수빈 집사님을 알게 되었고, 집사님을 통해 많은 성경 지식뿐만 아니라 크리스천으로서 어떻게 살아가야 되며 주님 오실 날을 기다리는 우리의 자세에 대해 조금이나마 알게 되어 감사하였습니다. 그러나 그런 모든 성경적 지식보다는 이수빈 집사님께서 가지고 계신 하나님의 사랑과 말씀에 대한 목마름이 그 누구보다 더 크며 일상의 삶에서 하나하나 실천하며 나갈려고 하시는 그 모습에 더 큰 감명을 받았습니다. 이 책이 말씀에 목마름이 있는 모든 사람에게 귀한 양식이 될 수 있기를 바라며 집사님도 주님과 늘 동행하시는 삶이 계속되기를 기원합니다. _**무학교회 손창민 집사, 하오트솔루션 차장**

★ 일대일 양육교육을 통해 이수빈 집사님을 만나게 되었다. 양육자 교재를 토대로 말씀의 중요성을 나에게 많이 강조하시고, 진리의 말씀인 성경읽기를 권유하셨다. 말씀을 통해 하나님과 가까워짐을 느끼게 되었고, 육신의 욕망과 인간적인 생각들이 말씀으로 사라지고 하나님의 뜻에 더 많은 관심을 가지게 되어 나의 신앙이 조금씩 성숙되어져 갔다. 이러한 계기가 나를 더욱 도전하게 만들었다. 이번 평신도 사역자로서 성경에 관련된 책을 출간하게 되신 것을 진심으로 축하드립니다. **_무학교회 구자천 집사, 광수중학교 교사**

★ 일대일 양육 시절 이수빈 집사님께서 가장 많이 해 주신 말씀은 "형제님, 성경말씀을 바로 알아야 합니다."였습니다. 100번 이상 성경책을 완독해 너덜너덜해진 집사님의 성경책을 볼 때면 진심이 전해졌습니다. 어려움 끝에 성경을 정리하여 책을 출간하게 되심을 진심으로 축하드립니다. **_무학교회 이석현 성도, (주)부동산플래너 파트장**

38년 우정의 한마디

좋은 친구가 오랜 시간 동안 심혈을 기울여서 우리에게는 가깝지만, 그러나 가끔은 이해가 어려운 성경에 관한 책을 정리하였다. 책을 쓰는 동안 친구와 가끔 만날 때, 그의 머릿속엔 온통 성경과 그가 쓰고 있는 책 생각뿐이었다. 책 출간을 축하하며 필요한 사람들에게 많은 도움을 주고 또한 많은 사랑을 받는 책이 되길 진심으로 바란다. **_SK루브르컨즈 사장 이기화, 서울고검 검사 정병대**

| 저자의 글 |

하나님과의 바른 교세를 인도하는 길라잡이

성경은 성령의 감동으로 쓰여진 하나님의 말씀이며 지구상에 존재하는 하나님을 알 수 있는 유일한 교과서입니다. 성경은 어느 특정인의 것이 아니라 하나님을 "아빠 아버지"라 고백하는 우리의 것입니다. 그래서 반드시 하나님과 인격적인 바른 교제를 하기 위해서는 필수서이기도 합니다. 그러나 지금은 하나님의 말씀인 성경은 외면한 채 어떻게 하면 성경을 빠르게 볼 수 있는가를 생각하고 성경의 바른 지식 없이 큐티나 통독책들을 찾고 있는 실정입니다.

성경의 올바른 지식은 교만함을 주는 것이 아니라 겸손함을 주는 것입니다. 하나님께서는 우리와 인격적으로 교제하기를 원하십니다. 성경의 바른 지식만이 하나님의 뜻을 알 수 있습니다. 바리새인들이나 서기관들의 지식은 말씀을 버린 사람들의 지식이고, 그들의 열심은 하나님을 바로알지 못하고 십자가에 못 박는 잘못된 열심인 것입니다. 제자들이 하나님과의 바른 교제를 하려면 성경의 올바른 지식이 밑바탕으로 깔려 있어야 합니다. 그렇지 않으면 착각을 할 수 있거나 이단으로 빠지게 되는 것입니다. 말씀에 순종하는 삶을 살았던 선배들에 비해 이 시대는 풍성한 지식만큼 삶을 살아내는 사람들을 찾아보기 어렵습니다.

"내가 거룩하니 너희들도 거룩하라"는 하나님의 진리대로 우리의 삶조차도 세상 사람들과 구별되어야 함을 알아야 합니다. 우리의 삶이 세상의 어두운 곳에 빛이 되고, 맛을 내지 못하는 곳에 적당히 맛을 낼 수 있는 '소금의 삶'입니다. 하나님께서 "우리의 삶을 보시고 도저히 사랑하지 않을 수 없게 살아가야 하는 것"입니다. 지금은 성령 하나님께서 "다윗과 같이 하나님과 온전한 관계"를 하는 사람만을 말씀으로 교제하십니다. 그래서 성경 속에서 말씀하시는 우리의 삶과 바른 교제를 하기 위해서도 반드시 성경을 바로 알아야 합니다. 그렇지 않으면 자기가 만든 우상의 하나님과 평생 교제하다가 생을 마치게 됩니다. 우리의 이런 모습에 하나님께서는 얼마나 안타까워하시겠습니까? 이스라엘 백성들은 모세가 가나안 땅에 들어가 7년에 한 번 성경을 초막절에 읽으라고 하였습니다. 그러나 그들은 바벨론 포로 70년 후 돌아오면서 약 1천년 만에 에스라와 느헤미야의 인도로 수문 앞 광장에서 출애굽 후 시내산에서 언약을 맺은 율법서인 성경을 처음 읽고 통곡하는 모습을 볼 수 있습니다. 지금의 우리 모습과 무엇이 다르겠습니까? 온전히 하나님의 말씀인 성경으로 돌아오지 않으면 우리 역시 이스라엘 백성들 같이 하나님의 진노를 벗어나지 못할 것입니다.

하나님께서는 〈예레미야서〉 35장에서 이스라엘 백성들이 출애굽 때부터 바벨론 포로 직전까지 약 860년을 하나님의 말씀을 외면하는 백성들의 모습을 보고, 이방의 레갑 사람들을 불러 예레미야를 통해 묻게 하십니다. 선조 요나답의 말을 듣고 명령대로 장막에서 수 백 년을 따라 사는 그들에게 "레갑의 아들 요나답에게서 내 앞에 설 사람이 영원히 끊어지지 아니하리라"고 한탄하시는 모습을 볼 수 있습니다. 과연 제자인 우리가 하나님의 말씀인 성경을 모르는 죄보다 더 큰 죄가 있겠습니까? 주일날 예배당에 와서 주일성수하면 전부 천국 간다고 믿고 있습니다. 진정으로 성경 속의 하나님을 만나야 천국이 무엇인지 누가 갈 수 있는 것인지 바로 알 수 있습니다. 다시 한 번 성경말씀을 백지로 산 지난 제 삶을 회개하옵니다. 성경 속의 참 진리의 복음을 만나야 제자들은 성경 속의 천국을 갈 수 있습니다.

본서는 지난 5년여 동안 평신도로서 성경말씀을 사모하게 되어 많은 어려운 역경을 거쳐 혼자서 "경이 건이" 눈이 되어 성경을 100번 이상 읽으면서 자료들을 정리하였습니다. 세상의 성경 자료들은 산더미같이 많았지만 위험의 소지도 많이 있었습니다. 그러나 주님께서는 성경을 백 번 이상 읽은 저에게 자료들을 분별할 수 있는 능력을 주신 것 같습니다. 그래서 혼자서 성경과 세상의 모든 자료를 갖고 기도와 묵상을 통해서 성경에 맞게 정리를 하게 되었습니다. 적어도 제자들이라면 반드시 성경 속의 하나님 이야기들을 알아야 할 것입니다. 본서는 기존의 성경 66권의 장별 배열에 의존하기보다는 성경을 연대순으로 배열하였습니다. 각 권마다 시대적으로 '역사적인 개요와 내용 정리'로 누구나 쉽게 한눈에 볼 수 있게끔 요약해서 정리를 해보았습니다. 좀 아쉬운 점은 전체 원고인 책 3권의 분량을 지면 사정상 1권으로 줄여야 하는 어려움이 있었습니다. 앞으로 부족한 저에게 전할 기회가 주어진다면 모두 나누고 싶습니다. 본서를 통해 하나님 말씀인 성경에 더 가까이 갈 수 있는 기회가 되었으면 하는 바람입니다.

제가 오늘에 이르기까지는 50살이 되서야 성경말씀의 무지함과 제가 머릿속에 만들어 놓은 우상 하나님을 믿고 있었음을 알게 되었습니다. 주님! 이 무식한 자 부끄럽지만 14살에 교회 나갔으나 50살이 되던 2008년 9월 25일 성경책을 처음 보았다는 사실을 아실 겁니다. 저의 말씀 지식은 성경 첫 장을 넘기자 "창조하시고 보시기에 좋았더라"는 말씀이 무슨 뜻인지 알 수가 없었습니다. 다시 신약의 첫 장을 넘겨 보니 "낳고 낳고"라는 말씀 또한 무슨 뜻인지 모르는 말씀에는 흰 백지 상태였음을 고백합니다. 주일날 가족의 평화를 위하여 고작 주일성수하면 천국 가는 줄 알고 있었습니다. 이때 깊은 회개를 하고 성경말씀을 정복해 보겠다는 간구를 하였습니다. 정말 눈물의 선지자 〈예레미야서〉를 읽을 때에는 선민으로 선택된 이스라엘 백성들이 860년을 외면하는 모습과 〈말라기〉서에서 하나님의 안타까워하시는 아픈 심정을 느끼면서 눈물로 통곡하며 회개를 하게 되었습니다. 그래서 저는 성경보고 알아가는 것이 너무 좋아 밤을 새운 것이 하루이틀이 아니었습니다. 갑자기 변한 제 모습에 대학교수인 아내는 제 모습이 미친 것이 아니냐고 불평도 하였습니다.

지금에 와서 생각해 보면 지난 5년은 광야에서 무언가하고 처절한 투쟁을 한 것 같습니다. 결국 주님의 은혜로 성경을 보게 되었고 100번을 넘기고서는 횟수가 문제는 아니었습니다. 이제는 2일이면 성경을 한 번 다 볼 수 있는 은혜를 받게 되었습니다. 참 힘든 시간들이었습니다. 잠시 불평했던 아내는 그동안 저의 모습에 사법고시도 합격했을 것이라고 한마디 위로의 말을 하였습니다. 이 모든 것이 주님의 은혜라 믿고 감사를 올려드립니다. 주님 보시기에 부족한 점이 많겠지만, 주님의 은혜로 이제 성경을 '평신도의 눈'으로 정리를 해보았습니다. 이제는 주님의 역사하신 뜻대로 제가 정리한 책이 말씀에 목마른 성도들에게 조금이나마 도움이 되기를 기원해 봅니다. 아쉬운 일이 있다면 '신학도 하지 않은 평신도가 무엇을 알아서 성경을 정리할 수 있어?' 하는 주변의 반응이 간혹 제 마음을 아프게 하였습니다. 그러나 지난 5년 세상에서 '~되겠다, ~하겠다, ~가지겠다'를 모두 내려놓고 걸어온 제 삶은 후회하지 않습니다. 제 삶의 목표가 주님으로 바뀌어 새로운 인생을 시작하였기 때문입니다. 주님 앞으로 새로운 평신도 사역의 길이 열리기를 간구하옵고 모든 일에 겸손히 대처할 수 있는 지혜를 주시옵기를 소원하옵니다. 주님 그리고 감히 성경 66권을 들고 전부 읽어 가면서 오로지 성경만을 가르쳐 누구나 성경책을 통하여 주님의 심정을 알 수 있게끔 할 수 있는 '평신도 성경 교사'가 되기를 소원하옵니다. 주님의 영광을 위하여 '온전한 도구'가 되기를 소원하옵니다.

끝으로 저에게 도움을 주신 선한목자 무학교회 김창근 담임목사님께 감사드립니다. 그리고 부족한 자에게 추천의 글로 격려해 주신 총신대학교 신학과 학과장 윤종훈 교수님, 한일장신대학교 신학부 이종록 교수님께 감사드립니다. 아울러 저를 처음 음지에서 끌어내어 세워 주신《열린다 성경》저자 류모세 선교사님, 전 온누리교회 유종성 목사님,《예스 통독》저자 조상연 목사님과 차성수 목사님께 감사드립니다. 또한 묵묵히 바라보고 뒷바라지해 온 아내 전선정 집사와 주님의 선물인 아들 황주에게 고맙고, 항상 기도해 주신 어머니 임향초 권사님에게도 감사드립니다. 그리고 평신도가 성경을 정리했다는 열심에 기회를 주신 (주)넥서스 김명식 목사님과 정효진 과장님에게 감사를 드리오며, 이 책을 위해 추천하고 격려해 주신 많은 분들에게도 감사를 드립니다.

안수집사 이 수 빈

성경을 알아야 할 이유

1. 하나님은 당신을 알기 원하시기 때문이다(호 6:6).
2. 성경 지식이 있어야 하나님을 경외할 수 있기 때문이다(잠 1:7). → 하나님을 경외하는 방법을 알아야 '하나님과의 인격적인 교제'를 할 수 있다. 그리고 '마지막 때 살아남을 수 있는 자들'이다.

"그 때에 여호와를 경외하는 자들이 피차에 말하매 여호와께서 그것을 분명히 들으시고 여호와를 경외하는 자와 그 이름을 존중히 여기는 자를 위하여 여호와 앞에 있는 기념책에 기록하셨느니라"(말 3:16)

3. 말씀은 곧 하나님이기 때문이다(요 1:1).
4. 주의 말씀은 내 발의 등이기 때문이다(시 119:105).
5. 하나님의 자녀로 거듭나기 위함이다(벧전 1:23).
6. 하나님의 말씀은 죄를 씻는 능력이 있기 때문이다(계 19:13).
7. 하나님의 말씀을 아는 것이 영생이기 때문이다(요 17:3).

이처럼 우리는 성경을 읽고 알아야 한다. 하지만 선민 이스라엘은 이를 잘 지키지 못했다. 모세는 율법서를 써서 레위 자손 제사장들과 이스라엘 모든 장로에게 주며 매 7년 끝 해, 곧 면제년의 초막절에 온 이스라엘에게 율법서를 낭독하여 듣게 하라고 명했다(신 31:9~13). 그러나 이는 잘 지켜지지 않았고, 결국 후손들은 하나님과 무슨 약속(레위기)을 했는지 알지 못하게 되었다. 바벨론 포로 70년 후, 약 990년 만에 에스라와 느헤미야 주도하에 수문 광장에서 성경을 읽고 회개하는 모습을 우리는 처음 볼 수 있다(느 8:1~18).

그동안 우리의 신앙도 하나님을 너무나 인간적으로만 보아 왔다. 성경 속의 하나님을 바로 알아야 더 이상 착각하지 않고 하나님과 진정한 교제를 할 수 있을 것이다. 말씀의 바른 지식 위에 섰을 때 비로소 하나님에게 합한 기도인 솔로몬의 기도를 할 수 있다. 예수 그리스도의 진짜 제자라면, 성경 66권을 반드시 알아야만 하지 않겠는가?

| 차례 |

추천의 글 ...4
저자의 글 ...16
성경을 알아야 할 이유 ...20

1부 구약편

창세기 ...26
출애굽기 ...56
레위기 ...64
민수기 ...70
신명기 ...76
여호수아 ...88
사사기 ...98
룻기 ...112
사무엘상하 ...118
열왕기상하 ...126
요나 ...154
아모스 ...162
호세아 ...168
요엘 ...178
미가 ...186
이사야 ...194
나훔 ...212
오바댜 ...216
하박국 ...220
스바냐 ...228
예레미야 ...234
예레미야애가 ...264
다니엘 ...268
에스겔 ...276
욥기 ...288
시편 ...292
잠언 ...296
전도서 ...298
아가 ...302
역대상하 ...304
에스라 ...306
학개 ...314

스가랴 ...316
에스더 ...318
느헤미야 ...322
말라기 ...326
표로 보는 신구약 중간사 ...338

2부 신약편

마태복음 ...344
마가복음 ...346
누가복음 ...348
요한복음 ...352
사도행전 ...358
데살로니가전서 ...380
데살로니가후서 ...384
갈라디아서 ...390
고린도전서 ...394
고린도후서 ...398
로마서 ...400
에베소서 ...408
골로새서 ...412
빌레몬서 ...414
빌립보서 ...416
디모데전서 ...422
디도서 ...426
디모데후서 ...428
히브리서 ...430
야고보서 ...436
베드로전서 ...438
베드로후서 ...440
요한1서 ...442
요한2서 ...444
요한3서 ...446
유다서 ...448
요한계시록 ...450

신구약 성경 읽기표 ...468

평신도 성경 개관서

그 때에 여호와를 경외하는 자들이 피차에 말하매
여호와께서 그것을 분명히 들으시고
여호와를 경외하는 자와 그 이름을 존중히 여기는 자를 위하여
여호와 앞에 있는 기념책에 기록하셨느니라
(말 3:16)

구약편

창세기~신구약 중간사

창세기

1부는 1장에서 11장까지로 원역사라고 한다. 원역사란 인류의 근원적 역사이며, 원역사 안에는 네 가지 큰 주제가 있다.

첫째는 하나님의 창조이고, 두 번째는 뱀의 유혹과 인간의 타락이다. 세 번째는 노아의 홍수이고, 네 번째는 바벨탑 사건과 민족들의 기원, 언어의 기원이다.

2부는 12장에서 50장까지로 족장사라고 한다. 히브리족장들인 아브라함과 롯, 이삭과 이스마엘, 야곱과 에서, 요셉과 유다의 이야기가 같이 나오고 있다.

1부

1장~11장 원역사	세부 구조
1) 창조(1~2장)	1:1~2:3 → 창조 역사
2) 타락(3장)	2:4~4:26 → 하늘과 땅의 족보
3) 홍수 심판(6~9장)	5:1~6:8 → 아담의 가족 족보
4) 바벨탑(민족의 이동: 11장 1~9)	6:9~9:29 → 노아의 가족 족보 10:1~11:9 → 노아의 자손들의 족보

2부

12~50장 족장사	세부 구조
1) 아브라함 – 롯(12~25장: 이삭 포함)	11:10~26 → 셈의 족보
2) 이삭 – 이스마엘	11:27~25:11 → 데라(아브라함)의 족보
3) 야곱 – 에서(26~36장)	25:12~18 → 이스마엘의 족보
4) 요셉 – 유다(37~50장)	25:19~35:29 → 이삭의 족보 36:1~36:43 → 에서의 족보 37:1~50:26 → 요셉의 족보

1부

1~11장 원역사

1. 창조

학문, 과학, 이론 등은 인간이 발명한 것이 아니라 발견한 것이다. 이 모든 것은 하나님이 창조하신 것이기 때문이다.

- 첫째 날: 빛과 어둠(1:3~5)
- 둘째 날: 궁창, 바다, 육지(1:6~10)
- 셋째 날: 육지에 살 식물(1:11~13)
- 넷째 날: 낮과 밤의 빛들(해, 달, 별, 1:14~19)
- 다섯째 날: 바다와 육지와 공중의 생물들(1:20~23)
- 여섯째 날: 들짐승과 사람(1:24~31)
- 일곱째 날: 안식하시다(2:2~3)

성경은 역사적 사실에 기초하여 기록한 것인데, 성경을 교훈이나 신화로 보는 견해가 지배적이다. 성경은 하나님에 의해 기록된 것이다. 과거에 일어났던 사실(역사), 오늘에 있는 사실(현실), 장차 있을 사실(예언)을 기록한 책이다. 창조는 과학적인 주제가 아니라 신학적인 문제이다. 과학은 증명이 되어야 하기 때문에 창조는 과학적으로 맞지 않는다. 홍수 자체를 증명하는 것은 과학적으로 가능하지만, '홍수가 심판이다'는 과학적 증명이 안 된다는 것이다. 성경 역사 전체를 기록한 기간이 〈창세기〉부터 〈요한계시록〉까지 약 4천 년 정도인데, 〈창세기〉가 그중에 2,300년을 차지한다. 그만큼 〈창세기〉가 중요하다는 것이다. 인간은 〈창세기〉에서 창조, 삶과 죽음, 지혜와 타락, 심판 등을 알 수 있다.

〈창세기〉는 2,300년의 역사(창조~요셉 입관까지)를 다루며 성경 역사의 50%를 차지하는 중요한 책이다. 마귀는 한 번 타락함으로 다시 회개할 기회가 없지만 하나님은 인간에게 회개의 기회를 주셨다. 기독교의 창조 세계는 다른 종교에는 없는 매우 중요한 사실이다. 창조가 있으므로 창조주가 있다. 창조론을 믿으면 하나님을 믿어 버리기 때문에 창세 이후부터 사탄은 끈질기게 하나님을 부정하게 만들고 있다. 수많은 신화, 전설, 다른 종교, 학설, 이데올로기 등은 사람으로 하여금 하나님을 찾지 못하게 하였다. 〈창세기〉는 하나님의 기원뿐 아니라 모든 만물과 여러 가지 사건의 기원을 보여 준다. 우주의 기원, 인간의 기원, 죄의 기원, 살인의 기원, 문명의 기원 등을 볼 수 있다.

서구 신학자들은 하나님 말씀을 연구하다가 사탄의 말에 속아 뱀이 어떻게 인간과 이야기하느냐며 이것은 신화요, 설화라고 단정한다. 성경(창 3:1)은 인간과 동물이 대화가 가능했다고 말하고 있다. 하지만 유럽의 교회와 기독교 신학자들은 창조신학과 창조주 하나님을 성도들에게 바로 전하지 못했다. 그 결과로 유물론, 진화론, 공산주의, 경험주의, 이신론 등이 영국과 미국에서 나오게 되었다. 통계자료에 의하면 공산주의 혁명으로 숙청된 사람이 1억 5천만 명이 넘었다는 기록을 볼 수 있다. 유럽 교회의 사역자들이 창조주 하나님을 잘못 전하여 끔찍한 대가를 지불한 것이다.

〈창세기〉를 통해서 모든 만물의 기원을 알게 되고, 창조가 없는 타 종교가 아닌 기독교가 절대 진리의 종교임을 알 수 있다. 속죄의 길, 영생의 길이 기독교에 있다. 그리고 부활의 교리와 종말, 내세, 인류 역사가 어떻게 끝이 날 것인가 하는 것 등을 제시한 것이 성경이다. 〈창세기〉는 창조를 세밀히 기록한 것이 아니다. 많은 부분을 생략하고 중요한 부분만 기록한 것이다. 과학적이 아니라 신학적으로 기술한 말씀이다. 하나님의 계시에 의해 신학적으로 기록된 것이다. 창조라는 사건은 과학 이전의 사건이다. 과학은 하나님의 과학이지 인간의 과학이 아니다. 인간의 타락은 인간의 과학으로 가늠할 수 있는 것이 아니다. 하나님이 창조한 현장을 목격한 사람은 아무도 없다. "우주 만물을 내가 창조했노라."고 말하는 사람은 없다.

무신론자가 되려면 하나님이 없다는 것을 논리적으로 증명해야 한다. 무신론자들은 하나님이 없음을 증명하는 사람들이 아니고 없기를 원하는 사람들이다. 이제는 유전 법칙을 통해서도 진화가 일어날 수가 없고, 물리적 방법, 화학적 방법을 다 동원해도 진화는 일어나지 않는다. 무신론자들도 진화가 일어나지 않는다는 것을 알지만 하나님을 인정하기 싫어서 억지로 진화론을 주장하는 것이다. 그래서 진화론은 하나님 훼방 죄이다. "태초에 하나님이 천지를 창조"했다고 하는데, '우연히 생겼다.'라고 주장하는 것이다. 진화론자들은 오늘날 진화가 중단되고 있다고 한다. 진화는 중단된 것이 아니고 시작한 적도 없다.

진화론이란?

진화론은 거짓이다. 진화는 과거에도 일어나지 않았고, 지금도 일어나지 않고 있으며, 앞으로도 일어날 수 없는 일이다. 진화 가설일 뿐이다. 가설을 수립했는데 100년이란 시간 속에서 실험을 통해 증명하지 못했다. 우주의 출발점인 시작은 아무도 본 사람이 없다.

세포 하나를 자세히 살펴보자. 세포막이 있고, 세포질, 미토콘드리아, 리소좀, 소포체, 골지체, 중심체, 핵막, 핵, 핵소체, 염색사가 있다. 이렇게 복잡한 세포가 우리 인체를 이루고 있다. 세포의 크기는 육안으로 볼 수 없다. 우리가 보통 마침표를 찍는데, 마침표의 1,000분의 1 정도이니 육안으로 볼 수가 없는 것이다. 미토콘드리아 안에 있는 구조는 복잡하기가 이루 말할 수 없다. 핵 안에는 DNA라는 염색사가 존재한다. 이중으로 나선이 꼬여 빠져 나오는데 길이가 약 1m 74cm이다. 이것을 분해하면 아데닌(A), 구아닌(G), 시토신(C), 티민(T)이 존재하는데, 이 네 개의 염기가 신호를 주고받으면서 우리 몸이 어떤 식으로 디자인 되도록 유전 정보를 갖게 하는 것이다. 이것을 읽어내어 유전자 지도를 그리는 것이다. 염색사에서 빠져 나온 유전 정보의 양은 천 페이지 백과사전 천 권의 분량이라 한다. 과연 이것을 우연이라고 말할 수 있는가? 사람과 원숭

과학적 사실이란

목격하고 관찰하고, 이론의 가설이 수립되고, 실험되고, 증명되어야 한다. 언제, 어떤 장소에서도 똑같아야 한다.

이의 염색체 수는 같지 않다. 그래서 원숭이가 사람이 될 수 없다. 오늘날 염색체 수의 발견으로 종이 다른 종으로 진화할 수 없음이 밝혀졌다. 그래서 하나님의 과학을 창조라 한다.

2. 타락

성경에서는 인간의 타락을 볼 수 있고, 인간은 악하게 되어 있다고 말한다. 하나님은 우리를 인격적으로 대하신다. 인격의 기초는 자유이고, 자유에는 의지의 자유와 선택의 자유가 있다. "욕심이 잉태한즉 죄를 낳고, 죄가 장성한즉 사망을 낳느니라"(약 1:15). 성경만이 이것을 정확히 기록하고 있다. 인간이 타락하는 장면은 〈창세기〉 3장에서 볼 수 있다. 인간의 죄의 기원과 타락의 기원은 기독교만 유일하게 가지고 있다. 타락의 결과는 홍수 심판을 가져오게 되었고, 최후 심판까지 기다리게 되었다. 죽음과 죄, 불행, 고통, 환란, 온갖 인류 역사상에 나타나는 모든 비극이 타락에서 출발하게 되었다.

〈창세기〉 3장 1절에 등장하는 에덴동산의 뱀은 하나님이 지으신 들짐승 중에 가장 간교한 동물이었고 여자인 하와에게 접근을 하였다. 하나님이 선악을 알게 하는 열매를 먹지 말라 하였지만, 결국 뱀은 아담과 하와를 타락하게 하고 뱀 자신은 하나님의 저주를 받아 지금의 모습이 되었다. 이 사건 이후 성경에서 뱀은 사탄과 마귀의 상징이 되었다. 지금도 마귀는 〈창세기〉의 뱀과 같이 사람들의 의식과 무의식 속에 접근하려고 온갖 방법을 동원한다. 마귀가 인간에게 접근하려고 할 때 어떠한 모습으로 접근하는지 묵상해 보자.

> "그를 하나님보다 조금 못하게 하시고 영화로 존귀로 관을 씌우셨나이다"(시 8:5)

하나님은 타락하기 전의 아담을 그의 능력이나 지혜, 권세로 창조한 지구를 다 다스릴 수 있고 모든 동식물의 이름을 다 지을 수 있는 정도의 인격자로 만드셨다. 아담은 부모도 없고 모든 것을 모르기에 경험이 없다. 체험으로 배워야 하는 입장으로 〈창세기〉의 아담을 보아야 한다. 〈창세기〉 2장 7절의 "생령"이란 창조된 인간은 혼을 가진 존재, 살아서 이성을 가진 존재라는 것이다. 하나님께서 사람을 창조하실 때 육체 부분을 만드셨고, 후에 생기를 불어 넣으셨다.

하나님은 우리를 사랑하기 때문에 보기에 좋고 먹기에 좋고 아름답고 향기롭고 몸에 좋은 것을 주셨다. 하나님을 선택할 수도 있고, 하지 않을 수도 있는데, 하나님은 그런 자유로운 인격으로 선택한 사랑을 원하신다. 기계 같은 사랑이 아니라 인격적인 사랑을 원하신다. 인간은 하나님께서 제시한 두 길에서 사탄의 길로 갔다. 과일 한 개 딴 것을 따지는 것이 아니라 뱀의 길로 갔다는 것을 따지는 것이다. 모든 것을 다 임의로 할 수 있고 하나만 금한 것이다. 하나님께서 우리에게 자유를 주시되, 온갖 자유를 다 주셨다. 선악과를 딸 수 있는 자유까지 주셨다. 그 선택한 결과에 대한 책임은 자기가 져야 한다. 인격은 자유라는 기초 위에 책임적 존재로 지음 받은 것이다. 그것이 인격이다. 아담은 하나님 말씀을 들었을 때, 죽음이란 것은 알지 못했을 것이다. 정녕 죽으리라고 할 때 잘 몰랐을 것이다. 죽음의 세계도 성경만 정확히 기록하고 있다.

하나님이 하와를 만들어 아담에게 데려오니까, "이는 내 뼈 중에 뼈요 살 중에 살이라"(2:23)고 하고 "남자에게서 취하였은즉 여자"(2:23)라 한다. "선악을 알게 하는 나무의 과일은 네가 먹지를 말라"는 명령을 받은 것은 아담 혼자 있을 때이다. 아담과 하와가 사탄에게 꼬임을 받게 된 것은 죽음이 무엇인지 경험을 하지 못했기 때문으로 볼 수 있다. 당시에는 죽음에 대한 전례가 없기에 전부 주관적으로 체험을 해야만 했다. 인격이란 것은 경험과 교제로 알아 가는 것인데, 아담과 하와는 하나님도 잘 모르고 사탄도 몰랐다. 우리의 의식 속에 뱀이란 것이 나타날 때, 그것이 마귀인 줄 알게 되는 것은 〈창세기〉 덕분이다. 〈창세기〉는 인간이 타락했다는 가장 중심적인 교리이다. 그런데 한때 유럽의 신학자들은 이 교리를 받아들이지 않으려고 했다. 인간의 원죄를 인정하지 않으려고 했다.

〈창세기〉의 중요한 문제는 선악과를 따서 먹고 죽지 않은 데 있다. 여자는 뱀의 말이 맞으므로 남자에게도 주었다. 둘이서 죽지 않는다는 체험을 해봤다. 하나님은 정녕 죽는다고 했는데 죽지 않고, 눈이 밝아져 벗은 줄 알기도 하고, 무화과 잎으로 부끄러운 곳을 가리게 되었다. 하나님의 음성을 듣고 두려워하고 숨게 되었다. 이 부끄러움과 두려움이 죄의식이다. 〈창세기〉의 뱀 사건은 매우 중요한 사건이다. 결국 인간은 타락하면서 선도 알고 악도 알게 된다. 이 부분을 사도 바울이 〈로마서〉 7장 20절에서 "원하는 바 선은 행하지 아니하고 도리어 원하지 아니하는 바 악을 행하는도다"로 표현한다. 선을 행하기 원하는 나에게 악이 함께 있다는 것이다. 다시 말해 인간의 이중 인격성이다. 인간의 내면에는 죄성이 있다. 이것이 원죄이다. 선악을 알게 하는 나무의 실과를 먹었지만, 선이 항상 지고 악이 이긴다. 선을 행하기를 원하는 마음은 있으나, 행하는 것이 없는 것이다. 원치 않는 악을 행하면서 항상 나를 악이 사로잡아 온다는 것을 알면서 바울은 절규한다. "오호라 나는 곤고한 사람이로다 이 사망의 몸에서 누가 나를 건져내랴"(롬 7:24). 인간은 하나님을 믿지 않고 뱀의 말을 믿으면서 출발했다. 인간들이 하나님을 믿느냐 믿지 않느냐는 에덴동산에서 시작된 본질적이고 근본적인 문제라는 것을 바로 인식해야 한다.

아담과 하와가 선악과를 먹은 후부터는 인간이 하나님을 찾지 않듯이, 세상 사람들도 하나님을 찾지 않는다. 오히려 하나님께서 인간을 찾아 나선다. "아담아, 네가 어디 있느냐?" 하며 하나님이 찾으시지만, 아담과 하와는 하나님을 별로 달가워하지 않는 모습을 볼 수 있다. 하나님이 책임을 물으니, 아담은 "하나님이 여자를 만들어 주어서 그 여자가 내게 주기에 먹었나이다."라고 한다. 직접 딴 것은 여자이기에 나는 책임이 없다는 것이다. 여자도 "뱀이 나를 꾀므로 내가 먹었나이다"라고 한다. 하나님께서는 여자를 먼저 부르지 않고 남자에게 책임을 물으셨다. 그런데 남자인 아담이 책임을 못 지겠다고 한다. 하와는 하나님께 직접 들은 것이 아니고 아담에게 전해 들었지만 하나님의 명을 어긴 것은 동일하다. 그러나 여자도 뱀에게 책임을 전가한다. 여기에서 타락한 모습이 시작되는 것이다. 그래도 하나님께서는 아담을 저주하지 않고, 땅을 저주하신다. "땅은 너로 말미암아 저주를 받고 너는 네 평생에 수고하여야 그 소산을 먹으리라 땅이 네게 가시덤불과 엉겅퀴를 낼 것이라"(창 3:17~18). 사람이 선악과를 따 먹은 후에는 열심히 선을 행하는 길만이 죄를 짓지 않는 유일한 길이다. 성경은 하나님께서 우리가 가난한 것을 가지고 염려한 적은 한 번도 없고, 너희가 배불러서 여호와가 누구냐 할 것(신 8:12~14) 같으니 걱정이라고 하신다.

〈창세기〉에서 하나님이 아담, 하와, 뱀에게 하신 말이다. 아담에게는 "수고하고 양식을 먹을 것이다"라고 하시고, 여자에게는 "네가 수고하고 자식을 낳을 것이다"라고 하셨다. 뱀이 집요하게 여자를 꾀어서 선악과를 먹게 하여 죽게 하려 하였는데, 뱀에게는 "너는 여자의 후손이 네 머리를 상하게 할 것이고, 너는 여자의 후손의 발꿈치를 물 정도이다."라고 하신다.

여자의 후손이란? 마귀나 뱀은 천사 중에서 하나님의 보좌를 넘보다가 타락한 존재이다. 천사들은 결혼하여 아이를 낳아본 적이 없다. 사탄과 뱀에게는 상상도 해보지 못한 일일 것이다. 그런데 하나님의 계시는 선악과를 따 먹고 죽지도 않고, 여자의 후손이 태어난다는 것이다. 하나님의 창조 원리는 남자를 따로 창조하고 여자를 따로 창조한 것이 아니고, 아담을 짓고 아담에게서 갈비뼈를 빼내서 여자를 만드신 것이다. 하나를 가지고 둘로 나누어서 만드셨다. 그 본질이 원래는 하나라는 것이다. 그래서 여자와 남자가 합해서 하나가 나온다. 하나님은 에덴동산에 흙이 많이 있었지만, 남자인 아담 하나만 만드셨다. 아담과 같이 흙으로 만들면 될 텐데 남자를 깊이 잠들게 해서 여자를 만들어 짝을 지어서 그 둘 사이에서 하나가 나오게 하시니 많은 시간이 걸린다. 〈말라기〉 2장 15절을 보면 그 의미를 알 수 있다.

> "그에게는 영이 충만하였으나 오직 하나를 만들지 아니하셨느냐
> 어찌하여 하나만 만드셨느냐 이는 경건한 자손을 얻고자 하심이라

그러므로 네 심령을 삼가 지켜 어려서 맞이한 아내에게 거짓을 행하지 말지니라."

천사와 같은 존재가 아니고 아버지와 어머니가 있는 존재를 만들기 위해서 경건한 자손을 기르기 위해서 하나만 지었고, 그 하나에서 또 하나가 나오게 했다는 것이다. 하나님께서는 사탄이 알지 못했던 신비한 하나님의 방법으로 남자에게서 여자가 나오고, 여자와 남자 사이에서 아이가 태어나도록 하셨다. 심지어 한번은 하나님도 여자의 몸을 통해서 나오신다. 이제는 늘 겪으니까 기적도 아니고 자연적 현상처럼 되었지만 사실은 신비한 신의 법칙이다.

〈창세기〉에서 아담과 하와가 하나님을 잘 믿었는지는 알 수 없으나 가인과 아벨이 제사를 지내는 것을 보면 믿음 생활은 한 것으로 보인다. 가인과 아벨이 제사를 지내는 것은 아버지가 제사를 드리는 것을 보았기 때문일 것이다.

〈창세기〉 4장 2절에 "그가 또 가인의 아우 아벨을 낳았는데 아벨은 양 치는 자였고 가인은 농사하는 자였더라"고 한다. 양 치는 것만 옳은 것이 아니라 양을 치는 사람은 양으로 제물을 드리고, 농사를 지은 사람은 곡식으로 제물(소제: 민하)을 드리도록 되어 있었다. 피 없는 제사를 드렸기에 가인의 제사를 하나님이 받지 않았다고 하는데, 아벨도 "양의 첫 새끼와 그 기름으로 드렸더니"라고 했지, 피로 드렸다는 이야기는 없다.

하나님은 피 없는 제사도 받으신다. 제물보다 더 중요한 것은 제물을 바치는 사람이다. 제물을 바치는 사람의 마음이 문제이다. 나중에 가인이 동생을 죽이고 왔을 때, 하나님께서 선을 행하지 않은 것(창 4:7) 때문에 문제를 삼은 것이지 "너는 왜 제물을 피 없는 것을 가져왔느냐?"라고 제물 가지고 말씀하신 것이 아니다. 이 문제는 〈요한1서〉 3장 7~8절에서 답을 찾을 수 있다.

"자녀들아 아무도 너희를 미혹하지 못하게 하라 의를 행하는 자는 그의 의로우심과 같이 의롭고 죄를 짓는 자는 마귀에게 속하나니 마귀는 처음부터 범죄함이라 하나님의 아들이 나타나신 것은 마귀의 일을 멸하려 하심이라."

가인이 왜 아벨을 죽였는가 하면 마귀에게 속해서 그랬다는 것이다. 물론 제물도 가짜로 흠 있는 것으로 해서는 안 되지만, 더 중요한 것은 사람이 어디에 속해 있느냐 하는 것이다. 〈요한1서〉 3장 12절에서는 가인은 악한 자에게 속해서 아벨을 죽였다고 했다. 가인의 문제는 절대로 제물에 문제가 있는 것이 아니고 악한 자에게 속해 있었던 것이다. 성경은 속죄하기 위해서 제물을 드리는 것은 고의적인 죄는 안 된다고 말한다. 고의적이고 의도적이고 반복적인 죄는 속죄할 제물이 없다. 이런 죄는 반드시 죽여야 했다. 제물로 죄를 속함 받는 죄는 여호와의 법령 중 부지중에 범한 죄이다. 이것이 율법이다.

〈창세기〉 3장에 먹음직하고(육신의 정욕), 보암직하고(안목의 정욕), 지혜롭게 할 만큼 탐스러움(이생의 자랑)에서 하와를 유혹함에 있어 사탄의 말은 마지막만 빼고 모두 맞는 말이다. 죽지 않고 눈이 밝아졌다. 사탄의 유혹은 언제나 맞는 말에 있다. 그러나 그 말로는 하나님이 정한 저주에 있고 영벌에 처해진다.

〈창세기〉 이야기를 볼 때, 생명나무 실과를 먹었으면 좋았을 텐데, 불순종으로 하나님은 그로 생명나무에 접근하지 못하도록 하신다. 두루 도는 화염검을 두어서 접근을 못하도록 하시고, 생명나무의 과일을 먹으려면 영원한 세월이 흘러가야 한다. 〈요한계시록〉 21장 21절~22장 2절에 보면 새 예루살렘의 진주문을 들어가 생명수 강가에 가서 생명나무를 만지게 된다. 그곳에 가야 따 먹을 수가 있다. 믿음으로 예수를 믿는 것이 영적으로 생명 실과를 따 먹은 것이라고 하는데, 진짜로 우리가 진주 문을 열고 생명 실과를 따 먹기 전까지는 구원을 받았는지 모르는 것이다.

〈창세기〉에서 육신적이고 영적인 죽음은 인간 본연의 것이 아니고, '죄에 대한 형벌'로 죽은 것이다. 인간은 낙원에서 두 가지 지시 사항 안에서 살고 있었다. '생명나무와 선악을 알게 하는 나무'의 두 가지 사항에 대해서 불순종했을 때, 하나님은 그로 생명나무에 접근하지 못하도록 하셨다. 두루 도는 화염검을 두어 접근을 막으신다. 접근을 못한 생명나무 과일을 먹으려면 영원한 세월이 흘러가야 한다. 〈요한계시록〉 22장 1~2절에서 이루어지게 된다.

정말 날마다 두렵고 떨리는 마음으로 경건생활하면서, 하나님의 계명을 삶으로 받아들이고 사랑, 희락, 화평, 인내, 자비, 온유, 양선, 충선, 절제의 신앙 열매(갈 5:22~23)가 삶에서 나타나면 모르지만, 세상적인 방법대로 살면서 "믿습니다!"만 한다고 구원받거나 구원이 보장되는 것은 아니다. 그래서 하나님께서 선악과를 먹고 죄인이 된 아담과 하와가 생명나무의 열매를 먹고 영생하지 않도록 생명나무에 접근하지 못하도록 하셨다. 죄를 지은 사람은 죽어야 한다는 것이다. 아담에게 속한 옛 사람이 죽고 거듭나서 부활을 경험하고 새 예루살렘의 진주 문을 열고 들어가서 생명나무(계 22:2)를 따 먹을 때까지는 길이 차단되었다.

인류를 파멸로 몰고 가는 것은 죄악인데, 처음에는 과일 하나 따 먹는 걸로 시작했다가, 4장에서는 형이 아우를 죽이고, 6장에서는 성 윤리가 무너지면서 일부일처의 창조의 원리가 무너진다.

사람이 죄를 지은 증거는 두려워하는 마음과 부끄러운 마음이 생기는 것인데, 이것이 죄의식이다. 과일 하나로 타락이 시작하는데, 계속되는 죄의 증폭으로 마침내 홍수 심판으로 이어진다.

〈창세기〉 4장 3절에 "세월이 지난 후에"라는 표현이 나오는데, 얼마나 지났는지는 모르나 이들이 각자 따로 제사를 지내는 것을 볼 때 가정을 이루었다고 판단할 수 있다. 사람이 태어난 이야기가 없는데, 가인과 아벨은 결혼을 했고, 아담과 하와는 딸들도 무수히 낳은 것이다. 그런 것은 다 생략한 것으로 봐야 한다. 성경은 성경에 필요한 자만을 기록한 것이다. 나중에 가인은 "나를 만나는 자마다 나를 죽이겠나이다"(창 4:14) 라는 말을 한다. 가인과 아벨이 장가를 갔을 정도가 되었을 때는 많은 사람들이 태어난 것으로 보아야 한다.

가죽옷을 입히시는 하나님

여자의 후손이 사망한 아담과 그의 후손을 어떻게 생명으로 회복시킬 것인지를 보여 주셨는데, 그것이 가죽으로 옷을 지어 입히신 것이다. 무고한 짐승이 희생되는 것처럼 여자의 후손이 아담의 사망을 대신 당할 것을 가르쳐 주신 것이다. 짐승이 대신 죽으면서 아담과 하와의 옷이 되게 하셨다. 이것은 예수께서 아담과 그 후손을 대신하여 죽으심으로 아담과 그의 모든 후손이 예수님의 생명의 옷을 입는 것이다(예수님의 의의 옷의 예표).

3. 홍수의 심판

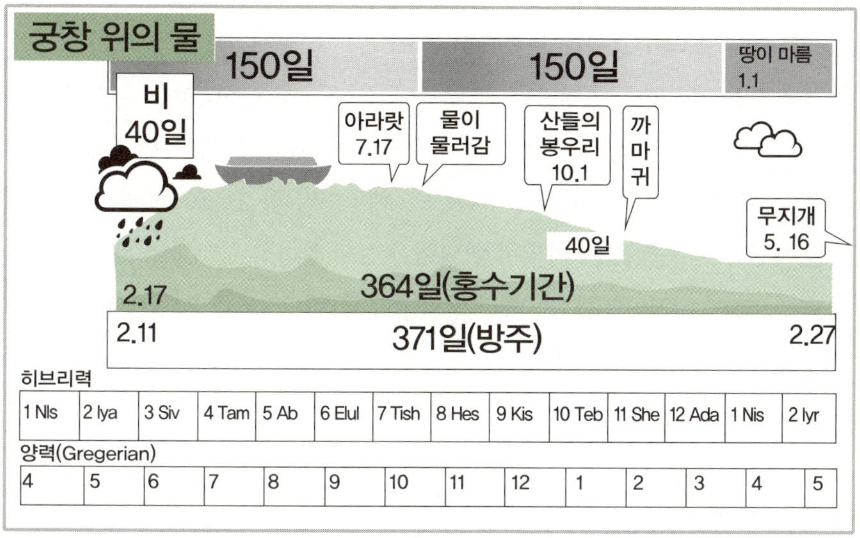

	날짜	일 수	진행	관련 구절
150일간 땅에 물이 넘침	2월 10일	7일을 기다림	방주에 들어감.	7:4, 10
	2월 17일	40일간 계속	비가 내리기 시작함.	7:11~12, 17
	3월 27일	40일이 끝남	비가 멈춤.	7:4, 12
150일간 물이 줄어 듦	7월 17일ˇ	150일이 끝남	방주가 아라랏 산에 머무름.	8:4
	10월 1일ˇ	74일을 기다림	산들의 봉우리가 보임.	8:5
	11월 11일	40일을 기다림	까마귀를 보냄.	8:6~7
	11월 12일	1일을 기다림	비둘기를 보냈으나 돌아옴.	8:8~9
	11월 19일	7일을 기다림	비둘기 보냄. 감람 잎사귀를 물고 옴.	8:10~11
	11월 26일	7일을 기다림	비둘기 보냄. 돌아오지 않음.	8:12
	12월 16일	150일이 끝남	물이 충분히 물러감.	8:3
땅이 마름	1월 1일ˇ		방주의 뚜껑을 제침.	8:13
	2월 27일ˇ		땅이 말라 방주에서 나옴.	8:14~19

ˇ의 날짜는 성경에 언급되어 있음(다른 날짜는 추정)

오늘날, 성경의 홍수 사건을 사실로 믿지 않는 사람이 많다. 그래서 가장 강력한 증거가 있다. 하나는 석유와 석탄이고, 여러 가지 화석 자료이다. 석유와 석탄이 화석 원료라는 것을 부인하지 못할 것이다. 통계자료를 보면 석유가 지구상에 처음 매장된 양은 약 7조 배럴 정도였는데, 모두 사용하고 남은 것이 2조 배럴 정도라고 한다. 많은 자동차에 소모하는 기름들이 전부 언제 만들어졌는가? 노아 홍수 때 만들어진 것이다. 7조 배럴이라 하면? 통계에 의하면 1 배럴은 사람만 한 동물을 세 마리 집어넣어야 양이 찬다고 한다. 7조 배럴이라 하면 3을 곱해서 개체 수가 21조 마리가 있어야 한다는 것이다. 사람만 한 동물 개체가 21조 마리가 이 지구상에 있었다는 것이다. 동물과 사람을 다 합해서 21조 개체가 어느 날 홍수로 몰살되어 한 구덩이에 묻혀 썩어서 원유가 된 것이다. 지금 지구상에 살고 있는 개체로는 불가능한 일이다. 아주 큰 공룡들이나 엄청나게 큰 물체들, 이런 것들이 함께 묻혀 석유가 나오는 것이다. 석유의 매장량은 노아 홍수라는 성경에 있는 역사적인 사실을 받아들이지 않으면 증명할 논리가 없다. 식물 개체들도 마찬가지이다. 21조에 해당하는 동물 개체가 먹을 것을 얻을 수 있는 정도였다는 것이다.

노아의 시대에 살았던 나무들을 생각해 보면 가능하다. 노아의 방주의 길이도 135m 정도이다. 나무들은 100m, 200m 되고 풀도 풍성하며 지구의 표면도 지금의 대륙붕까지라 면적도 훨씬 넓고 기후도 지구 전체가 온화한 아열대성 기후였을 것이다. 이는 시베리아 지방에 아열대성 식물 화석이 나오는 것을 보면 알 수 있다. 지금의 시베리아가 그때는 우리나라 제주도 기온 같은 온화한 기후였고 동물들도 많이 살았을 것이다. 알래스카 유전에도 어마어마한 매장량의 유전이 있다는 것은 한때는 거기에서도 엄청나게 많은 동물이 무리를 이루고 살았다는 것이다. 그것들이 매장되었기에 지금 석유로 나오는 것이다. 또 지금은 동물들이 살 수 없는 땅이지만 석유가 나오는 곳이 사우디아라비아이다. 사우디아라비아는 풍토가 완전히 사막이다. 그렇게 석유가 많이 묻혀 있는 것은 옛날에는 거기에도 많은 동물과 무수한 풀, 나무, 식물 등이 있었기에 그것들이 매장되어 석유가 된 것이다. 홍수 이전과 홍수 이후는 상상을 초월하는 천지 대격변이 있었다는 것을 석유와 석탄이 말해 주고 있는 것이다.

홍수 이전에는 지구가 얼마나 풍성했을까? 동물 개체는 21조 이상을 헤아리고 육지 면적도 지금의 대륙붕까지이고며, 인간은 900살을 살고, 수심도 지금보다 200m 내려가면 필리핀, 대만, 인도네시아의 많은 섬, 파푸아뉴기니, 호주까지 연결되어 알래스카와 베링해협이 다 연결돼 지구 전체가 섬이 없고 다 육지로 연결되어 있었을 것으로 추정된다. 노아 홍수 때 궁창 위의 물이 쏟아지자 수심이 200m나 올라온 것이다. 지금의 지구 육지는 표면의 30%밖에 안 되고, 극지방과 적도, 사막 등을 빼고 나면 사람이 살 만한 땅이 10분의 1이 안 된다. 홍수 이후에 변하게 된 것이다. 홍수가 단지 위에서 비만 온 것이 아니고, 땅에서 깊은 샘들이 터지고(창 7:11), 비도 40일 동안 쏟아졌다.

홍수 이전에는 지금처럼 산들도 높지 않았을 것이다. 홍수와 함께 조산운동, 침강, 융기로 지각 전체에 격변이 일어난 것이다. 사람과 동물들이 수심 200m 아래에서 생활하다가 천지 대변혁으로 물이 불어 구덩이에 묻혀서 지금의 바다 밑의 대륙붕 밑에서 천연가스와 석유가 나오고 있다. 상당히 고원지대에 쫓겨 올라가 묻힌 것은 현재 사우디아라비아에서 석유로 나오는 것이다. 터키의 아라랏 산 밑의 '반' 시는 해발 1,700m 고지에 염해가 있고, 바다에 사는 청어가 서식하고 있다. 이라크의 우르미아 호수도 1,400m 고지에 염해가 분지처럼 생겼다. 노아 홍수 때에 단지 비만 쏟아진 것이 아니라, 지진과 화산 폭발, 침강, 융기 같은 조산운동이 일어나서 전혀 다른 땅이 되어 버린 것이다. 유프라테스 강은 남아 있지만, 성경 속의 기혼, 비손, 힛데겔 강은 위치가 정확하지 않고 방향도 맞지 않는다.

홍수 사실은 역사적 사실에 기초해서 기록된 것이고, 세계 여러 나라 신화 속에는 수십 가지의 홍수 설화가 남아 있다. 그러나 가장 변형이 되지 않고, 사실대로 전달된 것이 성경에 기록된 홍수 이야기이다. 일부 학자들은 홍수 설화는 바벨론 포로 때 꾸며낸 이야기라고 주장하지만, 홍수라는 사건은 아무도 부인할 수 없는 역사적 사건이다.

아담도 노아의 아버지 라멕이 56세 되던 해까지 살아 있었으며, 노아도 아브라함의 나이 60세 정도까지 살아 있었던 것으로 보아, 천지 창조 이야기가 충분히 구전으로 전승되었다고 볼 수 있는 것이다(창조 연대기 도표 참조). 노아 홍수 사건을 역사적으로 받아들이지 않고는 지구를 역사적으로 설명할 수가 없다. 지구의 지층도 홍수 이전 지층, 홍적세(홍수에 의해서 생긴 지층), 홍수 이후 지층, 이 세 가지밖에 없다.

그 당시 사람들은 현대인보다 두개골 용적도 월등히 크고 체격도 좋았던 것으로 알려져 있다. 궁창 위의 물은 고주파를 차단해서 인간의 노쇠 현상을 막아 주었을 것이고, 임산부가 방사선으로 X선을 세 번만 찍으면 기형아가 나올 정도로 인체에 아주 위험한 X선과 같은 고주파 방사선도 궁창의 물이 차단하고 있었다. 밤이면 안개가 피어오르고 은은한 반사광이 비치며 기압이 높으면서도 습도가 충분하기 때문에 고주파 방사선이 차단되는, 환상적인 세계였을 것으로 보인다.

미국의 텍사스 주 팔로스 강변과 우리나라 남해 쪽에서 공룡 발자국과 사람의 발자국이 함께 나란히 발견되었다. 이것은 공룡과 사람이 동시대에 살고 있었다는 증거이다. 진화론 학자들은 공룡이 몇 백만 년 전에 없어졌다고 하는데, 노아 홍수 때 사라진 것으로 보아야 한다. 팔로스 강변의 공룡의 발자국의 크기가 약 380mm 정도인 것으로 보아 우람한 체격의 소유자로 보인다. 이런 공룡들이 살아가려면 먹이가 충분해야 한다. 큰 몸집을 가진 초식동물이다. 초식동물들은 추위도 많이 타고 더위도 많이 탄다. 현재처럼 이런 기후에는 적응하기도 어렵다. 노아 홍수 이후에 급격한 기후 변동에 제일 먼저 살아갈 수 없는 것이 공룡이다. 현대 과학자들은 공룡의 멸종에 대해 운석이 지구에 충돌할 때 놀라서 죽었다고 한다. 화석이 발견되는 지역에 이리듐이라는 특수 물질이 들어 있는 운석이 발견된다고 주장하는데, 이리듐은 화산 폭발 지역에서도 나오고 있다. 시베리아 알래스카 지방에서 발견된 맘모스는 전신의 살점과 털이 남아 있는 그대로 발견되었는데, 맘모스를 해부해 본 결과 배 속에서 화산재가 묻은 풀이 검출되었다. 천지가 대변혁을 일으킬 때, 아주 추웠거나 먹을 것이 없어서 화산재가 묻은 풀을 먹은 것 같다. 이것은 갑자기 얼지 않으면 그렇게 남아 있을 수 없다. 한때는 시베리아나 알래스카가 아열대성 기후였기에 많은 생물이 풍부했다는 것을 단적으로 증명하는 것이다. 홍수 후에 태양 광선이 직접 가까운 곳에 닿는 곳은 사막화가 되고, 멀게 비추는 곳은 빙하로 변하고, 그래서 극지방은 얼음덩이로 쌓이고 적도 지방은 사막이 된 것이다. 홍수 이전에는 계절 변화가 별로 없었고 기후도 일 년 평균 온도가 25~26도 정도로 참 사람이 살기 좋은 기후였을 것이다. 〈창세기〉 8장 이후에 땅이 있을 동안에 심음과 거둠, 추위와 더위, 여름과 겨울, 낮과 밤이 계속 반복(8:22)되었다.

노아의 방주도 페르시아 만 쪽으로 떠내려간 것이 아니고, 거꾸로 배가 떠서 아라랏 산 쪽으로 올라갔다. 어마어마하게 물이 불어 수심이 200m 정도로 높아졌고 바다 속에서 화산이 터지고 해일이 일어나고 심한 융기와 침강이 일어나서 지각 전체의 변동이 일어났다. 그래서 노아 홍수는 전 세계적 사건이고 모든 민족의 홍수 이야기이다.

노아 홍수 사건은 2월 17일에 시작하여 다음해 2월 27일까지라고 성경은 정확하게 말하고 있다(창 7:11, 8:14). 천지 대변혁에 의해서 갑작스러운 매몰과 함께 열이 함께 가해져서 화석이 생성되는 원리도 노아 홍수 사건을 증명할 수 있다. 고지대에도 물고기 화석이 발견되는데, 이런 것은 갑자기 대량의 물이 침전된 천지 대변혁과 화산 폭발 없이는 될 수 없다. 갑자기 매몰되고 굳어져야만 화석이 된다.

세계적으로 홍수에 대한 많은 설화가 있다(약 200개). 이란 북부 우르미아 호수, 터키의 반 호수는 해발 1,700m 이상 높은 곳인데 염분이 있다. 남미 안데스산맥의 티티카카 호수도 많은 염분 함유로 바닷물고기가 살고 있다. 이것은 대홍수 이후 함몰된 지역이다. 실제로 해발 2,500m 이상에서 바다 생물 화석이 발견되었다. 천지의 대변혁은 홍수 이상으로 땅의 깊은 물이 샘솟은 것으로 알 수 있다. 궁창 위의 물과 아래의 물이 한꺼번에 쏟아부어졌다. 궁창은 육안으로 보이지 않으나 홍수 이전의 세계를 보면 대기권, 성층권, 궁창 위의 물, 50km 상공에 오존층, 열권, 중간권, 외권 등으로 형성된 것으로 보인다. 우주로부터 오는 유해광선을 궁창 위의 물이 차단해 주어 온실화 현상으로 인간의 수명을 연장하고 살기 좋은 기후를 만들어 주었을 것이다.

홍수 이후에 인간의 수명이 급격히 줄어드는 것을 알 수 있다. 노아가 950세까지 살았고, 셈은 600세, 셀라는 433세, 데라는 205세, 아브라함은 175세, 이삭은 180세, 야곱은 147세, 모세는 120세, 다윗은 70세까지 산 것에서 알 수 있다. 홍수 이전 인간의 평균 수명은 912세였다. 하지만 현대인의 수명은 10분의 1 정도로 줄어들었다. 결정적인 이유는 궁창 위의 물이 파괴됨에 있다. 홍수 이전의 지구상 평균 온도는 섭씨 25~27도 안팎을 유지했을 것으로 본다. 적도와 극지도의 온도차가 없었다(시베리아나 알레스카에서 발견된 맘모스, 공룡의 멸종: 아열대성 기후 추정).

석탄도 나무들이 탄화된 현상이다. 화석은 갑자기 매몰되어 굳어져야 되고, 열에 의한 여러 조건이 맞아야 형성이 된다. 노아 홍수 1년 때 화석이 만들어진 것으로 보아야 한다.

지층 연대를 보면 시생대, 원생대, 고생대, 중생대, 신생대로 구분하였는데, 시생대, 원생대에서는 화석이 발견되지 않고 있다. 신생대를 효신세, 시신세, 점신세, 중신세, 선신세, 홍적세, 현세로 구분하는데, 홍적세는 홍수 이후 퇴적층을 이루어 홍적세라 표기한다. 그러나 화석이 발견된 순서는 홍수로 인하여 매몰된 순서에 불과하고, 다 홍수 이전에 한 시대에 살던 것들이다. 지층은 홍수 이전 지층, 홍적세(홍수에 의해서 생긴 지층), 홍수 이후 지층 3가지밖에 없다. 현재의 지구의 지층 형성은 홍수(1년)로 인한 대변혁에 의해서 이루어진 것이다.

미국의 조선공학자 '디키'라는 사람이 미국전함 USS 오레곤호를 노아의 방주 치수대로 똑같이 만들어서 바다에 띄워 보니, 30m의 파도에도 끄떡없이 견디는 균형 잡힌 배가 되었다 한다.

노아의 방주의 규격

길이: 약 135m, 폭: 약 22.5m, 높이: 약 3.5m 정도로 추정된다.

한국의 조선 공학자들도 파도를 타는 배의 응력을 계산을 해보니 노아의 방주는 가장 완벽한 설계도라고 한다. 방주에 태웠던 동물들의 종류는 17,600가지가 된다고 한다. 약 32,500마리 정도를 실었다는 것이다. 노아의 방주는 응력을 계산해 본 결과, 그 숫자의 3배 정도 실을 수 있다고 한다. 양으로 계산하면 13만 마리를 충분히 실을 수 있는 것으로 추정한다.

4. 바벨탑 사건

바벨탑의 규모(헤로도토스의 고증)

7층: 맨 밑의 층이 가장 높고 넓다. 가로, 세로가 90m 정도(큰 운동 경기장 크기)
1층: 높이 33m → 약 10층 높이, 2층: 한 변이 78m, 높이 18m정도
3층~6층: 높이 6m정도 쌓아 2층 건물 높이
맨 마지막 7층: 한 변이 24m, 높이 15m정도
→ 이 높이를 전부 합하면 90m, 한 층을 3m로 보면 30층 정도의 건물
장비가 없는 당시에는 엄청난 탑이라 할 수 있다.

위치는 현재 이라크 땅이며 고대 바벨론 땅이다. 하나님께서 홍수 후에 처음과 같이 "생육하고 번성하여 땅에 충만하라"(창 9:1)고 말씀하셨다. 홍수를 통하여 인류를 심판하신 하나님께서 다시 말씀하실 때, 앞으로는 홍수로는 심판을 하지 않겠다고 무지개로 증표(창 9:13)를 삼으셨다. 비가 오다가 무지개가 뜬다는 것은 비가 더 이상 오지 않으니 염려 말라는 신호이다. 홍수가 끝나고 지구에 직사광선이 쏟아지면서 큰 변화가 일어났다. 태양 빛이 최단 거리로 도달하는 적도 부근에는 사막화 현상이 일어나고, 빛이 짧게 비추는 극지방은 얼음으로 뒤덮이게 되고, 홍수 이전에 경작하던 땅들은 수면 아래 200m 속에 다 잠겨버리고 수많은 곡식이 다 없어지고, 지금의 쌀, 보리, 밀, 옥수수 정도만 남게 되었다. 제일 심각한 것은 1년 동안 방주에 있다가 땅에 내려오니 먹을 것이 없어, 하나님께서 육식을 허락(창 9:3)하신다.

노아가 늙어가면서 후손들의 믿음이 어떠했는지 알 수 없지만 바벨탑 사건부터 믿음이 식어가는 모습이다. 노아의 나이 890세 정도에 데라가 아브라함을 낳는다. 아브라함이 50~60세가 될 때까지 노아가 살고 있었다. 하나님의 뜻은 온 백성이 온 지면에 퍼지는 것인데, 노아의 자손들은 하나님의 뜻을 거역한다. 그들은 탑을 쌓아서 하늘에 닿게 하여 흩어짐을 면하고자 한다. 홍수 때 혼이 한번 났던 인간들이 하나님의 언약을 믿지 않고 바벨탑을 쌓는 것이다. 바벨탑

을 쌓았다는 행위 자체가 하나님의 언약을 믿지 않는 불신앙의 상징이다. 노아에게 준 무지개 언약을 인간들이 믿지 않았다는 것이다. 하나님은 온 땅의 하나의 언어를 혼잡(창 11:7)하게 하여 그들을 온 지면으로 흩으셨다(창 11:9). 여기에서 민족의 기원과 언어의 기원을 알 수 있다.

인디안 석판에 새겨진 노아 홍수 이야기

미국 미시간 지방 일대의 인디언 동굴에서 발견된 벽화의 일부를 보면, 5개 부분으로 나뉜 석판에서 노아의 홍수 장면이 생생하게 기록되어 있다.
첫 부분은 방주를 만들기 전 하나님의 지시를 받는 노아의 모습, 둘째 부분은 큰비가 내리고 물에 빠져 허우적거리는 사람의 모습, 셋째 부분은 물 위에 떠 있는 큰 배가 보이고 40주야를 나타내는 네모진 40칸이 좌우에 있고, 나뭇잎을 물고 있는 새 한 마리가 있는 모습, 넷째 부분은 태양과 함께 큰 배에서 동물들이 쌍쌍이 내려오고, 노아의 일가인 네 사람이 만세를 부르는 모습이다. 마지막은 하나님이 무지개로 언약을 맺으시는 모습이 보인다. 이 석판은 성경에 기록된 노아의 홍수를 매우 정확하게 나타내고 있다.

인류의 이동 경로

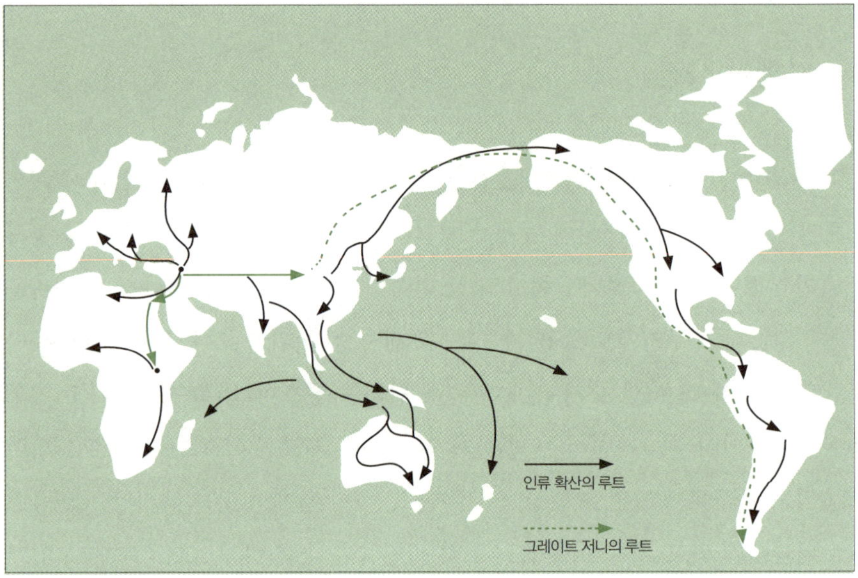

〈창세기〉 5장과 11장에 나타난 족보상의 연대표

이름	출생년도	아들 낳을 때 나이	아들 출생년도	수명	천지창조 후 사망년도	년도(B.C.)
아담	0	130	130	930	930	4112
셋	130	105	235	912	1042	3982
에노스	235	90	325	905	1140	3877
개난	325	70	395	910	1235	3787
마할랄렐	395	65	460	895	1290	3717
야렛	460	162	622	962	1422	3652
에녹	622	65	687	365	987	승천
므드셀라	687	187	874	969	1656	3425
라멕	874	182	1056	777	1651	3238
노아	1056	502	1558	950	2006	3058
셈	1558	100	1658	600	2158	2508
아르박삿	1658	35	1693	438	2096	2473
셀라	1693	30	1723	433	2126	2443
에벨	1723	34	1757	464	2187	2409
벨렉	1757	30	1787	239	1996	2379
르우	1787	32	1819	239	2026	2347
스룩	1819	30	1849	230	2049	2317
나흘	1849	29	1878	148	1997	2288
데라	1878	130, 70 ?	2008	205	2083	2158
아브라함	2008, 1948	100	2108	175	2183	2058
이삭	2108	60	2168	180	2288	
야곱	2168	84~85		147	2315	

⇨ 노아가 아들 셈을 낳을 때: 502세, 데라가 아브라함을 낳을 때 나이 차이가 난다.

2부

12~50장 족장사

1. 아브라함

- 예배를 소중히 여겼다(모레상수리, 마므레상수리, 브엘세바).
- 멜기세덱에게 십일조를 처음 드렸다(율법 생기기 500년 전: 전리품).
- 손님 접대를 극진히 하였다.
- 중보기도의 효시(소돔과 고모라: 롯)
- 삶 속에서 신실한 삶, 충성된 삶을 보여 주었다.
- 불신자로 하여금 하나님을 보게 되었다(그랄 목자 아비멜렉과 군대장관 비골).
- 공짜를 바라지 않음(막벨라굴을 은 400세겔 사서 소유함, 전리품 분배[롯을 찾고서]).
- 믿는 사람들에게 모범이 됨.
- 소유물로 인한 문제 발생, 일체 양보(롯과의 땅 문제).
- 소중한 것도 하나님께 드리는 사람(이삭)
- 하나님이 벗으로 인정(약 2:23; 사 41:8).

인간의 이성으로는 이해가 되지 않지만 아브라함은 보이지도 나타나지도 않는 하나님의 소리만을 듣고, 고향과 친척과 아비 집을 떠나 하나님이 말씀하신 곳으로 떠난다. 하나님을 위해서 아브라함이 자기의 귀로, 마음으로 말씀을 들은 것을 그대로 순종하여 100세에 얻은 자기 외아들(독생자)을 모리아 산에서 칼을 들어 내침으로 하나님을 향한 믿음을 보여 주었듯이, 하나님께서도 죄

많은 인간을 위해 자신의 독생자 예수를 온 세상의 구속을 위한 십자가의 번제로 주심으로 인간을 향한 놀라운 사랑을 보여 주셨다. 주신 자도 여호와 하나님이시기에 그분의 말씀에 순종할 수밖에 없어 아들을 칼로 치려는 그 행위가 하나님 보시기에는 믿음의 의의 행동이었던 것이고 언약의 완성을 이루는 시초였던 것이다. 우상을 섬기며 하나님을 몰랐던 한 인간이 하나님의 약속에 순종함으로 노아보다, 셈보다, 욥보다 더 귀한 믿음의 의의 조상이 되었다.

요세푸스의 유대 역사서에는 아브라함이 하나님을 찾으려고 노력하는 장면도 나온다. 나뭇잎이 똑같은 것이 하나도 없고, 하늘의 별과 달이 체인도 바퀴도 없는데 어떻게 모든 것이 협력하여 선을 이루고, 열매가 맺히고 꽃을 피우고 곡식을 가져오고 인간을 유익하게 하느냐? 이런 것은 필시 누군가 뒤에서 다 설계하고 감독하는 분이 있지 않겠는가? 자연 계시를 보고 그분이 어떤 분인지는 모르지만 계신 것이 확실하다는 생각을 하였다. 이렇게 아브라함이 찾을 때 하나님께서 아브라함을 만나 주셨다.

가나안 생활

- 〈창세기〉 12장 4절 → 하란을 떠날 때 나이 75세(아버지 데라의 죽음을 정확히 알 수가 없다)
- 〈창세기〉 17장 17절 → "백 세 된 사람이 어찌 자식을 낳을까 사라는 구십 세니 어찌 출산하리요"
- 〈창세기〉 20장 12절 → "나의 이복누이로서 내 아내가 되었음이니라"

아브라함은 75세에 하란을 떠났다. 사라는 아브라함의 아버지 데라의 딸이다(이복누이). 생육하고 번성하라는 하나님의 명령을 성취하기 위하여 형제자매들과의 결혼이 아브라함 때까지는 비교적 오랫동안 유행하였다는 사실을 볼 수 있다. 근친 간 결혼은 후에 모세 율법시대(레 18:6, 9, 14)부터 철저히 금지된 것 같다.

사라는 아브라함보다 10살 연하이니 부친 데라는 적어도 140세에(?) 딸 사라를 낳았다는 사실을 알 수 있다. 성경에서 아브라함의 출생 년도를 정확히 알 수가 없어 이해하기가 좀 난해한 부분이 있다. 사라(127세까지 살음)가 바로 궁에 끌려갔을 때는 나이가 65세 이상일 때인데, 오늘날 30~40대 나이의 젊음을 기록에서 볼 수 있다.

이스마엘은 가나안 땅에 거한 지 10년 후 하갈에 의해서 아브라함 86세에 태어났다(창 16:16). 아브라함과 사래가 가나안 땅에 와서 10년 동안 유지했던 믿음이 무너졌다. 여기서 하나님의 시간을 어떻게 보아야 할지, 믿음의 시간이 어느 때인지, 알 수가 없는 것이다. 17장에서 하나님은 아브람을 아브라함, 사래는 사라로 이름을 바꾸어 주시고 아브라함은 99세 때 할례(이스마엘:13세)를 받는다.

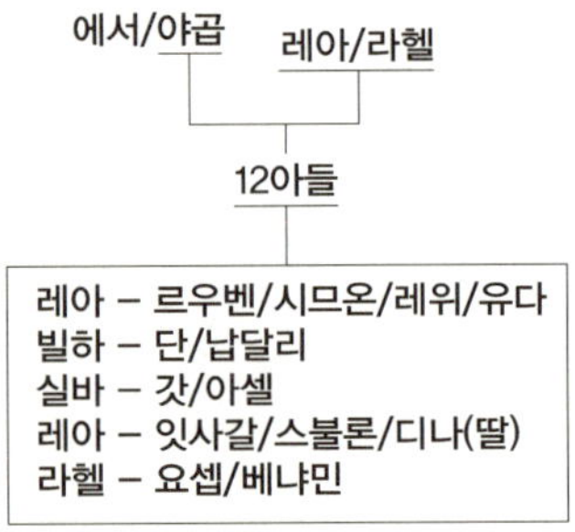

아브라함의 가계도

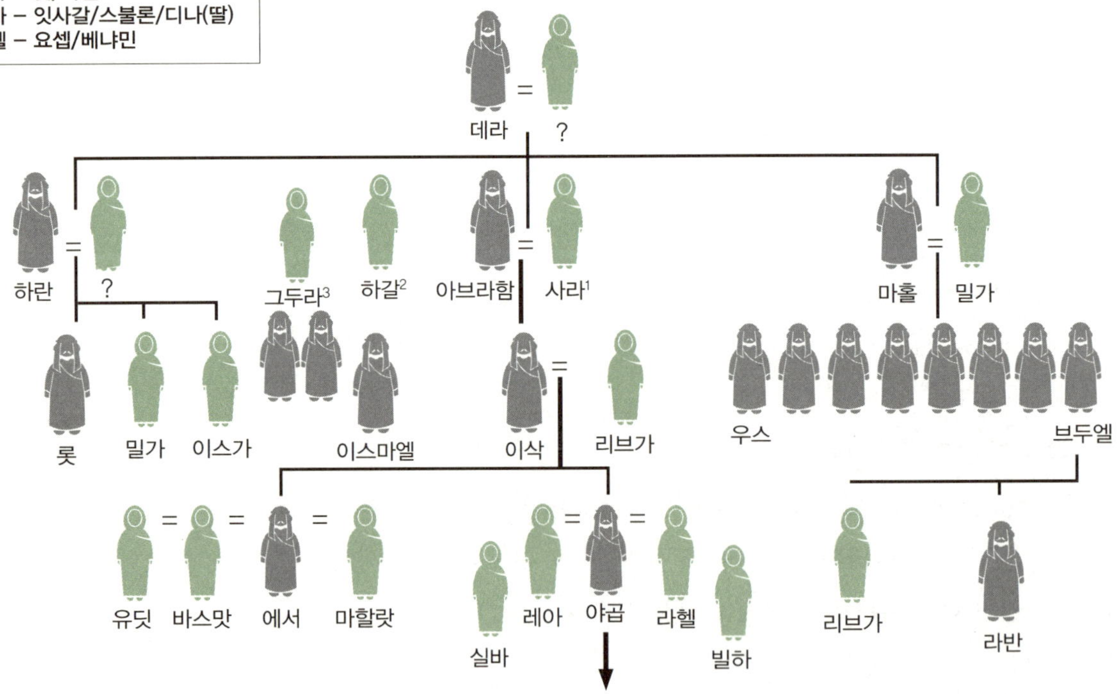

2. 이삭

- 아브라함의 덕성을 그대로 닮았다.
- 순종과 양보하는 사람이다.
- 이름 '이치하크'(웃긴다), 뭐든지 웃음으로 해결하였다.
- 다투지 않고 평화로운 사람이다.
- 자기를 불태울 나무를 묵묵히 지고 갔다.
- 180세까지 장수하였다.
- 범사에 아버지처럼 하였다.
- 아버지처럼 이삭에게도 하나님이 동행하셨다(그랄 목자와 불가침 조약).

이삭을 낳을 때 아브라함은 100세(창 21:5), 이삭이 젖을 떼는 나이는 3세 정도로 보인다. 이스마엘(17세 정도)은 아브라함 103세 때 사라의 노여움을 사게 되어 하갈과 쫓겨났다. 모리아 땅으로 이삭을 데리러 갈 때 이삭은 20대 전후로 보인다(이삭의 순종으로 가능). 이삭이 37세 때 사라가 죽었다. 사라 사망 후 3년이 지나 40세에 5촌 조카인 밀가가 나홀에게 낳은 아들, 브두엘의 딸 리브가와 결혼(아브라함: 140세)한다.

아브라함은 이삭이 75세 때 175세로 사망하고, 이스마엘은 89세(창 16:16), 야곱과 에서는 15세 정도였다. 에서가 40세에 헷사람 비스맛을 아내로 결혼할 때 이삭이 100세였고, 에서의 이방 여인과의 결혼이 근심거리가 되었다.

3. 야곱

〈창세기〉 27장에서 이삭이 눈이 어두운 관계로 리브가의 계략으로 야곱이 에서의 장자 축복권을 가로챘다(이삭 137세 → 180세 사망). 야곱이 71세 때

(창 25:26) 하란에 있는 삼촌인 라반의 집으로 도망(돌을 베게 삼아 잘 때 사닥다리 꿈; 창 28:10~15)하였다. 야곱이 애굽에 내려갈 때 130세(요셉이 태어날 때: 야곱 91세)이다.

요셉이 바로를 섬기기 시작할 때 30세(7년간 풍년, 7년간 흉년; 창 41:53~54)이고, 요셉이 야곱을 만날 때 39세(17세에 팔려가 22년 만에 상봉)이다. 요셉이 태어날 때 라반의 집에서 봉사한 14년이 끝날 무렵이다(야곱이 총 20년 봉사, 6년 양 떼 봉사 → 집 떠날 때: 71세, 이삭: 137세). 라반의 두 딸과 결혼할 때는 84세(이때부터 자녀 13명을 둠)이다.

할아버지 아브라함이 86세에 이스마엘을 낳은 것과 거의 비슷한 나이인 84~85세경 첫아들 르우벤을 레아를 통해서 낳은 셈이다(요셉이 태어날 때: 야곱 91세, 이삭 157세 → 라반의 집을 떠남). 라헬이 요셉을 낳을 때까지 레아는 7년 동안 일곱 자녀를 낳게 된 셈이다.

레아의 딸 디나는 요셉보다 뒤에 태어났다(창 29장 후반과 30장은 레아, 라헬의 결혼 생활). 야곱이 하란을 떠날 때 외동딸 디나는 4~5세 정도, 디나가 세겜에서 봉변당할 때는 14~15세 정도(야곱이 가나안으로 온 지 10년 전후의 일이라 추정됨)이다. 시므온과 레위는 자제력을 상실하고 피의 보복을 강행(야곱의 또 다른 위기)하였다. 야곱과 요셉의 나이 차이는 91세이므로 요셉이 노예로 팔려갈 때 야곱은 108세, 이삭은 168세(야곱의 슬픔을 함께 나눔, 이삭은 이 사건 후 12년을 더 살았다)이다. 야곱이 라반을 피해 도망한 지 사흘 만에 장인 라반이 알게 되었다(일주일 만에 쫓아옴).

하나님께서 꿈에 나타나 "야곱에게 선악간에 말하지 말라"(창 31:29)고 하신다. 돌무더기를 쌓아 놓고 서로 해치지 말자고 약속할 정도로 장인과 사위 사이에 불가침 조약(야곱의 인간관계)을 맺는다. 얍복 강을 건너가서도 불안하여 철야한다(하나님이 천사를 보내심: 붙들고 늘어지는 것이 야곱의 은사). 이 사건을 천사에게 야곱이 축복받았다고 말한다. 그러나 이미 하나님께서 네가 어디로 가든지 나 여호와 하나님이 너와 함께할 것이고 너를 지킬 것이고 네 아비 집에 돌아올 거라고 하셨다(28:10~22). 천사는 약속의 말을 하려 하지만 하지 못하고 떠난 것으로 보아야 할 것이다.

야곱은 에서를 만났지만 믿지 못하고 잔머리를 써서 "형님처럼 걸어가면 우리 양 떼가 다 죽어 버린다, 전부 새끼를 데리고 있어서 하루만 급히 몰아도 죽는다."라고 둘러댄다. 그래도 에서는 안심이 안 되어 군사들을 보내려 하였으나 야곱은 자기 발로 천천히 걸어서 형님한테 간다고 하고서는 다른 곳으로 간다. 그로 인해 딸 디나가 세겜 성주 하몰의 아들 세겜에게 겁탈당하여 시므온과 레위가 그 부족들을 할례를 받게 하고는 모두 죽여 버린다. 이 사건으로 야곱이 시므온과 레위를 죽을 때까지 저주한다. 20년 만에 돌아오면서 아버지 이삭을 찾지 않고 딸 디나가 겁탈당하며 험난함을 예고한다.

큰아들 르우벤은 서모 빌하의 침상을 범하고 라헬은 베냐민을 낳다 죽는다. 요셉과 베냐민은 야곱이 색동옷을 입히면서 차별을 하여 형들의 시샘을 받는다. 요셉은 꿈을 자랑하고 형님들의 못된 일을 야곱에게 고자질하여 미움을 사서 르우벤이 말렸지만 유다가 애굽의 대상들에게 팔아 버렸다.

유다는 집을 나가 아둘람 사람 히라에게 내려가서 멋대로 수아의 딸과 결혼하여 엘, 오난, 셀라를 낳는다. 이후 엘과 오난이 죽고 며느리인 다말과의 불륜 이후 야곱에게 돌아오지만 흉년이 시작된다. 야곱의 후손들은 70명이 되었다. 10명의 형제가 애굽에 식량을 구하러 가서 요셉을 만나게 된다. 요셉은 베냐민이 보이지 않자 이들을 간첩으로 몰아 버린다.

야곱의 생애에서 배울 것

하나님께서는 야곱의 못된 성질을 깨트려서 새사람을 만드시는데 오래 걸려도 포기하지 않으시고 인내심을 가지시고 야곱의 성품을 깨트려 새사람을 만드신다. 야곱이 애굽으로 갈 때에는 하나님을 믿을 수밖에 없고 움켜쥘 것이 없었다. 요셉을 22년 만에 상봉하고 애굽의 바로 왕에게 "내 나그네 길의 세월이 백삼십 년이니이다 내 나이가 얼마 못 되니 우리 조상의 나그네 길의 연조에 미치지 못하나 험악한 세월을 보내었나이다"(창 47:9)라고 하면서 자기 일생을 고백한다. 하나님은 야곱의 오그라진 손을 펴는데 130년이 걸렸다. 그 후 애굽에서 17년을 더 살았는데, 17년 동안은 완전히 신령하고 거룩한 삶을 산다. 눈을 감고도 아들들이 앞으로 어찌될 것을 알아 보았다. 영이 맑아져 므낫세가 큰 자가 될 것인지, 에브라임이 위대한 자(창 48:19)가 될 것인지 다 알게 되었다. 욕심과 세상 것을 내려놓으니 영이 투명해졌다.

4. 요셉

예수님이 십자가에 못 박혀 죽으시고 부활 승천하셨는데, 훗날 예수님께서 환란 속에서 우리를 데리러 오실 모습의 비유이다. 형님들이 팔았는데 원수를 갚지 않았다. 예수님도 유다가 팔았는데, 요셉을 판 사람도 같은 이름의 유다였다. 요셉이 감옥에 있을 때 술 맡은 관원장은 복직되고 떡 맡은 관원장은 결국 목이 매달린다. 예수님이 십자가에 못 박힐 때 한편 강도는 구원받게 되고 다른 편의 강도는 버림받게 된다. → 예수님의 고난의 예표

유다

요셉이 30세에 총리가 되었을 때, 야곱은 121세, 이삭은 1년 전 사망하였다. 야곱은 91세에 고향에 돌아왔고, 바로와 만난 것이 130세, 고향 가나안에서 아버지 이삭과 23년의 세월을 함께 지냈다. 레아가 낳은 자녀 6남 1녀, 네 번째 아들 유다를 낳고 일시적 생산이 멈추었다(창 29:35). 첫아들 르우벤에서 유다까지 연년생으로 보아야 할 것 같다. 유다는 레아가 결혼한 14년 동안에 태어났을 가능성이 있다. 4형제를 연년생으로 가정한다면 유다는 요셉보다 3년 먼저 태어났다. 따라서 야곱의 가족이 애굽으로 이주할 때, 유다는 42세가 되며 쌍둥이 아들들을 비롯하여 손자들도 함께 도착한다(헤스론, 하물). 요셉이 팔릴 때 17세, 유다 나이는 20세가 되는데, 유다가 파란만장한 22년 동안에 결혼하여 손자까지 본다는 것은 상상하기 어렵다. 유다의 결혼 나이는 13세, 요셉이 팔릴 때, 이미 결혼하여 자녀를 둔 것으로 추정된다.

베레스의 두 아들인 헤스론과 하물이 쌍둥이가 된다면 유다의 결혼 나이는 13세가 될 것이다. 요셉이 팔려 갈 때에 성경 기록에는 없지만 유다는 이미 결혼하여 자녀를 두고 있었을 것이다.

유다가 결혼한 나이

42세 (애굽 이주)-2년(유다의 아들 베레스가 낳은 장남 나이)-13년(유다의 아들 베레스의 결혼 적령기)-2년(엘이 죽고 다말에서 태어난 기간)-13년(유다의 장남 엘의 결혼 적령기)=12세

야곱과 요셉

야곱(나이)	0	71	91	108	121	128	130
사건	야곱 태어남.	밧단아람으로 도망.	20년 후 가나안으로				흉년 2년차 바로 앞
요셉(나이)			0	17	30	37	39
사건			요셉 태어남.	애굽으로 팔려 감.	요셉 총리 됨	7년 풍년	흉년 2년차
근거	창 25	창 28	창 30	창 37	창 41	창 41	창 47

아브라함의 출생부터 요셉의 사망까지

순서	사건	데라	아브라함	사라	이스마엘	이삭	야곱	유다	요셉	근거
1	아브라함 출생	130?	0							11:32 ?
2	사라 출생	140?	10	0						17:17
3	데라 사망	205	75	65						11:32
4	이스마엘 출생		86	76	0					16:16
5	개명과 할례		99	89	13					17:24
6	이삭 출생		100	90	14	0				21:5
7	이스마엘 추방		103	93	17	3				21:8,12
8	이삭의 순종		120	110	34	20				22장
9	사라 사망		137	127	51	37				23:1
10	이삭의 결혼		140		54	40				25:20
11	야곱에서 출생		160		74	60	0			25:26
12	아브라함 사망		175		89	75	15			25:7
13	에서의 결혼				114	100	40			25:26
14	이스마엘 사망				137	123	63			25:27
15	야곱의 도망					137	71			29,30,41
16	야곱의 결혼					144	84			29:20
17	유다 출생					148	88	0		29:35
18	요셉 출생					151	91 ?	3	0	30:25
19	야곱의 귀향					157	91 ?	9	6	31:41
20	요셉의 팔림					168	108	20	17	37:2
21	이삭 사망					180	120	32	29	35:28
22	총리 요셉						121	33	30	41:46
23	온 가족 재회						130	42	39	41:53,54
24	야곱 사망						147	59	56	47:28
25	요셉 사망								110	50:26

애굽의 정치 변화와 요셉을 알지 못하는 새 왕

요셉이 애굽의 총리로 등극하자 하나님께서 보여 주신 환상에 힘입어 기근으로 인하여 요셉이 토지법(47:26)을 세우면서 애굽의 정치체제가 봉건 군주들을 중심으로 한 지방분권체제에서 자연스럽게 총리 중심의 중앙집권체제로 전환되었다(창 47:20~26). 이렇게 권력을 잡은 요셉은 그들의 형제들과 후손들이 살기 좋은 땅, 고센과 라암셋에서 살 수 있게끔 배려하였다(창 47:6,11). 이후 요셉이 B.C. 1806년에 죽자, 지방의 봉건 군주들은 기근으로 인하여 할 수 없이 빼앗겼던 권력을 되찾기 위해 혈안이 되었고, 요셉 이후에 정권을 장악하고자 했던 중앙 고위 관리들의 갈등과 투쟁으로 애굽의 국력이 급격히 약화되었다. 이런 틈을 타, 셈족이 아시아 지역에서 내려와 애굽을 정복하였다. 애굽인들은 그들을 가리켜 힉소스(외국에서 온 통치자)라 불렀다. 힉소스족은 모두 여섯 왕들이 애굽을 150년(B.C. 1720~B.C. 1570) 동안 통치하였다. 이 사실은 애굽의 역사를 잘 전해 주고 있는 B.C. 3세기경 애굽 제사장 '마네토'의 기록에서 발견할 수 있다. 그러나 약 16세기 초부터 힉소스족은 애굽인들의 강한 저항을 받고 쫓겨나게 된다.

요셉이 애굽의 총리대신이 된 것은 12왕조 때로 보아야 한다. 성경 속 요셉의 가족들 생활 모습에서 볼 수 있는 당시 관습이 애굽 관습(창 46:34)임을 알 수 있다. 역사적으로도 그 당시에 애굽이 힉소스족에게 침입을 받고 있었으며 야곱의 가족이 애굽으로 이주하였던 당시의 상황과 일치하고 있다. 출애굽 연대를 B.C. 1446년으로 볼 때, 요셉이 애굽의 총리대신이 된 때는 애굽의 12왕조 기간이고 애굽의 생활이 430년 전의 사건이라면 요셉이 총리대신이 된 때의 애굽 왕은 '세누스레트 2세'(B.C. 1894~B.C. 1878)였다고 보고 있다. 당시 바로는 이스라엘 자손의 번성을 두려워했으며 더 나아가 히브리인들이 후에 애굽의 적들과 결합하여 자신들을 공격할 것이라 생각하여 이스라엘을 핍박하기 시작한 왕이었다(출 1:8~10).

그들의 적은 애굽을 정복하여 자신들의 왕국을 건설했던 힉소스족이었다.

그러나 요셉을 알지 못했던 왕은 이스라엘 역시 힉소스족으로 동일하게 취급하여 박해를 가한 것 같다. 이러한 상황들로 미루어 볼 때 요셉을 알지 못하는 새 왕은 애굽의 역사상 힉소스족을 몰아내고 새 왕조를 세운 18왕조의 창시자 '아흐모세'(B.C. 1584~B.C. 1560)임을 추정할 수 있다. 히브리인은 계속된 학대 정책에도 그 수가 증가하였다. 역사적으로 히브리인의 모든 남자아이를 죽이라고 명령을 내린 왕은 '투트모세 1세'(B.C. 1539~B.C. 1514)로 추정하고 있다. 출애굽 연대를 B.C. 1446년으로 추정한다면 모세가 출생한 연대도 80년 전인 B.C. 1526년임을 추정할 수 있다.

모든 학자가 바로의 딸에 관해서는 '하트셉수트'(B.C. 1504~B.C. 1483) 공주로 보고 있다. 투트모세 1세의 딸로서 아버지가 죽자, 배다른 형제인 '투트모세 2세'(B.C. 1514~B.C. 1504)와 결혼하였고 자기 딸을 투트모세 2세 사이에 태어난 '투트모세 3세'(B.C. 1504~B.C. 1450)와 결혼시킴으로 그들 위에 올라 왕의 권한을 가지고 애굽을 섭정했던 여인이다. 자신의 왕권에 위협을 느낀 투트모세 3세는 항상 눈엣가시인 모세가 사람을 죽인 것(출 2:11~15)을 알고 모세를 제거하려 한다. 당시 애굽의 왕자가 사람을 죽이는 것은 큰 문제가 되는 시대는 아니었다. 이때 모세의 어머니인 공주의 요청으로 미디안 광야로 도망하게 된다. 그 후 투트모세 3세는 반란을 일으켜 하트셉수트 공주와 추종자들을 죽여버리고 정권을 잡았다. 모세는 광야에서 목동의 딸(십보라)과 결혼을 하고, 시간이 흘러 모세의 형인 바로가 죽고 모세의 조카인 아멘호텝 2세(B.C. 1450~B.C. 1415)가 왕이 된다.

출애굽기

〈출애굽기(Exodus)〉는 이스라엘 자손들이 애굽에서 탈출한 역사적인 사건을 나타내기 위하여 붙인 헬라어 이름이며 그 뜻은 '벗어남' 또는 '출구'를 의미한다. 430년 동안 노예로 있는 이스라엘 백성들을 탈출시키는 모습으로 시작되고 있다. 하나님이 택하신 선민을 그들의 조상 아브라함과 약속하신 대로 애굽에서 인도하시고 하나님을 섬기게 하고 시내 산 언약(율법: 〈레위기〉)을 맺는 역사적 과정의 이야기이다. 히브리어 '웨엘레 쉐모트(이름은 이러하니)'라고 하는 단어는 〈창세기〉 46장 8절에서 볼 수 있다. 본문에서는 웨엘레 쉐모트가 "애굽에 이른 이스라엘 아들들의 이름은 이러하니"(1:1)로 이스라엘 자손들을 소개하는 데 사용되었다. 따라서 〈출애굽기〉는 율법서인 〈창세기〉에서 시작하여 〈레위기〉, 〈민수기〉, 〈신명기〉로 연결되고 있는 책이다. 〈출애굽기〉는 시내 산에서 하나님으로부터 율법을 받아 기록한 것으로 모세가 저자임을 밝히고 있다(17:14). 〈여호수아서〉도 모세의 율법책이라고 말하고 있다(수 8:31). 신약성경에서 예수님도 〈출애굽기〉의 구절을 인용하여 모세의 기록으로 인정하고 있다(눅 24:44). 이 책은 하나님께서 당시 애굽의 바로 밑에서 노예 생활을 하고 있던 하나님이 택하신 선민들을 어떻게 노예 생활에서 구원하시고 어떻게 제사장의 나라(19:5~6)로 섬기게 하였는가를 보여 주는 책이다. 학자들은 출애굽 사건이 B.C. 1446년에 일어났다고 주장한다. 〈열왕기상〉 6장 1절에 따르면 출애굽하고 480년 후가 솔로몬의 시대가 시작된 지 4년째 되는 해이다. 최근의 학자들은 출애굽 당시의 바로를 애굽의 18대 왕조의 투트모세 3세와 그의 아들 아멘호텝 2세로 보고 있다(2:15,23, 3:10). 바로의 공주인 하트셉수트가 죽은 후 모세는 광야에서 목동의 딸(십보라)과 결혼을 하고, 시간이 흘러 모세의 의붓형인 투트모세 3세가 죽고 모세의 조카인 아멘호텝 2세(B.C. 1450~B.C. 1415)가 왕이 된다. 모세의 나이 80세에 미디안 광야에서 죽기를 원했지만 하나님의 부르심으로 사역을 시작한다.

1. 하나님의 사람 준비(1~4장)	2. 하나님의 자기 계시(5~11장)
3. 유월절의 애굽 탈출(12~18장)	4. 시내 산에서 맺은 언약(19장
5. 십계명의 부여(20장)	6. 시행세칙 교훈(21~24장)
7. 성막을 건축하라(25~40장)	

1. 하나님의 사람 준비(1~4장)

하나님은 일을 할 때 사람을 찾으신다. 하나님은 항상 인격적으로 사람을 통하여 일을 하기 원하신다. 하나님과 인간 사이에는 중재자가 필요하다. 모세 한 사람을 만드시는 데 80년의 세월이 걸렸다. 하나님이 원하시는 온유와 재덕을 갖출 때까지는 오랜 시간이 걸린다. 전능하시지만, 안 되는 것, 못하시는 것이 많다. 죽이시는 것도 쉽지만 하나님은 말씀을 통하여 하신다. 준비가 안 되면 수백 년도 기다리시는 것을 성경 속에서 볼 수 있다.

2. 하나님의 자기 계시 과정(5~11장)

1) 애굽 왕과 신하와 백성들에게 하나님이 어떤 분인가를 나타내려 함이다. 바로가 여호와를 알지 못하므로, 하나님을 충분히 알리기 위하여 10번의 재앙을 주셨다.
2) 가나안 땅으로 들어갈 이스라엘 백성들에게 하나님이 어떤 분인지 보여주기 위함이다.
3) 이것을 기록함으로 오고 가는 세대에게 하나님을 알려 주기 위함이다.

애굽의 10재앙 비교표

	종류	내용 및 의미	술객과 신하의 반응	바로의 반응	시행	특기사항
1	피	나일 강이 피로 변함. 애굽의 번영의 기초가 된 나일 강 심판.	애굽 요술사들도 똑같이 반응.	마음이 완강해 듣지 않음.	아론 지팡이	
2	개구리	개구리로 땅을 덮음. 생산력을 상징하는 '헤카'신 심판.	애굽 요술사도 행함.	백성을 보내리니 개구리를 없애 달라고 요청, 그러나 숨통이 트이자 불이행, 마음을 완강케 함.	아론 지팡이	
3	이	땅의 티끌이 이가 되어 사람과 가축에게 오름. 비옥한 땅을 괴롭히는 것.	요술사들이 행하지 못하고 하나님 권능으로 인정.	술객들의 말을 듣지 않음, 마음을 완강하게 함.	아론 지팡이	바로에게 경고 없이 내려짐.
4	파리	애굽 사람의 집집마다 파리가 가득함.	언급 없음.	이 땅에서 제사를 드리라고 했다가 멀리 가지 말라고 수정 승낙. 마음이 완강하여 보내지 않음.	여호와	이스라엘의 고센 땅을 구분.
5	악질	애굽의 가축에 악질이 발함.	언급 없음.	이스라엘 가축은 어떤지 확인해봄. 그러나 마음이 완강하여 보내지 않음.	여호와	이스라엘 가축은 구분.
6	독종	사람과 가축에 독종 발함. 술객들과 모든 사람에게 발함.	요술사들도 독종으로 인해 서지 못함.	완악하여 보내지 않음. 여호와께서 하심.	모세	바로에게 경고 없이 내려짐.
7	우박	애굽 전역에 식물이 재앙의 범위에 포함.	신하 중 두려워하는 자는 가축을 집으로 피하여 들임.	잘못을 시인하고 다시는 머물지 않게 하리라고 약속하나 재앙이 멈추자 안 보냄, 마음을 완악하게 함. 바로와 신하도 똑같음.	모세 지팡이	바로를 세운 이유가 설명됨(16절).
8	메뚜기	우박을 피하고 남은 밭의 채소를 먹어 치움.	재앙 전에 신하들이 애굽이 망했다면서 그들을 보내라고 요청.	재앙 전에 남자만 가라 했다가 재앙이 내리자 잘못을 인정하고 이번만 용서하라 함. 그러나 재앙이 멈추자 거절함. 완악하게 하심.	모세 지팡이	모세와 아론이 쫓겨남.
9	흑암	3일 동안 땅이 캄캄해짐. 애굽이 섬기는 태양신에 대한 심판.	언급 없음.	가축은 놓아두고 가라 했다가 거절하자 다시 얼굴을 보는 날에는 죽이리라고 협박, 완악하게 하심.	모세의 손	경고 없이 내려짐, 이스라엘 지역은 광명이 있음, 죽음에 대한 협박을 받음.
10	장자	사람과 가축의 처음 난 것을 다 죽임. 장자를 중시하는 것에 대한 심판.	이스라엘이 구하는 대로 애굽 사람들이 물품을 줌.	모든 것을 허락하고 속히 내보냄.	여호와	출애굽에 대한 예언과 준비가 구체적으로 언급됨, 이스라엘 자손은 구분.

⇨ 이집트의 10번의 재앙은 무엇을 의미하는가?(〈요한계시록〉에서 예표로 볼 수 있다.)

3. 탈출(12~18장)

준비하는 과정이 오래 걸린 것이지, 탈출 사건은 하룻밤(유월절 14~15일, 1박 2일)에 일어난다.

출애굽

수르 광야 - 에담 광야 - 신 광야 - 시내 광야(3개월 여정 도착) - 시내 광야(11개월 5일 거주)〈레위기〉(율법), 10계명, 2월 정월 초하루에 성막 세움 - 시내 광야를 떠남 - 바란 광야 통과 - 시인 광야(38년 거주, 광야 1세대 죽음, 가데스바네아 쪽)로 이동하였다. 20세 이상 남자 603,550명(출 38:26)이지만, 여자, 노인, 아이들까지 합치면 약 2,000,000명의 인구와 가축들이 이동한 것으로 추측된다.

기존 출애굽 경로

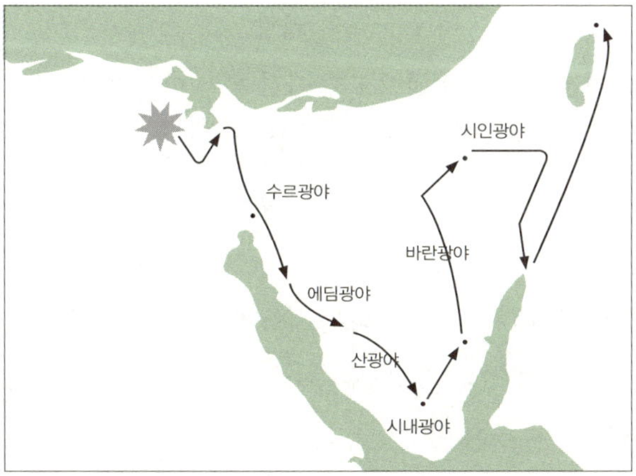

홍해를 경유하는 출애굽 경로

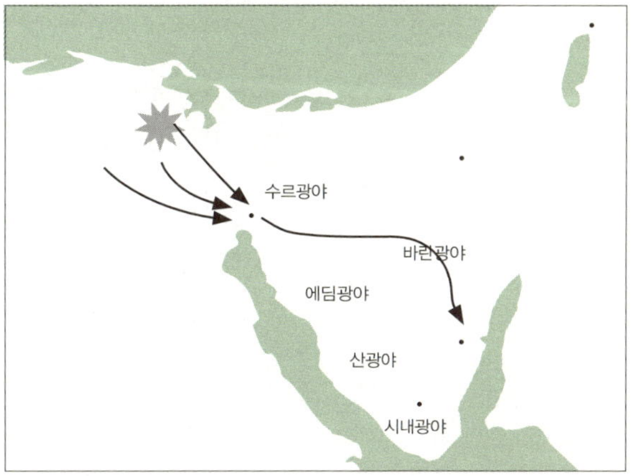

출애굽의 경로

라암셋(12:31)으로부터의 탈출 경로는 적어도 세 개의 경로가 제안된다.

1)블레셋인들의 땅을 통과하는 북쪽 경로(13:17)

2)시나이(Sinai) 반도를 가로 질러 브엘세바로 진행하는 동쪽 방향의 중간 경로

3)시나이(Sinai) 반도의 서쪽 해안을 따라 반도의 남동쪽 극단으로 인도하는 남쪽 경로. 이 남쪽 경로가 가장 유력시된다.

왜냐하면 이스라엘의 사막 여행 중에 등장하는 지명 중 상당수가 그 남쪽 경로에 속한 지명과 일치하기 때문이다. 이스라엘이 '홍해'를 건너간 정확한 장소는 확실하지 않다. 그러나 성경 속의 출애굽은 홍해 사건을 분명히 기록(출 14장)하고 있으며, 모세가 하나님을 만난 호렙 산 미디안 광야(출 3:1,12)는 지금의 사우디아라비아 지역을 말하고 있다.

하나님이 홍해 기적을 행하신 목적

1) 하나님의 능력을 보여 주기 위함 → 구원의 능력, 전능하심.

2) 애굽 군대를 수장하기 위한 것 → 애굽 군대의 멸망.

3) 이스라엘 사람들로 하여금 다시는 애굽으로 돌아갈 수 없다는 것을 인식시키기 위한 것. 홍해 건너편에 있음을 알고, 이제는 자신들 앞에 아무리 힘들고 어려움이 닥쳐온다 해도 다시는 애굽 땅으로 돌아갈 수 없다는 새로운 인식을 심어 주기 위한 것.

4) 이스라엘 백성들이 죽었다가 다시 살아났다는 것을 인식시키기 위한 것. 애굽에서 살던 사람은 모두 홍해 바다에서 죽고 새롭게 태어났다는 각오를 할 수 있도록 그런 과정을 주신 것.

5) 앞으로 이스라엘 백성들이 만나야 할 에돔, 미디안, 아모리, 가나안 족속들에게, 이런 엄청난 소문이 퍼지게 하여 감히 이스라엘 백성들에게 대항할 수 없도록 하기 위한 하나님의 배려.

6) 이스라엘 사람들로 하여금 영원히 출애굽 사건을 잊지 못하도록 하기 위한 것. 애굽에서 종 되었던 집에서 강한 손과 펴신 팔로 인도하심과 홍해

바다를 가르고 건너게 하신 하나님에게 맹세하게 한다.

7) 앞날에 큰 어려움이 있다고 할지라도 좌절하지 않게 훈련시키시는 것. 큰 어려움이 닥치더라도 그때마다 반드시 피할 길을 주신다는 것을 경험하게 하심.

8) 하나님의 종 모세를 백성들이 믿게 하시려는 것.

4. 시내 산 언약(19장)

이곳에서 맺은 거룩한 언약이 〈레위기〉이다.

> "세계가 다 내게 속하였나니 너희가 내 말을 잘 듣고 내 언약을 지키면 너희는 모든 민족 중에서 내 소유가 되겠고 너희가 내게 대하여 제사장 나라가 되며 거룩한 백성이 되리라 너는 이 말을 이스라엘 자손에게 전할지니라"(출 19:5~6)

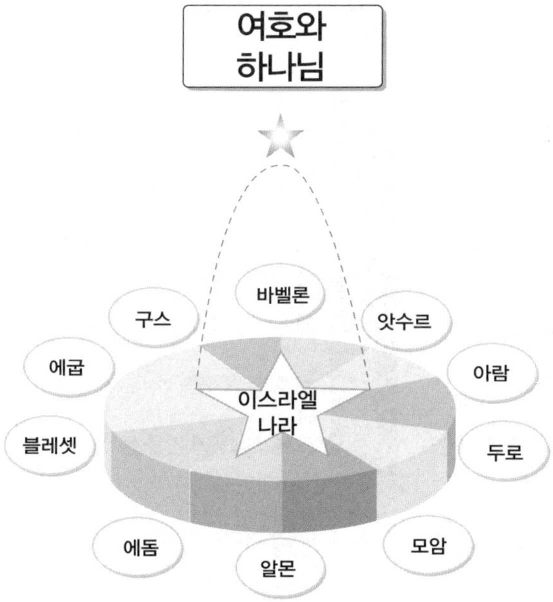

본문의 말씀이 〈출애굽기〉의 중심이라 할 수 있다. 세계가 모두 하나님의 것인데 인간 모두가 등을 돌리고 있다. 출애굽 당시, 이스라엘 백성은 애굽에서 사라질 존재였다. 태어나는 모든 남자 아이는 모두 나일강에 던져 죽였기 때문에(출 1:16) 50~70년이 되면, 애굽에서 이 민족은 사라질 수밖에 없었다. 그런데 하나님이 그런 민족을 구원했으니 이스라엘 민족만큼은 하나님을 더 특별히 생각해야 했다. 모두가 하나님의 소유이지만 땅의 모든 나라가 하나님의 곁을 떠나 있다. 하나님은 그중에 이스라엘 민족을 유일한 백성으로 만들고자 하였다. 모든 나라가 하나님을 떠나 있지만 이스라엘 백성이 하나님을 믿음으로 세상과 하나님을 연결하는 중간 역할을 해주시길 원하셨다.

즉 하나님은 유대인을 통해 모든 열방이 하나님을 믿고 돌아오기를 원하신다. 그러나 유대인은 오직 아브라함의, 이삭의, 야곱의 하나님으로, 오직 자신들만 사랑하시는 분이며 구원하기를 원하신다는 잘못된 생각을 지금까지 하고 있다.

모세의 시내 산 등정 횟수 및 말씀

차수	내용	차수	내용
1차	언약을 맺고자 하는 하나님의 뜻을 들음(출 19:3).	5차	언약 체결 후 산에 올라 공동 식사함(출 24:9~11).
	모세가 백성들에게 하나님 말씀을 전함(출 19:7).		?
2차	모세가 백성들의 반응을 하나님께 말함(출 19:8).	6차	40주야 머물면서 십계명 받음(출 24:15).
	몸을 정결케 하라는 하나님 말씀을 전함(출 19:14).		이스라엘 금송아지 우상숭배(출 32:15).
3차	백성들을 시내 산에 오르지 못하게 하심(출 19:20~24).	7차	모세가 이스라엘 백성 위해 중보 기도함(출 32:30~31).
	모세가 백성들에게 하나님 말씀 전함(출 19:25).		자숙하는 의미에서 백성들의 화장 금함(출 33:4~6).
4차	모세가 십계명과 율법을 받음(출 20:1, 21).	8차	십계명 받음(출 34:4).
	모세가 율법서를 낭독하고 언약을 체결함(출 24:3~8).		모세가 십계명 판을 들고 내려옴(출 34:29).

5. 성막 건축(25~40장)

"이스라엘 자손에게 명령하여 내게 예물을 가져오라 하고 기쁜 마음으로 내는 자가 내게 바치는 모든 것을 너희는 받을지니라"(출 25:2)

성막에서 사용하는 주요 기구

이름	의 미
언약궤(법궤)	지성소 안에 위치한 금으로 된 직사각형의 상자
지성소	언약궤를 두고 대제사장만이 출입할 수 있는 곳
휘장	성막 내의 성소와 지성소를 구분하는 커튼
진설병상	이스라엘의 12지파를 상징하는 12개의 떡이 진설되어 있는 상
등대	7개의 가지 끝에 등불이 타고 있는 촛대
분향단	지성소의 휘장 바로 앞에 위치한 향을 불태우는 제단
관유	제사장과 성막의 기구들을 발라 거룩하게 구별하는 기름
번제단	성막의 바깥뜰에 위치한 희생제물을 불태우는 놋단
물두멍	제사장들이 직무를 수행하기 전에 손발을 씻었던 큰 놋대야

레위기

〈레위기〉의 뜻은 히브리 성경 '와이크라'(그 여호와가 부르셨다; 레 1:1)이고 칠십인역(헬라어)의 영향으로 '레비티쿠스'(Leviticus: 레위인들에 관하여)라는 명칭을 사용하며, 성전에서 봉사하는 레위인과 제사장의 사역에 관하여 기록하고 있다. 토라(오경; 〈창세기〉~〈신명기〉), 즉 율법서는 모세가 기록했다고 보고 있다. 〈레위기〉는 율법서의 중심이며 구약성경 중에서 가장 먼저 기록된 책이다. 모세가 시내 산에서 하나님의 계명을 받았고, 그 시내 산을 떠나기 전에 이미 완성이 되었다고 본다. 일반적으로 구약이라고 할 때, 〈창세기〉부터 〈말라기〉까지를 말하지만, 엄밀하게 말하자면 〈레위기〉가 곧 옛 언약이다. 〈말라기〉 2장 4절을 보면, "만군의 여호와가 이르노라 내가 이 명령을 너희에게 내린 것은 레위와 세운 나의 언약이 항상 있게 하려 함인 줄을 너희가 알리라"고 한다. 레위와 세운 하나님의 언약이 〈레위기〉이다. 5절에도 "레위와 세운 나의 언약은 생명과 평강의 언약이라 내가 이것을 그에게 준 것은 그로 경외하게 하려 함이라"고 한다. 〈레위기〉의 율법은 그것을 지켜서 의롭다함을 받는 것이나 구원을 받는 것은 아니다. 은혜로 값없이 구원받은 후에 구원받은 백성답게 거룩하게 사는 방법을 주신 것이다. 〈레위기〉는 이스라엘 백성들이 하루의 삶 가운데 하나님께 어떻게 예배를 드렸으며 하나님이 기뻐하시는 삶이 어떤 것인가를 알 수 있는 책이다. 〈레위기〉의 주제는 19장 2절 "너희는 거룩하라 이는 나 여호와 너희 하나님이 거룩함이니라"는 말씀이다. 하나님께서 이스라엘 백성을 특별 소유로 삼으셨을 때 제사장 나라답게, 구별되어 거룩하게 살라고 하신 것이다. 〈레위기〉의 율법을 지키면 영원한 생명을 얻는 것이 아니라 땅에서 거룩한 백성이 되고 복을 받아 누리는 것이다. 땅에서 생명을 얻고 평강을 얻고 복을 받는 법이다. 그래서 〈레위기〉는 생명과 평강의 법칙이다. 이스라엘 민족이 하나님께 받은 사명 중에 '열국 중에서 제사장 나라'가 되기 위해서 이 법이 주어진 것이다. 성경을 보면 율법은 영원히 폐하지 않는다는 말이 있고, 율법을 폐했다는 말도 있다. 또 그것을 폐하심은 둘째 것을 세우려고 하심이라는 말도 있다. 예수님은 "내가 율법이나 선지자를 폐하러 온 줄로 생각하지 말라 폐하러 온 것이 아니요 완전하게 하려 함이라 진실로 너희에게 이르노니 천지가 없어지기 전에는 율법의 일점 일획도 결코 없어지지 아니하고 다 이루리라"(마 5:17~18)고 하셨다. 동물 제사와 관련되었던 모든 것은 다 폐한 것이다. 폐기된 율법 중에는 의식법이라든지, 예수님의 몸이 오셔서 드렸기에 폐한 것이고, 모형으로 하던 것은 실상이 왔기에 폐한 것이다.

1~7장은 제사에 관한 규례를 다루었다. 우리와 상관없으나 그 '정신'은 영원토록 의미를 가진다.

- 번 제: '올라' - 태워서 드리는 제사(소, 양, 비둘기) → 자기 부인, 헌신
- 소 제: '민하' - 고운(곡식) 가루를 기름에 붓고 유황을 더하는 제사 → 희생과 봉사
- 화목제: '셀렘' - 제사를 드리고 제물을 함께 나누어 먹는 제사 → 감사와 나눔
- 속죄제: '히타트' - 여호와의 법령을 범한 경우(부지중 죄) 속죄하는 제사 → 자백과 회개
- 속건제: '아샴' - 부지중에 하나님의 것이나 이웃의 소유에 대한 소유권 침해 변상 → 원가×120% (5분의 1)

8~9장은 거룩한 제사장 위임식을 다루었다.

성막

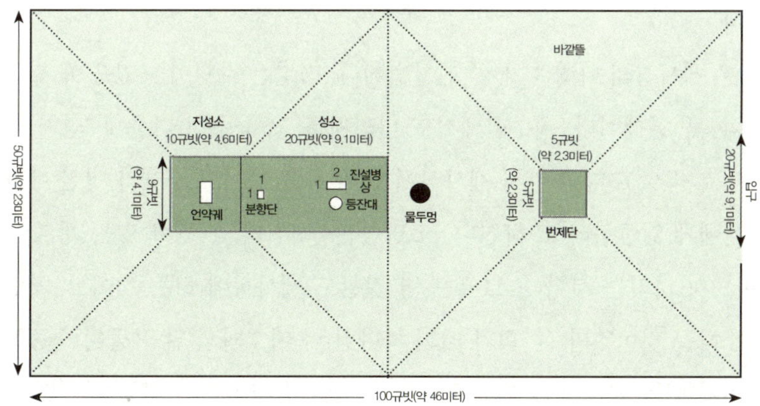

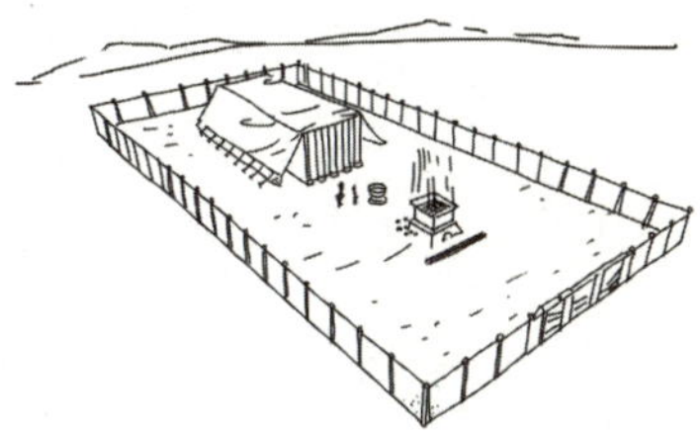

10장에서는 나답과 아비후의 잘못 드린 제사를 다루었다. 제사장 중에 아론의 아들인 나답과 아비후가 여호와께서 명하지 않은 다른 불을 가지고 제사를 드리다가 제단에서 불이 나와 타 죽었다. 하나님의 말씀과 성령의 불로 거룩한 제사를 지내야 하는데, 성소에 들어갈 때 술을 마시고 들어가 변을 당하였다. 모세도 이 문제를 가지고 앞으로는 성소에 들어갈 때(10:9) 포도주나 독주를 마시지 말고 사망을 면하라 한다. 이것은 9절의 말씀에서 추론해 볼 수 있다고 사료된다.

11장은 음식물 규정을 다루었다. 고기 중에 먹을 수 있는 것은 굽이 갈라지고 새김질하는 것, 소, 양, 염소, 사슴, 노루는 먹을 수 있다. 돼지는 굽은 갈라졌지만 새김질을 하지 않으니 부정하여 먹지 않고, 약대와 말은 새김질을 하지만 굽이 갈라지지 않아서 안 된다. 물고기는 먹을 수 있는 것은 비늘이 있고 지느러미가 있는 조기, 도미, 농어 등이다. 메기, 뱀장어는 먹지 않는다. 뛰는 다리가 있는 메뚜기와 귀뚜라미는 먹을 수 있는데, 발이 많이 달린 것들과 발이 없는 곤충들은 먹으면 안 된다. 물에서 물고기를 잡아먹는 새나 새를 잡아먹는 맹금류 등은 먹어서는 안 된다. 12장은 산혈이 깨끗해지는 기간이다. 여성들이 남자아이를 낳으면 33일이 지나면 산혈이 맑아지고, 여자아이를 낳으면 66일이 지나야 피가 깨끗해진다. 여성들에게 산후 몸조리를 할 수 있는 기간으로 배려해야 한다.

토끼(11:6)

일반적으로 새김질을 하지 않는다고 알려져 있지만 독일의 동물학자인 '그리지맥 박사'는 모든 사람이 잠자는 시간 밤 12시~새벽 3시 사이에 되새김질을 한다는 것을 발견하여 성경의 진실을 뒷받침해 주었다.

13장은 제사장의 나병(한센병) 진찰법이다. 14장은 나병이 낳았을 때 정결해지는 절차, 즉 결례이다. 예수님께서도 나환자를 고쳐 주신 다음에 "삼가 아무에게도 이르지 말고 다만 가서 제사장에게 네 몸을 보이고 모세가 명한 예물을 드려 그들에게 입증하라"고 하신다. 그 말씀은 〈레위기〉 14장에 있는 대로 나았을 때 반드시 하라는 것이다. 그때는 병 진찰도 제사장이 하는 것이고, 처방도 제사장이 하는 것이었다. "너희가 너희 하나님 나 여호와의 말을 들어 순종하고 내가 보기에 의를 행하며 내 계명에 귀를 기울이며 내 모든 규례를 지키면 내가 애굽 사람에게 내린 모든 질병 중 하나도 너희에게 내리지 아니하리니 나는 너희를 치료하는 여호와임이라"(출 15:26)고 말씀하셨다.

15장은 유출병, 피나 고름이 성기에서 계속 흐르는 것이다. 하혈하는 성병이며, 건전한 성생활을 하지 않은 죄를 범한 대가이다. 신약에서 나오는 혈루증 여인이 '예수님의 옷자락이라도 만지면 내 병이 나으리라.'는 마음으로 치료받은 여인이 구약의 유출병 환자이다. 16장에서는 속죄일과 대속죄일 규례를 볼 수 있다.

> "너희는 영원히 이 규례를 지킬지니라 일곱째 달 곧 그 달 십일(7월 10일)에 너희는 스스로 괴롭게 하고 아무 일도 하지 말되 본토인이든지 너희 중에 거류하는 거류민이든지 그리하라"(16:29)

17장은 모든 생물은 그 피가 생명과 일체니 피를 먹지 말라는 것이다.

"이스라엘 집 사람이나 그들 중에 거류하는 거류민 중에 무슨 피든지 먹는 자가 있으면 내가 그 피를 먹는 그 사람에게는 내 얼굴을 대하여 그를 백성 중에서 끊으리니"(17:10)라고 엄히 경고하신다. 신약성경 〈사도행전〉 15장에도 예루살렘 공회가 이방인 중에서 주께 돌아오는 자를 괴롭게 하려는 할례는 안 해도 괜찮지만, 피와 목매어 죽인 것과 음행과 우상의 제물을 멀리 하라고 하였다.

18장에는 거룩한 백성들의 성 윤리가 나온다. 인간 세상의 기초는 성 윤리이다. 남녀 관계가 무너지면 모든 윤리가 다 무너지게 된다. 가나안에 이루어지고 있는 가증한 풍속을 따르지 말라 하신다.

19장은 사회윤리이다. 사람들이 이 윤리를 지키면 개인은 건강하고 사회는 건전하게 된다. 이스라엘 자손에게 "너희는 거룩하라 이는 나 여호와 너희 하나님이 거룩함이니라"(19:2)라고 삶을 거룩하게 살라고 명하시고, 가난한 자의 구제를 다음과 같이 명하신다.

> "너희가 너희의 땅에서 곡식을 거둘 때에 너는 밭 모퉁이까지 다

거두지 말고 네 떨어진 이삭도 줍지 말며 네 포도원의 열매를 다 따지 말며 네 포도원에 떨어진 열매도 줍지 말고 가난한 사람과 거류민을 위하여 버려두라 나는 너희의 하나님 여호와이니라"(레 19:9~10)

20장에는 반드시 죽여야 하는 죄가 15가지 정도 나온다. 이것은 악을 제하라는 교훈적인 측면으로 이 세상에 있어서 지속되어서는 안 될 죄악은 엄하게 다스려서 그런 죄로 말미암아 저주받는 사람을 최소화하려는 예방적인 차원으로 보아야 한다. 이것은 예방법, 지도자의 판결법이지 개인의 행동 윤리 강령이 아니다. 21장은 제사장의 처신 규례이다. 제사장들은 일정하게 처신을 하는 규례가 있다. 22장은 성물과 거룩한 음식을 먹을 수 있는 자에 대한 것이다. 하나님께 바쳐진 음식을 누가 어떻게 먹을 수 있는지 알 수 있다. 23장은 절기이다. 출애굽 때부터 유월절, 무교절, 초실절, 오순절, 나팔절, 속죄일, 초막절을 기록하고 기념하고 기억하게 해서 잊지 못하게 하는 것이다.

히브리 절기

명칭	일 자	기념 사건
유월절	유대력 1월 14일(23:5)	애굽으로부터의 구원 회상
무교절	유대력 1월 15~21일(23:6~8)	하나님께서 애굽에서 어떻게 구원하셨는지를 기억
초실절	무교절 중 첫째 안식일 다음 날(레 23:9~14)	모든 땅의 수산물이 주의 것임을 기억
칠칠절	무교절부터 50일 되는 날, 오순절(23:15~22)	허락하신 추수의 복을 기뻐하고 감사하기 위하여
나팔절	유대력 7월 1일, 신년절(23:23~25)	새해 첫날을 드리기 위해
속죄일	유대력 7월 10일(16장, 23:26~32)	제사장들과 백성들의 죄 문제를 해결, 해마다
초막절	유대력 7월 15~21일, 장막절, 수장절(23:33~44)	출애굽 이후에 광야 40년 생활을 회고

24장은 성막과 제단 관리이다. 즉 성막과 제단을 어떻게 관리하느냐에 관한 것이다. 레위 지파는 므라리 자손, 게르손 자손, 고핫 자손들이 1년을 24반열로

나누어 15일씩 회막 봉사를 한다(〈역대상〉 24장 참조).

25장은 안식년과 희년, 토지법이다. 토지에 관한 법은 율법 중에서 제일 나중에 다루고 있다. 이것은 율법의 중요성에 있어서의 순서로 보아야 할 것이다.

명칭	일 자	준수 계정	준수 목적
안식년	제7년, 7년을 주기로 한 마지막 해(25:1~7)	1년간 휴경	토지를 쉬게 함, 이웃을 둘러보게 함, 영적 신앙 회복
희년	제50년, 안식년 7회 경과한 그다음 해(25:8~55, 27:17~24)	채무 청산, 노예와 종의 자유 허용, 토지는 원 소유주에게 환원.	가난한 자를 돌봄, 만물의 주인은 하나님이심을 재확인.

26장은 복과 저주이다. 25장까지에 있는 법을 잘 지키면 모든 복을 받는다는 것이고, 지키지 않으면 저주를 받는다는 것이다. 율법을 지키면 하나님께서 말없이 복 주시지만, 안 지키는 자에게는 선지자를 보내어 경고를 하시고, 만약 지키지 아니할 때는 무서운 저주를 받는다고 하셨다.

> "내가 칼을 너희에게로 가져다가 언약을 어긴 원수를 갚을 것이며 너희가 성읍에 모일지라도 너희 중에 염병을 보내고 너희를 대적의 손에 넘길 것이며 내가 너희에게 의뢰하는 양식을 끊을 때에 열 여인이 한 화덕에서 너희 떡을 구워 저울에 달아 주리니 너희가 먹어도 배부르지 아니하리라"(레 26:25~26)

27장에는 마지막에 서원의 예물의 값을 제시하고 있다. 〈레위기〉는 출애굽 후 가나안 땅에서의 이스라엘 공동체의 생활규칙(율법)이다. 제일 먼저는 총칙인 예배, 둘째는 건강, 마지막 부분에 토지법, 복과 저주, 금전에 관한 문제를 다루고 있다.

〈레위기〉의 교훈

"나는 여호와 너희의 하나님이라 내가 거룩하니 너희도 몸을 구별하여 거룩하게 하고 땅에 기는 길짐승으로 말미암아 스스로 더럽히지 말라 나는 너희의 하나님이 되려고 너희를 애굽 땅에서 인도하여 낸 여호와라 내가 거룩하니 너희도 거룩할지어다"(레 11:44~45)라는 말씀으로 볼 수 있다.

민수기

이스라엘 백성들이 시내 산에서 약 1년간 머물다가 〈레위기〉가 다 완성되고, 성막이 완성되어 봉헌 후 시내 광야를 떠나게 된다. 〈민수기〉는 시내 산으로부터 가나안 변경 모압 땅 평지까지 이르는 이스라엘 백성의 광야 기록이다. 애굽에서 해방시켰다고 해서 끝난 것이 아니고 제사장 나라(출 19:5~6), 거룩한 백성이 되기 위해서 가나안에 들어가기 전에 광야에서 생활하게 하신다. 40년간 이스라엘 백성의 광야 생활 일지이다. 이 책의 명칭(Numbers)은 70인역으로부터 유래한 것으로 1장 46절과 26장 51절의 인구 조사(2번째 인구 조사: 1,820명 감소) 사실에 근거한다. 이 책의 히브리어 명칭은 '베미드바르'(bemidbar, '광야에서')이고 첫 구절에 나오는 단어이다. 〈민수기〉는 시내 산 언약 이후에 이스라엘 백성이 광야에서 38년 동안 방황했던 과정을 설명해 준다. 전통적으로 모세가 기록한 것으로 본다. 첫 번째 인구 조사는 애굽에서 나온 이스라엘 백성들을 대상으로 하였으며, 두 번째 인구 조사는 애굽에서 나온 첫 세대가 광야에서 다 죽은 후에 가나안 땅에 들어갈 광야 2세대를 대상으로 조사하였다. 〈민수기〉는 애굽에서 나온 이스라엘 백성들이 약속하신 가나안 땅으로 들어가기 위하여 광야에서 시내 산 언약인 율법(〈레위기〉)을 가지고 어떻게 생활하였는가를 기록하였다.

이 책은 하나님 백성들의 불평과 반역 그리고 그에 따르는 심판을 보여 준다. 하나님께서 애굽의 종살이로부터 구속하여 시내 산에서 언약을 맺은 백성들이 감사와 순종으로 응답하지 않고 불신앙과 불평과 반역을 거듭하는 모습을 볼 수 있다. 가장 큰 반역은 "가나안을 정복하라"는 명령에 순종하지 않고 정탐꾼을 보내면서 시작된다(14장). 결국 그들은 이 이유로 광야에서 자신들의 일생을 마치게 된다. 하나님은 진노의 하나님이셨고 그의 진노는 애굽과 가나안과 같은 원수의 나라들뿐만 아니라 잘못을 범한 그의 자녀들에게도 임하였다. 하나님의 위대한 선지자며 종인 모세조차도 불순종하였을 때, 하나님의 진노를 피할 수는 없어 가나안 땅을 바라보고만 죽음을 맞이하게 되었다.

1. 시내 광야에서(1장~10장) : 시내 산까지 일정

- 첫 번째 인구 조사(603,550명) 및 진 편성법(1~3장)
- 고핫, 게르손, 므라리 자손의 임무 부여(4장)
- 나실인에 관한 법(6장)
- 제단 봉헌식 예물(7장)
- 시내 광야에서 바란 광야로(10장): 둘째 해 2월 20일

2. 광야 길에서(11장~20장)

- 백성들의 원망과 불평(11장)
- 가데스바네아에서 보낸 정탐꾼(13장)
- 고라와 다단과 아비람과 온의 반역(16장)
- 왕의 대로에서 생긴 일들(20장)
- 모세와 아론의 실수(20장)

3. 광야를 벗어나

- 바산 왕 옥과 아모리 왕 시혼(21장)
- 발람의 어그러진 길(22장~24장)

- 브올에서 모압 여자와 음행 사건(25장)
- 두 번째 인구 조사(26장) → 601,730명(1,820명 감소)
- 미디안 전투(31장)
- 요단강 동편 땅의 분배(32장)
- 40년 광야 노정기(33장)
- 레위 지파의 분깃과 살인자의 도피성(35장)

이스라엘 백성의 광야 일지

수르 광야 ⇨ 에담 광야 ⇨ 신 광야(출 16:1, 약 3개월) ⇨ 시내 광야(11개월 5일 거주) ⇨ 바란 광야 ⇨ 신 광야(38년)

광야 이동 과정

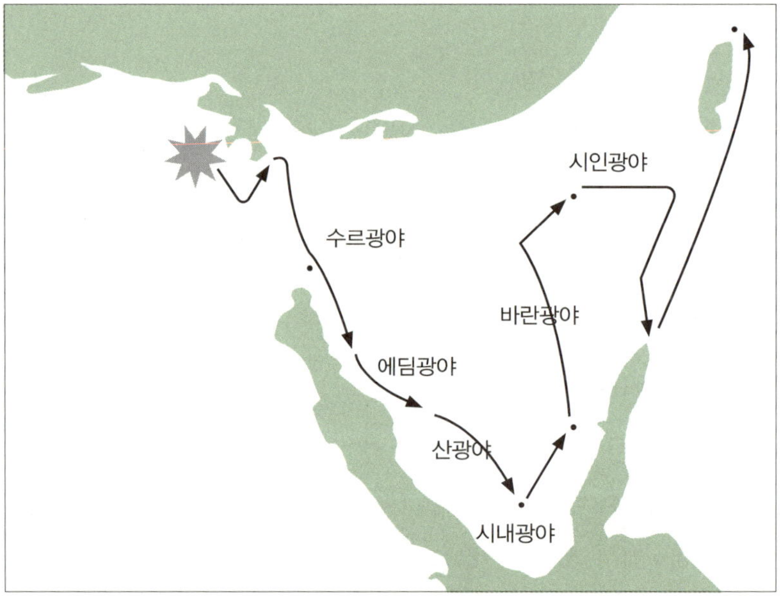

〈민수기〉의 내용을 정리 해보면, 첫 번째 인구 조사를 한다. 20세 이상으로 전쟁에 나가서 칼을 뺄 만한 사람을 세워 보니 603,550명이지만, 여자와 노인들과 아이들을 추정해 보면 200만 명쯤 될 것이다. 각자가 이삿짐을 꾸려서 가축 떼까지 동행했다면 얼마나 많은 수가 움직였겠는가?

모세에게는 백성과 가축들에게 제공할 식수가 가장 큰 문제였을 것이다.

성막 행군과 머무를 때 개념도

⊙ 법궤(증거궤, 언약궤)

성막 행진시 열두 지파의 행진 위치

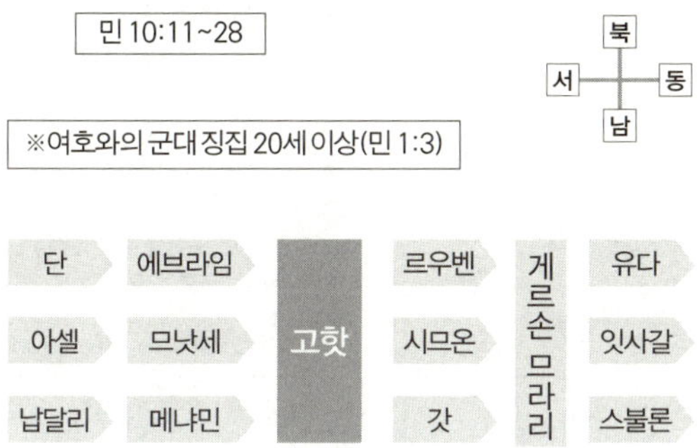

시내광야 출발 바란광야에 유진시
첫 번째 출발: 유다, 잇사갈, 스블론(민 10:14~16)
두 번째: 게르손, 므라리(민 10:17)
세 번째: 르우벤, 시므온, 갓(민 10:18~20)
네 번째: 고핫(민 10:21)
다섯 번째: 에브라임, 므낫세, 베냐민(민 10:22~24)
여섯 번째: 단, 아셀, 납달리(민 10:25~28)

⊙ 레위지파 위치도

성막 행진시 열두 지파의 진 경계 위치

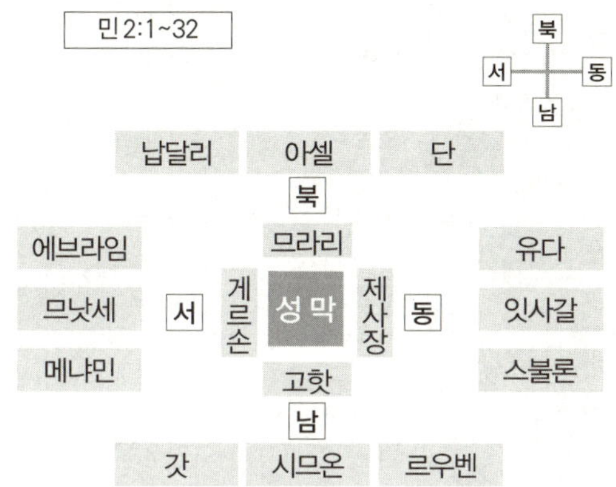

동쪽: 유다, 잇사갈, 스블론(민 2:1~9)
서쪽: 에브라임, 므낫세, 베냐민(민 2:18~24)
남쪽: 르우벤, 시므온, 갓(민 2:10~16)
북쪽: 단, 아셀, 납달리(민 2:17)
레위인은 성막의 모든 기구를 맡는다(민 1:47~54)

- 속죄소 : 하나님의 강림 장소(민 7:89)
- 십계명 : 하나님의 공의의 성품
- 아론의 싹난 지팡이 : 예수 그리스도의 부활 예표
- 만나 : 하늘의 양식되시는 그리스도를 상징

이스라엘 백성들의 불평

장소	내용	이유	누가	누구에게	징계	하나님 자비
홍해 (출 14장)	바로왕 추격	홍해 가로막음.	백성	모세		홍해 열림.
마라 (출 15:22)	물이 부족	물이 씀.	백성	모세		나뭇가지
신 광야 (출 16장)	불평	양식 없음.	백성	모세		만나
르비딤 (출 17장)	불평	물 부족	백성	모세		반석을 침.
시내 산 (출 32장)	불평	모세의 행적 시내 산	백성	모세	십계명판. 3천명 죽임.	
다베라 (민 11:1~3)	원망		백성	하나님	불로 저주.	모세 기도
기브롯 핫다아와 (민 11:4~35)	불평	고기 없음.	섞여 사는 무리, 백성	모세	큰 재앙	메추라기 주심.
하세롯 (민 12:1~16)	비방 질투	모세 구스 여인 취함.	아론 미리암	모세	미리암 문둥병	7일 후 회복.
가데스 정탐 (민 13~14장)	불신앙, 불순종	가나안 정탐 보고	10정탐꾼, 회중	모세, 모세 아론	재앙으로 죽음(10명), 38년간 유리.	자녀들은 살리심.
가데스 (민 16장)	불평 탐욕 반역	제사장 직분을 탐냄.	고라 다단 등 250인	모세와 아론, 회중	땅이 삼킴, 불이 소멸, 염병	교훈, 아론의 싹난 지팡이, 암송아지
가데스 므리바 샘물 (민 20:1~13)	불평 불신앙	물이 없음. 거룩하지 못함.	회중, 모세와 아론	모세와 아론, 하나님	가나안 입성 불허.	물을 내심.
왕의 대로 (홍해길) (민 21:4~9)	불평 원망	길로 인해 마음 상함, 입맛이 변질됨(하찮은 음식: 만나).	백성		불뱀에게 물려 죽음.	놋뱀으로 구원.

나실인은 '구별된 자'

머리에 삭도를 대지 말고(민 6:5), 시체에 손대지 말고(민 6:6), 포도주를 먹지 말고(민 6:3), 자기의 몸을 구별되어진 자로 구별하게 하셨다.

첫 번째 인구조사를 하고 진을 편성하고, 레위의 아들인 므라리, 게르손, 고핫 자손(이므람/모세)들에게 각각 역할 분담을 시켜서 임무를 부여하고, 나실인에 관한 법(6장)이 나온다.

이스라엘 백성들이 불평으로 징계 받은 이야기는 출애굽에서부터 〈민수기〉까지 12번 정도(도표) 처음 광야 시절에서 볼 수 있다. 하지만 후반부에는 찬양을 하면서 식수를 기다리는 모습(민 21:17)도 볼 수 있다. 이집트에서 정착했던 고센 땅은 나일 강 하류의 삼각주 평야 지역으로 가장 비옥한 땅이었다. 그래서 환경적으로 광야에서 수시로 불평할 수밖에 없었다. 광야에서 만나가 6일 동안은 내려오나 7일째는 내려오지 않았고, 가데스바네아에서 정탐꾼을 보내고, 고라와 다단과 아비람이 당을 지어 모세에게 대적하였다. 바산 왕 옥과 아모리 왕 시혼을 죽이고, 왕의 대로로 지나가려 하였으나 에서 자손들이 길을 열어 주지 않아 사막 길로 가는 것을 불평하다 불뱀 사건(21장)이 벌어졌다. 발람의 사건에서 하나님이 보호하시고,

두 번째 인구조사(26장: 601,730명)를 하였다(1,820명 감소). 미디안 사람은 모압 사람과 같이 되어 이스라엘을 저주하기 위하여 발람을 청하였지만, 실패한 후에 이스라엘 백성을 교사하여 우상숭배와 음탕으로 타락(25장)시켰다. 이에 미디안을 치시게 하여 미디안의 다섯 왕을 죽이고 브올의 아들 발람도(31:8) 죽였다. 정복한 요단 강 동쪽을 르우벤 자손과 갓 자손과 므나셋 반 지파에게 분배하였다. '아들이 없다.'라는 이유 하나로 한 가족과 한 후손들이 이름조차 없이 하나님의 족보에서 사라져야 할 슬로브핫의 딸들을 대대로 이어 내려올 수 있게 하셨다(민 27장, 36장; 수 17:1~6). 광야 노정 중 약 150만 명 정도가 죽게 되었다. 평균적으로 하루에 100명씩, 한 달에 천 명씩 죽음으로 불평이 심해질 수밖에 없었다. 또한 모든 가족과 가축과 이삿짐이 함께 있는 상태라는 점에서 이들의 고통을 짐작할 수 있다(360×40=14,400일, 1,500,000명/14,400=100명).

광야에서의 가장 큰 불순종인 가데스바네아에서 믿음의 눈으로 보지 못하고 정탐꾼을 보낸 결과로 출애굽 1세대는 가나안에 들어가지 못하고, 38년 동안 광야 생활을 하게 되었다. 이들은 광야 40년 동안 43번이나 진을 치고 옮겨 다녔다. 성막 봉사를 하는 레위인들이 살 땅을 각 지파들이 분배하도록 하였고, 고의가 아닌 실수(35:15)로 살인을 한자에게는 피해자가 정당한 재판을 받기까지 피해자의 가족으로부터 보호받을 수 있는 도피성을 제사장의 업무 중 하나로 두었다. 결과적으로 애굽의 문화와 관습에 물든 광야 1세대는 여호수아와 갈렙을 제외하고, 광야에서 모두 죽고 가나안의 땅에는 새로운 세대가 들어가게 되었다.

세 번의 큰 전쟁(전쟁은 하나님께 속한 것: 하나님이 역사하실 때만)

1. 아말렉: 출 17:8~16
2. 미디안: 민 22:4~6, 민 25장, 민 31장
3. 바산 왕 옥과 아모리 왕 시혼: 민 21:21~356:3), 자기의 몸을 구별되어진 자로 구별하게 하셨다.

도피성(6개; 민 35장; 수 20:7)

- 납달리산지갈리리→게데스
- 에브라임 산지→세겜
- 유다 산지 → 기랏 아르바(헤브론)
- 여리고 동쪽(요단강 건너편)르우벤→베셀
- 갓→길르앗 라못
- 므낫세→바산 골란자로 구별하게 하셨다.

신명기

〈신명기〉의 히브리어명은 '엘레 하데바림'(말씀이니라; 1:1), 또는 단순히 '데바림'(말씀)이다. 70인역의 듀테로노미온(두 번째 율법)의 명칭을 사용하였다. 〈신명기〉의 영어명은 'Deuteronomy'('율법의 반복'이라는 뜻)이다. 이것은 〈신명기〉 17장 18절의 '이 율법서의 등사본'을 의미한다. 〈신명기〉는 율법 〈레위기〉를 자세히 설명한 책이기도 하다. 이 책은 광야 생활을 마치고 가나안 땅에 입성하기 직전 광야 2세대들에게 가나안 땅에 들어가서는 이방인들의 풍습을 좇지 말고 오직 하나님의 율법을 준행하여 이스라엘 백성들이 영원히 하나님의 축복을 받고 살 수 있도록 모세가 마지막 설교를 하고 기록한 것이다. 〈신명기〉는 B.C. 1410~B.C. 1395년경 모세가 기록하였지만, 모세 사후의 기록도 볼 수 있는데, 이것은 여호수아가 이어서 적었다는 설도 있다. 비록 모세의 죽음 기사(34장)는 후대인이 기록했으리라고 여겨지지만 이 책 스스로는 모세가 썼다고 하고(1:5, 31:9, 22, 24) 이후에 기록된 구약성경(왕상 2:3; 왕하 14:6)도 그 사실에 동의한다. 예수님과 사도 바울도 모세가 기록했다고 말하고 있다(마 19:7~8; 막 10:3~5; 요 5:46~47; 롬 1). 이것은 〈신명기〉가 원본이 아니고 사본으로 전해 내려온 것임을 반증해 주는 부분이다. 〈신명기〉의 신(申)자는 한자 사전에서 '거듭하다, 되풀이 하다'의 뜻으로 보아야 한다. 〈신명기〉의 핵심 구절은 "이스라엘아 들으라 우리 하나님 여호와는 오직 유일한 여호와이시니 너는 마음을 다하고 뜻을 다하고 힘을 다하여 네 하나님 여호와를 사랑하라"(6:4~5)는 말씀이다. 이 말씀을 마음에 새기고 자녀에게 부지런히 가르치며 손목에 매고, 미간에 붙여 표로 삼고 집 문설주와 바깥문에 기록하라고 하셨다. 또한 예수 그리스도는 마귀 물리치는 것(마 4:4, 7, 10)과 율법 요약을 이 책에서 인용하셨다. 본문에서 중요한 구절들은 5장 6~21절(십계명), 6장 4~9절(쉐마: '이스라엘아 들으라'), 13장 1~5절(거짓 선지자나 꿈꾸는 자에 대해), 13장 13절의 벨리알의 자녀들(마귀의 자식들, 불량배들), 18장 9~15절(거짓 예언자에 대해), 18장 15~19절(장차 오실 예수 그리스도의 예언), 29장 1절~30장 20절(모압 땅에서 추가한 율법)이다. 모세는 이 책에서 가나안 땅에 들어가서 7년마다 초막절에 이스라엘 백성들에게 율법을 낭독(31:9~13)하여 하나님 여호와를 경외하며 율법의 모든 말씀을 지키게 하고 그들의 자녀들에게도 하나님 여호와를 경외하게 하라고 당부하고 있다. 그리고 모세는 각 지파별로 축복을 해주고 있다. 〈신명기〉는 출애굽의 과거 40년 회상, 가나안 땅에 들어가서 지켜야 할 계명과 율법, 모세의 마지막 고별과 축복으로 구성되어 있다.

1. 40년 광야 생활을 회고(1:1~4:43)

〈신명기〉는 모세가 가나안 땅을 바라보며 여리고 맞은 편 모압 평지에서 이스라엘의 광야 40년을 회고하면서 광야 2세대에게 간곡히 부탁하는 마지막 설교이다. 〈신명기〉는 〈레위기〉를 자세하게 재해석한(신 1:5) 것이다. 여호수아에게 지도권을 이양하는 그 중요한 때에 모세는 그의 고별 설교를 통해 그의 백성들에게 가나안 입성을 준비시킨다. 이 설교는 사실상 언약 갱신이다. 그 설교 중에 모세는 그 당시에 특별히 필요한 율법을 강조하는데, 그 율법을 그 당시 상황에 적절한 방법으로 제시한다. 〈레위기〉와 〈민수기〉가 사실상 기록인데 비해 〈신명기〉는 모세의 설교이다. 〈신명기〉는 출애굽 후 가나안 땅에 입성하여 이스라엘의 신정정치를 위한 삶의 법률(율법)로 볼 수 있다.

> "네가 그 땅에서 아들을 낳고 손자를 얻으며 오래 살 때에 만일 스스로 부패하여 무슨 형상의 우상이든지 조각하여 네 하나님 여호와 앞에 악을 행함으로 그의 노를 일으키면 내가 오늘 천지를 불러 증거를 삼노니 너희가 요단을 건너가서 얻는 땅에서 속히 망할 것이라 너희가 거기서 너희의 날이 길지 못하고 전멸될 것이니라 여호와께서 너희를 여러 민족 중에 흩으실 것이요 여호와께서 너희를 쫓아 보내실 그 여러 민족 중에 너희의 남은 수가 많지 못할 것이며 너희는 거기서 사람의 손으로 만든 바 보지도 못하며 듣지도 못하며 먹지도 못하며 냄새도 맡지 못하는 목석의 신들을 섬기리라 그

러나 네가 거기서 네 하나님 여호와를 찾게 되리니 만일 마음을 다 하고 뜻을 다하여 그를 찾으면 만나리라 이 모든 일이 네게 임하여 환난을 당하다가 끝날에 네가 네 하나님 여호와께로 돌아와서 그의 말씀을 청종하리니 네 하나님 여호와는 자비하신 하나님이심이라 그가 너를 버리지 아니하시며 너를 멸하지 아니하시며 네 조상들에게 맹세하신 언약을 잊지 아니하시리라"(신 4:25~31)

이 기록된 말씀대로 이스라엘 민족들은 망했고, 열국으로 흩어져서 진멸하듯 죽임을 당했다. 결국 A.D. 70년에 멸망하여 흩어져 1948년에 1878년 만에 본토를 일부 수복하게 되었다.

메추사

메추자(문설주)의 모양에 대한 규칙은 없다. 타일에 기록하든, 유리에 하든, 나무에 하든, 또한 은에 하든, 하고 싶은 희망에 따라 하면 된다. 일부는 현대에 맞게 세련되게 만들 수 있고 또는 고전적인 모양으로 만들든 다양성은 제한되지 않는다. 그러나 일치된 것이 하나 있다면 히브리 알파벳 중에 하나인 '쉰(ש)'을 간단히 하거나 예쁘게 꾸민 것이라는 점이다. 신구약 성경을 통틀어서 유일하게 어디에 성경 구절을 써서 붙이라는 구절이 〈신명기〉 6장 8절~9절에 들어 있다. "손목에 매고, 기호를 삼으며 네 미간에 붙여 표로 삼고 또 네 집 문설주와 바깥 문에 기록할 지니라".

2. 모세가 율법인 〈레위기〉를 해석(4:44~28:68)

십계명은 1계명부터 3계명까지 하나님과의 관계를 말한다. 4계명인 안식일을 기억하고 거룩하게 지키라는 것은 하나님을 위한 계명이 아니고, 안식일을 제정한 것은 네 남종이나 여종이나 육축이라도 엿새를 부려 먹었으면 쉼을 주라는 것이다. 예수님도 사람이 안식일을 위해서 있는 것이 아니고, 안식일이 사람을 위해서 있는 것이라 하셨다. 모세도 이렇게 해석하였다. 그러나 유대인들과 기독교 일부 신학자들은 1~4계명을 하나님과의 관계로 설명하고 있다.

1계명에서 3계명인 "너는 나 외에는 다른 신들을 네게 두지 말라 너를 위하여 새긴 우상을 만들지 말고 또 위로 하늘에 있는 것이나 아래로 땅에 있는 것이나 땅 아래 물 속에 있는 것의 어떤 형상도 만들지 말며 그것들에게 절하지 말며 그것들을 섬기지 말라" 그리고 "하나님 여호와의 이름을 망령되게 부르지 말라"는 이 세 계명을 모세는 〈신명기〉에서 "너는 마음을 다하고 뜻을 다하고 힘을 다하여 네 하나님 여호와를 사랑하라"로 해석하여 "쉐마 이스라엘(쉐마: 들으라, 잇쉬: 남자, 라: 이긴자[겨룬자], 엘: 하나님 → 하나님과 겨루어 이길만한 남자여 들으라)"로 설교하고 있다. 지금도 이스라엘은 〈신명기〉 11장 13~21절과 〈민수기〉 15장 37~41절을 '쉐마'로 사용하고 있다.

십계명 중 1계명부터 3계명이 하나님과 관계된 계명이다. 4계명 안식일은 사람에게 쉼을 주라, 5계명은 부모님을 공경하라고 되어 있다. 6계명은 살인하지 말라고 되어 있는데, 히브리어 원전에는 '로 티르차흐(죽이지 말지니라)'라고 되어 있다. 사람만 안 죽이는 것이 아니고, 생명이 있는 모든 것은 살 수 있는 허가를 하나님으로부터 받은 것이니 생명을 소중히 여겨야 한다는 것이다. 그리고 7계명은 간음하지 말고, 8계명은 도적질하지 말라고 되어 있다. 9계명은 거짓 증거하지 말라고 되어 있는데 특히 재판하는 과정에서 재판장의 판단에 중요시되는 위증을 해서는 안 된다는 것이다. 10계명은 탐내지 말라는 것이다. 이 중에서 사람이 가장 지키기 어려운 계명이 열 번째 계명(탐내지 말라)이고 그다음이 다섯 번째 계명(부모를 공경하라)인 것 같다.

> "네 하나님 여호와께서 이 사십 년 동안에 네게 광야 길을 걷게 하신 것을 기억하라 이는 너를 낮추시며 너를 시험하사 네 마음이 어떠한지 그 명령을 지키는지 지키지 않는지 알려 하심이라"(신 8:2)

이스라엘 백성들을 하나님께서 광야로 데려오신 목적이다.
13장은 거짓 선지자를 죽이라는 말씀이다.

> "너희 중에 선지자나 꿈 꾸는 자가 일어나서 이적과 기사를 네게 보이고 그가 네게 말한 이적과 기사가 이루어지고 너희가 알지 못하던 다른 신들을 우리가 따라 섬기자고 말할지라도 너는 그 선지자나 꿈 꾸는 자의 말을 청종하지 말라 이는 너희 하나님 여호와께서 너희가 마음을 다하고 뜻을 다하여 너희의 하나님 여호와를 사랑하

는 여부를 알려 하사 너희를 시험하심이니라"(신 13:1~3)

이는 정말로 하나님을 사랑하는지, 기적을 사랑하는지 보려고 시험한다는 것이다. 그런 일이 일어날지라도 따라가지 말라는 것이다.

"너희는 너희의 하나님 여호와를 따르며 그를 경외하며 그의 명령을 지키며 그의 목소리를 청종하며 그를 섬기며 그를 의지하며 그런 선지자나 꿈 꾸는 자는 죽이라"(신 13:4~5)

하나님 여호와를 사랑하는지 여부를 아시려고 기적으로 사람을 미혹하는 사람을 죽이라는 것이다.

14장은 십일조의 규례를 강조하고 있다.

"매 삼 년 끝에 그 해 소산의 십분의 일을 다 내어 네 성읍에 저축하여 너희 중에 분깃이나 기업이 없는 레위인과 네 성중에 거류하는 객과 및 고아와 과부들이 와서 먹고 배부르게 하라 그리하면 네 하나님 여호와께서 네 손으로 하는 범사에 네게 복을 주시리라"(신 14:28~29)

이렇게 하나님께서는 구제에 대해서도 계명적인 부탁을 하셨다(레 27:30).

16장은 재판의 공정성을 경고하고 있다.

"네 하나님 여호와께서 네게 주시는 각 성에서 네 지파를 따라 재판장들과 지도자들을 둘 것이요 그들은 공의로 백성을 재판할 것이니라 너는 재판을 굽게 하지 말며 사람을 외모로 보지 말며 또 뇌물을 받지 말라 뇌물은 지혜자의 눈을 어둡게 하고 의인의 말을 굽게

> 하느니라 너는 마땅히 공의만을 따르라 그리하면 네가 살겠고 네 하나님 여호와께서 네게 주시는 땅을 차지하리라"(신 16:18~20)

하나님께서는 재판의 공정을 엄히 경고하신다.

17장 14~20절은 이스라엘의 왕에 관한 제도이다. 〈사무엘상〉 8장에서 이스라엘 백성들이 하나님을 버리고 인간 왕을 요구할 때, 이 왕의 제도를 상기시키셨다. 그러나 "그 날에 너희가 택한 왕으로 말미암아 부르짖되 그 날에 여호와께서 너희에게 응답하지 아니하시리라"(삼상 8:18)라고 하셨다.

20장 5~8절을 보면, 적군과 싸우려 할 때에 새 집을 건축하고 낙성식을 행하지 못한 자, 포도원을 만들고 그 과실을 먹지 못한 자, 여자와 약혼하고 결혼하지 못한 자(3대 희락), 두려워서 마음이 허약한 자 등을 향한 하나님의 자비하심을 볼 수 있다.

25장은 죽은 형제에 대한 의무인 수혼법과, 두 종류의 저울추와 되를 두지 말고 공정한 저울추와 공정한 되를 사용하라는 법이 나온다.

28장의 복과 저주는 〈레위기〉 26장을 주석한 장으로서 복은 총 14절, 저주는 총 54절로 설명하고 있다. 이스라엘 역사서를 보면 이 복과 저주는 경고가 아니라 예언성을 띠고 있음을 알 수 있다.

> "여호와께서 애굽 땅에서 너희의 목전에 바로와 그의 모든 신하와 그의 온 땅에 행하신 모든 일을 너희가 보았나니 곧 그 큰 시험과 이적과 큰 기사를 네 눈으로 보았느니라 그러나 깨닫는 마음과 보는 눈과 듣는 귀는 오늘까지 여호와께서 너희에게 주지 아니하셨느니라"(신 29:2~4)

여호수아, 갈렙, 가나안 여자 라합을 제외한 이스라엘 백성들은 하나님의 이적을 보고도 하나님을 전혀 믿지 않았다.

3. 모압 평지에서 추가로 주어진 율법(29~34장)

31장 9~13절에서는 모세가 제사장들과 장로들에게 가나안 땅에 들어가서 이 말씀을 알지 못하는 그들의 자녀가 듣고 하나님 여호와 경외하기를 배울 수 있도록 일곱 해마다 면제년의 초막절에 율법을 낭독할 것을 명한다.

이스라엘 백성들은 〈사사기〉 약 300여 년의 암흑기를 거쳐 B.C. 721년 북왕국 멸망과 B.C. 586년 남왕국 멸망 때까지도 율법 낭독을 하지 않았고, 바벨론 포로 70년 이후(약 B.C. 1406~B.C. 433: 모압 평지~바벨론 포로 2차 귀환까지) 〈느헤미야〉 8장에서 보듯이 출애굽 후 약 990여 년 만에 에스라가 율법 책을 가지고 수문 광장에서 처음하게 된다. 이스라엘 역사를 보면, 그들이 성경(율법서: 오경)을 읽지 않아 하나님과 어떠한 언약(〈레위기〉)을 하였는지 몰랐기 때문에 결국 멸망하였다는 것을 정확히 알 수 있다.

32장에는 모세가 말씀을 노래로 후세에게 잊지 않게끔 가르치고, 그날에 여호와께서는 모세에게 느보 산에 올라 가나안 땅을 바라보라 하시고 이 산에서 죽어 네 조상에게 돌아가리라고 하신다.

34장에서는 모세의 위대함을 볼 수 있다.

> "모세가 죽을 때 나이 백이십 세였으나 그의 눈이 흐리지 아니하였고 기력이 쇠하지 아니하였더라"(신 34:7)
> "그 후에는 이스라엘에 모세와 같은 선지자가 일어나지 못하였나니 모세는 여호와께서 대면하여 아시던 자요 여호와께서 그를 애굽 땅에 보내사 바로와 그의 모든 신하와 그의 온 땅에 모든 이적과 기사와 모든 큰 권능과 위엄을 행하게 하시매 온 이스라엘의 목전에서 그것을 행한 자이더라"(신 34:10~12)

4. 모세가 가나안에 못 들어간 이유

모세는 여리고 맞은 편 모압 평지에서 〈신명기〉의 말씀을 다 전한 다음 느보 산에 올라가서 가나안 땅을 바라보고는 마지막 운명을 맞이하였다. 모세가 가나안 땅에 들어가지 못한 이유는 정말 무엇일까? 이스라엘 백성들이 '가데스 므리바'에 도착했을 때 무슨 일이 있었는지 성경 속에서 알아보자.

이스라엘 자손이 신 광야 가데스 므리바에서 물이 없으므로 모세와 아론에게 반역을 하였다. 우리가 진작 죽는 것이 더 좋았겠다고 원망하는 모습이다.

> "너희가 어찌하여 여호와의 회중을 이 광야로 인도하여 우리와 우리 짐승이 다 여기서 죽게 하느냐 너희가 어찌하여 우리를 애굽에서 나오게 하여 이 나쁜 곳으로 인도하였느냐"(민 20:4~5).

모세와 아론이 회중 앞을 떠나 회막 문에 이르러 엎드려 기도하자 하나님께서 나타나 말씀하셨다.

> "지팡이를 가지고 네 형 아론과 함께 회중을 모으고 그들의 목전에서 너희는 반석에게 명령하여 물을 내라 하라 네가 그 반석이 물을 내게 하여 회중과 그들의 짐승에게 마시게 할지니라"(민 20:8).
> "모세와 아론이 회중을 그 반석 앞에 모으고 모세가 그들에게 이르되 반역한 너희여 들으라 우리가 너희를 위하여 이 반석에서 물을 내랴 하고 모세가 그의 손을 들어 그의 지팡이로 반석을 두 번 치니 물이 많이 솟아나오므로 회중과 그들의 짐승이 마시니라"(민 20:10~11).

이것으로 므리바 앞에서의 식수 문제는 해결하였지만, 여호와께서 모세와 아론에게 진노하시는 모습을 볼 수 있다.

> "여호와께서 모세와 아론에게 이르시되 너희가 나를 믿지 아니하고 이스라엘 목전에서 내 거룩함을 나타내지 아니한 고로 너희는 이 회중을 내가 그들에게 준 땅으로 인도하여 들이지 못하리라 하시니라"(민 20:12)

모세와 아론이 무엇을 잘못하여 가나안에 못 들어가게 하신 것일까? 하나님 말씀에 의하면 이스라엘 자손의 목전에서 하나님의 거룩함을 나타내지 않아서 그 벌로 가나안에 들어가지 못하게 되었다고 한다. 하나는 지팡이로 반석을 두 번 쳤다는 것이고, 그다음은 반석을 치는 행동으로 혈기를 부렸다는 것이다. 우리는 이스라엘 백성들의 반역적인 행위를 참지 못하고 폭발해 버린 것이라고 배워 왔다. 그러나 〈출애굽기〉 17장 1~7절, 〈민수기〉 20장 1~13절, 〈신명기〉 1장 1~32절을 정확히 보면 모세가 가나안 땅에 들어가지 못한 이유를 알 수 있다.

하나님께서는 '가데스바네아'에서 하나님을 믿지 않고 정탐꾼을 보낸 사건으로 가나안에 들어갈 자와 들어가지 못할 자를 정하셨다. 모세는 백성들을 이끌고 가데스바네아(시내 산: 3개월, 시내 산 정착 생활: 11개월 5일)에 도착하였다. 가데스바네아는 지정학적으로 육지를 통하여 10일 정도면 바로 가나안으로 들어갈 수 있는 장소였다. 하나님께서 백성들에게 눈앞에 보이는 가네스바네아로 올라가라 하였으나 그들은 하나님이 명령하신 말씀보다는 자기들의 주장을 앞세웠다.

> "너희의 하나님 여호와께서 이 땅을 너희 앞에 두셨은즉 너희 조상의 하나님 여호와께서 너희에게 이르신 대로 올라가서 차지하라 두려워하지 말라 주저하지 말라 한즉 너희가 다 내 앞으로 나아와 말

하기를 우리가 사람을 우리보다 먼저 보내어 우리를 위하여 그 땅을 정탐하고 어느 길로 올라가야 할 것과 어느 성읍으로 들어가야 할 것을 우리에게 알리게 하자 하기에"(신 1:21~22).

말씀에서 가나안 땅에 정탐꾼을 보내는 것은 하나님의 뜻이 아님을 알 수 있다. '가나안에 열두 정탐꾼을 보낸 것이 하나님을 불신한 것이다. 이것이 죄가 되어서 모세와 광야 1세대 백성들이 가나안에 들어가지 못한 것이다.'

"그러나 너희가 올라가기를 원하지 아니하고 너희의 하나님 여호와의 명령을 거역하여 장막 중에서 원망하여 이르기를 여호와께서 우리를 미워하시므로 아모리 족속의 손에 넘겨 멸하시려고 우리를 애굽 땅에서 인도하여 내셨도다 우리가 어디로 가랴 우리의 형제들이 우리를 낙심하게 하여 말하기를 그 백성은 우리보다 장대하며 그 성읍들은 크고 성곽은 하늘에 닿았으며 우리가 또 거기서 아낙 자손을 보았노라 하는도다 하기로 내가 너희에게 말하기를 그들을 무서워하지 말라 두려워하지 말라 너희보다 먼저 가시는 너희의 하나님 여호와께서 애굽에서 너희를 위하여 너희 목전에서 모든 일을 행하신 것 같이 이제도 너희를 위하여 싸우실 것이며 광야에서도 너희가 당하였거니와 사람이 자기의 아들을 안는 것 같이 너희의 하나님 여호와께서 너희가 걸어온 길에서 너희를 안으사 이 곳까지 이르게 하셨느니라 하나 이 일에 너희가 너희의 하나님 여호와를 믿지 아니하였도다"(신 1:26~32)

〈신명기〉는 모세가 모압 평지에서 마지막으로 고별 설교한 것이다. 내용을 보면 첫 번째 1장 1절~4장 43절까지는 모세가 40년 광야 생활을 회고하면서 광야 2세대에게 선포하는 것이라 모압 평지까지의 사건을 자세히 기록하고 있다. 두 번째는 4장 44절~28장 68절까지인데 율법인 〈레위기〉를 자세히 설명한 것이다. 세 번째 29장~34장은 '모압 평지에서 추가된 율법'으로 구성되어 있다. 〈신명기〉 1장 26~32절의 내용을 보면 자세히 알 수 있다.

〈민수기〉 13장과 〈신명기〉 1장을 보면 각 지파의 대표자인 족장을 택하여 정탐꾼을 삼았다. 〈민수기〉 13장을 보면 "각 지파 중에서 지휘관 된 자"라는 표현이 나온다. 정탐꾼들을 뽑아서 보낸 것이 아니라 이스라엘을 대표하는 대표자들을 보낸 것이다. 그러므로 문제가 되었을 때에 모세에게 첫 번째 책임이 있는 것이다. 하나님은 그 열두 대표에게만 책임을 묻는 것이 아니라 이스라엘 전체에게도 책임을 물으셨다. 말씀에 순종한 의로운 여호수아와 갈렙을 제외한 광야 1세대를 광야에서 38년 동안 방황하다 죽음을 맞이하게 하셨다.

> "이 악한 세대 사람들 중에는 내가 그들의 조상에게 주기로 맹세한 좋은 땅을 볼 자가 하나도 없으리라 오직 여분네의 아들 갈렙은 온전히 여호와께 순종하였은즉 그는 그것을 볼 것이요 그가 밟은 땅을 내가 그와 그의 자손에게 주리라 하시고"(신 1:35~36)

> "여호와께서 너희 때문에 내게도 진노하사 이르시되 너도 그리로 들어가지 못하리라 네 앞에 서 있는 눈의 아들 여호수아는 그리로 들어갈 것이니 너는 그를 담대하게 하라 그가 이스라엘에게 그 땅을 기업으로 차지하게 하리라"(신 1:37~38)

이 말씀 속에도 모세가 포함되었다. 모세도 백성들을 원망하여 너희들 때문에 나도 가나안에 못 들어가게 되었다고 한탄하고 있다.

모세는 하나님께 가나안에 들여보내 달라고 간절히 간구하였다.

> "구하옵나니 나를 건너가게 하사 요단 저쪽에 있는 아름다운 땅, 아

름다운 산과 레바논을 보게 하옵소서 하되 여호와께서 너희 때문에 내게 진노하사 내 말을 듣지 아니하시고 내게 이르시기를 그만해도 족하니 이 일로 다시 내게 말하지 말라"(신 3:25~26)

그러나 하나님은 모세의 간청을 묵살하셨다. 모세는 〈신명기〉 1장 37절 본문 말씀에서 알 수 있듯이 '가데스바네아'에서 가나안 땅에 들어가지 못할 것이 결정되었다. 하나님을 불신하며 원망하고 자기들의 힘만 믿었던 백성들은 곧바로 들어갈 수 있는 가나안을 눈앞에 두고 회정하여 1세대가 다 죽기까지, 가나안을 정탐한 날수를 1년으로 환산하여 40년을 광야에서 생을 마쳤다.

모세가 가나안에 들어가지 못한 이유는 반석을 두 번 친 것 때문이 아니라, '하나님을 믿지 못한 것' 때문이다. 모세가 가나안에 들어가지 못하는 결정적인 죄는 '하나님 말씀을 순종'하지 않은 것이다. 모세가 말씀에 순종하기보다 백성들의 요구를 들어주었고, 백성들의 말에 동조하여 그들을 죄에 빠지게 했다는 것을 정확히 알아야 할 것이다.

하나님께서 정탐꾼을 보내지 않으려 하셨던 것을 모세는 〈신명기〉에서 분명히 밝히고 있다. 〈민수기〉 13장에서 하나님께서 정탐꾼을 보내라고 하신 것은 이스라엘 백성들이 정탐꾼을 보낸다고 하니 할 수 없이 허락하신 것으로 보아야 한다. 하나님께서 하시는 일을 믿지 못하는 백성이기에 어디 한번 해보라고 하시는 관점으로 보아야 한다.

"이 일에 너희가 너희의 하나님 여호와를 믿지 아니하였도다 그는 너희보다 먼저 그 길을 가시며 장막 칠 곳을 찾으시고 밤에는 불로, 낮에는 구름으로 너희가 갈 길을 지시하신 자이시니라"(신 1:32~33)는 말씀을 믿지 못한 이스라엘 백성들을 하나님은 외면하고 마신다.

우리는 역사하시는 하나님을 의지하여 성령의 인도하심으로 성경 전체를 보아야 하며, 잘못된 지식이나 상식으로 성경을 보아서 성경의 진실을 잘못 전해서는 안 될 것이다.

여호수아

〈여호수아〉는 가나안 정복과 땅의 분배에 관한 기록이다. 하나님이 약속하신 가나안 땅을 여호수아가 어떻게 정복하였으며, 어떻게 정착하고, 그 땅을 어떻게 나누어 각 지파에게 분배하는가를 기록하고 있다. 모든 예언과 약속의 성취가 〈여호수아〉에서 이루어지고 있다. 이스라엘이 가나안 땅에 들어가서 눈의 아들 여호수아가 죽을 때까지(B.C. 1406~B.C. 1380경)를 여호수아가 기록하였으며 여호수아의 장례 부분은 아론의 아들 엘리아살이 추가로 기록하였다고 전승된다. 애굽에서의 오랜 종살이와 광야 40년의 방황 끝에 이스라엘은 마침내 그들의 조상들에게 약속되었던 땅에 들어가도록 허락받았다. 언제나 이방인이었던 이스라엘 백성들은 하나님과 아브라함의 약속(창 15:13, 16, 18)으로 그의 후손들에게 가나안 땅을 하나님의 언약으로 물려주었다. 여호수아는 그 언약을 실현한 인물이었다. 젊은 시절의 여호수아는 단순히 호세아(뜻: 구원)로 불리었다(민 13:8). 그러나 후에 모세가 그의 이름을 여호수아(뜻: 여호와께서 구원하신다)로 바꾸어 주었다(민 13:16). 여호수아라는 이름은 헬라어로 '예수수'이고 예수님의 이름도 여기에서 파생되었다. 여호수아가 이스라엘 백성들을 가나안 땅으로 인도해 들어가던 시기에는 힘 있던 고대 주변 강대국들이 상대적으로 쇠퇴한 상태에 있었다. 그 당시 원인은 정확하지 않지만 헷 족속은 역사의 장으로부터 사라졌고, 바벨론이나 애굽도 가나안 땅에 군대를 주둔시킬 만한 처지가 아니었다. 그리고 앗수르도 군대를 파송할 처지가 되지 않았다. 하나님의 역사였는지 하나님의 백성들이 약속의 땅 가나안으로 이주할 때에 전반적으로 가나안의 주변 강대국들은 쇠퇴기를 맞이하는 시기였다. 여호수아의 인도로 이스라엘 백성들이 가나안 땅으로 들어가려 할 무렵에는 오직 에돔 족속만이 약간의 저항을 보였다. 모압도 쇠퇴하여 이스라엘이 자기 영토를 지나가도록 허락할 수밖에 없었다. 심지어 자기 평야에 진을 쳐도 용납할 수밖에 없는 상황이었다. 요단 강 건너편의 아모리 족속의 두 왕, 옥과 시혼이 이스라엘을 막으려고 하였지만 패배하여 결국 정복당하고 두 왕은 죽임을 당하였다. 오늘날 성서 고고학자들이 므깃도, 벧산 그리고 게셀 등의 그 당시 고대 도시들을 발굴한 결과를 통해 아주 견고한 성이었음을 알 수 있다. 여호수아 당시에 그들을 정복하기는 힘들었을 것이다. 그래서인지 여리고와 아이 성을 떠난 이래 오직 하솔(11:13)만 전소되었다고 〈여호수아서〉는 말하고 있다. 여부스 족이 점령하고 있던 예루살렘도 다윗 왕 때에야 정복하게 되었다는 역사적 사실을 알 수 있다.

1. 가나안 정복(1장~12장)

① 여호수아 취임

② 요단강 도하

③ 가나안 중부 전투

④ 가나안 남부 전투

⑤ 가나안 북부 전투

⑥ 가나안 전투 결산

모세가 죽은 후 여호수아가 지도자로 취임한다. 요단강 도하 후 여호수아는 싯딤에서 정탐꾼을 여리고 성으로 침투시켜 여리고 성을 점령하고, 아이 성 전투로 중부 지역을 돌아 남쪽으로 내려가 남부 전투를 끝내고, 북부 지역으로 올라가서 정벌한다. 총 전투 기간은 6년 반에서 7년 정도이다. 여호수아 앞에서 목이 달아난 왕이 무려 31명임을 12장에서 자세히 볼 수 있다.

14장부터는 각 지파별로 제비를 뽑아서 토지를 나누어 준다.

> "이는 너희가 애굽에서 나올 때에 여호와께서 너희 앞에서 홍해 물을 마르게 하신 일과 너희가 요단 저쪽에 있는 아모리 사람의 두 왕 시혼과 옥에게 행한 일 곧 그들을 전멸시킨 일을 우리가 들었음이니라 우리가 듣자 곧 마음이 녹았고 너희로 말미암아 사람이 정신을 잃었나니 너희의 하나님 여호와는 위로는 하늘에서도 아래로는 땅에서도 하나님이시니라"(수 2:10~11)

여리고 기생 라합도 상천하지의 하나님이 홍해를 가르고 건너 직접 인도하시는 민족의 소식을 듣고 간담이 녹았다는 것이다.

3장의 요단강 도하는 그것으로 끝나는 것이 아니라 가나안 정복의 시작이다. 4~5장에서는 길갈에서 단을 쌓았고, 할례를 행했다. 여리고, 아이, 기브온 전투를 하기 위한 전초지였다. 길갈은 초대 왕 사울이 이곳에서 왕으로 세움을 받는 등, 한동안 중심지 역할을 했던 장소이기도 하다.

이스라엘 자손들은 길갈에 진을 친 그 달 십사일에 여리고 평지에서 유월절을 지켰으며(5:10) 유월절 이튿날에 그 땅의 소산물을 먹고 다음날 만나가 그쳤다. 이스라엘 백성들은 다시는 만나를 얻지 못하였고 그 해에 가나안 땅의 소출을 먹게 되었다.

6장은 여리고 성의 함락과 기생 라합과 정탐꾼의 이야기로 유명하다. 여호수아가 이스라엘 백성을 이끌고 요단을 건너 가나안 땅으로 향하는 길에 여리고 성 앞에 섰다. 출애굽 할 때 장정이 60만 명이었으니까, 광야에서 1세대들은 다 죽고 새로 태어난 2세대들만 가나안에 들어왔으니 노인은 다 죽고 장정만 약 40만 명은 되지 않았을까? 여자와 아이를 합하면 120만 명 정도가 움직이고 있는 것을 대략 짐작할 수 있다.

6장 1절의 말씀을 보면 "여리고는 굳게 닫혔고 출입하는 자가 없더라"고 했다. 그것을 보면 여리고 성의 사람들도 이스라엘의 움직임에 대한 경계 태세를 가졌음을 알 수 있다. 그들이 이스라엘에 대항하여 군사적인 힘으로 전쟁을 할 준비는 하지 않고 성문을 굳게 닫아 버린 것을 보면 성에 대한 자신감을 알 수 있다. 여리고 성은 성문을 닫으면 누구도 침입할 수 없는 요새이고 난공불락의 성이었다.

여리고는 예루살렘 북동쪽 35km, 요단강 서쪽 8km 지점에 위치해 있다. 여리고 성의 둘레에 대해서는 1km, 3~4km 등 다양한 견해가 있다. 그렇게 크지 않은 성이었지만 성 그 자체는 누구도 넘볼 수 없는 탄탄하고 견고한 성이었다. 여리고 성은 내벽과 외벽으로 되어 있는데 내벽과 외벽 모두 약 14m 정도의 벽이고, 내벽의 경우 마차 두 대가 지나갈 정도의 넓이를 가진 벽이라고 한다. 성벽은 두께 1~2m 이상의 높은 돌담으로 이루어져 있고 그 가운데 돌로 쌓은 망대는 높이 9m, 직경 8m 안의 둥근 기둥형의 돌탑으로, 누가 봐도 여호수아와 이스라엘 백성들이 감당하기 어려운 성이었다. 그러나 하나님은 이스라엘 백성이 여리고 성 앞에 서기 전에 여호수아를 부르셨다.

5장 13~15절을 보면 칼을 뺀 여호와의 군대 대장이 나타났다. 그러면서 여호수아에게 "내 발에서 신을 벗으라"는 요구를 하신다. 모세가 시내 산에서 여호와의 부르심을 받고 타지 않는 떨기나무 앞에 섰을 때와 같다. 인간적으로 감당할 수 없는 성이기 때문에 하나님은 여호수아에게 인간적인 생각을 벗어 던질 것을 요구하신다. 여리고 성 앞에 섰을 때는 인간의 신을 벗고 여호와의 군대 대장에게 지휘권을 넘기라는 표시이다.

그리고 전쟁을 위한 방법, 여리고 성을 점령할 수 있는 방법을 제시하신다. '제사장은 양각나팔을 불어라, 백성은 침묵하라, 7일째 되는 날은 7번을 돌고 양각나팔을 불어라.' 인간적으로 생각해 보면 이해할 수 없는 방법이었지만, 성경의 기록을 보면 여호수아가 그 방법을 제시할 때 반대한 사람은 없었다. 백성들과 제사장들이 여호수아가 하나님으로부터 받은 그 방법대로 행하였다. 매일 한 바퀴씩 돌고 7일째 되는 날, 모두가 일곱 바퀴를 돌고 온 백성이 소리를 지르고 제사장은 양각나팔을 불었다. 그런데 놀랍게도 그 방법을 따라 행했을 때 난공불락의 성이 무너져 내렸다.

하나님이 개입하시면 그 결과는 두 가지로 나타난다. 하나는 죄에 대한 심판으로, 곧 죽음이다. 여리고 성은 하나님의 심판으로 무너졌고, 그 성 거주민들과 가축들은 모두 죽음을 당했다. 전투가 끝난 후 여리고 성은 영원한 저주와 심판의 상징이 되었다.

여리고 전투가 주는 교훈

여리고 성의 함락은 하나님이 직접 행하신 일이었다. 첫째로 하나님의 임재의 상징인 언약궤를 따라 여리고 성을 돌게 하신 일, 둘째로 칠 일, 일곱 번, 일곱 제사장의 나팔로 표현된 '7'이라는 완전한 수의 상징적인 의미, 셋째로 그 성과 전리품을 모두 하나님께 드려야 한다는 요구가 그 사실을 분명하게 한다. 하나님의 백성은 하나님의 일과 그 의미를 명백히 드러내야 한다. 이스라엘 백성들은 하나님의 심판을 드러내는 일에 성실하게 참여했다. 동시에 여호수아는 하나님이 이 일을 직접 행하셨음에 대한 증거나 의미를 훼손하는 것을 엄격히 금했다. 하나님의 것, 하나님께 돌려 드려야 할 것을 사람이 가로챌 수 있기 때문이다.

"누구든지 일어나서 이 여리고 성을 건축하는 자는 여호와 앞에서 저주를 받을 것이라 그 기초를 쌓을 때에 그의 맏아들을 잃을 것이

요 그 문을 세울 때에 그의 막내아들을 잃으리라"(6:26)

하나님의 의중을 잘 알았던 여호수아는 여리고가 영원한 심판을 상징하는 증거가 될 수 있도록 그 성을 무너진 채 방치하였다.

또 다른 하나는 삶과 생명이다. 믿음으로 하나님 편에 섰던 라합은 여호수아의 세심한 배려에 따라 그 가족, 친지와 함께 심판에서 완벽하게 보호받았다. 그녀는 예수님 족보에 동행하였으며 그 가족은 하나님 백성의 영원한 구성원이 되었다.

라합

라합은 여리고 술집의 여인으로 많은 정보를 듣고(2:9~11) 하나님의 역사를 분별할 줄 알았다. 또한 여호수아가 정탐꾼으로 보낸 두 사람도 명석하고 판단력 있는 사람일 것이다. 라합은 남자를 보는 눈이 있었으며, 하나님을 보는 눈이 있었고, 시대의 역사를 보는 눈이 있었다.

7~8장에서는 아이 성 점령이 나오는데, 아간의 범죄로 첫 번째 공격에 실패했으나 두 번째는 성공한다.

9장에서는 가나안 중부 지역의 기브온 주민(스 8:17의 느디님 사람들)들은 겁을 먹고 스스로 종이 될 것을 원해 먼 나라에서 왔다고 거짓을 고해 여호수아를 속여 화친을 맺게 된다. 이들은 이스라엘을 위하여 나무를 패며, 물 긷는 일을 하며 살아간다.

10장에서는 산지에 자리 잡고 있던 아모리 족속 동맹국의 왕들이(헤브론 왕, 예루살렘 왕, 야르뭇 왕, 라기스 왕, 에글론 왕) 이스라엘과 화친한 기브온을 치러 올라온다. 기브온이 여호수아에게 도움을 요청하여 전투가 시작된다. '태양과 달'을 머물게 한 유명한 전투이다. 이 전투로 남방 유다 지역의 성읍을 얻고, 이 밖에도 산지와 남방과 평지와 경사지의 모든 왕을 쳐서 성읍을 빼앗고 길갈로 돌아간다.

11장은 북방 연합군과의 전쟁이다. 가나안의 수많은 성이 이스라엘에게 점령되었다는 소식을 들은 북방 연합군들이 이스라엘과 싸우려고 메롬 물가에 집결한다. 메롬은 갈릴리 북쪽에 있으며, 지금까지는 남부 지역을 점령한 데 반해 이번 전투는 갈릴리 북부 지역을 쟁탈하게 되는 전투이다.

여기에서 모든 전쟁이 끝나는 것처럼 보이나 다 정복하지 못하고 남은 땅(13:2~6)들이 있었다. 블레셋이 거주하던 지중해 서남부 해안 지역, 베니게(페니키아) 사람들이 거주하던 지중해 북서부부터 갈릴리 북쪽 지역, 갈릴리 바다를 끼고 있는 그술이라는 땅 등이 있다. 블레셋은 호전적인 해양 민족이었고, 갈릴리 북부 산지의 거인(네피림, 아낙 자손)들은 철기를 사용하였고 전차 부대가 강한 민족들이었기 때문이다. 이 지역들은 다윗 왕 때 정복을 하게 된다.

2. 토지 분배(13장~22장)

• 가나안 토지 분배

14장부터는 그 성읍들을 지파별로 나누고 있다. 14장 6절 이하에서는 갈렙이 〈민수기〉 14장 9절에서 "그들은 우리의 먹이라"고 선언했듯이 믿음으로 아낙 자손을 쳐서 이겼고, 그 땅 헤브론을 차지한다.

15장~19장은 땅 분배 후 지파별 경계 지역이다. 20장에는 부지중에 실수로 사람을 죽인 자를 보호하기 위하여 6개의 도피성(납달리: 갈릴리 게데스, 에브라임: 세겜, 유다: 기럇 아르바[헤브론], 르우벤: 베셀, 갓: 길르앗 라못, 므낫세: 바산 골란)으로 도망하여 그가 회중 앞에 설 때까지 피의 보복자의 손에서 죽지 아니하게 하셨다.

21장 1절 이하에서 레위 지파는 다른 열 한 지파와는 달리 땅을 분배받지 못한다. 다른 지파들처럼 어느 한 지역을 지정해서 레위 지파의 땅으로 정해 준 것이 아니라, 나머지 지파들 가운데서 48성읍을 구별해서 뽑아 레위 지파에게 자손별로 나누어 준다.

그래서 레위 지파는 각 자손별로 여기 저기 흩어져 살게 되었다. 하나님께서는 기록된 율법을 가르쳐야 할 책임을 레위 자손들에게 맡기셨다. 이스라엘 12지파 곳곳에 두시고 하나님의 말씀을 가르치라는 것이다.

그러나 레위 지파들은 〈사사기〉에 나오는 미가의 신상 사건, 레위인의 첩 사건에서 볼 수 있듯이 하나님의 사명을 감당하지 못하였다. 가나안 정착 후, 하나님 말씀을 가르치고 거룩하게 살게 하는 것은 레위 지파의 몫이었다. 하나님은 레위 지파 사람들에게 이스라엘 48개성에 흩어져 살면서 백성들에게 하나님의 말씀을 가르치고, 제사장으로서 하나님의 법도를 지키고 전수하라고 하셨다. 농사도 안 짓고, 일도 안 하면서 열한 지파가 열심히 일한 십일조를 받아서 생활하면서 주어진 레위인의 사명을 성실히 수행하라는 것이다. 그러나 가나안에 올라간 레위인들의 타락으로 하나님은 사사를 사용하여 암울한 종교 암흑기, 약 300여 년에서 구원하여 주신다.

3. 마무리(23장~24장)

- 여호수아 고별사

23장에서는 여호수아가 그 백성들을 이끌어 가나안 땅에 들인 후 수많은 전쟁과 땅 분배를 마치고 죽는다. 여호수아가 죽기 전에 에브라임에 있는 세겜 땅에 이스라엘 장로들을 모아 놓고 아브라함 때부터 시작하여 오늘날까지 있었던 하나님의 역사를 회고하면서, 이 땅 가나안의 신들을 섬기지 말고 '모세의 법'대로 순종하며 여호와만 섬기라는 내용의 유언을 한다.

그날에 여호수아가 세겜에서 백성과 더불어 언약을 맺고 그들을 위하여 율례와 법도를 제정하였다.

> "이스라엘이 여호수아가 사는 날 동안과 여호수아 뒤에 생존한 장로들 곧 여호와께서 이스라엘을 위하여 행하신 모든 일을 아는 자들이 사는 날 동안 여호와를 섬겼더라"(24:31)

여호수아와 그를 섬기던 장로들이 죽고 난 뒤 이스라엘 백성들은 여호와를 버렸다. 여호와 하나님을 배반하고 가나안 종교로 돌아갔다. 사사 시대의 약 300여 년의 종교 암흑기 시대가 시작된다.

> "이스라엘 자손이 여호와의 목전에 악을 행하여 자기들의 하나님 여호와를 잊어버리고 바알들과 아세라들을 섬긴지라"(삿 3:7)

여호수아의 지파별 땅 분배도와 정복 활동

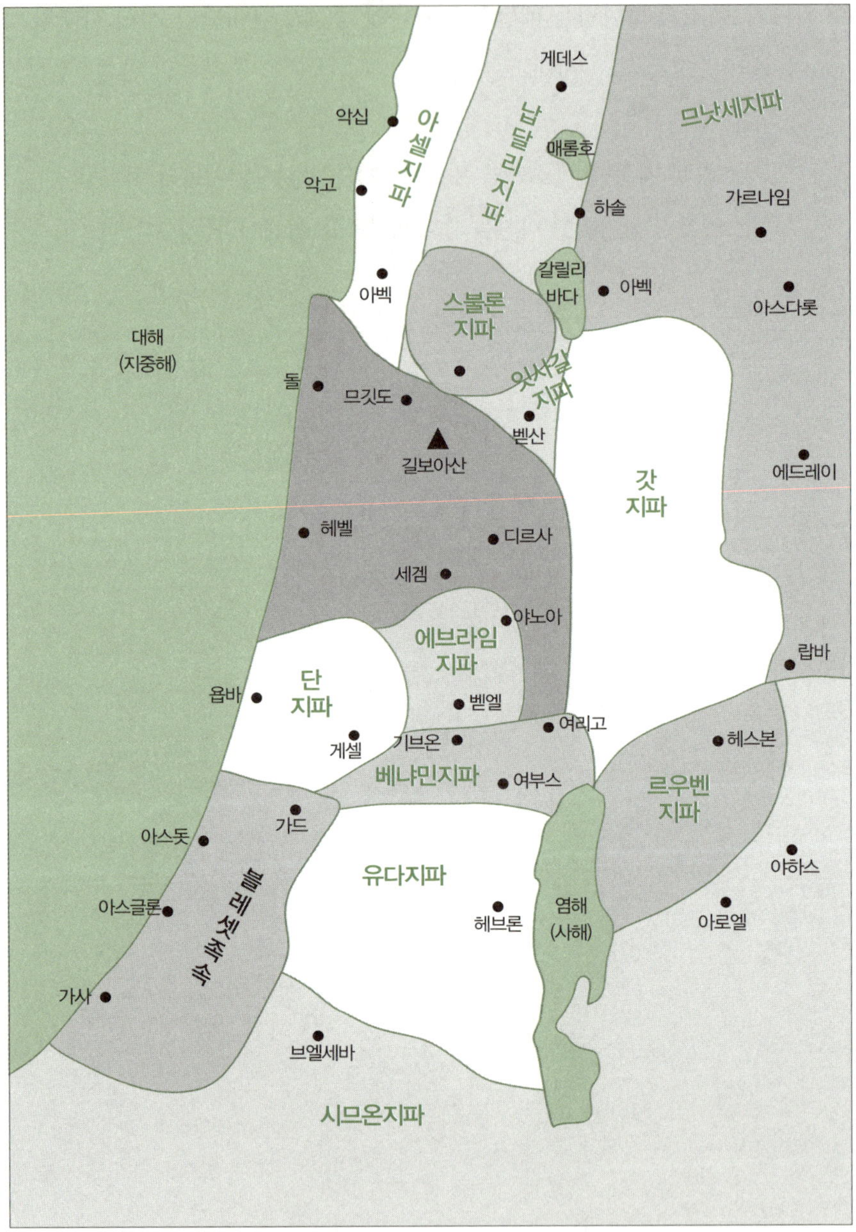

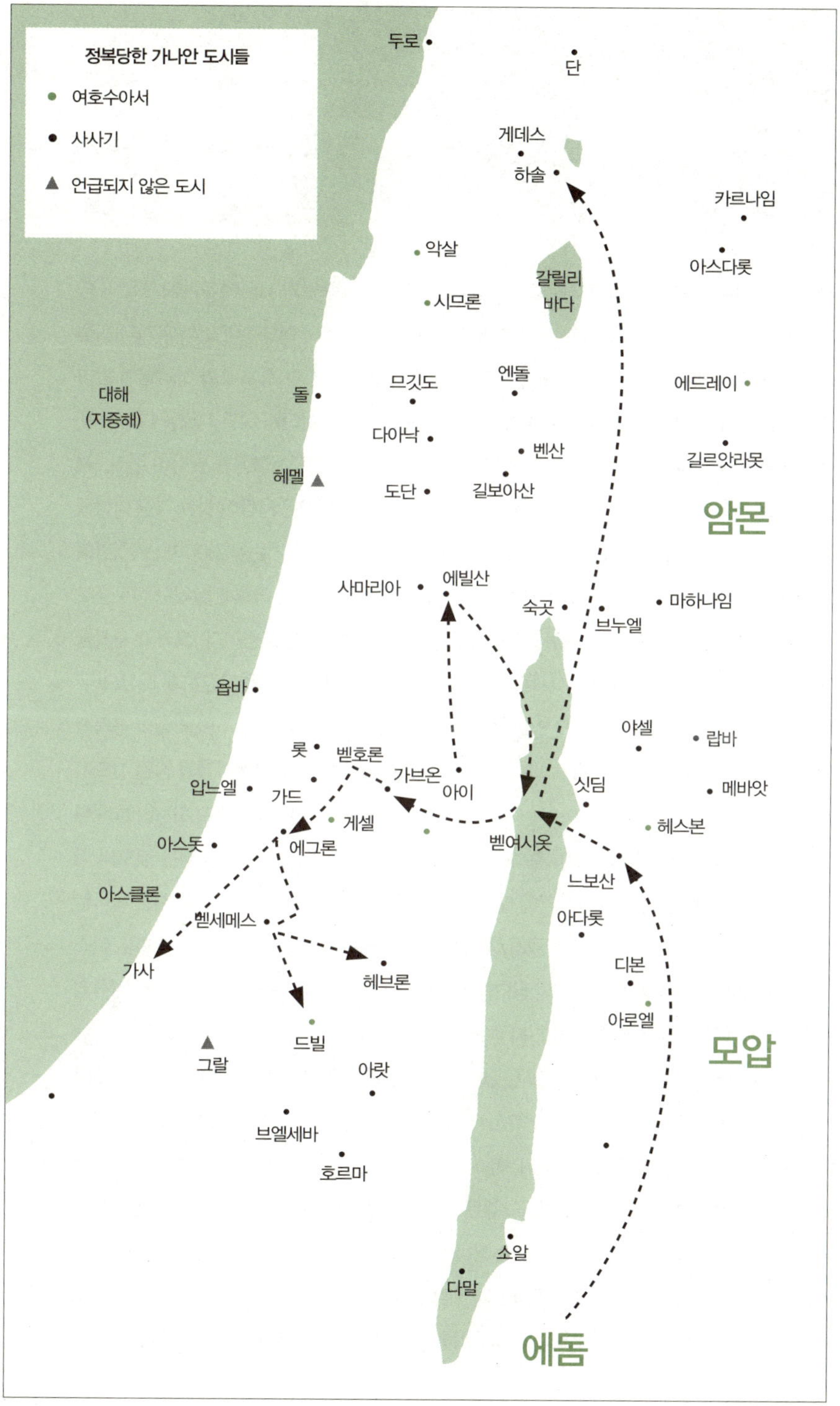

정복당한 가나안 도시들
여호수아서
사사기
언급되지 않은 도시
두로
단
게데스
하솔
카르나임
악살
아스다롯
갈릴리 바다
시므론
므깃도
엔돌
에드레이
대해 (지중해)
돌
다아낙
벧산
길르앗라못
헤멜
도단
길보아산
암몬
사마리아
에발산
숙곳
브누엘
마하나임
욥바
야셀
랍바
롯
벧호론
가브온
아이
싯딤
메바앗
압느엘
가드
게셀
헤스본
벧여시못
아스돗
에그론
느보산
아스글론
벧세메스
아다롯
가사
헤브론
디본
아로엘
드빌
모압
그랄
아랏
브엘세바
호르마
소알
다말
에돔

사사기

〈사사기〉에 대해 여호수아가 후계자를 모세와 같이 정하지 않고 죽었기 때문에 후계자가 없어 종교 암흑기가 된 것이라고 주장하는 경우가 많이 있다. 그러나 하나님이 여호수아 이후 후계자를 정하지 않으신 이유는 레위인들이 12지파에 흩어져 율법을 가르치는 '지파 자치제'와 하나님이 왕이신 '신정 정치'를 원하셨기 때문이다. 레위들조차 타락하여 임무에 충실하지 않고 책임을 다하지 못하여서 하나님이 다른 방편으로 사사들을 사용하여 구속의 역사를 인도하셨음을 알아야 한다. '사사는 판사'라는 것이다. 이 시대는 하나님이 왕이시며 땅의 일들의 재판은 사람이 하는 가장 이상적인 정치인 '신정 정치 시대'이다. 그러나 백성이 따라오지 못함으로 이 시기는 약 300여 년 동안(여호수아 사후~사무엘 시대까지) '종교 암흑기'가 되었다. 사사는 여호수아 이후에 살았던 장로들로부터 다윗 시대에 이르기까지 이스라엘을 지도하였던 지도자들에 대한 호칭이다. 그리고 사사들의 임무는 2장 16절에서 "여호와께서 사사를 세우사 노략자의 손에서 그들을 구원하게 하셨으나"라고 말씀하고 있다. 노략자와 사사들을 일으키신 분은 바로 하나님이셨으므로 이스라엘의 궁극적 사사이며 구원자는 하나님 자신이셨다(11:27). 사사 기드온도 여호와께서 이스라엘의 참된 지도자라고 말하고 있다(8:23). 〈사사기〉는 여호수아가 사망한 후부터 왕국 시대 초기까지 이스라엘 백성이 가나안 땅에서 살아가는 모습을 보여준다. 〈사사기〉는 이스라엘 백성들의 계속되는 배교의 기록이라고 할 수 있는데, 언제나 위기의 때에 배교하는 백성들이 하나님께 간절히 호소하면 하나님께서 사사들을 세워 이방의 노략자들을 물리치시고 그 땅에 평화를 회복시키시는 모습이다. 이스라엘 백성들은 여호수아를 통하여 약속의 땅(가나안)에 들어가 나그네 생활은 끝이 났지만 믿음의 문제는 더욱 심각해졌다. 하나님께서 이스라엘에게 한 약속들이 가나안 땅에서 성취되기 위해 해야 할 일은 땅을 정복하며 가나안 사람들을 멸절시키고 그들과 동화되지 않는 것이었다. 그러나 가나안 땅에서 이스라엘은 자기를 인도하여 주신 하나님의 은혜를 잊어버리고 말았다. 그들은 하나님 나라의 백성으로서의 본분을 잊어버렸다. 이스라엘은 가나안 땅에 정착하자마자 스스로 가나안 사람들의 생활에 동화되어 갔다. 결국 이스라엘은 가나안 땅을 정복하지 못하고 그들과 동화되어 가나안 우상들을 숭배하며 하나님의 율법을 잊어버렸다. 〈사사기〉는 여호수아 사후의 300여 년을 이스라엘 백성들이 하나님을 배교하고 가나안의 우상을 섬겼던 시기였다. 그러나 위기 때마다 오직 하나님의 자비로 이방 나라들에게 노략당하지 않을 수 있었고 흡수되지 않을 수 있었다.

종교 암흑기의 원인

하나님은 가나안 땅에 들어가서는 레위인들이 12지파에 흩어져 율법을 가르치는 지파 자치제와 하나님이 왕이신 신정 정치를 원하셨으나 레위들조차 타락하여 그들 본연의 책임을 다하지 못해 하나님은 원치 않게 사사들을 인도하여 구속의 역사를 이루어 가셨다.

1. 하나님의 뜻대로 지파별 토지 분배를 하였으나 레위인들이 제 역할을 하지 못해 오히려 지파 자치제의 힘이 분산되어 버렸다.
2. 쫓아내지 못한 토착민과 동거하다가 그들과 동화되었다.
3. 구원 역사의 목격자(민족 지도자들)들이 모두 세상을 떠나 이스라엘 백성들을 권면할 자가 없었다.
4. 여호수아는 매 7년 끝 해 면제년의 초막절에 율법 낭독을 하지 않았다. → 이러한 원인들이 복합적으로 작용하여 긴 세월의 종교 암흑기가 되었다.

이스라엘을 다스렸던 사사들

순위	사사	이름의 뜻	기간	업적 및 특징
침략기	구산 리사다임의 침략		8년	메소포타미아 왕을 섬김.
1	옷니엘	하나님의 능력	40년	최초의 사사, 갈렙의 조카, 견고한 요새지 정복(3:7~11).
침략기	에글론의 침략		18년	모압 왕.
2	에훗	나는 찬미한다	80년	왼손잡이, 모압 왕 에글론 물리침(3:12~30).
3	드보라	꿀벌	40년	여선지자, 바락과 협력 야빈과 시스라 물리침(4~5장).
4	삼갈	술 따르는 사람	?	소 모는 막대기로 600명 물리침(3:31).
침략기	미디안의 침략		7년	아브라함의 후처 그두라의 후손.
5	기드온	나는 베는 사람	40년	300명으로 물리침, 10만 미디안 군대 대파(6~8장).
6	아비멜렉	아버지는 왕이다	3년	이스라엘 왕, 여인의 맷돌에 죽음.
7	돌라	벌레	23년	도도의 손자(10:1~2)
8	야일	그는 빛나게 하심	22년	나귀 30마리, 아들 30명, 성읍 30개(10:3~5).
침략기	블레셋, 암몬의 침략		18년	우상을 섬김, 이스라엘 징벌.
9	입다	그가 열다	6년	기생의 아들, 서약 이행, 딸 번제물 받침, 암몬 족속 물리침(10:6~12:7).
10	입산	날쌔다	7년	아들 30명, 딸 30명, 이방 여인 며느리 봄(12:8~10).
11	엘론	참나무	10년	스블론 지파(12:11~12).
12	압돈	봉사, 섬김	8년	에브라임 지파, 아들 40명, 손자 30명(12:13~15).
침략기	블레셋 침략		40년	외세 침략 중 가장 오랜 기간.
13	삼손	작은 태양	20년	나실인, 단 지파 마노아의 아들, 블레셋(13~16장)

"여호수아가 죽은 후에 이스라엘 자손이 여호와께 여쭈어 이르되 우리 가운데 누가 먼저 올라가서 가나안 족속과 싸우리이까"(1:1)

여호수아가 가나안 땅을 차지해서 땅을 지파별로 다 분배해 주어 '지파 자치제'를 실시하고 있었기 때문에 힘이 다 분산되어 있었다. 그래서 이스라엘 자손들이 하나님께 묻고 있다. 그때 하나님께서는 유다 지파가 올라가라고 하신다.

> "유다가 그의 형제 시므온에게 이르되 내가 제비 뽑아 얻은 땅에 나와 함께 올라가서 가나안 족속과 싸우자 그리하면 나도 네가 제비 뽑아 얻은 땅에 함께 가리라 하니 이에 시므온이 그와 함께 가니라"(1:3)

유다 지파와 시므온 지파가 협력하고 있으며 전부 각자 지파별로 행동하고 있다. 땅의 분배로 힘이 분산되어 그 땅 거민을 쫓아내지 못하였고, 쫓아내지 못하였기 때문에 그들과 동거하다가 동화되어 버렸다.

〈사사기〉 1장 19절, 21절, 27절, 29절, 30절, 31절, 33절, 34절 본문을 보면, 대부분 지파들이 자기들이 제비뽑아 분배받은 지역에 가서 그 땅 거민을 쫓아내지 못하고 있는 모습을 볼 수 있다.

> "너희가 만일 그 땅의 원주민을 너희 앞에서 몰아내지 아니하면 너희가 남겨둔 자들이 너희의 눈에 가시와 너희의 옆구리에 찌르는 것이 되어 너희가 거주하는 땅에서 너희를 괴롭게 할 것이요 나는 그들에게 행하기로 생각한 것을 너희에게 행하리라"(민 33:55~56)

〈신명기〉 31장 9~13절의 모세의 부탁대로 매 7년마다 하나님 말씀(율법서: 오경)을 낭독하였다면 이스라엘 백성들이 가나안 땅에서 무엇을 해야 할지 바로 알아, 가나안 족속들을 다 진멸하든지 쫓아내든지 하여 역사의 불행을 막을 수 있었다. 사사 300여 년 동안 불행의 결정적인 원인은 성경(율법서)을 읽지 않았다는 것이다. 초막절(8일간)에 이스라엘 백성들에게 율법 전체를 읽고 설명하며, 하나님과의 약속을 듣고 행하게 하지 못했다. 결국에는 출애굽부터 860년이 되는 해(B.C. 586)에 바벨론의 포로로 잡혀 가게 된다.

이스라엘 백성들이 율법서를 7년에 한 번이라도 읽었으면 "이스라엘 자손이 여호와의 목전에 악을 행하여 바알들을 섬기며 애굽 땅에서 그들을 인도하여 내신 그들의 조상들의 하나님 여호와를 버리고 다른 신들 곧 그들의 주위에 있는 백성의 신들을 따라 그들에게 절하여 여호와를 진노하시게 하였으되 곧 그들이 여호와를 버리고 바알과 아스다롯을 섬겼으므로"(2:11~13)와 같이 되지는 않았을 것이다. 마침내 그들은 "그러므로 이스라엘 자손은 가나안 족속과 헷 족속과 아모리 족속과 브리스 족속과 히위 족속과 여부스 족속 가운데에 거주하면서 그들의 딸들을 맞아 아내로 삼으며 자기 딸들을 그들의 아들들에게 주고 또 그들의 신들을 섬겼더라"(3:5~6) 하기까지 이르게 된다.

가나안에 들어가서 잘못되어 가고 있는 모습이다.

> "이스라엘 자손이 여호와의 목전에 악을 행하여 자기들의 하나님 여호와를 잊어버리고 바알들과 아세라들을 섬긴지라"(3:7)
> "이스라엘 자손들이 또 여호와의 목전에 악을 행하니라 이스라엘 자손이 여호와의 목전에 악을 행하므로 여호와께서 모압 왕 에글론을 강성하게 하사 그들을 대적하게 하시매"(3:12)
> "에훗이 죽으니 이스라엘 자손이 또 여호와의 목전에 악을 행하매"(4:1)
> "이스라엘 자손이 또 여호와의 목전에 악을 행하였으므로 여호와께서 칠 년 동안 그들을 미디안의 손에 넘겨 주시니"(6:1)

말씀들에서 이스라엘 백성들의 배교와 하나님의 간섭을 볼 수 있다.

> "기드온이 이미 죽으매 이스라엘 자손이 돌아서서 바알들을 따라가 음행하였으며 또 바알브릿을 자기들의 신으로 삼고 이스라엘 자

손이 주의의 모든 원수들의 손에서 자기들을 건져내신 여호와 자기들의 하나님을 기억하지 아니하며 또 여룹바알이라 하는 기드온이 이스라엘에 베푼 모든 은혜를 따라 그의 집을 후대하지도 아니하였더라"(8:33~35)

이스라엘 백성들이 기드온의 은혜를 모르는 배은망덕한 자들이라는 말이다.

"이스라엘 자손이 다시 여호와의 목전에 악을 행하여 바알들과 아스다롯과 아람의 신들과 시돈의 신들과 모압의 신들과 암몬 자손의 신들과 블레셋 사람들의 신들을 섬기고 여호와를 버리고 그를 섬기지 아니하므로 여호와께서 이스라엘에게 진노하사 블레셋 사람들의 손과 암몬 자손의 손에 그들을 파시매"(10:6~7)

"이스라엘 자손이 다시 여호와의 목전에 악을 행하였으므로 여호와께서 그들을 사십 년 동안 블레셋 사람의 손에 넘겨 주시니라"(13:1)

〈사사기〉 말씀들을 보면 이런 악순환의 반복이 계속되고 있는 모습을 볼 수 있다.

기드온과 300용사("손으로 움켜 입에 대고 핥는 자의 수는 삼백 명이요" 7:6)

하나님은 이스라엘 백성이 거룩한 백성이요, 제사장이 되기를 바라셨지만, 〈사사기〉의 역사를 통해 이들은 끊임없이 악을 행한다. 결국 미디안의 12만 대군이 쳐들어왔다. 기드온은 사심과 욕심도 없고, 정치 야망도 없고, 신중하고 담대한 사람이었다. 그때 하나님께서 천사를 보내어 기드온을 찾아왔다.

"여호와의 사자가 기드온에게 나타나 이르되 큰 용사여 여호와께서 너와 함께 계시도다 하매 기드온이 그에게 대답하되 오 나의 주여 여호와께서 우리와 함께 계시면 어찌하여 이 모든 일이 우리에게 일어났나이까 또 우리 조상들이 일찍이 우리에게 이르기를 여호와께서 우리를 애굽에서 올라오게 하신 것이 아니냐 한 그 모든 이적이 어디 있나이까 이제 여호와께서 우리를 버리사 미디안의 손에 넘겨 주셨나이다 하니"(6:12~13)

천사가 기드온을 찾아와서 기드온을 택해서 이 민족을 구원하겠다고 하 니, 기드온이 하나님께서 함께하신다면 이런 불행이 왜 오겠느냐고 말한다. 그러고는 당신이 정말 하나님의 사람이라면 확인을 하게 해 달라며 양털을 젖게 했다가, 땅을 마르게 했다가, 몇 번을 시험해 본다. 여호와께서 기드온에게 나타나 "칠년 된 둘째 수소를 끌어 오고 네 아버지에게 있는 바알의 제단을 헐며 그 곁의 아세라 상을 찍고, 또 이 산성 꼭대기에 네 하나님 여호와를 위하여 규례대로 한 제단을 쌓고 그 둘째 수소를 잡아 네가 찍은 아세라 나무로 번제를 드릴지니라."고 하시니 기드온이 밤에 이를 행하였다. 성읍 사람들이 기드온의 아버지 요아스에게 기드온을 요구하였으나 요아스는 "너희가 바알을 구원하겠느냐? 바알 스스로 구원하라. 기드온에게 보복하게 하라. 오늘 바알을 위해서 나서는 자는 저주를 받을 것이다."라며 아들의 편을 들었다. 그날에 기드온을 여룹바알(바알이 스스로 증명해라)이라 불렀는데 이는 그가 바알의 제단을 파괴하였으므로 바알이 그와 더불어 다툴 것이라 함이었다.

그때에 미디안을 쳐부수기 위해서 징병을 하니, 32,000명이었다.

"여호와께서 기드온에게 이르시되 너를 따르는 백성이 너무 많은즉 내가 그들의 손에 미디안 사람을 넘겨 주지 아니하리니 이는 이스라엘이 나를 거슬러 스스로 자랑하기를 내 손이 나를 구원하였다 할까 함이니라 이제 너는 백성의 귀에 외쳐 이르기를 누구든지 두

> 려워 떠는 자는 길르앗 산을 떠나 돌아가라 하시니 이에 돌아간 백성이 이만 이천 명이요 남은 자가 만 명이었더라"(7:2~3)

여호와께서 백성이 아직도 많으니 "그들을 인도하여 물 가로 내려가라 거기서 내가 너를 위하여 그들을 시험하리라"(7:4)라고 하신다.

> "이에 백성을 인도하여 물 가에 내려가매 여호와께서 기드온에게 이르시되 누구든지 개가 핥는 것 같이 혀로 물을 핥는 자들을 너는 따로 세우고 또 누구든지 무릎을 꿇고 마시는 자들도 그와 같이 하라 하시더니 손으로 움켜 입에 대고 핥는 자의 수는 삼백 명이요 그 외에 백성은 다 무릎을 꿇고 물을 마신지라 여호와께서 기드온에게 이르시되 내가 이 물을 핥아 먹는 삼백 명으로 너희를 구원하며 미디안을 네 손에 넘겨주리니 남은 백성은 각각 자기의 처소로 돌아갈 것이니라 하시니"(7:5~7)

하나님은 미디안 군대 12만 명을 개처럼 핥아 먹은 300명으로 이기면 너희 손으로 이겼다고 하지 못할 것이라고 하신 것이다. 성경에서 개처럼 물을 핥아 먹었다는 것은 비하하는 표현이다. 용사가 아닌 300명, 심지어 개처럼 핥아 먹는 자들을 데리고 이겨야 이스라엘 백성이 여호와 하나님을 인정하지 않겠는가 하시는 하나님의 아픈 심정이 담겨 있음을 알아야 한다.

기드온의 처세(8장 22~23절)

전쟁에서 승리한 것을 내세워 자신의 욕망을 채우지 않았다. 자기가 주님의 도구가 되었다는 것만으로도 은혜가 족하다고 여겼다.

기드온은 전쟁 후 백성들이 당신과 당신의 아들과 당신의 손자 우리를 왕으로 다스려 달라고 하였으나 "여호와께서 너희를 다스리시리라"하고 마음을 비웠다. 그러나 백성들에게 탈취한 금 귀고리와 장식품과 패물들을 달라고 요청하여 그 금으로 에봇 하나를 만들어 자기의 성읍 오브라에 두었더니 온 이스라엘이 그것을 음란하게 위하므로 그것이 기드온과 그 집에 올무가 되었다. 미디안이 이스라엘 자손 앞에 복종하여 기드온이 사는 사십 년 동안 그 땅이 평온하였다. 기드온이 아내가 많아 그의 몸에서 낳은 아들이 칠십 명이었고 세겜에 있는 그의 첩도 아들을 낳았는데 그 이름을 아비멜렉이라 하였다.

기드온의 첩의 아들 아비멜렉(9장)

기드온의 첩인 세겜 여자의 아들, 아비멜렉은 '나의 아버지는 왕이다.'라는 이름을 가지고 있었다. 권력과 야망을 가지고 지은 이름이다. 기드온이 나이가 많아 죽고 나니, 아비멜렉은 그의 외조부 집의 세겜 사람들에게 나는 원래 세겜 사람임을 기억하라며 여룹바알의 아들 70명이 너희 위에 군림하는 것이 좋겠느냐 아니면 한 사람이 너희를 다스리면 좋겠느냐고 말한다. 그 말을 듣고 그들의 마음이 아비멜렉에게 기울었고 아비멜렉은 그들과 함께 여룹바알의 집에 가서 자기 형제 70명을 한 바위 위에서 죽였지만, 막내아들 요담은 다행히 몸을 피했다. 세겜의 모든 사람과 밀로 모든 족속이 모여서 아비멜렉을 왕으로 삼았다는 소식을 들은 요담은 세겜으로 가서 세겜 사람들에게 "세겜 사람들아 너희가 하는 것이 정말 사람이 할 짓이냐? 우리 아버지가 목숨을 걸고 너희를 구했는데, 이것이 여룹바알의 집에 보답을 하는 것이냐? 이것이 진실로 의로운 일이 아니면 아비멜렉에게서 불이 나와서 세겜 사람들과 밀로의 집을 사를 것이요, 세겜 사람들과 밀로의 집에서도 불이 나와 아비멜렉을 사를 것이다." 하고 도망을 간다.

> "아비멜렉이 이스라엘을 다스린 지 삼 년에 하나님이 아비멜렉과 세겜 사람들 사이에 악한 영을 보내시매 세겜 사람들이 아비멜렉을 배반하였으니 이는 여룹바알의 아들 칠십 명에게 저지른 포학한 일

> 을 갚되 그들을 죽여 피 흘린 죄를 그들의 형제 아비멜렉과 아비멜렉의 손을 도와 그의 형제들을 죽이게 한 세겜 사람들에게로 돌아가게 하심이라"(9:22~24)

결국 아비멜렉은 반란을 진압하다 '데베스'에 있는 망대에서 한 여인이 던진 맷돌 위짝에 두개골이 깨져, 자기의 무기를 든 청년에게 찌르게 하여 죽었다.

> "아비멜렉이 그의 형제 칠십 명을 죽여 자기 아버지에게 행한 악행을 하나님이 이같이 갚으셨고 또 세겜 사람들의 모든 악행을 하나님이 그들의 머리에 갚으셨으니 여룹바알의 아들 요담의 저주가 그들에게 응하니라"(9:56~57)

사사 시대는 한마디로 끔찍한 타락의 시대였다. 기드온이 목숨을 걸고 이스라엘 백성들을 미디안의 12만 대군에게서 구원하였는데도 은혜에 후대하지 않고 배반한 것이다.

사사 입다와 에브라임 지파의 관계(〈사사기〉 12장 1~7절)

에브라임 지파는 한 형제인 이스라엘의 여러 지파들이 전쟁을 할 때는 전혀 돕지 않다가 정작 이기고 나니까 "왜 우리를 부르지 아니하였느냐 우리가 반드시 불로 너와 네 집을 사르리라"고 하며 시비를 걸어 협박한다. 기드온 당시에도 에브라임은 비슷한 행동을 한 적이 있다(8:1). 에브라임이 이러한 행동을 하는 것은 이스라엘 12지파 중 가장 큰 지파였고 그들은 항상 장자권을 주장하는 지파였기 때문이다. 마지막 순간까지라도 공적을 가로채는 것을 즐겼던 지파였다. 에브라임 지파는 잘못된 자존심 때문에 이웃의 기쁨에 동참하지 않았다. 기생 아들의 천한 신분으로 길르앗 사람의 머리가 된 입다가 자기들과 한마디 상의도 없이 암몬 자손과 싸웠다는 것도 자존심이 상하는 일이지만, 자기들이 하지 못한 큰일을 한낱 보잘것없는 첩의 자식이 이루었다는 사실이 그들의 자존심을 건드렸다. 에브라임 지파는 상대방의 약점만 바라보았다. "너희 길르앗 사람은 본래 에브라임에서 도망한 자로서 에브라임과 므낫세 중에 있다(12:4)"라고 비하한다. 길르앗 사람이 본래 에브라임과 므낫세 사이에서 쫓겨 다녔던 사실로 미루어 볼 때 '도망한 자'라는 표현은 입다가 형제들에게 핍박받아 도망한 자라는 의미이다. 입다의 약점을 감정적으로 표현한 치욕적인 언사로 입다와 길르앗 사람들은 격분하였고, 보복으로 42,000명을 죽였다(12:6).

나실인 삼손(13~16장)

이스라엘 백성도 타락하고, 레위 지파도 타락하고, 아론 자손들도 타락하고, 사사도 타락하니 하나님께서는 단 지파의 소라 마을에 마노아를 찾아 가신다. 그 부인의 태가 닫혀 있었으나 나실인으로 블레셋 손에서 이스라엘을 구원하게끔 태를 열어 아들을 낳으니 그의 이름이 삼손(작은 태양)이다. 하나님께서는 삼손이 어릴 때부터 구별되게 나실인으로 거룩하게 사사의 길을 가기를 원하셨다. 삼손은 능력의 은사를 주었더니 가두어 놓으면 문짝의 문설주를 빼서 산으로 올라가고, 오랏줄로 묶어 놓으면 불에 탄 삼줄같이 끊어 버리고, 여기저기 다니면서 행패를 부리고 온갖 못된 짓을 다한다. 나실인으로 포도주나 독주를 마시지 말며 시체를 만지지 말며, 어떠한 부정한 것도 먹지 말고, 머리에 삭도를 대지 말라 하셨지만, 죽은 당나귀뼈로 사람을 천 명이나 죽인다. 죽은 사자의 시체에서 꿀을 내어 먹기도 하고, 여우 꼬리에 불을 붙여서 온 들판을 다 태워 버리기도 한다. 결국에는 블레셋에 가서 기생 들릴라의 무릎을 베고 자다가 머리카락이 잘리고 만다. 이때 여호와의 성령이 떠나 버리고 삼손은 눈알이 뽑혀서 블레셋 다곤 신전 지하에서 연자 맷돌을 돌리게 되었다. 삼손은 나실인 중 실패한 나실인이라 할 수 있다. 어두운 민족의 지도자로 삼고자 '작은 태양'이라는 의미의 삼손이라는 이름까지 지었지만, 촛불만도 못한 삼손이 되어서 어두운 민족을 밝히지 못하는 안타까운 모습이다.

미가와 만연된 단 지파 우상숭배(18장)

"그 때에 이스라엘에 왕이 없었고 단 지파는 그 때에 거주할 기업의 땅을 구하는 중이었으니 이는 그들이 이스라엘 지파 중에서 그 때까지 기업을 분배 받지 못하였음이라 단 자손이 …… 땅을 정탐하고 살피게 하며 그들에게 이르되 너희는 가서 땅을 살펴보라 하매 그들이 에브라임 산지에 가서 미가의 집에 이르러 거기서 유숙하니라"(18:1~2)

이스라엘 다른 모든 지파가 땅을 분배받아 정착한 이때에 단 지파는 변변히 거할 땅이 없었다. 블레셋 지방 쪽에 분배받기는 했으나 그 지역 사람들이 워낙 강해서 잦은 충돌은 있었지만 그 땅을 차지하지는 못했다. 그래서 새로운 땅으로 이주하려고 정탐꾼들이 정탐하다가 '라이스(가이사랴 빌립보)'라는 땅을 찾아 그곳으로 이주한다. 이들이 이주할 때 에브라임 산지의 미가네 집에서 제사장 노릇을 하던 레위인과 미가의 신상을 가로챈다. 단 지파 사람들이 앞으로 정착할 땅에서 제사장을 시키겠다는 것이다. 단 지파 사람들 역시 다른 이스라엘 백성과 마찬가지로 우상숭배를 크게 무서워하지 않았다. 레위인들도 자신의 생계를 위하여 돈을 받고 제사장 직분을 수행했다. 단 지파는 〈여호수아〉 19장 40절에서 볼 수 있듯이 그들의 분깃으로 약속의 땅 일부를 받은 상태였다. 그런데도 지금 단 지파가 거처할 기업을 구하는 중이라는 것은 거주지를 이전할 계획을 말하는 것이다.

"단 자손이 성읍을 세우고 거기 거주하면서 이스라엘에게서 태어난 그들의 조상 단의 이름을 따라 그 성읍을 단이라 하니라 그 성읍의 본 이름은 라이스였더라"(18:28~29)

"단 자손이 자기들을 위하여 그 새긴 신상을 세웠고 모세의 손자요 게르솜의 아들인 요나단과 그의 자손은 단 지파의 제사장이 되어 그 땅 백성이 사로잡히는 날까지 이르렀더라 하나님의 집이 실로에 있을 동안에 미가가 만든 바 새긴 신상이 단 자손에게 있었더라"(18:30~31)

이후 라이스 지방으로 이주한 단 지파의 행적은 더 이상 성경에 언급되지 않았다.

레위인의 첩 사건(19~21장)

"이스라엘에 왕이 없을 그 때에 에브라임 산지 구석에 거류하는 어떤 레위 사람이 유다 베들레헴에서 첩을 맞이하였더니 그 첩이 행음하고 남편을 떠나 유다 베들레헴 그의 아버지의 집에 돌아가서 거기서 넉 달 동안을 지내매"(19:1~2)

남편이 그 여자의 아버지 집에 들어가니 그 여자의 아버지가 그를 보고 환영한다. 3일을 머무르고 나흘 만에 일찍이 떠나고자 하니 그 여자의 아버지가 청하여 다시 하룻밤을 유숙한다. 다섯째 날에도 그 여자의 아버지가 청하지만 첩과 하인과 더불어 길을 나섰다. 여부스(예루살렘)를 지나 베냐민 지파가 거류하는 기브아에서 하룻밤 유숙하러 들어간 어느 한 노인의 집에서 사건이 일어난다. 동네 불량배들이 와서 그의 첩을 끌어내어 밤새 온 동네 남자가 윤간을 했다. 아침에 문 앞에 엎드러져 있는 것을 보고 일어나라고 했더니 이미 죽어 있었다. 그 첩의 남자가 시체를 12토막을 내어 열두 지파에게 한 토막씩 보냈다. 열두 지파가 시체 토막을 받아 보고 이게 무슨 해괴망측한 일인가 하여 모여서 알아보니 베냐민 지파 사람들이 악독한 짓을 한 것이었다. 이 사건 때문에 오랜만에 이스라엘 열두 지파장이 모여서 회의를 한다. 이 회의에서 베냐민 지파에게 그 불량배들을 내어 달라고 하였으나 내어 주지 않아 세 번의 전쟁으로 7만 2천 명이 죽게 된 사건이다. 베냐민 지파들이 그 불량배들(히: 베니[아들] 벨리알[마귀의 새끼]-불경건하고 악한 종자들; 신 13:13)만 처단했으면 불과 20~30명 정도만 죽였으면 될 사건이었다. 〈사사기〉 기자는 이런 사건을 통해 하나님의 왕도 없고 인간이 세운 왕도 없기에 결국 백성이 전부 제멋대로 자기 생각에 옳은 대로 행한 것이 사사 시대임을 보여 주고 있다.

> "그 때에 이스라엘에 왕이 없으므로 사람이 각기 자기의 소견에 옳은 대로 행하였더라"(21:25)

그래서 사사 시대의 참담한 모습이 약 300여 년간 지속되게 되었다.

〈사사기〉는 결국 하나님이 원하는 사람을 찾을 수 없어 한탄하는 아픔의 과정이다. 하나님의 모든 마음이 무너지는 것을 〈사사기〉를 통해서 볼 수 있다.

룻기

〈룻기〉의 제목은 이 책의 여주인공인 젊은 모압 여인, 다윗의 증조모이며 예수님의 조상(마 1:1, 5)인 룻의 이름을 따랐다. 이 이야기는 특히 종교적, 도덕적으로 타락했고, 이방의 압제를 받았던 사사 시대(입다, 입산 사사 때로 추정)를 배경으로 하고 있는데, 이스라엘과 모압이 일시적으로 평화를 유지하던 시대(삿 3:30)이다. 〈룻기〉는 이스라엘의 한 가정의 사생활을 매우 사실적으로 보여 주고 있다. 또한 사사 시대의 어두운 모습을 무색하게 하는 참 믿음과 경건을 소유한 자들의 밝은 삶을 보여 준다. 저자는 알려져 있지 않지만 하나님은 한 여인의 가정 이야기를 통하여 하나님의 섭리와 심판 그리고 모든 사람에게 구원을 주시는 하나님의 은혜에 대하여 기록하고 있다.

룻의 가계도

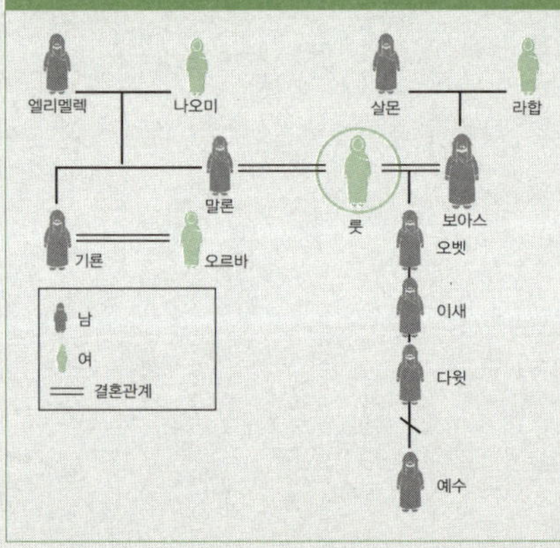

룻과 나오미의 이동경로

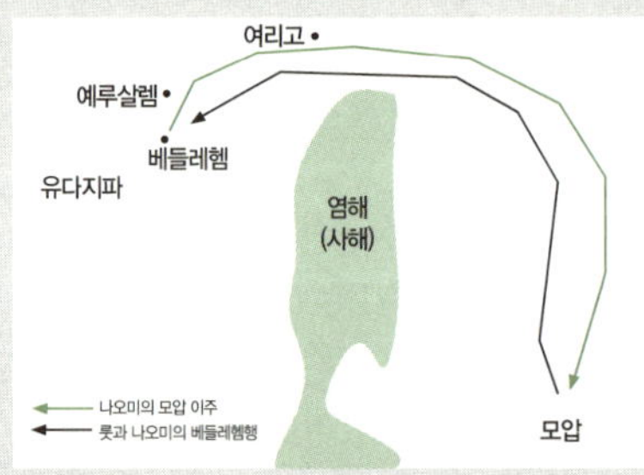

〈사사기〉 1장 1~2절을 보면 사사들이 치리하던 때에 흉년이 들었다. 〈사사기〉를 보면 이스라엘 백성이 또 여호와의 목전에 악을 행하였다는 표현이 자주 나온다. 계속 악을 반복적으로 행할 때 흉년이 들었다는 것은 하나님이 저주를 하신 것이 아니라 징계하신 것이다. 〈룻기〉의 시작은 유다 베들레헴의 한 사람이 그 아내와 두 아들을 데리고 모압 지방으로 도망을 가는 사건이다. 흉년은 하나님의 징계이다. 그러나 그들은 어려운 상황을 받아들이지 않고 이방의 모압으로 도망을 갔다. 그곳은 십 대뿐 아니라 영원히 여호와의 총회에 들어오지 못하도록 저주 받은 땅이었다.

"나오미(히: 기쁨)의 남편 엘리멜렉(히: 하나님은 나의 왕이시다)이 죽고 나오미와 그 두 아들이 남았으며 그 들은 모압 여자 중에서 그들의 아내를 맞이하였는데 하나의 이름은 오르바요 하나의 이름은 룻이더라 그들이 거기에 거주한 지 십 년쯤에 말론과 기룐 두 사람이 다 죽고 그 여인은 두 아들과 남편의 뒤에 남았더라"(1:3~5)

고대 사회에서 여성들이 홀로되면 살아갈 길이 없다. 자기의 몸을 팔아야 살아갈 수 있는 사회이다.

"그 여인이 모압 지방에서 여호와께서 자기 백성을 돌보시사 그들에게 양식을 주셨다 함을 듣고 이에 두 며느리와 함께 일어나 모압 지방에서 돌아오려 하여 있던 곳에서 나오고 두 며느리도 그와 함께 하여 유다 땅으로 돌아오려고 길을 가다가 나오미가 두 며느리에게 이르되 너희는 각각 너희 어머니의 집으로 돌아가라 너희가

> 죽은 자들과 나를 선대한 것 같이 여호와께서 너희를 선대하시기를 원하며 여호와께서 너희에게 허락하사 각기 남편의 집에서 위로를 받게 하시기를 원하노라 하고 그들에게 입 맞추매 그들이 소리를 높여 울며 나오미에게 이르되 아니니이다 우리는 어머니와 함께 어머니의 백성에게로 돌아가겠나이다 하는지라"(1:6~10)

나오미가 "내 딸들아 돌아가라. 나는 이제 소망이 없다. 그렇지만 너희는 그럴 필요가 없다. 얼마든지 새 출발을 할 수 있다. 만약 나에게 어떤 소망이 있어 남자를 얻어 아들을 낳게 된다 하더라도, 그 아들이 커서 너희의 신랑감이 될 때까지 어찌 기다리겠느냐?" 하고 새로운 삶을 위하여 며느리들을 떠나라 하니, 그들이 울다가 오르바는 생각을 바꿔 나오미의 볼에 입 맞추고 자기 집으로 떠났다(1:11~14).

> "나오미가 또 이르되 보라 네 동서는 그의 백성과 그의 신들에게로 돌아가나니 너도 너의 동서를 따라 돌아가라 하니 룻이 이르되 내게 어머니를 떠나며 어머니를 따르지 말고 돌아가라 강권하지 마옵소서 어머니께서 가시는 곳에 나도 가고 어머니께서 머무시는 곳에서 나도 머물겠나이다 어머니의 백성이 나의 백성이 되고 어머니의 하나님이 나의 하나님이 되시리니 어머니께서 죽으시는 곳에서 나도 죽어 거기 묻힐 것이라 만일 내가 죽는 일 외에 어머니를 떠나면 여호와께서 내게 벌을 내리시고 더 내리시기를 원하나이다 하는지라 나오미가 룻이 자기와 함께 가기로 굳게 결심함을 보고 그에게 말하기를 그치니라"(1:15~18)

이 본문을 보고 효부 룻이라 하면서 어머니 곁에 끝까지 남아 주었다고 칭찬을 한다. 룻은 가고 싶은 마음도 절실하였을 것이다. 그런 것을 보면 룻은 속이 깊은 여자이고, 마음씨가 착한 여자인 것 같다.

"이에 그 두 사람이 베들레헴까지 갔더라 베들레헴에 이를 때에 온 성읍이 그들로 말미암아 떠들며 이르기를 이이가 나오미냐 하는지라 나오미가 그들에게 이르되 나를 나오미라 부르지말고 나를 마라라 부르라 이는 전능자가 나를 심히 괴롭게 하셨음이니라 내가 풍족하게 나갔더니 여호와께서 내게 비어 돌아오게 하셨느니라 여호와께서 나를 징벌하셨고 전능자가 나를 괴롭게 하셨거늘 너희가 어찌 나를 나오미라 부르느냐 하니라"(1:19~21)

히브리어 '마라'라는 '말은 쓰다'는 뜻이다. 나오미는 인생의 쓴 맛을 보았다. "이는 전능자가 나를 심히 괴롭게 하셨음이라". 흉년 때 모든 재산을 챙겨 풍족하게 나갔으나 돌아올 때는 남편과 두 아들과 모든 재물을 잃어버리고 빈손으로 돌아오게 되었다.

"나오미가 모압 지방에서 그의 며느리 모압 여인 룻과 함께 돌아왔는데 그들이 보리 추수 시작할 때에 베들레헴에 이르렀더라"(1:22)

하나님의 인도하심으로 베들레헴에 추수가 시작될 때 돌아왔다.

"나오미의 남편 엘리멜렉의 친족으로 유력한 자가 있으니 그의 이름은 보아스더라 모압 여인 룻이 나오미에게 이르되 원하건대 내가 밭으로 가서 내가 누구에게 은혜를 입으면 그를 따라서 이삭을 줍겠나이다 하니 나오미가 그에게 이르되 내 딸아 갈지어다 하매 룻이 가서 베는 자를 따라 밭에서 이삭을 줍는데 우연히 엘리멜렉의 친족 보아스에게 속한 밭에 이르렀더라"(2:1~3)

성경에서 '우연히'라는 말은 필연적인 하나님의 인도하심으로 보아야 한다.

> "마침 보아스가 베들레헴에서부터 와서 베는 자들에게 이르되 여호와께서 너희와 함께 하시기를 원하노라 하니 그들이 대답하되 여호와께서 당신에게 복 주시기를 원하나이다 하니라"(2:4)

일꾼들을 배려하는 보아스의 자비로운 모습을 볼 수 있다.

> "식사할 때에 보아스가 룻에게 이르되 이리로 와서 떡을 먹으며 네 떡 조각을 초에 찍으라 하므로 룻이 곡식 베는 자 곁에 앉으니 그가 볶은 곡식을 주매 룻이 배불리 먹고 남았더라 룻이 이삭을 주우러 일어날 때에 보아스가 자기 소년들에게 명령하여 이르되 그에게 곡식 단 사이에서 줍게 하고 책망하지 말며 또 그를 위하여 곡식 다발에서 조금씩 뽑아 버려서 그에게 줍게 하고 꾸짖지 말라 하니라"(2:14~16)

보아스가 일꾼들에게 일부러 줍는 사람을 생각해서 조금씩 뽑아서 흘리라고 하는 장면은 우리에게 감동을 준다.

> "보아스가 성문으로 올라가서 거기 앉아 있더니 마침 보아스가 말하던 기업 무를 자가 지나가는지라 보아스가 그에게 이르되 아무개여 이리로 와서 앉으라 하니 그가 와서 앉으매 보아스가 그 성읍 장로 열 명을 청하여 이르되 당신들은 여기 앉으라 하니 그들이 앉으매 보아스가 그 기업 무를 자에게 이르되 모압 지방에서 돌아온 나오미가 우리 형제 엘리멜렉의 소유지를 팔려 하므로 내가 여기 앉은 이들과 내 백성의 장로들 앞에서 그것을 사라고 네게 말하여

알게 하려 하였노라 만일 네가 무르려면 무르려니와 만일 네가 무르지 아니하려거든 내게 고하여 알게 하라 네 다음은 나요 그 외에는 무를 자가 없느니라 하니 그가 이르되 내가 무르리라 하는지라 보아스가 이르되 네가 나오미의 손에서 그 밭을 사는 날에 곧 죽은 자의 아내 모압 여인 룻에게서 사서 그 죽은 자의 기업을 그의 이름으로 세워야 할지니라 하니 그 기업 무를 자가 이르되 나는 내 기업에 손해가 있을까 하여 나를 위하여 무르지 못하노니 내가 무를 것을 네가 무르라 나는 무르지 못하겠노라 하는지라 옛적 이스라엘 중에는 모든 것을 무르거나 교환하는 일을 확정하기 위하여 사람이 그의 신을 벗어 그의 이웃에게 주더니 이것이 이스라엘 중에 증명하는 전례가 된지라"(4:1~7)

보아스는 율법(신 25:9~10)에 나온 것처럼 심하게 하지는 않았다.

"나오미가 아기를 받아 품에 품고 그의 양육자가 되니 그의 이웃 여인들이 그에게 이름을 지어 주되 나오미에게 아들이 태어났다 하여 그의 이름을 오벳이라 하였는데 그는 다윗의 아버지인 이새의 아버지였더라 베레스의 계보는 이러하니라 베레스는 헤스론을 낳고 헤스론은 람을 낳았고 람은 암미나답을 낳았고 암미나답은 나손을 낳았고 나손은 살몬을 낳았고 살몬은 보아스를 낳았고 보아스는 오벳을 낳았고 오벳은 이새를 낳고 이새는 다윗을 낳았더라"(4:16~22)

룻은 기업 무를 자인 보아스와 결혼하여 오벳을 낳았다. 살몬은 여리고 기생에게서 보아스를 낳았고 보아스는 모압 여자 룻에게서 오벳을 낳았다. 베들레헴 양치기인 다윗이 어느 날 왕이 되어서, 다윗의 가문이 어떤 가문인지 거슬러 올라가 조사해 보니 암흑 같은 〈사사기〉 시절에 이방 여인이 예수님 족보에 참여하는 이 그림 같은 베들레헴의 보리밭 사랑 이야기가 나온 것이다.

사무엘상하

〈사무엘(하나님께서 내 기도를 들으셨다)상하〉의 저자는 알 수 없으며 원래 한 권의 책이었다. 그것이 두 권으로 나뉜 것은 70인역 성경 번역자들에 의해서였다. 대부분의 현대역도 두 부분으로 나눈다. 〈사무엘서〉와 〈열왕기서〉는 함께 이스라엘 왕들의 전체 역사를 다루었다. '사무엘'이라는 제목은 하나님께서 인간 왕들이 통치하는 시대를 세우기 위하여 나실인으로 세웠던 선지자 사무엘의 이름에서 지어진 것 같다. 〈사무엘상〉은 '하나님의 통치' 구조 속에서 '왕권이 확립'되는 것을 기록하고 있다. 사무엘은 이스라엘의 왕, 사울과 다윗에게 기름을 부었고 새로운 하나님의 통치인 왕의 제도를 제시한 사람이기도 하다. 이 시기는 사사 시대에서 왕의 시대로 변천하는 과정으로 볼 수 있다. 〈사무엘상〉은 이스라엘 왕국을 건설하기 전의 과도기의 역사로, 선지자 사무엘과 사울 왕, 다윗 왕을 기록하고 있다. 〈사무엘상〉은 B.C. 1050~B.C. 931년 역사를 다윗 왕의 사초를 기록한 사관의 기록을 참고하여 다윗 왕 이후에 쓴 것으로 보인다. 본문에서도 추정할 수 있다. "다윗은 그 블레셋 사람의 머리를 예루살렘으로 가져가고 갑주는 자기 장막에 두니라"(삼상 17:54).

그 당시 예루살렘은 아직 사울과 다윗의 수중에 있는 것이 아니고 가나안의 여부스 족이 차지하고 있었기 때문에 예루살렘으로 가져간 것이 아니고 실로나 사울의 기브아로 가져갔을 것이다. 다윗 왕이 통일 왕국을 이루어 여부스 족이 차지하고 있던 예루살렘 성을 점령한 시점인 〈사무엘하〉 5장 6절에 근거하여 볼 때 성경이 잘못 기록된 것이 아니라 〈사무엘상〉의 기록이 다윗 왕 이후에 사관들이 남긴 사초를 근거로 쓴 것임을 알 수 있다. 저자는 솔로몬의 사후(B.C. 931)와 왕국 분열 후까지도 살았던 사람인 것으로 추정된다. 사무엘서의 저자는 참조한 자료를 '야살의 책'(삼하 1:18)이라고 밝히고 있다. 이와는 달리 역대기 저자는 참조한 자료가 다윗 왕의 역대지략(대상 27:24), 선견자 사무엘의 글, 선지자 나단의 글, 선견자 갓의 글(대상 29:29)이라고 밝히고 있다.

〈사무엘하〉는 다윗의 생애와 40년 통치 기간 동안의 주요 사건을 기록하였다. 다윗이 왕이 되는 과정과 하나님의 돌보심으로 계속해서 승리하는 모습을 볼 수 있다. 또한 다윗의 밧세바 간음 사건과 나단 선지자의 책망과 회개, 다윗 왕의 아들인 압살롬의 반란 사건처럼 다윗이 어려움에 처한 모습도 볼 수 있다.

1. 사무엘의 출생과 소명(1~3장)

〈사무엘상〉에서는 이스라엘이 왕의 제도를 시작하고 난 후 첫 왕인 사울과 다윗의 통치를 다루는데, 이 두 왕의 출생 기사를 기록하지 않고 있다. 오히려 그들에게 기름을 부은 사무엘의 출생에 대해 기록하고 있다. 이것은 사무엘 역할의 중요성을 보여주는 것이다. 어린 사무엘이 엘리 제사장 곁에서 여호와를 섬기고 있을 때 엘리 제사장에게는 나타나지 않으시고 어린 사무엘이 한밤중에 여호와의 음성을 들으면서 사역이 시작된다. 하나님의 말씀들이 사무엘에게 전해지면서 백성들은 하나님께서 사무엘에게 말씀하심을 알게 되었다(3:1~4:1). 이스라엘의 인간 왕 사울과 다윗도 사무엘의 사역 때 말씀에 의해 세워진다. 사무엘의 출생 기사는 사무엘을 통하여 하나님의 사역이 어떻게 이루어질 것인가를 보여주고 있다.

2. 엘리 제사장 가정의 이야기(2~4장)

엘리 제사장이 매우 늙었을 때 그의 아들들이 온 이스라엘에게 행한 모든 일과 회막 문에서 수종 드는 여인들과 동침하였음을 백성들을 통해 듣게 된다. 하나님의 사람이 엘리에게 와서 "이스라엘 모든 지파 중에서 내가 네 조상의 집을 택하여 내 제사장으로 삼아 내 제단에 올라 분향하며 내 앞에서 에봇을 입게 하지 않았느냐? 이스라엘 자손이 드리는 모든 화제를 내가 네 조상의 집에 주지 않았느냐? 그런데 너희는 어찌하여 내 처소에서 명령한 내 제물과 예물을 밟으며 네 아들들을 나보다 더 중히 여겨 내 백성 이스라엘이 드리는 가장 좋은 것으로 너희들을 살지게 하느냐? 그러므로 내가 전에 네 집과 네 조상의 집이 내 앞에 영원히 행하리라 하였으나 이제는 결단코 그렇게 하지 않으리라 나를 존중히 여기는 자를 내가 존중히 여기고 나를 멸시하는 자를 내가 경멸하리라"(2:28~30)라고 단호히 말씀하신다. 또 네 팔과 네 조상의 집 팔을 끊어 네 집에 노인이 하나도 없을 것이고, 네 두 아들 홉니와 비느하스가 한 날에 죽으리라고 말씀(2:31, 34)하신다. 이후 사무엘에게도 엘리의 집에 대하여 말한 것을 처음부터 끝까지 그날에 그에게 다 이룰 것이고, 그의 집을 영원토록 심판할 것인데 이는 그가 아는 죄악, 즉 자기 아들들의 저주를 금하지 아니하였음이라고 말씀하신다. 또 하나님은 엘리의 집에 대하여 엘리의 집의 죄악은 제물로나 예물로나 영원히 속죄함을 받지 못한다고 말씀하신다. 하나님의 말씀처럼 블레셋 사람들과의 전쟁에서 궤는 빼앗기고 엘리의 두 아들 홉니와 비느하스는 죽임을 당하였다. 98세인 엘리 제사장도 의자에 앉아 이 소식을 전해 듣고 넘어져 목이 부러져 죽었다(4:12~18).

3. 빼앗긴 법궤(4~6장)

이 사건은 이스라엘 백성들이 가나안에 정착한 후에 하나님과의 언약인 율법에 관심이 전혀 없었음을 보여 준다. 아울러 하나님의 법궤를 블레셋 사람들에게 어떻게 빼앗겼으며 이후에 하나님이 블레셋 여러 도시(아스돗, 가드, 에그론)들을 심판하시고 어떻게 이스라엘로 다시 돌아오게 하셨는가를 볼 수 있다. 이스라엘 백성들은 단순히 하나님의 임재를 상징하는 법궤를 소유하기만 하면 적들을 이길 수 있다고 생각한 어리석음을 보여 준다. 블레셋 사람들이 하나님의 법궤를 에벤에셀에서 아스돗까지 옮겼지만 계속되는 두려운 사건들로, 블레셋 사람들은 자진해서 법궤를 이스라엘로 돌려보냄으로써 하나님의 법궤에 담긴 하나님의 능력 앞에 자신들이 무기력하다는 사실을 인정하고 있다. 블레셋의 다곤 신을 능가하는 이스라엘의 하나님 능력과 우월성을 볼 수 있다. 하나님의 법궤가 이스라엘로 돌아올 때에도 하나님의 인도로 이루어진다. 하나님의 법궤가 옮겨지는 벧세메스는 암소가 갈 수 있는 확률이 전혀 없는 300~500m의 산악 지대였다. 벧세메스 사람들이 여호와의 궤를 들여다 본 까닭에 70명이 죽음을 당하는 안타까운 모습을 볼 수 있다.

4. 사사 사무엘(7장)

사무엘이 미스바에서 블레셋의 위협 속에서 백성들에게 "너희가 전심으로 여호와께 돌아오려거든 이방 신들과 아스다롯을 너희 중에서 제거하고 너희 마음을 여호와께로 향하여 그만을 섬기라 그리하면 너희를 블레셋 사람의 손에서 건져내시리라"(7:3)고 말하고 기도했을 때, 하나님은 이스라엘의 편이 되셔서 블레셋을 물리치셨다. 이것은 하나님이 하나님에 의해 선택된 지도자인 사무엘의 권위를 인정해 주시는 사건이다. 또한 이스라엘 백성이 하나님을 신뢰하고 언약을 지킬 때 하나님의 보호를 받을 수 있다는 것을 보여 주신 것이다.

8장에서는 사무엘이 늙어 아들 둘이 이스라엘의 사사가 되었는데 뇌물을 받고 재판을 하여 지도자들과 백성들이 왕을 구하는 모습이 등장한다. 사무엘은 백성들의 요구가 하나님을 거절하는 악한 죄라고 책망한다. 그러나 하나님은 사무엘에게 백성들을 다스릴 왕을 세우라고 명령(8:11~18)하신다. 모세는 이스라엘이 인간 왕을 요구할 것이라는 것을 〈신명기〉에서 예상하였다(신 17:18~20). 이스라엘의 왕권은 하나님이 백성을 다스리는 하나님의 통치 속에서만 가능한 것이었다. 그러나 그들이 요구하는 왕권은 주변 국가들과 같이 인간 왕이 전쟁에서 승리하고 국가의 안정을 이루는 것이었다. 이것은 하나님의 왕권을 거절한 것이다. 그들이 왕을 구하는 것은 여호와 하나님과 맺은 언약을 부정하는 것이었다. 그럼에도 하나님은 그들의 보호자가 되겠다고 약속하셨고 사무엘의 지도 아래 블레셋과 싸워 그들을 구원하여 주셨다.

5. 인간 왕을 세우심(10장)

여호와 하나님께서는 8장 18절 말씀의 단서 하에 인간 왕을 세우도록 지시하셨다. 사울은 하나님의 선택으로 사무엘을 만났고, 사무엘은 그에게 기름을 부었다(9:1~10:16). 그리고 사무엘은 백성들을 미스바로 모으고 왕을 구하는 그들의 죄에 대해 말한 후(10:18~19), 제비를 뽑아 왕을 선출하였다. 사울이 제비에 뽑혔고 하나님이 선택하신 사람으로서 백성 앞에서 지명을 받았다(10:24). 이스라엘의 초기 왕의 제도는 미흡하여 사울은 바로 왕의 직무를 수행한 것이 아니고 집으로 돌아와 농사일을 하였다(11:5, 7). 이후 사울은 야베스 길르앗 거민들이 암몬 족속 나하스 왕에게 위협을 받았을 때 군대를 모으고 이스라엘을 통솔하여 전쟁에서 승리하였다(11:11). 그의 승리는 사울이 하나님에 의해 왕으로 선택되었다는 사실을 입증하는 것이었다. 그리고 사울의 통치는 길갈에서 시작하게 된다(11:14~15).

6. 사무엘의 마지막 당부와 이스라엘의 통치자는 하나님(12장)

사무엘은 마지막으로 여호와께서 모세와 아론을 보내서 출애굽을 인도하신 역사와 왕을 세우는 것을 하나님께서 기뻐하지 않는 것, 여호와께서 우레와 비를 보내셔서 왕을 구한 일 곧 여호와의 목전에서 범한 죄악이 큼을 밝히 알게 하실 것을 말한다. 또 "오직 너희의 마음을 다하여 여호와를 섬기라 돌아서서 유익하게도 못하며 구원하지도 못하는 헛된 것을 따르지 말라"고 당부하고 있다. 이스라엘 백성이 해결해야 할 문제는 '이스라엘이 인간 왕을 가져야만 하는가'가 아니라, '그들이 하나님과 맺은 언약을 어떻게 유지할 수 있는가', 즉 하나님의 통치를 인정하는 것이다. 사무엘은 왕의 제도를 시작하면서 "너희가 만일 여호와의 목소리를 듣지 아니하고 여호와의 명령을 거역하면 여호와의 손이 너희의 조상들을 치신 것 같이 너희를 치실 것이라"(12:15)고 선포하였다. 이스라엘의 왕은 그의 권력을 하나님의 율법과 선지자의 말씀에 복종시켜야만 하는 것이었다. 그것은 사울과 앞으로 오는 모든 왕에게도 해당되는 것이었다. 왕은 그의 백성에 대한 하나님의 통치 도구여야만 했고, 백성은 하나님이 그들의 궁극적인 통치자라는 사실을 인식해야만 했다.

7. 하나님께 버림받은 사울 왕(13~15장)

사울은 블레셋의 침략으로 사무엘을 길갈에서 만나기로 했다. 그러나 두려움에 자기 스스로 희생 제사를 드리게 된다. 이것은 하나님의 통치를 자의적으로 파기한 것이다. 그가 블레셋과 전쟁을 준비하면서 사무엘의 지시를 어겼을 때(13:13), 그리고 아말렉인들을 완전히 멸절하라는 사무엘을 통한 하나님의 명령을 거절했을 때(15장) 그는 더 이상 하나님의 통치 도구가 아니었다. 그는 하나님의 도구로서 합당치 못했다(15:12~23). 사무엘은 사울에게 왕조를 세울 수 없고 그의 아들이 왕위에 오르지 못할 것이라고 한다. 그의 통치는 시작한 지 40년이 되어 막이 내린다.

8. 다윗의 선택(16~31장)

사무엘은 마지막으로 새로운 왕이 될 다윗에게 기름을 붓는다(16:1~13). 여호와께서 사무엘을 인도하여 베들레헴에 거주하는 이새에게 간다. 하나님께서는 키가 크거나 외모가 잘생긴 이새의 아들들은 거절하고 들에서 불러온 목동인 다윗에게 기름을 붓게 하신다. 이후 사무엘은 집인 라마로 돌아가서 눈을 감는다. 〈사무엘상〉 16~31장은 하나님이 사울 왕 이후 다윗을 선택하신 사건과 다윗이 왕이 되는 과정을 기록하고 있다. 사울 왕은 하나님과 멀어져간 반면, 다윗은 10여 년 동안 사울을 피하여 도망하고 두 번씩이나 사울 왕을 죽일 수 있었는데도 무력을 사용하여 왕의 자리를 찬탈하는 것을 거절하고 전적으로 하나님의 손에 맡기는 모습을 보여준다. 결국 사울은 블레셋과의 길보아 산 싸움에서 부상을 입었을 때 포로가 되는 것을 두려워하여 자살하고 말았다. 다윗을 목숨보다 사랑한 요나단을 포함하여 사울의 세 아들도 한 날 전장에서 죽임을 당하였다(31장).

9. 이상적인 왕의 모델(사무엘하)

- 다윗의 집과 이스보셋의 세력 다툼(2장)
- 아브넬과 이스보셋의 죽음(3, 4장) • 다윗의 통일 왕국(5장)
- 다윗의 승승장구(8장) • 다윗의 범죄와 하나님의 징계(11장)
- 압살롬의 반역(15장) • 압살롬의 반란 평정(18장)
- 다윗의 인구 조사(24장)

〈사무엘하〉는 다윗을 '하나님의 통치 국가의 이상적인 왕의 모델'로 기록한다. 다윗은 초기에는 사울의 아들 이스보셋과의 세력 다툼으로 남왕국 유다 지파에 의해 유다의 왕이 되었다(1~4장). 사울에게 남은 아들 이스보셋이 부하에게 살해당한 후 이스보셋을 따르던 열한 지파와 유다 지파에 의해 통일 왕으로 추대되었다(5:1~5). 다윗의 지도력과 영도력은 탁월하였다. 그는 가나안에 들어가서 아직까지 정복하지 못한 시온 산성(예루살렘)을 여부스인들로부터 빼앗아 다윗 성이라 하고 왕궁과 거처로 삼았다(5:6~14). 그리고 하나님이 왕으로서 자신과 이스라엘을 다스린다는 것을 알리기 위해 하나님의 법궤를 바알레유다(기럇여아림)의 아비나답 집에서 다윗 성(예루살렘)으로 옮기려 한다. 그러나 고핫 자손이 메고 이동(민 7:9)해야 하는 하나님의 법궤를 소를 사용하여 수레로 옮기다가 웃사가 죽게 된다. 이것은 다윗 왕 역시 율법서를 온전히 보지 못하고 있는 모습으로 볼 수 있다. 이후에 법궤가 가드 사람 오벧에돔의 집에 석 달 있었는데 그 법궤로 인해 그의 집안이 복을 받는다는 소식을 듣고 다윗 왕이 다시 율법서를 바로 보고 하나님의 법궤를 기쁨으로 메고 다윗 성으로 올라간다(6:12). 다윗은 하나님을 위해 성전을 건축하기를 원하였다. 그러나 선지자 나단은 다윗이 하나님을 위해 성전을 세울 것이 아니라 오히려 하나님이 다윗을 위해 왕위를 세울 것이라고 그에게 말했다. 7장 16절에서는 다윗 왕조가 영원히 지속되리라는 하나님의 약속이 말씀된다. 여호와께서 다윗 왕 때 주위의 모든 원수를 무찌르고 이스라엘 국가를 번영하게 하셨다. 그리고 블레셋 사람들을 쳐서 항복하게 하고 모압도 쳐서 조공을 바치게 하였다. 결국 이스라엘의 영토를 애굽에서부터 유프라테스까지 확장시키셨다(8장).

이 책은 다윗 왕의 영광과 성공을 이야기한 후, 다윗의 범죄와 징계, 압살롬의 반역(10~20장)으로 다윗 왕이 어려움을 겪는 모습을 기록하고 있다. 다윗 왕은 하나님 나라의 통치자로서의 미흡함을 보였고, 여러 가지 사건으로 고통을 받는다. 밧세바와의 간음죄와 그의 악한 아들들(암논, 압살롬, 아도니야), 군대 장관 요압(아브넬과 아마사의 죽음) 때문에 그의 가정과 국가는 많은 어려움을 겪게 된다. 결국 이런 일 후에 형 암논을 죽였던 압살롬의 반역이 일어나 다윗 왕과 신하들은 예루살렘을 떠나게 되고 압살롬의 죽음 이후 다시 돌아온다. 그러나 하나님은 다윗에게 은혜를 베푸셔서 그의 통치를 '후대 왕들의 통치를 재는 척도'(왕하 18:3, 22:2)로 삼으셨다. 〈사무엘하〉에서도 다윗의 마지막 말을 통해 "이스라엘의 하나님이 말씀하시며 이스라엘의 반석이 내게 이르시기를 사람을 공의로 다스리는 자, 하나님을 경외함으로 다스리는 자"(23:3~5)라고 말하셨다.

열왕기상하

〈열왕기〉는 〈사무엘상하〉와 〈역대상하〉처럼 원래 하나로 묶여 있는 책이었다. 히브리어 제목은 '멜라킴', 즉 '왕들'(Kings)이라고 부른다. '열왕기'라고 이름을 지은 것은 솔로몬 왕부터 마지막 시드기야 왕까지 남왕국과 북왕국의 통치 기간에 일어난 사건을 기록하였기 때문이다. 이 책을 두 권으로 처음 나눈 사람들은 70인역을 번역한 학자들이다. 이 책은 바벨론 포로 생활을 할 때 기록된 것으로 보고 있다. 〈열왕기서〉는 〈사무엘서〉와 함께 이스라엘 왕국의 전체 역사를 다루고 있다. 〈열왕기〉는 다윗 통치가 끝나는 날부터 바벨론의 포로가 될 때까지의 이스라엘 왕국의 역사를 다루고 있다. 그리고 솔로몬 통치와 왕국의 분열 역사도 볼 수 있다. 또한 두 왕국을 비교 설명하면서 멸망까지 소개하고 있다. 솔로몬 사후에 왕국은 하나님 말씀대로 분열되었다. 북왕국의 모든 왕이 이스라엘이 죄를 범하게 한 '여로보암의 길'을 따라 여호와의 목전에 악을 행하였다. 북왕국의 왕권은 정치적 불안정과 반란에 의해 멸망했다. 19명의 통치자가 9개의 다른 왕조를 대표하면서 왕국 분열(B.C. 930)부터 사마리아 함락(B.C 721)까지 약 210년 가까이 다스렸다. 남왕국도 20명의 통치자들이 다스렸지만 모두 다윗의 후손들이었고(6년 동안 왕위를 찬탈하였던 북왕국 아합 왕의 딸인 아달랴 제외), 왕국 분열부터 예루살렘이 함락되던 때(B.C. 586)까지 약 345년 동안 다스렸다. 〈열왕기〉를 통하여 이스라엘 역사의 많은 연대를 알 수 있다. 각 왕의 통치 기간뿐만 아니라 분열 왕국 기간 동안 각 왕의 즉위 시기를 상대국 왕의 즉위년과 연결시켜서 기록하였다. 그리고 간혹 즉위할 때의 연령 등을 기록하기도 하였다. 그러나 책의 내용과 사건을 연대순으로 기록하지는 않은 것으로 보인다. 성경의 연대 자료는 앗수르의 연대 기록들을 참조하여 아합의 죽음을 B.C. 853년, 예후의 통치 시작을 B.C. 841년으로 추정하고 있다. 이를 바탕으로 북왕국과 남왕국 왕들의 연대를 알 수 있게 되었다. 그래서 왕국 분열은 B.C. 930년, 북왕국 사마리아가 앗수르에게 함락된 것은 B.C. 721년, 남왕국 예루살렘이 바벨론 인들에게 함락된 것은 B.C. 586년으로 추정하고 있다. 그러나 북왕국과 남왕국 왕들의 통치 시기를 알 수 있는 연대에는 문제가 있음을 알 수 있다. 학자들은 왕들의 통치 연대가 중복되는 것에 대해 왕자로 있을 때 섭정 정치를 하였기 때문에 왕위에 즉위한 시기와 다를 가능성이 있다고 주장하고 있다.

〈열왕기〉의 저자는 알 수 없다. 비록 유대인의 전통은 예레미야라고 믿지만, 오늘날 그와 같이 생각하는 학자는 많지 않다. 〈열왕기하〉 24~25장은 예레미야 52장과 유사하고, 예레미야의 생존 시기와도 일치하지만 역사서인 〈열왕기하〉에서는 예레미야 선지자의 활동을 전혀 거론하지 않고 있다. 이것은 예레미야가 자신의 활동을 의도적으로 기록하지 않고 본인의 사역을 〈예레미야〉에서 밝히고 있는 것이라고 추정된다. 저자는 '하나님의 언약으로 시작된 왕권의 역사'를 말하고 있다. 그리고 '하나님의 언약의 관점'에서 북왕국과 남왕국 왕들의 역사를 기록하고 있다. 저자는 정치적, 경제적인 것보다는 언약에 관심을 가지고 그들의 통치 기간 중의 순종과 불순종의 역사를 기록하였다. 이 대표적인 예가 북왕국의 오므리 왕조이다. 오므리와 아합의 악행은 '하나님과의 언약의 불순종'을 보여 주는 중요한 사건이었다. 남왕국의 여호람 왕도 아합의 집과 같이 하여, 아합과 이세벨의 딸인 아달랴와 정략 결혼한 자신의 아들 아하시야 왕이 북왕국의 예후의 반란 때 죽임을 당했다. 이 사건으로 아달랴의 정변이 일어나 다윗 왕조가 종지부를 맞이할 끔찍한 사건도 있었다. 대표적인 남왕국 므낫세 왕도 그의 통치 기간에 있었던 기록은 정치적 사건들에 대한 것이 아니라 하나님과 언약의 불순종에 대한 문제이다. 므낫세의 통치 때는 남왕국이 불순종으로 하나님의 심판을 면할 수 없는 상황이었다(렘 15:4). 그러나 히스기야 왕과 요시야 왕은 언약을 이행하고 하나님께 철저히 충성한 왕으로 기록되었다. 또한 '다윗의 왕조가 영원하리라'는 다윗 언약의 역사적 중요성도 강조하고 있으며 다윗의 삶과 통치를 '후대 왕들의 삶과 통치를 재는 척도'로 사용하고 있다. 〈열왕기〉에는 많은 선지자가 언급되었지만(아히야, 스마야, 미가, 요나, 이사야, 훌다), 특히 엘리야와 엘리사의 사역에 많은 비중을 두고 있다. 바벨론 포로 생활 중에 있는 백성들에게 그들이 포로가 되고 비참한 상태에 빠지게 된 이유는 그들이 언약을 파기했기 때문이라고 하고 있다. 그리고 그 결과 하나님이 그의 백성들을 포로가 되게 하여 처음부터 언약(레 26:27~45)으로 경고하신 저주를 내리신 것이라고 말하고 있다. 이와 같은 사실은 북왕국(왕하 17:7~23)과 남왕국(왕하 21장, 25장)이 멸망하여 포로가 되는 기록에서 볼 수 있다. 남왕국에서도 잠시 요시야 왕의 개혁은 있었지만 애굽과의 전쟁으로 죽음(왕하 23:29)을 맞이하게 되어 아쉬움을 준다. 이렇게 〈열왕기〉는 북왕국과 남왕국의 멸망의 이유를 설명하면서 포로가 되어야 했던 원인을 밝혀 준다. 그러나 동시에 하나님은 '다윗의 왕조가 영원하리라'는 '다윗의 언약'을 계속 제시하신다.

〈열왕기하〉는 〈열왕기상〉에 이어서 북왕국과 남왕국의 멸망의 역사를 기록하고 있다. 개요는 〈열왕기상〉에 기록한 것을 참조하면 된다. 〈열왕기하〉에서는 〈선지서〉를 역사 순에 맞추어 읽기 편하게 배치하였으므로 참조하여 보면 도움이 될 것이다.

북왕국 및 남왕국 왕 재위표(솔로몬 이후)

남왕국						북왕국					
순서	왕	재위 연대 (B.C.)	연수	선악	선지자	순서	왕	재위 연대 (B.C.)	연수	선악	선지자
1	르호보암	931~914	17	악	스마야	1	여로보암	931~909	20	악	아히야
2	아비야	914~911	3	선	하나니	2	나답	910~908	2	악	
3	아사	911~870	41	선	아사랴	3	바아사	909~885	24	악	예후
4	여호사밧	873~848	25	선	야하시엘	4	엘라	885~883	2	악	
5	여호람	853~845	8	악		5	시므리	885	7일	악	
6	아하시야	841	1	악		6	오므리	885~873	12	악	미가야
7	아달랴여왕	841~835	6	악		7	아합	878~852	22	악	엘리야
8	요아스	835~795	40	선	요엘(?)	8	아하시야	853~851	2	악	
9	아마샤	796~767	29	선		9	여호람	852~840	12	악	
10	웃시야	792~740	52	선	이사야	10	예후	841~813	28	선	
11	요담	750~736 섭정 포함	16	선	미가	11	여호아하스	814~797	17	악	
12	아하스	735~719	16	악		12	요아스	798~782	16	악	
13	히스기야	716~687	29	선		13	여로보암 2세	793~753	41	악	아모스
14	므낫세	697~642	55	악		14	스가랴	753	6개월	악	나훔
15	아몬	643~641	2	악		15	살룸	752	1개월	악	
16	요시야	641~610	31	선	스바냐	16	므나헴	752~742	10	악	호세아
17	여호아하스	609	3개월	악	예레미야	17	브가히야	742~740	2	악	
18	여호야김	609~598	11	악		18	베가	740~732	20	악	
19	여호야긴	598	3개월	악		19	호세아	732~721	9	악	오뎃
20	시드기야	597~586	11	악		~	~	~	~	~	~
바벨론 느부갓네살에 의해 멸망(B.C. 586)						앗수르에 의해 멸망(B.C. 721)					

솔로몬 사후 남왕국의 왕들

순위	왕의 이름	통치(년)	본 문	즉위 나이	주요 사건
1	르호보암	17	왕상 14:21	41세	솔로몬의 아들, 지혜롭지 못해 내란 발생, 산당, 아세라 우상을 세움. 악행.
2	아비얌(아비야)	3	왕상 15:1~2	여로보암 18년	북왕국의 여로보암 왕을 패배시켜 예루살렘을 견고하게 함, 여호와의 도우심 앞에 온전치 못함, 사악한 왕.
3	아사	41	왕상 15:10	여로보암 20년	남색 하는 자 쫓아냄, 어머니 태후 마아가를 아세라 상을 만들었다 하여 폐위함. 일평생 여호와 앞에서 온전함.
4	여호사밧	25	왕상 22:42	35세	북왕국의 왕 아합과 정략적 사돈 관계, 유다와 이스라엘 평화. 기도 도움 요청(미가야의 기도를 듣지 않음).
5	여호람	8	왕하 8:17	32세	북왕국 아합 왕의 사위. 무서운 병으로 죽음.
6	아하시야	1	왕하 8:26	42세	여호람 왕과 아달랴의 아들. 요람 12년에 왕위, 여호아하스라고도 함. 예후에게 피살당함.
7	아달랴	6	왕하 11:3	아합과 이세벨의 딸	여호람 왕의 아내. 아들 아하시야가 죽자 손자들을 죽이고 왕이 됨. 유일한 여왕.
8	요아스	40	왕하 12:3	7세	아하시야의 아들, 할머니 아달랴가 손자를 죽일 때 위기를 면함. 제사장 여호야다(여호세바의 남편)와 고모 여호세바가 살림, 대제사장을 돌로 처형. 왕궁 경비병에게 암살당함.
9	아마샤	29	왕하 14:1~2	25세	부왕 요아스의 살해자 처형, 이스라엘 군대를 은 100달란트로 사려고 하여 선지자에게 질책 받음. 유다 자체 군대로 에돔을 이김.
10	아사랴(웃시야)	52	왕하 15:1~2	16세	제사장 역할까지 하려다 문둥병에 걸려 별궁에 갇혀 살게 됨. 비교적 정직한 왕.
11	요담	16	왕하 15:32	25세	암몬을 이겨 은 백 달란트, 밀 만 고르, 보리 만 고르를 조공 받음.
12	아하스	16	왕하 16:1~2	20세	아들을 제물로 받침. 앗수르 제단을 세움.
13	히스기야	29	왕하 18:1~2	25세	앗수르 산헤립의 위협으로 은 삼백 달란트, 금 삼십 달란트를 주기 위해 성전 문까지 벗겨 줌. 15년 생명 연장, 바벨론 신하에게 부를 자랑함.
14	므낫세	55	왕하 21:1	12세	우상으로 유다를 범죄하게 함. 악행으로 피를 많이 흘리고 이사야 선지자를 죽임.
15	아몬	2	왕하 21:19	22세	왕을 반대한 신하가 죽임. 여호와를 버리고 악행.
16	요시야	31	왕하 22:1	8세	신앙 회복, 율법과 유월절을 지킴. 애굽과의 전쟁에서 전사.
17	여호아하스	3개월	왕하 23:31	23세	요시야 왕의 아들, 애굽 왕이 왕위를 폐하고 은 100달란트, 금 1달란트를 벌금으로 요구, 애굽으로 잡아감. '샬룸'이라고 부름.
18	여호야김	11	왕하 23:36	25세	바벨론의 포로가 됨. 요시야 왕의 맏아들.
19	여호야긴	3개월	왕하 24:8	18세	여호야김 왕의 아들. 바벨론 포로가 됨. 37년 옥살이 하다 풀려나 왕의 대접을 받음.
20	시드기야	11	왕하 24:18	21세	요시야 왕의 막내아들. 즉위 9년에 포위되어 11년에 바벨론에 멸망. 도망가다 잡혀 아들은 죽임을 당함. 시드기야는 눈을 뽑히고 놋 사슬에 결박되어 4개월을 걸어서 끌려감.

솔로몬 사후 북왕국의 왕들

순위	왕의 이름	통치 (년)	본 문	즉위 시기	주요 사건
1	여로보암	20	왕상 14:20	솔로몬 사후	솔로몬의 신하로 왕의 노여움을 사 애굽으로 도망. 세겜에서 열지파 반란 주도. 우상을 세우고 하나님을 떠남. 보통 사람을 제사장 삼음. 절기도 자기 마음대로 정함. 제단이 파괴되고 팔이 마비되었지만 회개하지 않음.
2	나답	2	왕상 15:25	아사 2년	여로보암의 아들. 반란자에게 피살.
3	바아사	24	왕상 15:33	아사 3년	나답을 죽여 선지자 아히야의 예언을 성취.
4	엘라	2	왕상 16:8	아사 26년	바아사의 아들. 시므리의 반란으로 죽음.
5	시므리	7일	왕상 16:15	아사 27년	바아사의 후손을 멸함으로써 예언을 성취. 궁전에서 포위되어 자결.
6	오므리	12	왕상 16:23	아사 31년	사마리아를 북왕국 수도로 삼음. 아들 아합이 이세벨과 결혼. 5년 동안 왕이 없었음.
7	아합	22	왕상 16:29	아사 38년	바알 숭배로 나라에 큰 기근 초래. 남유다 여호사밧과 결혼 동맹. 시돈 사람 이세벨과 결혼. 무수한 죄로 자신의 죽음을 예언자에게 들음. 이세벨의 죽음을 엘리야가 예언. 수리아 전투에서 사망.
8	아하시야	2	왕상 22:51	여호사밧 17년	아합과 이세벨의 맏아들. 궁전에서 떨어져 병들음. 치유를 위하여 이방신 바알세불에게 돌아섬. 엘리야의 예언대로 죽음.
9	여호람	12	왕하 3:1	여호사밧 18년	아합과 이세벨의 막내아들. 여호사밧과 동맹. 엘리사가 전쟁에 이기도록 기적을 베풂. 엘리사로부터 수리아 복병을 조심하라고 경고 예언. 엘리사가 수리아 군대를 눈이 멀게 함. 나아만 문둥병 치료 시 왕. 네 문둥병자 사마리아 기근에서 구출 때 왕. 이스르엘에서 예후에게 피살.
10	예후	28	왕하 10:36		엘리사의 사자로부터 기름부음 받음. 유다 왕 아하시야와 형제 42인. 북왕국 여호람과 이세벨. 아합의 왕자 70명과 바알숭배자 처형.
11	여호아하스	17	왕하 13:1	요아스 23년	예후의 아들. 여로보암처럼 우상숭배.
12	요아스	16	왕하 13:10	요아스 37년	병상에 누운 엘리사를 찾아감. 아마샤를 패배시킴. 예루살렘 약탈하고 인질과 재물을 가져감.
13	여로보암 2세	41	왕하 14:24	아마샤 15년	북왕국 중 최장기 통치. 이스라엘이 상실한 영토 상당 부분을 회복. 선지자 요나 활동 시기.
14	스가랴	6개월	왕하 15:8	아사랴 38년	예후의 4대손. 살룸에게 피살. 예후에게 내린 예언 성취됨.
15	살룸	1개월	왕하 15:13	아사랴 39년	므나헴에게 피살.
16	므나헴	10	왕하 15:17	아사랴 39년	앗수르왕 디글랏 빌레셀을 은 1천 달란트로 매수.
17	브가히야	2	왕하 15:23	아사랴 50년	므나헴의 아들. 군대 장관 베가에게 피살.
18	베가	20	왕하 15:27	아사랴 52년	므나헴과 공동 섭정 기간(B.C. 752~B.C. 740). 호세아에게 피살.
19	호세아	9	왕하 17:1	아하스 12년	이스라엘의 마지막 왕. 앗수르에게 멸망(B.C. 721).

1부

열왕기상

- 통일 왕국 시대(1~11장)
- 다윗의 노년과 아도니야의 반역(1장)
- 솔로몬의 등극과 아도니야의 죽음(2~4장)
- 성전 건축 봉헌과 왕궁 건축(5~10장)
- 솔로몬의 타락과 대적들(11장)
- 분열 왕국 시대(12~22장)
- 남북 왕국의 분열과 타락(12장)
- 르호보암 왕조와 여로보암 왕조(13~15장)
- 오므리 왕조와 엘리야의 사역(16~19장)
- 길르앗 라못과 아합의 말로(20~22장)

다윗이 늙어 나이가 70세 정도 되었다(1:1). 몸을 가누기 힘들 정도였는데 후계자를 정하지 않고 권자에 남아 있어 아들 아도니야가 반란을 모의한다. 그러나 다윗 왕은 전에 이스라엘 여호와 하나님께 맹세한 대로 솔로몬에게 기름을 부어 그를 후계자로 삼았다(1:30~34). 다윗 왕도 죽음에 이르러 유언과 앞으로의 일들에 대하여 말하고 있다(2:1~9). 다윗 왕이 죽으면서 요압과 시므이를 지혜롭게 죽이고 자기를 도와준 바르실래의 아들 김함(삼하 38장)을 도와주라고 유언한다. 사울 왕이 죽은 후 다윗은 유다 지파의 왕으로 7년을 다스렸고, 통일 왕국이 되어 33년을 다스리게 되었다. 한편 아도니야는 솔로몬이 왕이 된 것은 여호와의 뜻이라고 하면서 밧세바를 통해 솔로몬에게 다윗 왕을 모셨던 수넴 여자를 자기의 아내로 달라고 부탁한다. 그러나 솔로몬은 어머니 밧세바에게 역정을 내고 반역을 하였던 아도니야를 죽여 버린다(2:15~25).

2장 27절 이하는 엘리 제사장 집의 저주를 보여 준다. 아비아달은 엘리의 후손으로 제사장이었는데 압살롬의 반역에는 가담하지 않았으나 아도니야 반역에 가담하여 제사장 직분을 박탈당하게 되었다(2:26). 이로써 엘리 집안의 저주가 말씀처럼 끝이 났으며 이전에는 사독과 아비아달이 같이 이스라엘의 제사장 일을 보았는데 이후에는 사독 집안이 제사장 직분을 독차지하게 되었다. 그 사독의 후손들이 신약에서 볼 수 있는 예루살렘 성전의 중심이 된 사두개파이다.

다윗이 솔로몬에게 왕위를 물려줄 때 세 사람을 그의 백발로 피 가운데 스올로 내려가게 하라는 유언에 따라 요압과 시므이는 죽이고, 아비아달은 제사장직을 박탈하여 고향으로 보냈다. 솔로몬은 다윗 왕 시절의 문제를 지혜롭게 정리하였다. 그런데 솔로몬은 왜 율법서에서 이방 여인과의 결혼을 금하고 있는데도 애굽 왕의 딸을 아내로 맞이했을까(3:1)? 여기서부터 솔로몬이 잘못된 길로 가게 되었다고 볼 수 있다.

솔로몬이 기브온 산당에서 일천 번제(3:4)를 드리며 지혜를 구하게 되는데, 일천 번제는 히브리어로 '엘레프 올로트'라고 한다. 올로트는 '올라'라는 번제를 뜻하고, 엘레프는 '일천'이라는 뜻과 '소'라는 뜻을 같이 가지고 있다. 그래서 소로 번제를 드렸다는 뜻도 맞는 것이고, 일천 마리라는 뜻은 정확히 소를 말하는 건지 양을 말하는 건지 분명하지 않지만, 8장 63절의 성전 봉헌식에서 소와 양을 같이 희생제물로 한번에 드린 것을 볼 수 있다. 여기서 일천 번제는 1천 마리 양으로 번제를 한 번 드렸다고 번역해야 할 것 같다. 히브리어 '레브사마'의 뜻은 '듣는 마음'이다. 솔로몬은 백성들의 마음을 잘 알아들어서 송사를 바르게 판단할 수 있는 '듣는 마음'을 달라고 했다. 솔로몬이 이것을 구하는 것이 하나님의 마음에 들어 하나님께서 그가 구하지 않은 것조차 주신다고 하신다(3:11~13). 하나님은 일천 마리의 제물이 아니라 솔로몬의 사심 없는 기도에 감동(하나님의 마음에 합하여)하여 구하지 않은 것조차도 주셨다. 솔로몬은 형들의 두 번 반란을 목격하며 어린 나이에 어렵게 왕위에 올랐지만, 첫 재판에서 지혜로운 판결로 온 국민이 두려워하게 하며 국가의 질서를 잡아 가는 모습을 볼 수 있다(3:16~28). 솔로몬 정부의 하루 음식물 양을 볼 때, 솔로몬 왕실은 5천 명 정도 되는 규모로 막대한 경비를 지출하였을 것을 추정해 볼 수 있다(4:22~23).

그러나 솔로몬의 이름(샬롬에서 유래)대로 평화를 구하면서 이스라엘이 태평성대를 누리는 모습을 볼 수 있다.

> "하나님이 솔로몬에게 지혜와 총명을 심히 많이 주시고 또 넓은 마음을 주시되 바닷가의 모래 같이 하시니 솔로몬의 지혜가 동쪽 모든 사람의 지혜와 애굽의 모든 지혜보다 뛰어난지라"(4:29~30)

솔로몬은 두로의 히람 왕에게 도움을 요청하여 성전 건축을 준비한다(5장). 성전은 길이 27m, 너비 9m, 높이 13.5m, 70평 정도의 3층(6:2)이다. 성전 건축이 끝나자 하나님께서는 솔로몬에게 내 법도와 율례, 계명을 지키면 아버지 다윗에게 한 약속대로 네게서 확실히 이룰 것이라고 하신다(9:1~9). 그러나 솔로몬은 후궁 칠백 명, 첩을 삼백 명을 두고 나이가 들어 이방 여인들과 혼인한 결과로 타락하여 다른 신을 섬기게 된다. 하나님께서 두 번이나 나타나셔서 경고하였으나 솔로몬은 명령을 듣지 않았다. 하나님은 솔로몬이 하나님과의 언약과 명령한 법도를 지키지 않았지만, 아버지인 다윗을 보아 솔로몬의 자식 때에 나라를 한 지파의 몫만 넘겨 주겠다고 하신다(11:1~13). 솔로몬의 타락으로 하닷(11:14)과 르손(11:23), 여로보암(11:26)이 솔로몬을 대적하게 된다. 여로보암은 신변에 위험을 느끼게 되어 솔로몬이 죽을 때까지 애굽으로 피신하였다(11:40). 그러나 이후 애굽에서 돌아온 여로보암도 분단된 북왕국의 왕으로 등극하지만 실로 사람 아히야 선지자의 대언인 하나님의 율례와 명령을 지키지 않고 애굽의 금송아지(멤피스)에게 제사를 지내고 여호와께서 보시기에 악을 행한다(12:28~33).

솔로몬의 뒤를 이은 르호보함이 지혜롭지 못하여(12:13~14) 결국 하나님의 말씀대로 솔로몬의 자식 때에서 북왕국은 여로보암이 왕이 되고 남왕국은 솔로몬의 아들인 르호보암이 왕이 되어 나라가 갈라진다(12:20). 이후 유다 왕 르호보암(12:21~24)이 유다와 베냐민 족속과 연합하여 북왕국과 전쟁을 하려

하였으나 하나님의 사람 스마야가 "여호와의 말씀이 너희는 올라가지 말라 너희 형제 이스라엘 자손과 싸우지 말고 각기 자기 집으로 돌아가라 이 일이 나로 말미암아 난 것이라 하셨다"(12:24)라고 하여 그들이 여호와의 말씀을 듣고 그 말씀을 따라 돌아갔다.

성경은 북왕국의 여로보암 때부터 죄를 항상 '느밧의 아들 여로보암의 죄'라고 기록한다. 이것은 금송아지를 섬기는 일이다. 솔로몬이 여로보암을 죽이려 할 때 애굽의 시삭 왕에게 도피하여 살았는데, 이때 애굽에서 금송아지 섬기는 것(멤피스)을 보고 그대로 행하였다. 여로보암은 실로 사람 선지자 아히야의 예언(11:33)을 잊고 하나님의 언약과 율례를 지키지 않고 우상숭배로 타락하기 시작한다. 심지어 유다의 절기인 7월 15일과 비슷하게 절기를 만들어 하나님의 절기로 대신한다(12:33). 〈열왕기상〉 13장 2절의 하나님 사람의 예언은 300백 년 후 〈열왕기하〉 23장 17절(대하 34:4~5)에서 성취되었다. 여로보암은 하나님 사람의 기도로 은혜를 받았지만 회개하지 않고 우상숭배를 계속한다. 아합도 〈여호수아〉 6장 26절의 예언이 그대로 이루어졌으나(16:34) 회개하지 않고 하나님 보시기에 악을 행하여 여호와를 노하시게 하였다.

하나님은 바알과 아세라 목상을 섬기는 것을 보다 못해 엘리야(여호와 그는 하나님이시다18:39) 선지자를 북왕국에 보내신다(17장). 하나님이 선지자를 보내실 때는 이미 악이 충만하여 저주에 앞서 경고를 하려고 하시는 것인데, 북왕국의 왕과 지도자, 백성들은 믿지 않아 멸망의 길로 가게 된다. 바알을 섬기는 사람들은 바알이 세계의 역사를 주관한다고 생각하고 여호와 하나님을 섬기는 사람들은 우주 만물을 창조하시고 섭리하는 분이 하나님이라 생각한다. 두 부류의 사람들을 놓고 만물의 주관자가 누구인지 백성들에게 알리는 것이 그의 이름의 뜻(여호와 그는 하나님이시다)과 같이 엘리야의 사명이었다.

결국 〈야고보서〉 5장 17절에서 볼 수 있듯이 3년 6개월 동안 비를 오지 않게 하시면서 엘리야의 사역이 시작된다. 3년 6개월 동안 비가 오지 않으니 까마귀도 더 이상 엘리야에게 양식을 제공하지 못하게 된다(17:1~7). 이미 북왕국에서는 빵 하나 구할 수 없게 되어 이세벨의 고향인 시돈, 즉 지금의 레바논 지역으로 보내신다. 엘리야 시대부터 하나님이 역사하신 오병이어의 기적의 모습도 볼 수 있게 된다(17:9~15).

사르밧 과부가 재앙을 받아 그 아들이 죽게 되었을 때 하나님이 역사하셔서 죽은 자가 다시 살아나는 기적을 보이신다(17:22). 엘리야 시대의 사르밧 과부는 유대인이 아니고 두로와 시돈 사람이었다. 그런 이방 여인이 엘리야를 영접하고 복을 받는다. 그 당시 북왕국에 홀로된 여인은 많았지만 3년 6개월 동안의 가뭄에서 아무도 은혜 받지 못하고 오직 이방 여인 사르밧 과부만 은혜를 받았다고 예수님도 말씀하신다. 마찬가지로 엘리사 시대에 북왕국에 많은 나병환자가 있었지만 아무도 은혜 받지 못하고 오직 아람의 군대 장관 나아만(왕하 5장)만이 엘리사를 찾아와 구원을 받게 된다. 예수님은 〈누가복음〉 4장에 기록된 첫 설교에서도, 은혜를 잘 받을 수 있는 유대인들은 오히려 은혜를 받지 못하고 먼 곳에 있는 이방인들이 은혜를 받았다고 지적하셨다.

성경 속에서 죽은 자를 살리신 기적도 볼 수 있다. 엘리야의 사르밧 과부의 아들, 엘리사의 수넴 여인의 아들, 예수님의 세 번의 기적(야이로의 딸, 나인성 과부의 외아들, 나사로), 베드로의 도르가여인, 바울의 유두고의 기적을 기록되었지만 믿음과의 거리는 멀기만 하였다.

오바댜는 여호와를 극히 경외하는 자(18:3)였으며, 아합 왕은 백성들이 기근으로 죽어 가는데 백성들은 생각하지 않고 자기 소유의 가축들만 살리려고 풀을 구하려 한다(18:5). 엘리야가 불안해하는 오바댜를 진정시키며 오늘은 하나님의 명으로 아합을 만나러 왔다고 걱정하지 말고 사실대로 전하라고 한다(18:15). 아합은 여호와의 명령을 버리고 바알을 섬겨 놓고 가뭄이 온 것을 엘리야의 탓으로 돌린다(18:17). 우상 아스다돗의 아들인 바알은 가나안 신으로 해와 만물을 나타내는 남성 신이고, 그 부인은 육축과 곡식의 신인 아세라이다. 기록에 의하면 바알 선지자는 남자 450명이고, 아세라 선지자는 여자 400명이라 한다. 그래서 850명이라고 하는데 성경 본문을 자세히 보면 엘리야가 850명을 다 올라오라 하였지만 바알 선지자 450명만 올라온 것으로 보인다. 그래서 본문 18장 22절, 40절을 근거로 하면 엘리야가 바알 선지자(450명)를 잡되 그들 중 하나도 도망가지 못하게 하고, 기손 시내로 내려가다 죽였다. 성경에 의하면 850명이 아닌 바알 선지자 450명만 죽인 것으로 해석해야 옳은 것 같다.

엘리야 선지자가 불로 응답하는 신이 하나님이라고 선포한다(18:24). 아침부터 정오를 지나 저녁 소제 드릴 때까지 바알이 응답이 없어 엘리야가 하나님을 부르려 한다. 가뭄으로 3년 6개월 동안 식수도 제대로 얻지 못하는 실정인데도 엘리야는 갈멜 산으로 물 4통을 가져다 부으라고 한다(18:33). 결국 엘리야의 기도로 엘리야가 하나님 말씀대로 행하는 종인 것이 사실로 드러났다(18:38). 엘리야의 이름의 사명대로 '여호와 그는 하나님이시다'라는 것이 증명되었고, 가뭄도 그쳤다. 그러나 이러한 하나님의 역사하심을 보고도 아합 왕과 이세벨은 회개하지 않고 엘리야 선지자를 죽이려 한다(19:1~2). 엘리야는 갈멜 산에서의 당당한 모습은 온데간데없이 이세벨에게 죽음을 당할 것이 두려워 도망을 하여 하나님께 죽여 달라고 청하지만, 여호와의 천사의 도움으로 하나님의 산 호렙에 도착한다(19:8). 호렙 산에서 엘리야는 하나님에게 악한 여자 이세벨이 여호와를 경외하는 사람은 다 죽여 버리고 나만 남았는데 저 악한 여자에게 죽을 수 없으니 차라리 하나님이 죽여 달라고 청하지만 지진과 불 이후 하나님의 세미한 소리(19:12)를 듣게 된다. 엘리야는 하나님께 하사엘은 아람 왕으로, 예후는 이스라엘의 왕으로, 엘리사는 너를 대신할 선지자로 기름 부으라는 사명을 받고 돌아온다(19:15~16). 엘리사는 열두 겨릿(한 겨릿이 두 마리), 즉 24마리의 소로 밭을 가는 부유한 집안의 아들인 것 같다(19:19). 엘리야는 아무 말도 하지 않고 겉옷만 던졌는데 엘리사가 알아차리고, 소 두 마리를 잡아 잔치를 하고 엘리야를 따라 나서는 결단력을 볼 수 있다. 이것도 하나님의 역사이다.

이후에도 아합 왕은 아람과의 두 번의 전쟁(20장)에서 왕인 벤하닷을 치라고 하였지만 돌려보내고 만다. 한 선지자는 아합에게 "내가 멸하기로 작정한 사람을 네 손으로 놓았은즉 네 목숨은 그의 목숨을 대신하고 네 백성은 그의 백성을 대신하리라 하셨나이다(20:42)"라고 말한다. 결국 하나님은 나봇의 포도원 사건(21장)을 계기로 아합 왕에게 엘리야를 통하여 멸망을 예언하고 엄한 경고를 하신다. 그러나 아합의 겸비함(21:29)을 보시고 그를 용서하셔서 재앙을 아들 시대에 내리겠다고 하신다. 그래도 결국은 아합이 회개하지 않아 죽음을 당한다. 악한 이세벨은 공문서를 만들어 나봇을 지방의 책임자(21:9)로 추대한다고 하고서는, 불량자들을 사주하여 돌로 쳐 죽인다(21:13). 하나님이 이것을 보시고 아합과 이세벨에게 엘리야를 보내신다(21:17~18). 엘리야를 통해 하나님은 아합에게 개들이 나봇의 피를 핥은 곳에서 네 몸의 피도 핥을 것이며, 여로보암의 집처럼 재앙을 내려 멸할 것이라고 말씀하신다(21:21). 아내 이세벨에게도 그 악함으로 개들이 시체를 먹을 것이라고 하신다(21:23). 또 아합이 악행을 행한 것도 이세벨이 우상숭배를 하도록 충동했기 때문이라고 이세벨을 질책하신다(21:25). 그러나 이세벨 역시 회개하지 못한다. 하나님은 여호와께서 보시기에 악행만 일삼는 아합이 잠시 회개하는 모습을 보이자 재앙을 다음 시대로 연기하여 주신다. 우리는 하나님은 악인조차도 결코 죽기를 원치 아니하시고(겔 18:32) 회개하기를 원하신다는 것을 볼 수 있어야 한다.

아합의 딸 아달랴와 남유다의 왕 여호사밧의 아들 여호람이 결혼을 하여 사돈 관계가 맺어져 있었다. 유다의 여호사밧 왕은 여호와를 알고 악한 사람도 아니었지만, 분별력이 없고 거절을 못하는 사람으로 보인다(22:1~5). 여호사밧은 400명 선지자의 말을 믿지 못하여 다른 예언자를 찾아보자고 한다(22:7). 미가야를 부르러 간 내시가 왕에게 길한 말을 하여 좋게 하라고 하지만(22:13), 미가야는 여호와께서 내게 하신 말씀만을 전한다고 소신 있게 말한다(22:14). 미가야는 하나님의 말씀을 전하지만 아합은 믿지 않는다. 그래서 미가야는 아합을 어떻게 꾀어 길르앗 라못에서 죽일까 하는 '하나님의 어전회의 모습'을 본 것을 말해 준다(22:19~23). 400명의 선지자 입에 거짓말의 영(22:23)을 붙여 아합을 꾀어 전쟁에 나가 죽게 하겠다는 말도 믿지 않는다. 미가야는 결국 화가 난 거짓 선지자의 수장격인 시드기야에게 빰을 맞고 옥에 갇히면서도(22:24), 끝까지 아합 왕이 평안히 돌아올 수 없다고 말한다(22:28). 이후 아합은 길르앗 라못의 전쟁에 나가 비참한 최후를 맞는다(22:34~38). 악한 아합은 전쟁에 나갈 때 여호사밧에게 왕복을 입히고 자신은 군사로 변장하여 전쟁에 임함으로, 승리할 때에는 길르앗 라못을 얻고 실패할 때에는 목숨을 부지할 수 있는 전략을 세운 것으로 보인다(22:30).

그러나 하나님의 역사로 아람 왕은 부하들에게 전쟁에서 오직 아합 왕만을 상대로 전쟁(22:31)을 하라고 지시한다. 하나님이 아합을 죽이시기로 작정하신 것 같다. 일반 군사복을 입고 전쟁에 나간 아합이 죽자 아람 왕의 군대들은 일순간 돌아가 버렸다. 하나님의 역사가 이루어짐을 볼 수 있다.

2부

열왕기하

아람에게 빼앗겼던 '길르앗 라못'을 되찾기 위하여 전쟁에 나간 아합이 죽고 그의 아들 아하시야가 왕이 되면서 〈열왕기하〉가 시작되지만 오므리 왕조(오므리, 아합, 아하시아, 여호람)와 예후 왕조(예후, 여호아하스, 요아스, 여로보암 2세, 스가랴)는 하나님을 알지 못하고 만다. 하나님께서 엘리야와 엘리사 선지자를 보내어 기적을 일으키신 것은 최후의 경고로, 이 시대가 그만큼 악하고 믿음이 없는 시대임을 볼 수 있어야 한다.

- 엘리야의 승천과 엘리사의 사역(2~8장)
- 엘리야(뜻: 여호와 그가 하나님이시다), 엘리사(뜻: 하나님은 구원이시라) 두 사람의 이름 뜻과 같이 그들의 사역도 '하나님은 구원이시다'를 알려주는 것이다.
- 오므리 왕조의 몰락과 예후 왕조(9~10장)
- 예후의 열심과 통치(10장; 렘 35:5)
- 남왕국의 악녀 아달랴(11장)
- 엘리사의 죽음(13장)과 요나 선지자의 소명(14:25)
- 아모스, 호세아, 요엘, 미가, 이사야, 나훔, 오바댜, 하박국, 스바냐, 예레미야 선지자들의 경고
- 북왕국의 멸망(1~17장), 남왕국의 멸망(18~25장)

북왕국 이스라엘의 왕조(9왕조: 19명)

1. 여로보암
   나 답
2. 바아사(반란)
   엘 라
3. 시므리(반란)
4. 오므리(반란)
   아 합
   아하시야
   여호람
5. 예 후(반란)
   여호아하스
   요아스
   여로보암 2세
   스가랴
6. 살룸(반란)
7. 므나헴(반란)
   브가히야
8. 베가(반란)
9. 호세아(반란)

남왕국 유다 왕조(다윗의 자손: 20명)

1. 르호보암
2. 아비얌
3. 아 사
4. 여호사밧
5. 여호람
6. 아하시야
7. 아달랴(북왕국 이세벨의 딸)
8. 요아스
9. 아마샤
10. 웃시야(아사랴)
11. 요 담
12. 아하스
13. 히스기야
14. 므낫세
15. 아 몬
16. 요시야
17. 여호아하스
18. 여호야김
19. 여호야긴
20. 시드기야

〈열왕기하〉 13장 이후(14:25)는 〈요나서〉와 역사적으로 시대가 맞는다.

〈열왕기하〉 14장 이후는 〈아모스서〉, 〈호세아서〉와 역사적으로 시대가 맞는다. 〈요엘서〉도 학자들은 같은 시대로 묶고 있지만 〈요엘서〉 3장 1절 "보라 그 날 내가 유다와 예루살렘 가운데에서 사로잡힌 자를 돌아오게 할 그 때에" 말씀을 보면 〈예레미야서〉와 동시대로 볼 수도 있을 것 같다. 그러나 여기에서는 같은 시대로 보았다.

북왕국 예후 왕조의 마지막 왕인 스가랴의 암살과 이어지는 반란 속에서 북왕국의 마지막 왕(19대)인 호세아도 반란으로 왕이 된다. 결국 호세아 왕 9년(B.C. 721)에 앗수르 왕 살만에셀 4세에 의해 멸망한다.

〈열왕기하〉 16장 이후는 〈미가서〉, 〈이사야서〉, 〈나훔서〉, 〈오바댜서〉와 역사적으로 시대가 맞는다.

북왕국의 멸망과 남왕국의 말로(17~23장)

- 히스기야 6년, 호세아 9년(B.C. 721)에 앗수르 왕 살만에셀이 올라와 사마리아를 함락시키고 사마리아 사람들을 잡아갔다.
- 웃시야, 요담, 아하스, 히스기야의 남왕국 통치 시대에서는 이사야, 미가 등의 선지자가 사역하였다.
- 남왕국도 히스기야 이후에 므낫세와 아몬, 요시야 시대를 지나서 점점 타락의 길로 갔다.
- 요시야의 아들 여호야김(B.C. 606)이 다스리던 때에 바벨론 왕이 올라와 다니엘 등을 포로로 잡아갔다.

18장 13절 이하는 히스기야 왕 14년에 앗수르 왕 산헤립이 올라와서 유다의 모든 견고한 성들을 쳐서 점령한 이후의 내용이다. 유다 왕 히스기야가 라기스로 사람을 보내어 앗수르 왕에게 이르되 "내가 범죄하였나이다. 나를 떠나 돌아가소서. 왕이 지우시는 것을 내가 당하리이다"라고 하였더니 앗수르 왕은 은 300달란트(1달란트: 32kg =약 10톤), 금 30달란트(약 1톤)를 가져오라고 하였다. 히스기야가 여호와의 성전과 왕의 곳간에 있는 은을 다 주었고 또 해서는 안 되는 여호와의 성전 문의 금과 모든 기둥에 입힌 금을 벗겨 앗수르 왕에게 주었다. 그러나 앗수르 왕은 돌아가지 않고 랍사게를 보내어 하나님을 조롱하고 훼방하였다. 히스기야를 기도의 왕이라고 말하는데, 히스기야가 자기의 위기를 모면하기 위하여 여호와의 성전 문과 기둥들에 입힌 금을 벗겨 주었다는 사실은 잘 모르는 것 같다(18:16). 히스기야 왕이 잘한 것도 있지만 성경에는 잘못한 이야기도 나온다. 그래서 성경은 부분이 아니라 전체적으로 보아야 정확히 알 수 있다.

19장은 히스기야 왕이 절박해서 기도하였더니 "이 밤에 여호와의 사자가 나와서 앗수르 진영에서 군사 십팔만 오천 명을 친지라 아침에 일찍이 일어나 보니 다 송장이 되었더라"(19:35)라는 이야기이다.

20장은 히스기야 왕이 병들어 죽게 되었을 때에 이사야를 통해 "네가 죽고 살지 못하리라 하셨다" 하는 말씀을 듣고 얼굴을 벽을 향하여 기도하고 통곡하였더니 하나님께서 15년의 수명을 연장하여 주시는 이야기이다. 이때에 바벨론 왕이 히스기야 왕이 병이 들었다고 하여 편지와 예물을 보내왔다. 히스기야가 사자들의 말을 듣고 그의 나라 중에 있는 것을 그들에게 모두 보여 주었다. 이사야 선지자가 그 소식을 듣고 왕에게 그들이 왕궁에서 무엇을 보았냐고 묻자 히스기야 왕이 궁에 있는 것과 창고에 있는 모든 것을 보여 주었다고 한다. 이 당시 바벨론은 앗수르의 속주국으로, 주변 국가와 연합하여 앗수르에 반기를 들기 위하여 히스기야 왕이 앗수르의 군대 십팔만 오천 명을 죽이고 승리하였다는 소식에 동맹을 맺고자 온 것이다.

> "이사야가 히스기야에게 이르되 여호와의 말씀을 들으소서 여호와의 말씀이 날이 이르리니 왕궁의 모든 것과 왕의 조상들이 오늘까지 쌓아 두었던 것이 바벨론으로 옮긴바 되고 하나도 남지 아니할 것이요 또 왕의 몸에서 날 아들 중에서 사로잡혀 바벨론 왕궁의

환관이 되리라 하셨나이다 하니 히스기야가 이사야에게 이르되 당신이 전한 바 여호와의 말씀이 선하니이다 하고 또 이르되 만일 내가 사는 날에 태평과 진실이 있을진대 어찌 선하지 아니하리요 하니라"(20:16~19)

이사야 선지자가 왕의 실수로 앞으로 닥칠 남왕국의 재앙을 말하는데 히스기야 왕은 그저 자기 때에 편안하면 된다고(19절) 말하는 왕이라는 사실도 우리는 알아야 한다.

"므낫세가 왕이 될 때에 나이가 십이 세라 예루살렘에서 오십오 년간 다스리니라 그의 어머니의 이름은 헵시바더라"(21:1)

므낫세의 나이를 보면 그의 아버지 히스기야 왕이 15년 수명이 연장되었을 때에 태어났음을 알 수 있다.

"므낫세가 여호와 보시기에 악을 행하여 여호와께서 이스라엘 자손 앞에서 쫓아내신 이방 사람의 가증한 일을 따라서 그의 아버지 히스기야가 헐어 버린 산당들을 다시 세우며 이스라엘의 왕 아합의 행위에 따라 바알을 위하여 제단을 쌓으며 아세라 목상을 만들며 하늘의 일월성신을 경배하여 섬기며 여호와께서 전에 이르시기를 내가 내 이름을 예루살렘에 두리라 하신 여호와의 성전에 제단들을 쌓고 또 여호와의 성전 두 마당에 하늘의 일월성신을 위하여 제단들을 쌓고"(21:2~5)

므낫세는 어린 나이에 왕이 되었음에도 여호와 보시기에 악한 행위만 하기 시작했다. 어린 므낫세의 이러한 일들은 한때 히스기야 왕에게 버림받았던 어머니 헵시바(사 54:6)의 영향이 아니었는가 생각된다.

"또 자기의 아들을 불 가운데로 지나게 하며 점치며 사술을 행하며 신접한 자와 박수를 신임하여 여호와께서 보시기에 악을 많이 행하여 그 진노를 일으켰으며 또 자기가 만든 아로새긴 아세라 목상을 성전에 세웠더라"(21:6~7)

므낫세는 옛적에 하나님께서 다윗과 그의 아들 솔로몬에게 내가 이스라엘의 모든 지파 중에서 택한 이 성전에 내 이름을 영원히 두신다고 하셨던 곳에 아세라 목상을 세우는 악행을 저지른다.

"만일 이스라엘이 나의 모든 명령과 나의 종 모세가 명령한 모든 율법을 지켜 행하면 내가 그들의 발로 다시는 그의 조상들에게 준 땅에서 떠나 유리하지 아니하게 하리라 하셨으나 이 백성이 듣지 아니하였고 므낫세의 꾐을 받고 악을 행한 것이 여호와께서 이스라엘 자손 앞에서 멸하신 여러 민족보다 더 심하였더라"(21:8~9)

여호와의 명령과 모세의 율법을 지켜 행하면 그 조상들에게 준 땅에서 떠나지 않게 하신다고 하셨으나, 백성들이 어리석어 므낫세와 함께 악을 행한 것이 하나님께서 이미 멸하신 이방 사람들보다도 더 심하여 결국 그들은 바벨론의 포로가 되기 시작한다.

"여호와께서 그의 종 모든 선지자들을 통하여 말씀하여 이르시되 유다 왕 므낫세가 이 가증한 일과 악을 행함이 그 전에 있던 아모리 사람들의 행위보다 더욱 심하였고 또 그들의 우상으로 유다를 범죄하게 하였도다 그러므로 이스라엘의 하나님 여호와가 말하노니 내가 이제 예루살렘과 유다에 재앙을 내리리니 듣는 자마다 두 귀가 울리리라 내가 사마리아를 잰 줄과 아합의 집을 다림 보던 추를 예루살렘에 베풀고 또 사람이 그릇을 씻어 엎음 같이 예루살렘을 씻어 버릴지라 내가 나의 기업에서 남은 자들을 버려 그들의 원수의 손에 넘긴즉 그들이 모든 원수에게 노략거리와 겁탈거리가 되리니 이는 애굽에서 나온 그의 조상 때부터 오늘까지 내가 보기에 악을 행하여 나의 진노를 일으켰음이니라 하셨더라"(21:10~15)

애굽에서 나온 조상 때부터 악을 행하기 시작한 것이 므낫세의 악행과 가중한 행위로 절정에 올라, 하나님께서 용서하지 않으시고 예루살렘을 설거지하듯 씻어 버리고 남은 자들은 원수의 손에 넘겨 버리겠다고 하신다. 여호와께서는 서서히 바벨론을 몽둥이와 칼로 삼아 이스라엘을 치려고 작정하신다.

"므낫세가 유다에게 범죄하게 하여 여호와께서 보시기에 악을 행한 것 외에도 또 무죄한 자의 피를 심히 많이 흘려 예루살렘 이 끝에서 저 끝까지 가득하게 하였더라"(21:16)

므낫세의 무죄한 자의 피흘림으로 대표적인 것은 〈히브리서〉 11장 37절에 나오는 '톱으로 켜는 것'이다. 〈히브리서〉 저자는 이사야 선지자를 판자와 판자 사이에 넣고 톱으로 썰어서 죽인 잔인함을 말하고 있는 것이다.

"아몬이 왕이 될 때에 나이가 이십이 세라 예루살렘에서 이 년간 다스리니라 …… 아몬이 그의 아버지 므낫세의 행함 같이 여호와 보시기에 악을 행하되 그의 아버지가 행한 모든 길로 행하여 그의 아버지가 섬기던 우상을 섬겨 그것들에게 경배하고 그의 조상들의 하나님 여호와를 버리고 그 길로 행하지 아니하더니 그의 신복들이 그에게 반역하여 왕을 궁중에서 죽이매 그 국민이 아몬 왕을 반역한 사람들을 다 죽이고 그의 아들 요시야를 대신하게 하여 왕을 삼았더라"(21:19~24)

55년 동안 므낫세의 악행을 보다가 아들인 아몬까지 악행을 하는 것을 본 신하들이 아몬을 죽여 버렸지만, 백성들은 그들을 반역자들이라고 죽이고 아몬의 어린 아들 요시야(8세)를 왕으로 삼는다.

"요시야가 왕위에 오를 때에 나이가 팔 세라 예루살렘에서 삼십일 년간 다스리니라 …… 요시야가 여호와 보시기에 정직히 행하여 그의 조상 다윗의 모든 길로 행하고 좌우로 치우치지 아니하였더라"(22:1~2)

요시야 왕의 나이를 보면 그의 아버지 아몬이 16세에 결혼을 한 것으로 보인다. 요시야는 여호와 보시기에 다윗과 같았다. 남왕국 왕들 중 다윗 이후에 처음 나오는 말이다. 그만큼 요시야 왕은 정직한 왕이었다.

"요시야 왕 열여덟째 해에 왕이 므술람의 손자 아살리야의 아들 서기관 사반을 여호와의 성전에 보내며 이르되 너는 대제사장 힐기야에게 올라가서 백성이 여호와의 성전에 드린 은 곧 문 지킨 자가 수납한 은을 계산하여 여호와의 성전을 맡은 감독자의 손에 넘겨 그들이 여호와의 성전에 있는 작업자에게 주어 성전에 부서진 것을 수리하게 하되 곧 목수와 건축자와 미장이에게 주게 하고 또 재목과 다듬은 돌을 사서 그 성전을 수리하게 하라 그러나 그들의 손에 맡긴 은을 회계하지 말지니 이는 그들이 진실하게 행함이니라"(22:3~7)

요시야 왕 18년 되는 해라면 히스기야 왕이 죽은 후 75년(므낫세 55년, 아몬 2년, 요시야 18년) 정도가 지났을 때이다. 이때까지 남왕국의 왕들과 백성들은 성전을 방치하고 있었다. 요시야 왕이 늦게나마 성전을 수리하라고 지시하는데, 모든 것을 건축 관계자에게 일임하고 그들을 믿을 것을 명하는 신실한 왕이었다.

"대제사장 힐기야가 서기관 사반에게 이르되 내가 여호와의 성전에서 율법책을 발견하였노라 하고 힐기야가 그 책을 사반에게 주니 사반이 읽으니라 서기관 사반이 왕에게 돌〈아가서〉 보고하여 이르되 왕의 신복들이 성전에서 찾아낸 돈을 쏟아 여호와의 성전을 맡은 감독자의 손에 맡겼나이다 하고 또 서기관 사반이 왕에게 말하여 이르되 제사장 힐기야가 내게 책을 주더이다 하고 사반이 왕의 앞에서 읽으매 왕이 율법책의 말을 듣자 곧 그의 옷을 찢으니라"(22:8~11)

성전도 방치하고 있었고 대제사장 힐기야조차 모세가 전한 율법서를 성전을 수리하다가 발견한 것이 남왕국의 실정이었다. 학자들은 이 율법서를 〈신명기〉라 보고 있다. 모세가 가나안에 들어가면 7년에 한 번 초막절(신 31:9~13)에 읽으라고 하였는데, 요시야(B.C. 641~B.C. 610) 왕 18년에 성전을 수리하다가 찾았다고 한다. 시내 산에서 모세를 통하여 여호와 하나님과 언약을 맺은 것이 무엇인지도 모르고 있었다는 것이다. 출애굽 이후 800년이 지나도록 왕과 제사장, 백성들은 율법 책을 한 번도 보지 않고 살고 있는 모습이다. 요시야 왕이 율법 책의 말을 듣기만 하여도 옷을 찢고 회개할 만큼 귀중한 율법 책을 외면하고 있었던 것이다.

"너희는 가서 나와 백성과 온 유다를 위하여 이 발견한 책의 말씀에 대하여 여호와께 물으라 우리 조상들이 이 책의 말씀을 듣지 아니하며 이 책에 우리를 위하여 기록된 모든 것을 행하지 아니하였으므로 여호와께서 우리에게 내리신 진노가 크도다"(22:13)

대제사장도 율법 책의 내용을 모르고 있어 여선지자 훌다를 찾아가서 물어보는 타락한 모습이다.

"훌다가 그들에게 이르되 이스라엘 하나님 여호와의 말씀이 너희는 너희를 내게 보낸 사람에게 말하기를 여호와의 말씀이 내가 이 곳과 그 주민에게 재앙을 내리되 곧 유다 왕이 읽은 책의 모든 말대로 하리니 이는 이 백성이 나를 버리고 다른 신에게 분향하며 그들의 손의 모든 행위로 나를 격노하게 하였음이라 그러므로 내가 이 곳을 향하여 내린 진노가 꺼지지 아니하리라 하셨느니라 너희를 보내 여호와께 묻게 한 유다 왕에게는 너희가 이렇게 말하라 이스라엘의 하나님 여호와가 이같이 말씀하셨느니라 네가 들은 말들에 대하여는 내가 이 곳과 그 주민에게 대하여 빈 터가 되고 저주가 되리라 한 말을 네가 듣고 마음이 부드러워져서 여호와 앞 곧 내 앞에서 겸비하여 옷을 찢고 통곡하였으므로 나도 네 말을 들었노라 여호와가 말하였느니라 그러므로 보라 내가 너로 너의 조상들에게 돌아가서 평안히 묘실로 들어가게 하리니 내가 이 곳에 내리는 모든 재앙을 네 눈이 보지 못하리라 하셨느니라 하니 사자들이 왕에게 보고하니라"(22:15~20)

여호와 하나님께서는 요시야 왕이 율법 책을 듣고 옷을 찢고 통곡하고 겸비한 모습을 보고 남왕국의 멸망이 요시야 때에는 임하지 않을 것이라고 은혜를 주신다.

> "왕이 보내 유다와 예루살렘의 모든 장로를 자기에게로 모으고 이에 왕이 여호와의 성전에 올라가매 유다 모든 사람과 예루살렘 주민과 제사장들과 선지자들과 모든 백성이 노소를 막론하고 다 왕과 함께 한지라 왕이 여호와의 성전 안에서 발견한 언약책의 모든 말씀을 읽어 무리의 귀에 들리고 왕이 단 위에 서서 여호와 앞에서 언약을 세우되 마음을 다하고 뜻을 다하여 여호와께 순종하고 그의 계명과 법도와 율례를 지켜 이 책에 기록된 이 언약의 말씀을 이루게 하리라 하매 백성이 다 그 언약을 따르기로 하니라"(23:1~3)

요시야 왕은 자기의 은혜로만 그치지 아니하고 남왕국 전 지역의 바알과 아세라와 일월성신을 타파하였다. 그리고 게바에서 브엘세바까지 산당을 더럽게 하고 성문의 산당을 헐어버리는 개혁을 한다.

> "그러나 여호와께서 유다를 향하여 내리신 그 크게 타오르는 진노를 돌이키지 아니하셨으니 이는 므낫세가 여호와를 격노하게 한 그 모든 격노 때문이라 여호와께서 이르시되 내가 이스라엘을 물리친 것 같이 유다도 내 앞에서 물리치며 내가 택한 이 성 예루살렘과 내 이름을 거기에 두리라 한 이 성전을 버리리라 하셨더라"(23:26~27)

요시야가 심지어 북왕국 이스라엘 땅까지 넘어가서 온 전국을 순회(영토 확장의 결과로)하면서 우상의 청소를 직접 하였지만, 하나님은 므낫세의 악행에 마음이 풀리지 않으신다. 므낫세가 죽은 지 20년이 지났지만 하나님의 진노하심은 풀리지 않으신다. 결국 하나님께서는 이스라엘을 멸망시킨 것같이 남왕국도 멸망할 것이라고 하시고 예루살렘과 하나님의 이름을 두신 성전도 버릴 것이라고 하신다.

> "요시야 당시에 애굽의 왕 바로 느고가 앗수르 왕을 치고자 하여 유브라데 강으로 올라가므로 요시야 왕이 맞서 나갔더니 애굽 왕이 요시야를 므깃도에서 만났을 때에 죽인지라 …… 백성들이 요시야의 아들 여호아하스를 데려다가 그에게 기름을 붓고 그의 아버지를 대신하여 왕으로 삼았더라"(23:29~30)

요시야 왕은 애굽 왕 느고가 앗수르 왕을 치고자 한 전쟁에 나가 39세에 어이없이 죽고 만다. 이로 인해 남왕국의 개혁이 멈추고 애굽의 지배를 받게 되었다.

> "여호아하스가 왕이 될 때에 나이가 이십삼 세라 예루살렘에서 석 달간 다스리니라 …… 여호아하스가 그의 조상들의 모든 행위대로 여호와 보시기에 악을 행하였더니 바로 느고가 그를 하맛 땅 리블라에 가두어 예루살렘에서 왕이 되지 못하게 하고 또 그 나라로 은 백 달란트와 금 한 달란트를 벌금으로 내게 하고 바로 느고가 요시야의 아들 엘리아김을 그의 아버지 요시야를 대신하여 왕으로 삼고 그의 이름을 고쳐 여호야김이라 하고 여호아하스는 애굽으로 잡아갔더니 그가 거기서 죽으니라"(23:31~34)

애굽 왕 느고는 요시야의 다른 아들 엘리아김을 여호야김으로 이름을 고쳐 왕으로 삼고 여호아하스는 애굽으로 잡아가서 죽였다.

> "여호야김이 왕이 될 때에 나이가 이십오 세라 예루살렘에서 십일 년간 다스리니라 …… 여호야김이 그의 조상들의 행한 모든 일을 따라서 여호와 보시기에 악을 행하였더라"(23:36~37)

요시야 왕의 뒤를 이은 여호야김 왕도 계속된 악을 행하는 모습이다.

〈열왕기하〉 23장 이후는 〈하박국서〉, 〈스바냐서〉, 〈예레미야서〉와 역사적으로 시대가 맞는다.

"여호야김 시대에 바벨론의 왕 느부갓네살이 올라오매 여호야김이 삼 년간 섬기다가 돌아서 그를 배반하였더니 여호와께서 그의 종 선지자들을 통하여 하신 말씀과 같이 갈대아의 부대와 아람의 부대와 모압의 부대와 암몬 자손의 부대를 여호야김에게로 보내 유다를 쳐 멸하려 하시니 이 일이 유다에 임함은 곧 여호와의 말씀대로 그들을 자기 앞에서 물리치고자 하심이니 이는 므낫세의 지은 모든 죄 때문이며 또 그가 무죄한 자의 피를 흘려 그의 피가 예루살렘에 가득하게 하였음이라 여호와께서 사하시기를 즐겨하지 아니하시니라"(24:1~4)

여호야김이 바벨론에 사로잡혀 갔던 때(B.C. 606)는 1차 포로가 시작되던 때이다. 이때 여호야김과 다니엘과 세 친구가 포로가 되었다. 여호와께서 므낫세가 죽은 지 약 45년이 지났어도 므낫세의 모든 죄 때문에 유다를 멸망시키겠다고 하신다.

"그가 여호와의 성전의 모든 보물과 왕궁 보물을 집어내고 또 이스라엘의 왕 솔로몬이 만든 것 곧 여호와의 성전의 금 그릇을 다 파괴하였으니 여호와의 말씀과 같이 되었더라"(24:13)

이사야 선지자가 20장 17절에서 말한 대로 되었다.

"사로잡아 가매 비천한 자 외에는 그 땅에 남은 자가 없었더라 그가 여호야긴을 바벨론으로 사로잡아 가고 왕의 어머니와 왕의 아내들과 …… 바벨론으로 사로잡아 가고"(24:14~15)

이때가 2차 포로 때(B.C. 597)이고 여호야긴 왕과 에스겔이 포로가 되었다. 남왕국의 역사는 이사야 선지자가 20장 16절 이하에서 말한 것처럼 되었다.

"바벨론 왕이 또 여호야긴의 숙부 맛다니야를 대신하여 왕으로 삼고 그의 이름을 고쳐 시드기야라 하였더라"(24:17)

요시야의 아들 맛다니야가 시드기야로 이름을 고쳐 왕이 되었다.

"시드기야 제구년 열째 달 십일에 바벨론의 왕 느부갓네살이 그의 모든 군대를 거느리고 예루살렘을 치러 올라와서 그 성에 대하여 진을 치고 주위에 토성을 쌓으매 그 성이 시드기야 왕 제십일년까지 포위되었더라"(25:1~2)

바벨론 왕 느부갓네살은 자신이 세운 시드기야가 배반한 것에 대한 보복으로 1년 6개월 동안 성을 포위하고 식량이 떨어질 때까지 기다리고 있었다.

"그 해 넷째 달 구일에 성 중에 기근이 심하여 그 땅 백성의 양식이 떨어졌더라 그 성벽이 파괴되매 …… 그가 아라바 길로 가더니 갈대아 군대가 그 왕을 뒤쫓아가서 여리고 평지에서 그를 따라 잡으매 왕의 모든 군대가 그를 떠나 흩어진지라 그들이 왕을 사로잡아 그를 리블라에 있는 바벨론 왕에게로 끌고 가매 그들이 그를 심문하니라 그들이 시드기야의 아들들을 그의 눈앞에서 죽이고 시드기야의 두 눈을 빼고 놋 사슬로 그를 결박하여 바벨론으로 끌고 갔

더라"(25:3~7)

3차 침입(B.C. 586)으로 남왕국 왕 시드기야는 눈이 뽑히고 예루살렘 성과 성전이 불타고 멸망하였다. 결국 쓸 만한 자 4,600명(렘 52:30)만 바벨론의 포로가 되어 예레미야가 예언했던 70년의 포로 생활이 시작된다.

"칠월에 왕족 엘리사마의 손자 느다니야의 아들 이스마엘이 부하 열 명을 거느리고 와서 그달리야를 쳐서 죽이고 또 그와 함께 미스바에 있는 유다 사람과 갈대아 사람을 죽인지라 노소를 막론하고 백성과 군대 장관들이 다 일어나서 애굽으로 갔으니 이는 갈대아 사람을 두려워함이었더라"(25:25~26)

남왕국 멸망 사건에 따라 히브리인들에게 '4개의 금식 절기'

①4월의 금식: 예루살렘 성이 둘러싸인 다음 해 4월 9일 성벽이 무너질 때(25:3)
②5월의 금식: 5월 7일 성전과 왕궁이 불타고 예루살렘의 모든 집이 불탈 때(25:8~9)
③7월의 금식: 7월에 그달리야 총독이 암살당할 때(25:25)
④10월의 금식: 바벨론 군대가 10월 10일 예루살렘을 치려고 처음 올라왔을 때(25:1)

바벨론은 남왕국을 멸망시키고 시드기야 왕을 사로잡아 갔으며 그 땅에는 그달리야를 총독으로 임명하여 다스리게 하였다. 그러나 왕족 이스마엘이 그의 부하들을 거느리고 와서 총독을 암살하고 애굽으로 피신하였다. 이때 예레미야도 같이 데리고 간 것으로 〈예레미야서〉는 기록하고 있다.

요나

〈요나서〉의 이름의 뜻은 '비둘기'이다. 이 비둘기란 말은 북왕국 백성들을 '어리석은 비둘기' 같다고 표현하면서 사용되기도 하였다(호 7:11). B.C. 760년경 스불론 지파에 속한(수 19:13) 나사렛에서 북쪽으로 5km 정도 떨어진 가드헤벨(왕하 14:25) 출신 아밋대의 아들인 요나(1:1)가 기록한 것으로 전해진다. 요나는 여로보암 2세(B.C. 782~B.C. 753) 때의 선지자로서 엘리사 이후에 그리고 아모스, 호세아 직전에 활동하였다. 북왕국의 여로보암 2세는 가장 능력 있는 왕이었고 번영과 안정을 누렸다. 이 시기에 앗수르는 그 세력이 약화되었고 나약한 왕들이 다스리고 있었기 때문에 다소 쇠퇴한 듯 하였으나 그래도 이스라엘에게는 위협적인 존재였다. 〈요나서〉는 이방의 수도인 니느웨에 대한 하나님의 은혜와 자비를 보여 주며 이스라엘 백성뿐 아니라 만민을 향한 하나님의 사랑과 자비를 보여 준다.

⊙ 니느웨(Nineveh)

- 함의 손자 니므롯이 세운 성(창 10:8~12)
- 인구 12만의 대도시(욘 3:3, 4:11)
- 죄악으로 인하여 40일 후에 멸망당할 것을 요나가 외치니 통회 자복하여 구원을 얻고 멸망하기까지 150년이 연장된다(욘 3:4~10).
- 히스기야 왕 때에 앗수르 왕 산헤립이 예루살렘을 공격하다가 하룻밤에 군사 십팔만 오천 명을 잃고 돌아가 니스록 신전에서 경배하다가 피살됨(왕하 19:35~37).
- 그 후 B.C. 612년에 바벨론에게 멸망을 당하여 황무지가 되니 나훔, 스바냐가 예언한 바와 같음(나 3:7; 습 2:13).

선지자 요나

- 니느웨(이라크 모술 지역)를 위하여 소명을 받은 선지자
- 하나님의 명령을 거역하고 다시스로 도망가는 선지자
- 징계를 받는 선지자
- 물고기 배 속에서 회개하는 선지자
- 다시 소명을 받는 선지자
- 무성의하게 니느웨 사역하는 선지자(3일 → 1일로)
- 불평하는 선지자
- 책망을 듣는 선지자
- 하나님의 뜻을 깨닫는 선지자

하나님께서 이미 악독이 상달되어 멸망의 시한이 40일밖에 남지 않은 니느웨에게 한 번의 기회를 주시려고 요나를 불러 40일이 지나면 니느웨가 멸망한다고 외치라고 하셨다. 요나는 그동안 유대인들에게 수없이 못된 짓을 한 니느웨가 40일이 지나면 멸망한다는 말에 하나님께서 가라고 하신 방향의 정반대 방향으로 가버린다. 요나와 같은 선지자도 이스라엘의 자존심이 발동하여 그의 조국인 북왕국과 적대 관계에 있는 이방 지역에 대한 은혜에 불만을 품고 여호와로부터 피하기 위해 욥바로 내려가 지금의 스페인 쪽인 다시스로 가는 배를 탔다. 북왕국은 엘리야와 엘리사 등을 보내도 회개하지 않아 하나님께서 이스라엘을 내버려 두고 악독이 상달된 니느웨에게 마지막 기회를 주려고 요나에게 가서 전하라 하나, 요나 선지자가 반대 방향으로 가면서 〈요나서〉가 시작된다.

> "여호와의 말씀이 아밋대의 아들 요나에게 임하니라 이르시되 너는 일어나 저 큰 성읍 니느웨로 가서 그것을 향하여 외치라 그 악독이 내 앞에 상달되었음이니라 하시니라 그러나 요나가 여호와의 얼굴을 피하려고 일어나 다시스로 도망하려 하여 욥바(남쪽 유다 쪽)로 내려갔더니 마침 다시스로 가는 배를 만난지라 여호와의 얼굴을 피하여 그들과 함께 다시스로 가려고 배 삯을 주고 배에 올랐더라"(1:1~3)

요나 선지자가 하나님의 지시를 따라 가는 것이 아니라 정반대 방향으로 도망을 간다.

> "여호와께서 큰 바람을 바다 위에 내리시매 바다 가운데에 큰 폭풍이 일어나 배가 거의 깨지게 된지라. 사공들이 두려워하여 각각 자기의 신을 부르고 또 배를 가볍게 하려고 그 가운데 물건들을 바다에 던지니라 그러나 요나는 배 밑층에 내려가서 누워 깊이 잠이 든지라. 선장이 그에게 가서 이르되 자는 자여 어찌함이냐 일어나서 네 하나님께 구하라. 혹시 하나님이 우리를 생각하사 망하지 아니하게 하시니라 하니라 그들이 서로 이르되, 자 우리가 제비를 뽑아 이 재앙이 누구 때문에 우리에게 임하였나 알아보자 하고 곧 제비를 뽑으니 제비가 요나에게 뽑힌지라"(1:4~7)

> "무리가 그에게 이르되 청하건대 이 재앙이 누구 때문에 우리에게 임하였는가 말하라 네 생업이 무엇이며 네가 어디서 왔으며 네 나라가 어디며 어느 민족에 속하였느냐 하니 그가 대답하되 나는 히브리 사람이요 바다와 육지를 지으신 하늘의 하나님 여호와를 경외하는 자로라 하고 자기가 여호와의 얼굴을 피함인 줄을 그들에게

말하였으므로 무리가 알고 심히 두려워하여 이르되 네가 어찌하여 그렇게 행하였느냐 하니라"(1:8~10)

"바다가 점점 흉용한지라 무리가 그에게 이르되 우리가 너를 어떻게 하여야 바다가 우리를 위하여 잔잔하겠느냐 하니 그가 대답하되 나를 들어 바다에 던지라 그리하면 바다가 너희를 위하여 잔잔하리라 너희가 이 큰 폭풍을 만난 것이 나 때문인 줄을 내가 아노라 하니라 그러나 그 사람들이(요나를 바다에 던지지 않으려고 노력) 힘써 노를 저어 배를 육지로 돌리고자 하다가 바다가 그들을 향하여 점점 더 흉용하므로 능히 못한지라 무리가 여호와께 부르짖어 이르되 여호와여 구하고 구하오니 이 사람의 생명 때문에 우리를 멸망시키지 마옵소서 무죄한 피를 우리에게 돌리지 마옵소서 주 여호와께서는 주의 뜻대로 행하심이니이다 하고 요나를 들어 바다에 던지매 바다가 뛰노는 것이 곧 그친지라 그 사람들이 여호와를 크게 두려워하여 여호와께 제물을 드리고 서원을 하였더라"(1:11~16)

〈요나서〉 1장 12절이 마치 '〈요나서〉의 주제'인 것처럼 알려져 있지만 잘못된 것이다. 이스라엘 백성이 중간 역할(제사장; 출 19:5~6)을 해서 세상 나라가 하나님께 돌아오게 해야 하는데, 선지자조차도 믿음이 이 모양이다. 니느웨는 그 당시 제일 큰 도시이며 하나님 보시기에 악독이 상달된 도시였다. 하나님의 멸망의 카운트다운에 걸려든 도시였다. 그래서 요나를 보내는데, 요나가 니느웨로 가지 않고 배를 타고 도망가다가 이런 풍랑을 당하게 된 것이다. "여호와께서 이미 큰 물고기를 예비하사 요나를 삼키게 하셨으므로 요나가 밤낮 삼 일을 물고기 뱃속에 있으니라"(1:17) 하셨다.

"요나가 물고기 뱃속에서 그의 하나님 여호와께 기도하여"(2:1)

요나는 물고기 배 속에서 회개한다.

> "나는 감사하는 목소리로 주께 제사를 드리며 나의 서원을 주께 갚겠나이다 구원은 여호와께 속하였나이다 하니라 여호와께서 그 물고기에게 말씀하시매 요나를 육지에 토하니라"(2:9~10)

무엇인지 모르지만 요나가 서원했던 것이 있었던 것 같다.

> "여호와의 말씀이 두 번째로 요나에게 임하니라 일어나 저 큰 성읍 니느웨로 가서 내가 명한 바를 그들에게 선포하라 하신지라"(3:1~2)

요나는 여호와의 말씀대로 사흘 동안 걸을 만큼 큰 성읍인 니느웨로 가서 하루 동안 다니며 "40일이 지나면 니느웨가 무너지리라 하였다"라고 외쳤다. 그러자 니느웨 사람들이 하나님을 믿고, 금식을 선포하고 높고 낮은 자를 막론하고 굵은 베 옷을 입고, 그 일이 니느웨 왕에게 들려 왕이 보좌에서 일어나 왕복을 벗고 굵은 베 옷을 입고 재 위에 앉아 회개를 하였고, 사람이나 짐승이나 아무것도 입에 대지 말고, 먹지도 말고 마시지도 말라고 조서를 내렸다. 이에 하나님이 그들이 행한 것 곧 그 악한 길에서 돌이켜 떠난 것을 보시고 하나님이 뜻을 돌이키셔서 그들에게 내리리라고 말씀하신 재앙을 거두셨다.

니느웨의 회개

아마도 아슈르단 3세(B.C. 773~B.C. 755)의 통치 기간에 있었던 같다. 기록에 의하면 이미 하나님의 역사로 두 번에 걸친 온역(B.C. 765~B.C. 759)과 일식(B.C. 763년 6월 13일)이 니느웨 사람들이 요나의 심판에 대한 예언을 받아들이는 데 큰 작용을 한 것 같다. 요나가 가기 3년 전에 홍수로 초토화되었고, 다음 해에는 전염병으로 많은 사람들이 죽어 니느웨는 공포를 느끼고 있었다.

> "요나가 매우 싫어하고 성내며"(4:1)

요나는 은혜로우시며 자비로우시며 노하기를 더디하시며 인애가 크셔 뜻을 돌이켜 재앙을 내리지 않으시는 하나님이심을 알고 있었기 때문에 다시스로 도망한 것이라며, 사는 것보다 죽는 것이 나으니 이제 내 생명을 거두어 가시라고 투정을 부린다.

> "여호와께서 이르시되 네가 성내는 것이 옳으냐 하시니라"(4:4)

요나가 성을 나가서 그 성 동편 언덕에 앉아 자기를 위하여 초막을 짓고 그늘 아래에 앉아서 성읍이 어떻게 되는지 지켜본다. 요나는 이스라엘 백성도 700년을 듣고도 회개를 못했는데, 니느웨 백성들이 회개한 것이 믿어지지 않아 초막을 짓고 무너지는 것을 기다리는 것이다.

> "하나님 여호와께서 박넝쿨을 예비하사 요나를 가리게 하셨으니 이는 그의 머리를 위하여 그늘이 지게 하며 그의 괴로움을 면하게 하려 하심이었더라 요나가 박넝쿨로 말미암아 크게 기뻐하였

더니"(4:6)

자기 머리만 시원한 것을 좋아하는 요나를 보시고 하나님께서 벌레를 예비하셔서 이튿날 새벽까지 밤새도록 그 박 넝쿨을 갉아먹게 하셨다.

> "해가 뜰 때에 하나님이 뜨거운 동풍을 예비하셨고 해는 요나의 머리에 쪼이매 요나가 혼미하여 스스로 죽기를 구하여 이르되 사는 것보다 죽는 것이 내게 나으니이다 하니라"(4:8)

하나님께서 요나에게 박 넝쿨로 성내는 것이 옳으냐고 하시니, 요나는 성내어 죽기까지 할지라도 옳다고 투정을 한다.

> "여호와께서 이르시되 네가 수고도 아니하였고 재배도 아니하였고 하룻밤에 났다가 하룻밤에 말라 버린 이 박넝쿨을 아꼈거든 하물며 이 큰 성읍 니느웨에는 좌우를 분변하지 못하는 자가 십이만여 명이요 가축도 많이 있나니 내가 어찌 아끼지 아니하겠느냐 하시니라"(4:10~11)

수고도 안 하고 재배도 안 한 박 넝쿨을 요나가 아꼈듯이 하나님은 이방인도 아끼시고 육축도 아끼신다고 말씀하신다. 하나님은 그런 분이신데, 요나는 악하게 니느웨가 멸망하기만을 기대하며 바라보고 있었다. 이방인도 요나가 하루만 경고해도 회개하였다. 이때 하나님께서 감동하셔서 니느웨의 멸망을 150년 연장(〈나훔〉 참조)하신다. 700년이 지나도 회개하지 못하는 이스라엘 백성들을 안타까워하시는 하나님의 심정을 이해해야만 한다.

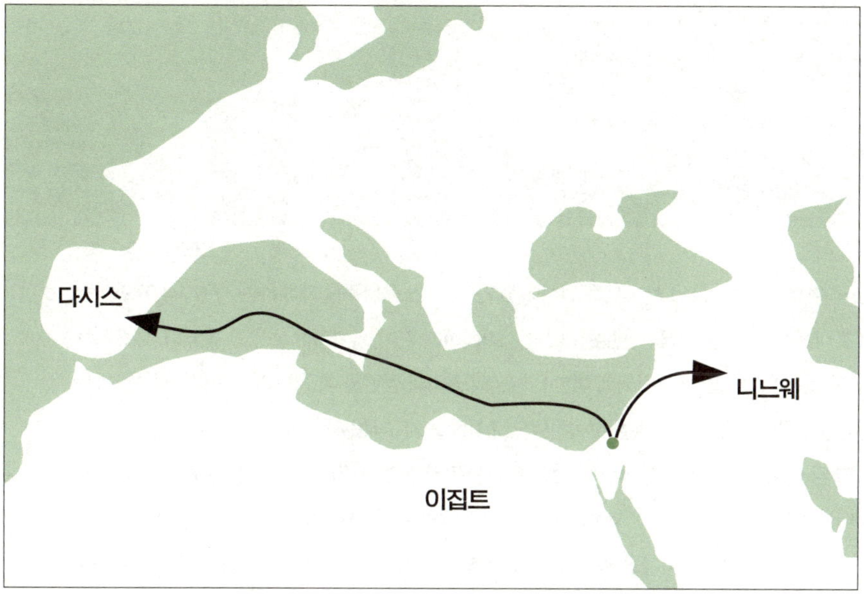
다시스
니느웨
이집트

아모스

북왕국 여로보암 2세 통치 시대 남쪽 유다 사람인 "목자요 뽕나무를 재배하는 자"(7:14) 아모스(짐을 지고 나르는 자)가 북왕국의 벧엘(7:10)과 사마리아에 가서 외치라는 소명을 받았다. 아모스는 남왕국에 살고 있었으면서 북왕국에 대한 하나님의 공의와 심판을 예언하였다. 여로보암 2세 때는 정치적, 경제적으로 안정과 번영을 맞이하였으나, 여로보암 2세는 하나님을 전혀 알지 못하는 왕이었다. 그 당시 북왕국은 잘 살게 되었지만 빈부의 차이가 심했고, 타락과 향락의 생활을 하고 있었다. 하나님께서 북왕국을 죄악에서 돌이키려고 엘리야와 엘리사를 보내도 회개하지 않았다. 그래서 악이 상달되어 40일이 지나면 멸망하는 니느웨에 마지막으로 기회를 주시려고 요나 선지자를 보냈다. 하나님은 악이 상달된 그들조차 회개하는 것을 보시고, 다시 아모스 선지자를 북왕국에 보내신다. 그러나 아모스가 외쳐도 백성들이 돌이키지 않자 정신을 차리도록 2년 후 지진을 일으키셨다. 땅을 흔들어 보아도 안 되는 어리석고 미련한 북왕국 백성이 하나님의 마음을 아프게 한다. 전승에 의하면 산이 4km 밖으로 나가는 대지진이라고"유다 왕 웃시야 때에 지진을 피하여 도망하던 것 같이 하리라"(슥 14:4) 기록되어 있다. 아모스가 지진이 나기 2년 전에 북왕국에 갔던 사역을 지진 후에 쓴 것이다. 그가 예언하고 30년 후 북왕국은 멸망하고 말았다(B.C. 721).

아모스 시대에는 부자들의 사치가 극에 달하였다. 부유한 여자들이 짓는 죄 중에 가장 흔한 일반적인 죄는 사치이고, 남자들의 흔한 죄는 교만이었다. 예언자들의 질책은 우상숭배와 남자들의 교만과 음란, 여자들의 사치를 향한 것이었다. 아모스 당시에 벌써 은을 받고 의인을 팔며(2:6), 가난하고 궁핍한 사람의 가치는 신발 한 켤레의 가치와 같았다(8:6). 모든 것을 가늠하는 척도가 전부 돈이었다. 나실인을 끌어다가 포도주를 마시게 하여 성결을 욕되게 해서 하나님의 일을 못하게 하였고(2:12), 예언자가 쓴소리를 하면 입을 틀어막고 예언하지 못하게 하였다. 권력자들은 여름 궁전, 겨울 궁전을 지어 사치와 타락을 일삼았고(3:15), 여자들도 상아 침대에 누워 게으르게 기지개 켜며 비파에 맞춰 헛된 노래를 지절거리고(6:4~5), 대접으로 포도주를 마시며 온갖 귀한 기름을 몸에 발랐다(6:6). 공법을 쓸개같이 정의를 인진같이 쓰게 하고(6:12), 에바를 작게 하고 세겔을 크게 해서 거짓 저울로 부당이득을 취하며, 안식일이 다가오는 것을 귀찮게 여겼다(8:5). 하나님에게는 전혀 관심이 없었다.

> "지진 전 이년에 드고아 목자 중 아모스가 이스라엘에 대하여 이상으로 받은 말씀이라 그가 이르되 여호와께서 시온에서부터 부르짖으시며 예루살렘에서부터 소리를 내시리니 목자의 초장이 마르고 갈멜 산 꼭대기가 마르리로다"(1:1~2)

아모스가 이스라엘의 죄를 지적하기 전에 주변 국가들의 죄부터 지적한다.

지역	구절	범 죄	형 벌
다마스쿠스(시리아)	1:3~5	이스라엘을 억압.	불 심판, 주민을 노예로 만듦.
가사(블레셋)	1:6~8	이스라엘을 에돔에 노예로 팜.	도성 불 심판.
두로(페니키아)	1:9, 10	이스라엘과 평화협정 파기.	도성 불 심판.
에돔	1:11,12	유대인을 학살함.	도성 불 심판.
암몬	1:13~15	유대인 여인을 학살함.	도성 불 심판, 왕과 지도자 심판.
모압	2:1~3	죽은 자를 다시 태움.	도성 불 심판, 재판장, 지도자 심판.
유다	2:4, 5	하나님 말씀 거역. 불순종.	예루살렘의 성전 파괴.
이스라엘	2:6~9	뇌물 성행, 가난한 자를 억압. 간음 성행 등.	곡식 실은 수레에 깔린 것처럼 억압을 당함, 그 군대는 패망을 당함.

"여호와께서 이와 같이 말씀하시되 다메섹의 서너 가지 죄로 말미암아 내가 그 벌을 돌이키지 아니하리니 이는 그들이 철 타작기로 타작하듯 길르앗을 압박하였음이라"(1:3)

길르앗은 요단 강 동편에 위치하고 있어 아람의 다메섹이 밀고 내려와 항상 괴롭힘을 받고 있었다. 다메섹의 도성을 불로 심판하고 주민들을 노예로 만들겠다고 하신다.

"여호와께서 이와 같이 말씀하시되 가사의 서너 가지 죄로 말미암아 내가 그 벌을 돌이키지 아니하리니 이는 그들이 모든 사로잡은 자를 끌어 에돔에 넘겼음이라"(1:6)

가사의 죄를 불로 심판한다고 하신다.

"여호와께서 이와 같이 말씀하시되 두로의 서너 가지 죄로 말미암아 내가 그 벌을 돌이키지 아니하리니 이는 그들이 그 형제의

계약을 기억하지 아니하고 모든 사로잡은 자를 에돔에 넘겼음이 라"(1:9)

두로의 죄를 불로 심판한다고 하신다.

"여호와께서 이와 같이 말씀하시되 에돔의 서너 가지 죄로 말미암아 내가 그 벌을 돌이키지 아니하리니 이는 그가 칼로 그의 형제를 쫓아가며 긍휼을 버리며 항상 맹렬히 화를 내며 분을 끝없이 품었음이라"(1:11)

에돔의 죄를 불로 심판한다고 하신다.

"여호와께서 이와 같이 말씀하시되 암몬 자손의 서너 가지 죄로 말미암아 내가 그 벌을 돌이키지 아니하리니 이는 그들이 자기 지경을 넓히고자 하여 길르앗의 아이 밴 여인의 배를 갈랐음이라"(1:13)

암몬의 죄를 불로 심판하며 왕과 지도자들은 사로잡혀 갈 것이라고 하신다.

"여호와께서 이와 같이 말씀하시되 모압의 서너 가지 죄로 말미암아 내가 그 벌을 돌이키지 아니하리니 이는 그가 에돔 왕의 뼈를 불살라 재를 만들었음이라"(2:1)

모압의 죄를 불로 심판하시고 재판장을 멸하며 지도자들도 그와 함께 죽이리라고 하신다.

"여호와께서 이와 같이 말씀하시되 유다의 서너 가지 죄로 말미암아 내가 그 벌을 돌이키지 아니하리니 이는 그들이 여호와의 율법을 멸시하며 그 율례를 지키지 아니하고 그의 조상들이 따라가던 거짓 것에 미혹되었음이라"(2:4)

유다의 죄를 불로 심판하여 예루살렘의 궁궐들을 사를 것이라고 하신다.

"여호와께서 이와 같이 말씀하시되 이스라엘의 서너 가지 죄로 말미암아 내가 그 벌을 돌이키지 아니하리니 이는 그들이 은을 받고 의인을 팔며 신 한 켤레를 받고 가난한 자를 팔며"(2:6)

북왕국의 죄는 모든 것을 돈으로 가늠하는 타락에 빠진 것이었다.

2장 6절부터 9장까지는 모두 이스라엘의 죄를 다루고 있다. 6장 8~9절, 8장 9~12절 말씀은 아모스 시대에 주시는 하나님 말씀이시다.

"내가 야곱의 영광을 싫어하며 그 궁궐들을 미워하므로 이 성읍과 거기에 가득한 것을 원수에게 넘기리라 하셨느니라 한 집에 열 사람이 남는다 하여도 다 죽을 것이다"(6:8~9)

"주 여호와의 말씀이니라 그 날에 내가 해를 대낮에 지게 하여 백주에 땅을 캄캄하게 하며 너희 절기를 애통으로 너희 모든 노래를 애곡으로 변하게 하며 모든 사람에게 굵은 베로 허리를 동이게 하며 모든 머리를 대머리가 되게 하며 독자의 죽음으로 말미암아 애통하듯 하게 하며 결국은 곤고한 날과 같게 하리라 주 여호와의 말씀이니라 보라 날이 이를지라 내가 기근을 땅에 보내리니 양식이 없어 주림이 아니며 물이 없어 갈함이 아니요 여호와의 말씀을 듣지 못한 기갈이라 사람이 이 바다에서 저 바다까지 북쪽에서 동쪽

까지 비틀거리며 여호와의 말씀을 구하려고 돌아다녀도 얻지 못하
리니"(8:9~12)

그러므로 하나님께서 진정으로 바라는 것은 "정의를 물 같이, 공의를 마르지 않는 강 같이 흐르게 할지어다"(5:24) 하는 말씀으로, 도덕성, 정직성, 믿음을 회복하라는 것이다.

아모스를 통항려 전해진 하나님 말씀은?

- 내가 너희의 절기를 미워한다.
- 내가 너희의 성회도 미워한다.
- 내가 너희의 번제도 미워한다.
- 내가 너희의 희생의 화목제도 미워한다.
- 내가 너희의 노랫소리도 미워한다.
- 내가 너희의 비파 소리도 미워한다.

호세아

호세아는 북왕국이 앗수르에게 멸망하기 전, 그들의 타락이 극에 달하여 하나님의 심판이 임하기 직전에 사역한 선지자였다. 그는 선지자들 중에 유일한 북왕국 출신이고 북왕국의 비극적인 멸망 시기에 살았던 눈물의 선지자로서 마지막 예언자였다. 브에리의 아들 호세아(여호와는 구원이시다; 1:1)는 아모스, 이사야, 미가와 동시대에 사역을 한 것 같다. 호세아는 앗수르를 통해서 우상숭배를 책망하시며 심판하신다고 밝히고 있다. 호세아는 아모스처럼 죄를 지적하면서 예언하는 것이 아니고 사랑의 감정과 애타는 심정으로 자신의 가정 이야기를 통해 간증 형식으로 예언하면서 북왕국의 백성들을 설득하려고 한다. 호세아는 죄를 범하였음에도 불구하고 하나님께서 여전히 사랑하고 계신다는 것을 자신의 삶의 간증을 통해 보여 준다. 호세아 가족의 삶 전체가 계시적 사건이며, 호세아에게 주신 계시는 일반적 계시가 아닌 것 같다. 오므리 왕조의 악행으로 예후 왕조에게 기회를 주었으나 똑같이 악행을 저지르는 것을 본 하나님의 감정이 호세아 선지자의 자식들의 이름에 드러난다. 하나님께서 이스르엘(하나님이 심으신다) 평지에서 예후의 집이 오므리 왕조를 심판한 그 피를 다시 예후 왕조의 집에 갚겠다고 하신다. 아예 내 백성이 아닌 것으로 끝장을 내버리겠다는 하나님의 진노를 볼 수 있다.

호세아의 자녀들

구분		내용
장자	이스르엘	• 예후의 왕조로 오므리 왕조를 끝장냈던 곳이 이스르엘 평원의 나봇 포도원이었다. 전처를 밟고 있는 예후 왕조의 심판을 예언하심(1:4). • 예후 왕조를 심판하신다.
딸	로루하마	• 긍휼과 용서 없이 심판한다(1:6).
차자	로암미	• 나의 백성이 아니다(1:9).

부부였던 호세아와 고멜은 하나님과 이스라엘 백성의 결혼 관계를 상징한다. 이스라엘 백성은 구원자 하나님 앞에서 완전할 수가 있었다. 그러나 고멜은 호세아를 떠나 자기가 좋아하는 다른 남자를 찾는다. 호세아는 타락(하나님과 이스라엘 백성의 관계를 비유하심)하여 떠나버린 고멜을 값을 주고 다시 건져낸다. 이로써 언약 관계인 결혼 관계는 파괴되었다. 그는 자신의 아내로 말미암아 하나님의 심정을 조금씩 이해할 수 있었다. 호세아는 타락한 북왕국에서 이스라엘 백성이 죄를 범하였음에도 불구하고 하나님께서 여전히 사랑하고 계신다는 것을 창피함을 무릅쓰고 자기의 가정 이야기를 드러내어 간증 형식으로 예언한다. 이스라엘 백성을 '하나님의 사랑'으로 설득하려 한다. 그러나 결국에는 앗시리아에 의해 멸망(B.C. 721)한다.

성경은 하나님께서 안 되는 줄 아시면서도 포기할 수 없어 예언자를 보내시는 것을 기록하고 있다. 호세아의 자녀 이름을 '내 백성이 아니다.'라고 지으라는 이유는 호세아와 고멜이 결혼했지만, 고멜이 자주 이방 신전에 가서 문란한 생활을 하였으니 자식을 낳았지만 실제로는 호세아의 아들이라고 할 수 없다는 것이다. 신전에 가서 뭇 남성들과 혼음 관계를 가지는 여자이기에, 아들에게 '내 백성이 아니다.'라는 이름을 지은 호세아의 심정은 얼마나 상했겠는가? 이런 과정을 통해 호세아가 하나님의 심정을 깨닫게 된 것이다. 이방 신전에서 만난 다른 남자를 따라간 고멜을 찾으려 하지만 그 남자가 자기 아내인 고멜의 값을 지불하라고 한다. 호세아가 돈이 없어 집을 나서는데 하나님 말씀이 임하신다.

> "이스라엘 자손이 다른 신을 섬기고 건포도 과자를 즐길지라도 여호와가 그들을 사랑하나니 너는 또 가서 타인의 사랑을 받아 음녀가 된 그 여자(고멜)를 사랑하라"(3:1)

하나님께서 돈을 준비하여 그 여자를 사오라고 하신다(3:2). 호세아는 아내를 돈을 주고 사오라는 말씀에 마음은 상했지만 "이것이 하나님의 사랑이구나!" 하면서 하나님의 사랑을 전했다. 자기가 사랑할 수 없는 아내를 사랑하는 것을 통해 '하나님께서 사랑할 수 없는 영적으로 간음한 여자와 같은 이스라엘 백성을 여전히 사랑한다는 사실'을 알게 되었다.

> "웃시야와 요담과 아하스와 히스기야가 이어 유다 왕이 된 시대 곧 요아스의 아들 여로보암(2세)이 이스라엘 왕이 된 시대에 브에리의 아들 호세아에게 임한 여호와의 말씀이라 여호와께서 처음 호세아에게 말씀하실 때 여호와께서 호세아에게 이르시되 너는 가서 음란한 여자를 맞이하여 음란한 자식들을 낳으라 이 나라가 여호와를 떠나 크게 음란함이니라 하시니"(1:1~2)

여호와께서 호세아에게 음란한 아내를 맞이하여 음란한 자식을 낳으라는, 일반적 계시가 아닌 특별한 시대에 특별한 사명을 감당하기 위한 특별한 계시를 주셨다.

> "이에 그가 가서 디블라임의 딸 고멜을 맞이하였더니 고멜이 임신하여 아들을 낳으매 여호와께서 호세아에게 이르시되 그의 이름을 이스르엘이라 하라 조금 후에 내가 이스르엘의 피를 예후의 집에 갚으며 이스라엘 족속의 나라를 폐할 것임이니라 그 날에 내가 이스르엘 골짜기에서 이스라엘의 활을 꺾으리라 하시니라 고멜이 또 임신하여 딸을 낳으매 여호와께서 호세아에게 이르시되 그의 이름을 로루하마라 하라 내가 다시는 이스라엘 족속을 긍휼히 여겨서 용서하지 않을 것임이니라"(1:3~6)

긍휼히 여기지 않고 끝장을 낼 것이라는 말씀이다.

> "고멜이 로루하마를 젖뗀 후에 또 임신하여 아들을 낳으매 여호와께서 이르시되 그의 이름을 로암미라 하라 너희는 내 백성이 아니요 나는 너희 하나님이 되지 아니할 것임이니라"(1:8~9)

완전히 관계를 끝을 내겠다고 하신다. 오므리 왕조(오므리, 아합, 아하시야, 여호람)가 잘못되었을 때, 예후에게 기름을 부어서 쿠데타를 일으켜 이스르엘 평지 나봇의 포도밭에서 오므리 왕조를 끝장냈다. 이 예후 왕조도 오므리 왕조와 똑같이 타락하여 이스르엘 평지에서 또다시 예후 왕조를 끝장내시겠다는 것이다. 심판할 때에는 긍휼히 여기지 않고 심판하시는데 "나는 너희 하나님이 아니고, 너희는 내 백성이 아니다. 완전히 관계를 끝내버리겠다."라고 하시는(1장) 단호한 하나님의 진노의 감정이 들어 있다. 호세아가 자기 아내 디블라임의 딸 고멜을 데려와서 같이 살아 보면서 하나님의 심정을 조금씩 배워가는 것이다.

> "곡식과 새 포도주와 기름은 내가 그에게 준 것이요 그들이 바알을 위하여 쓴 은과 금도 내가 그에게 더하여 준 것이거늘 그가 알지 못하도다 그러므로 내가 내 곡식을 그것이 익을 계절에 도로 찾으며 내가 내 새 포도주를 그것이 맛들 시기에 도로 찾으며 또 그들의 벌거벗은 몸을 가릴 내 양털과 내 삼을 빼앗으리라"(2:8~9)

하나님의 것을 다시 찾으시겠다는 상한 마음을 알 수 있다.

> "여호와께서 내게 이르시되 이스라엘 자손이 다른 신을 섬기고 건포도 과자를 즐길지라도 여호와가 그들을 사랑하나니 너는 또 가서 타인의 사랑을 받아 음녀가 된 그 여자를 사랑하라 하시기로

내가 은 열다섯 개와 보리 한 호멜 반으로 나를 위하여 그를 사고"(3:1~2)

대가를 지불하고 우리를 해방시키시는 예수님의 모습(구속의 개념: 여호와는 구원이시다)을 볼 수 있다.

"그에게 이르기를 너는 많은 날 동안 나와 함께 지내고 음행하지 말며 다른 남자를 따르지 말라 나도 네게 그리하리라 하였노라 이스라엘 자손들이 많은 날 동안 왕도 없고 지도자도 없고 제사도 없고 주상도 없고 에봇도 없고 드라빔도 없이 지내다가 그 후에 이스라엘 자손이 돌아와서 그들의 하나님 여호와와 그들의 왕 다윗을 찾고 마지막 날에는 여호와를 경외하므로 여호와와 그의 은총으로 나아가리라"(3:3~5)

하나님은 이스라엘 백성들을 죽도록 사랑했는데 이스라엘 백성들은 거짓된 것을 섬기고, 우상을 섬기는 짓을 하면서 하나님을 배신하였다. 하나님의 심정과 이스라엘 전체의 운명을 말씀하신다.

"이스라엘 자손들아 여호와의 말씀을 들으라 여호와께서 이 땅 주민과 논쟁하시나니 이 땅에는 진실도 없고 인애도 없고 하나님을 아는 지식도 없고 오직 저주와 속임과 살인과 도둑질과 간음뿐이요 포악하여 피가 피를 뒤이음이라 그러므로 이 땅이 슬퍼하며 거기 사는 자와 들짐승과 공중에 나는 새가 다 쇠잔할 것이요 바다의 고기도 없어지리라"(4:1~3)

"내 백성이 지식이 없으므로 망하는도다 네가 지식을 버렸으니 나도 너를 버려 내 제사장이 되지 못하게 할 것이요 네가 네 하나님의 율법을 잊었으니 나도 네 자녀들을 잊어버리리라"(4:6)

4장 1~3절과 6절에서 하나님의 진한 감정을 볼 수 있다.

"제사장들아 이를 들으라 이스라엘 족속들아 깨달으라 왕족들아 귀를 기울이라 너희에게 심판이 있나니 너희가 미스바에 대하여 올무가 되며 다볼 위에 친 그물이 됨이라"(5:1)

미스바나 다볼이나 어디를 가도 높은 산 푸른 나무 아래에는 항상 우상숭배의 제단들이 온 천지에 가득하였다.

"오라 우리가 여호와께로 돌아가자 여호와께서 우리를 찢으셨으나 도로 낫게 하실 것이요 우리를 치셨으나 싸매어 주실 것임이라 여호와께서 이틀 후에 우리를 살리시며 셋째 날에 우리를 일으키시리니 우리가 그의 앞에서 살리라 그러므로 우리가 여호와를 알자 힘써 여호와를 알자 그의 나타나심은 새벽 빛 같이 어김없나니 비와 같이 땅을 적시는 늦은 비와 같이 우리에게 임하시리라 하니라 에브라임아 내가 네게 어떻게 하랴 유다야 내가 네게 어떻게 하랴 너희의 인애가 아침 구름이나 쉬 없어지는 이슬 같도다 그러므로 내가 선지자들로 그들을 치고 내 입의 말로 그들을 죽였노니 내 심판은 빛처럼 나오느니라 나는 인애를 원하고 제사를 원하지 아니하며 번제보다 하나님을 아는 것을 원하노라"(6:1~6)

하나님께서 제사보다는 인애를 원하시고 번제보다 하나님을 아는 것을 원하신다.

"이스라엘의 교만은 그 얼굴에 드러났나니 그들이 이 모든 일을 당하여도 그들의 하나님 여호와께로 돌아오지 아니하며 구하지 아니하도다"(7:10)

하나님을 아는 것을 원하셨지만 그러나 이스라엘 백성들은 끝내 하나님을 찾지 않았다.

"에브라임은 어리석은 비둘기 같이 지혜가 없어서 애굽을 향하여 부르짖으며 앗수르로 가는도다"(7:11)

끝없이 예언자의 말씀은 애굽을 찾지 말고, 앗수르를 찾지 말고, 위에 계신 하나님을 찾으라고 하지만 이스라엘 백성들은 하나님을 아는 지식이 없기 때문에 하나님을 찾지 못한다.

"화 있을진저 그들이 나를 떠나 그릇 갔음이니라 패망할진저 그들이 내게 범죄하였음이니라 내가 그들을 건져 주려 하나 그들이 나를 거슬러 거짓을 말하고 성심으로 나를 부르지 아니하였으며 오직 침상에서 슬피 부르짖으며 곡식과 새 포도주로 말미암아 모이며 나를 거역하는도다 내가 그들 팔을 연습시켜 힘 있게 하였으나 그들은 내게 대하여 악을 꾀하는도다"(7:13~15)

팔에 근육(은혜)을 좀 붙여 주었더니 하나님을 거역하는 것이다.

"그들은 돌아오나 높으신 자에게로 돌아오지 아니하니 속이는 활과 같으며 그들의 지도자들은 그 혀의 거친 말로 말미암아 칼에 엎드러지리니 이것이 애굽 땅에서 조롱거리가 되리라"(7:16)

비둘기의 특성은 귀소성인데 어리석은 비둘기는 방향 감각을 잃어버려 자기 집을 찾지 못한다. 비둘기가 정신이 나가 미치면 제 집을 찾지 못하듯이 이스라엘 백성들은 정신 나간 비둘기처럼 지혜가 없어서 하나님을 찾지 못했다.

"옛적에 내가 이스라엘을 만나기를 광야에서 포도를 만남같이 하였으며 너희 조상들을 보기를 무화과나무에서 처음 맺힌 첫 열매를 봄 같이 하였거늘 그들이 바알브올에 가서 부끄러운 우상에게 몸을 드림으로 저희가 사랑하는 우상같이 가증하여졌도다"(9:10)

하나님은 자기 백성이 없어 애굽에서 바로 왕에 의해서 50~70년이 지나면 멸족될 수 있는 신음하던 히브리인들을 선택하여 시내 산에서 언약을 맺고 광야 길을 가다가 포도를 만났던 것처럼 기뻐하시면서 자기 백성으로 삼으셨다. 그러나 품에 안기기도 전에 그들이 바알에게 몸을 바쳐 우상처럼 가증스러워졌다. 호세아가 음녀 고멜의 남편이 되어 겪어 보니 이스라엘 백성이 하나님의 사랑을 배신하여 하나님이 질투하시는 그 심정을 알게 되었다는 것이다.

"이스라엘이 어렸을 때에 내가 사랑하여 내 아들을 애굽에서 불러냈거늘 선지자들이 그들을 부를수록 그들은 점점 멀리하고 바알들에게 제사하며 아로새긴 우상 앞에서 분향하였느니라"(11:1~2)

하나님께서 우상숭배의 헛됨을 가르쳐서 하나님께 돌아오도록 이스라엘 백성을 선택했는데 그 이스라엘이 우상숭배에 빠져 안타까워하신다.

"그러나 내가 에브라임에게 걸음을 가르치고 내 팔로 안았음에도 내가 그들을 고치는 줄을 그들은 알지 못하였도다 내가 사람의 줄 곧 사랑의 줄로 그들을 이끌었고 그들에게 대하여 그 목에서 멍에를 벗기는 자 같이 되었으며 그들 앞에 먹을 것을 두었노라 그들은 애굽 땅으로 되돌아 가지 못하였거늘 내게 돌아오기를 싫어하니 앗수르 사람이 그 임금이 될 것이다 칼이 그들의 성읍들을 치며 빗장을 깨뜨려 없이하리니 이는 그들의 계책으로 말미암음이니라 내 백성이 끝끝내 내게서 물러가나니 비록 그들을 불러 위에 계신 이에게로 돌아오라 할지라도 일어나는 자가 하나도 없도다"(11:3~7)

애굽 땅으로 돌아갈 수도 없는데 위에 계신 하나님께로 돌아오지 않으니까 앗수르 살만에셀 왕을 보내(B.C. 721) 멸망에 이르게 하신다.

"에브라임이 말을 하면 사람들이 떨었도다 그가 이스라엘 중에서 자기를 높이더니 바알로 말미암아 범죄하므로 망하였거늘 이제도 그들은 더욱 범죄하여 그 은으로 자기를 위하여 우상을 부어 만들되 자기의 정교함을 따라 우상을 만들었으며 그것은 다 은장색이 만든 것이거늘 그들은 그것에 대하여 말하기를 제사를 드리는 자는 송아지와 입을 맞출 것이라 하도다 이러므로 그들은 아침 구름 같으며 쉬 사라지는 이슬 같으며 타작마당에서 광풍에 날리는 쭉정이 같으며 굴뚝에서 나가는 연기 같으리라 그러나 애굽 땅에 있을 때부터 나는 네 하나님 여호와라 나 밖에 네가 다른 신을 알지 말 것이라 나 외에는 구원자가 없느니라 내가 광야 마른 땅에서 너를 알았거늘 그들이 먹여 준 대로 배가 불렀고 배가 부르니 그들의 마음이 교만하여 이로 말미암아 나를 잊었느니라"(13:1~6)

"사마리아가 그들의 하나님을 배반하였으므로 형벌을 당하여 칼에 엎드러질 것이요 그 어린 아이는 부서뜨려지며 아이 밴 여인은 배가 갈라지리라"(13:16)

13장 1~6절과 16절에서 북왕국의 타락과 사마리아의 심판을 예고하신다.

호세아를 통해서 하나님이 말씀하시다

"오라 우리가 여호와께로 돌아가자 여호와께서 우리를 찢으셨으나 도로 낫게 하실 것이요 우리를 치셨으나 싸매어 주실 것임이라"(6:1)

"우리가 여호와를 알자 힘써 여호와를 알자"(6:3)

"나는 인애를 원하고 제사를 원하지 아니하며 번제보다 하나님을 아는 것을 원하노라"(6:6)

"나 외에는 구원자가 없느니라"(13:4)

요엘

〈요엘서〉는 요엘이란 선지자에 의해 기록되었다. 구약에는 요엘(여호와는 하나님이다; 1:1)이라는 이름이 여러 번 나오지만 그 이름은 〈요엘서〉와 아무 관계가 없다. 〈요엘서〉와 〈사도행전〉(2:16)을 제외하고는 요엘에 대한 언급이 없다. 그의 아버지 브두엘(1:1) 역시 알려져 있지 않다. 그는 유대 지역에서 살았던 것으로 보인다. 〈요엘서〉 자체도 연대를 측정할 수 있는 역사적 사건들을 전혀 언급하고 있지 않다. 나훔, 오바댜, 이사야 이전 또는 후대로 보는 견해가 있다.

예언자 중에 죄를 책망하지 않은 예언자가 두 사람이 있는데 요엘과 스가랴이다. 권면하고, 위로하고, 소망을 이야기하고 있다. 〈요엘서〉는 이미 경고의 말로 하다하다 되지 않아 4번 정도 징계를 받은 분위기이다. 하나님께서 요엘 선지자를 보내기 전에 여러 예언자를 보냈지만, 그들은 회개를 하지 않았다. 그래서 결국은 메뚜기가 먹어 버리고, 황충이 먹고, 느치가 먹고, 팥중이가 먹고, 온 산야에 푸른 것이 아무것도 없을 만큼, 모든 목초를 갉아먹어 버렸다.

〈요엘서〉의 메뚜기 떼는 전체적인 내용으로 볼 때 '여호와의 군대'를 묘사하는 것으로 보아야 할 것 같다. 두려움으로 정말 회개하기를 바랐는데 회개하지 않고 목이 곧고 뻣뻣하여 대항하고 있는 자세이다. 이런 상황에서 요엘 선지자는 하나님이 진노하셨을 때 너희가 맞서거나 반항하면 죽음뿐이라고 예언한다. 이것은 징계에 불과하지만 여호와의 크고 두려운 날이 가까이 왔은즉, 이제라도 온 나라에 거룩한 금식을 선포하고 회개를 하라고 촉구하는 것이다.

신랑도 신부도 골방에서 나오고 남녀노소 모든 이스라엘 백성들이 하나님 앞에 나와서 엎드려 회개하고 자복하면 하나님께서 또다시 긍휼한 마음으로 다시 이 땅에 비를 주시고 곡식을 풍족하게 하는 복을 주실 것이라고 말씀하신다. 또한 진정한 회개가 있을 경우 남종과 여종에게 하나님께서 성령을 주신다고 말씀하신다. 그리고 권면과 중징계를 받을 때 인간이 취해야 할 자세는 '진지한 회개'라고 말씀하신다.

"브두엘의 아들 요엘에게 임한 여호와의 말씀이라 늙은 자들아 너희는 이것을 들을지어다 땅의 모든 주민들아 너희는 귀를 기울일지어다 너희의 날에나 너희 조상들의 날에 이런 일이 있었느냐 너희는 이 일을 너희 자녀에게 말하고 너희 자녀는 자기 자녀에게 말하고 그 자녀는 후세에 말할 것이니라 팥중이가 남긴 것을 메뚜기가 먹고 메뚜기가 남긴 것을 느치가 먹고 느치가 남긴 것을 황충이 먹었도다"(1:1~4)

이스라엘 땅에 여태껏 이 같은 재앙은 없었다.

"다른 한 민족이 내 땅에 올라왔음이로다 그들은 강하고 수가 많으며 그 이빨은 사자의 이빨 같고 그 어금니는 암사자의 어금니 같도다 그들이 내 포도나무를 멸하며 내 무화과나무를 긁어 말갛게 벗겨서 버리니 그 모든 가지가 하얗게 되었도다"(1:6~7)

사자와 같은 모습으로 재앙을 당하는 모습이다.

"너희는 처녀가 어렸을 때에 약혼한 남자로 말미암아 굵은 베로 동이고 애곡함 같이 할지어다 소제와 전제가 여호와의 성전에서 끊어졌고 여호와께 수종드는 제사장은 슬퍼하도다 밭이 황무하고 토지가 마르니 곡식이 떨어지며 새 포도주가 말랐고 기름이 다하였도다 농부들아 너희는 부끄러워할지어다 포도원을 가꾸는 자들아 곡할지어다 이는 밀과 보리 때문이라 밭의 소산이 다 없어졌음이로다 포도나무가 시들었고 무화과나무가 말랐으며 석류나무와 대추나무와 사과나무와 밭의 모든 나무가 다 시들었으니 이러므로 사람의 즐거움이 말랐도다"(1:8~12)

재앙으로 말미암아 성전에 제사드릴 제물이 없을 정도의 모습이다.

"제사장들아 너희는 굵은 베로 동이고 슬피 울지어다 제단에 수종드는 자들아 너희는 울지어다 내 하나님께 수종드는 자들아 너희는 와서 굵은 베 옷을 입고 밤이 새도록 누울지어다 이는 소제와 전제를 너희 하나님의 성전에 드리지 못함이로다 너희는 금식일을 정하고 성회를 소집하여 장로들과 이 땅의 모든 주민들을 너희 하나님 여호와의 성전으로 모이고 여호와께 부르짖을지어다 슬프다 그 날이여 여호와의 날이 가까웠나니 곧 멸망 같이 전능자에게로부터 이르리라"(1:13~15)

제사장과 지도자들부터 하나님께 엎드려 간구하고 회개하라고 하신다. 이미 책망을 지나 징계로 재앙이 들어 성전에 제사를 지낼 곡식이 없다. 하나님께 금식하고 엎드려 회개하라고 권면하신다. 만약 회개하지 않으면 더 무서운 날이 온다는 것이다.

"가축이 울부짖고 소 떼가 소란하니 이는 꼴이 없음이라 양 떼도 피곤하도다 여호와여 내가 주께 부르짖으오니 불이 목장의 풀을 살랐고 불꽃이 들의 모든 나무를 살랐음이니이다 들짐승도 주를 향하여 헐떡거리오니 시내가 다 말랐고 들의 풀이 불에 탔음이니이다"(1:18~20)

불이 나서 마른 풀 하나 씹을 것이 없는 죽음의 땅이 되었다.

"시온에서 나팔을 불며 나의 거룩한 산에서 경고의 소리를 질러 이 땅 주민들로 다 떨게 할지니 이는 여호와의 날이 이르게 됨이니라 이제 임박하였으니"(2:1)

회개하지 않으면 재앙을 더 당할 수 있다고 하신다.

"곧 어둡고 캄캄한 날이요 짙은 구름이 덮인 날이라 새벽 빛이 산꼭대기에 덮인 것과 같으니 이는 많고 강한 백성이 이르렀음이라 이와 같은 것이 옛날에도 없었고 이후에도 대대에 없으리로다 불이 그들의 앞을 사르며 불꽃이 그들의 뒤를 태우니 그들의 예전의 땅은 에덴 동산 같았으나 그들의 나중의 땅은 황폐한 들 같으니 그것을 피한 자가 없도다 그의 모양은 말 같고 그 달리는 것은 기병 같으며 그들이 산 꼭대기에서 뛰는 소리는 병거 소리와도 같고 불꽃이 검불을 사르는 소리와도 같으며 강한 군사가 줄을 벌이고 싸우는 것 같으니"(2:2~5)

중동 지방에서나 볼 수 있는 수많은 곤충이 날아가는 소리로 보아야 한다.

"그 앞에서 백성들이 질리고 무리의 낯빛이 하얘졌도다 그들이 용사 같이 달리며 무사 같이 성을 기어 오르며 각기 자기의 길로 나아가되 그 줄을 이탈하지 아니하며 피차에 부딪치지 아니하고 각기 자기의 길로 나아가며 무기를 돌파하고 나아가며 상하지 아니하며 성중에 뛰어 들어가며 성 위에 달리며 집에 기어 오르며 도둑 같이 창으로 들어가니"(2:6~9)

메뚜기, 황충, 느치, 팥중이의 모습을 은유적으로 비유하여 전쟁의 모습으로 표현했다.

"그 앞에서 땅이 진동하며 하늘이 떨며 해와 달이 캄캄하며 별들이 빛을 거두도다 여호와께서 그의 군대 앞에서 소리를 지르시고 그의 진영은 심히 크고 그의 명령을 행하는 자는 강하니 여호와의 날이 크고 심히 두렵도다 당할 자가 누구이랴"(2:10~11)

"이러한 날을 당할 자가 누구냐!" 하며 회개하라고 권면하신다.

"여호와의 말씀에 너희는 이제라도 금식하고 울며 애통하고 마음을 다하여 내게로 돌아오라 하셨나니 너희는 옷을 찢지 말고 마음을 찢고 너희 하나님 여호와께로 돌아올지어다 그는 은혜로우시며 자비로우시며 노하기를 더디하시며 인애가 크시사 뜻을 돌이켜 재앙을 내리지 아니하시나니 주께서 혹시 마음과 뜻을 돌이키시고 그 뒤에 복을 내리사 너희 하나님 여호와께 소제와 전제를 드리게 하지 아니하실는지 누가 알겠느냐 너희는 시온에서 나팔을 불어 거룩한 금식일을 정하고 성회를 소집하라 백성을 모아 그 모임을 거룩하게 하고 장로들을 모으며 어린이와 젖 먹는 자를 모으며 신랑을 그 방에서 나오게 하며 신부도 그 신방에서 나오게 하고 여호와를 섬기는 제사장들은 낭실과 제단 사이에서 울며 이르기를 여호와여 주의 백성을 불쌍히 여기소서 주의 기업을 욕되게 하여 나라들로 그들을 관할하지 못하게 하옵소서 어찌하여 이방인으로 그들의 하나님이 어디 있느냐 말하게 하겠나이까 할지어다"(2:12~17)

하나님께 회개하고 용서를 빌라고 권면하신다.

"그 때에 여호와께서 자기의 땅을 극진히 사랑하시어 그의 백성을 불쌍히 여기실 것이라 여호와께서 그들에게 응답하여 이르시기를 내가 너희에게 곡식과 새 포도주와 기름을 주리니 너희가 이로 말미암아 흡족하리라 내가 다시는 너희가 나라들 가운데서 욕을 당하지 않게 할 것이며 내가 북쪽 군대를 너희에게서 멀리 떠나게 하여 메마르고 적막한 땅으로 쫓아내리니 그 앞의 부대는 동해로 그 뒤의 부대는 서해로 들어갈 것이라 상한 냄새가 일어나고 악취가 오르리니 이는 큰 일을 행하였음이니라 하시리라"(2:18~20)

메뚜기, 황충, 느치, 팥중이를 북쪽 군대에 비유하여 표현하였다.

"시온의 자녀들아 너희는 너희 하나님 여호와로 말미암아 기뻐하며 즐거워할지어다 그가 너희를 위하여 비를 내리시되 이른 비를 너희에게 적당하게 주시리니 이른 비와 늦은 비가 예전과 같을 것이라"(2:23)

하나님과 관계가 깨어지면 이른 비와 늦은 비가 오지 않는다. 믿음으로 하나님과의 관계가 회복되어야 한다.

"마당에는 밀이 가득하고 독에는 새 포도주와 기름이 넘치리로다 내가 전에 너희에게 보낸 큰 군대 곧 메뚜기와 느치와 황충과 팥중이가 먹은 햇수대로 너희에게 갚아 주리니 너희는 먹되 풍족히 먹고 너희에게 놀라운 일을 행하신 너희 하나님 여호와의 이름을 찬송할 것이라 내 백성이 영원히 수치를 당하지 아니하리로다 그런즉 내가 이스라엘 가운데에 있어 너희 하나님 여호와가 되고 다른 이가 없는 줄을 너희가 알 것이라 내 백성이 영원히 수치를 당하지 아니하리로다"(2:24~27)

하나님과 이스라엘 백성이 영적으로 바른 관계에 들어간다면 요엘 선지자가 있을 그 당시 이른 비와 늦은 비가 전과 같이 회복되었을 것이다. 그러나 이스라엘 백성들이 결국 회개하지 않아 바벨론 포로 시대가 시작되었다.

"보라 그 날 곧 내가 유다와 예루살렘 가운데에서 사로잡힌 자를 돌아오게 할 그 때에"(3:1)

본문을 보면 〈요엘서〉는 유다 사람들이 포로로 잡혀간 사건이 있은 후에야 쓸 수 있는 것으로 〈예레미야서〉와 비슷한 시기로 볼 수 있으나, 신학자들은 아직까지는 8세기경으로 보고 있어 〈요나서〉와 같은 시기로 본다.

"내가 만국을 모아 데리고 여호사밧 골짜기에 내려가서 내 백성 곧 내 기업인 이스라엘을 위하여 거기서 그들을 심문하리니 이는 그들이 이스라엘을 나라들 가운데에 흩어 버리고 나의 땅을 나누었음이며 또 제비 뽑아 내 백성을 끌어 가서 소년을 기생과 바꾸며 소녀를 술과 바꾸어 마셨음이니라 두로와 시돈과 블레셋 사방아 너희가 나와 무슨 상관이 있느냐 너희가 내게 보복하겠느냐 만일 내게 보복하면 너희가 보복하는 것을 내가 신속히 너희 머리에 돌리리니 곧 너희가 내 은과 금을 빼앗고 나의 진기한 보물을 너희 신전으로 가져갔으며"(3:2~5)

예루살렘에 있는 하나님 성전의 보물을 다 도둑질하여 갔으니 언젠가는 대가를 지불할 것이라고 하신다.

"너희는 모든 민족에게 이렇게 널리 선포할지어다 너희는 전쟁을 준비하고 용사를 격려하고 병사로 다 가까이 나아와서 올라오게 할지어다 너희는 보습(쟁기)을 쳐서 칼을 만들지어다 낫을 쳐서 창을 만들지어다 약한 자도 이르기를 나는 강하다 할지어다 사면의 민족들아 너희는 속히 와서 모일지어다 여호와여 주의 용사들로 그리로 내려오게 하옵소서 민족들은 일어나서 여호사밧 골짜기로 올라올지어다 내가 거기에 앉아서 사면의 민족들을 다 심판하리로다 너희는 낫을 쓰라 곡식이 익었도다 와서 밟을지어다 포도주 틀이 가득히 차고 포도주의 독이 넘치니 그들의 악이 큼이로다 사람이 많음이여, 심판의 골짜기에 사람이 많음이여, 심판의 골짜기에 여호와의 날이 가까움이로다 해와 달이 캄캄하며 별들이 그 빛을 거두도다"(3:9~15)

본문(9~15절)에서 〈요한계시록〉 14장 15~20절의 모습을 볼 수 있다. 요엘 선지자는 자기가 발 딛고 선 마지막 때부터 인류 역사의 종말 이후 최후의 심판까지 내다보았던 영적인 선지자였다. 오순절 성령 강림(2:28)할 것도 보았고, 마지막 때에 전부 피와 불과 연기 기둥으로 다 덮일 것과 그 이후에 심판의 골짜기에서 사람들이 최후의 심판을 받는 것을 보고 기록한 선지자이다.

미가

미가는 모레셋 사람이다(1:1). 모레셋은 남왕국 가드모레셋으로 추정하고 있다(1:14). 선지자 미가(주와 같은 신이 어디 있으리이까; 7:18)에 대해서는 〈미가서〉와 〈예레미야서〉 26장 18절에서만 기록되어 있다. 미가는 남왕국의 요담, 아하스, 히스기야 왕이 통치하던 시대(B.C. 750~B.C. 687)에 사역을 하였다(1:1; 렘 26:18). 그러므로 그는 이사야(사 1:1), 호세아(호 1:1)와 동시대인이었다. 미가는 이스라엘을 다스리는 참 목자는 예루살렘이나 사마리아에서 나오지 않고 시골 작은 마을인 '베들레헴 에브라다'에서 나온다고 기록(5:2)하고 있다. 그는 "나는 여호와의 영으로 말미암아 능력과 정의와 용기로 충만해져서 야곱의 허물과 이스라엘의 죄를 그들에게 보이리라"(3:8)고 말하고 있다. 미가는 북왕국의 수도인 사마리아의 멸망을 예언하였고(1:6), 남왕국의 예루살렘도 어쩔 수 없이 황폐하게 될 것을 예언하고 있다(1:9~16, 3:12). 이후 북왕국의 예언은 B.C. 722~B.C. 721에 성취되었다. 그리고 남왕국은 B.C. 701년에 앗수르에 대항하는 연합군에 가담하였으나 앗수르에 의해 함락되었고, 예루살렘만 간신히 모면한 적이 있었다. 미가 선지자가 사역할 때는 남왕국과 북왕국 모두가 도덕적인 부패와 우상숭배, 형식적인 종교 생활, 거짓 선지자, 제사장들과 지도자들의 타락으로 정치적, 사회적으로 부패하였던 시기였다.

〈미가서〉의 내용은 북왕국(사마리아)이 멸망하고 결국은 남왕국(예루살렘)도 멸망한다는 말씀이다. 왕국의 수도권에 있는 방백들, 선지자, 제사장, 왕, 고위 공직자와 같은 가진 자들 때문에 내부적으로 부패하여 나라가 멸망한다는 것이다. 미가는 남왕국 출신이면서 북왕국 사마리아의 멸망을 예언하는 선지자이다. 〈미가서〉는 3장에서 특별히 백성들의 지도자들을 책망하고 있다. 삯을 위해 교훈하는 제사장, 돈을 위해 점치는 선지자, 젖을 짜야 하는 양(백성)들의 피를 짜고, 털을 깎으라고 맡긴 양(백성)들의 가죽을 벗기고 뼈에서 살을 뜯어먹으면서 그 뼈를 꺾어 다지기를 냄비와 솥 가운데 담을 고기처럼 한다고 고발하고 있다.

백성을 유혹하는 선지자들은 입에 무언가를 물려주면 평강을 외치나, 입에 무엇을 물려주지 않으면 저주와 전쟁을 예비하라고 한다. 거짓 선지자들은 악한 짓을 하면서 하나님을 이용하여 하나님이 우리와 함께하시니까 우리에게 재앙이 없다고 속였다. 시온 성을 건축하면서 백성의 혈세를 착취하고, 사마리아는 속여서 취한 제물로 건축하고, 뇌물을 받고 재판하며 돈만 노리고 점을 치는 백성들의 지도자들 때문에 결국 멸망할 것이라고 예언한다. 권력가들은 침상에서 밤새도록 '날이 새면 누구를 속여서 이익을 볼까'를 궁리하는 실정이다. 하나님은 진노하셔서 앗수르와 바벨론을 사용하여 칠 것인데, 거짓 예언자들은 하나님이 우리와 함께하시니 우리에게 재앙이 없을 것이라고 계속 거짓 예언을 하고 있다. 북왕국도 앗수르를 사용하여 칠 것인데, 그들은 사치와 방탕과 부패와 타락으로 일관하고 있다. 참 선지자의 입을 막고 예언하지 못하도록 하며, 허망한 거짓말로 내가 포도주와 독주에 대하여 예언한다고 하면 백성들에게 존경받는 선지자가 되는 시대였다. 지도자들은 아부하는 선지자를 좋아하였고 선지자들은 "여호와의 전이기 때문에 재앙은 없다."라고 거짓 예언을 하였다.

선지자 미가의 예언

- 지도층의 부패를 지적하며 예언.
- 백성들의 두령들, 거짓 선지자, 재판장, 제사장들을 지적하며 예언.
- 참 목자가 베들레헴에서 나올 것을 예언(5:2).

> "유다의 왕들 요담과 아하스와 히스기야 시대에 모레셋 사람 미가에게 임한 여호와의 말씀 곧 사마리아와 예루살렘에 관한 묵시라"(1:1)

사마리아는 북왕국의 수도이고, 예루살렘은 남왕국의 수도였다. 수도에는 당시의 권력자, 가진 자, 지도층이 살고 있었다. 지도층의 썩어 빠진 부패상을 일반 국민들에게 고발하는 형식의 예언을 한다.

> "백성들아 너희는 다 들을지어다 땅과 거기에 있는 모든 것들아 자세히 들을지어다 주 여호와께서 너희에게 대하여 증언하시되 곧 주께서 성전에서 그리하실 것이니라"(1:2)

백성들이 지도자들이 악하고 교활한 것을 모르고 있다고 한다.

> "여호와께서 그의 처소에서 나오시고 강림하사 땅의 높은 곳을 밟으실 것이라 그 아래에서 산들이 녹고 골짜기들이 갈라지기를 불 앞의 밀초 같고 비탈로 쏟아지는 물 같을 것이니"(1:3~4)

하나님이 땅을 밟고 강림하시면 산들이 흘러서 녹아내리고, 골짜기들이 갈라지기를 불 앞에 밀초같이 주르륵 흘러내린다는 말씀이다.

"이는 다 야곱의 허물로 말미암음이요 이스라엘 족속의 죄로 말미암음이라 야곱의 허물이 무엇이냐 사마리아가 아니냐 유다의 산당이 무엇이냐 예루살렘이 아니냐"(1:5)

사마리아가 전부 허물이고 예루살렘이 전부 산당이라는 것이고 지도층이 부패하였다는 것이다.

"이러므로 내가 사마리아를 들의 무더기 같게 하고 포도 심을 동산 같게 하며 또 그 돌들을 골짜기에 쏟아내리고 그 기초를 드러내며 그 새긴 우상들은 다 부서지고 그 음행의 값은 다 불살라지며 내가 그 목상들을 다 깨뜨리리니 그가 기생의 값으로 모았은즉 그것이 기생의 값으로 돌아가리라"(1:6~7)

썩어 빠진 지도자들의 만연한 부패에 끝장을 내신다고 한다.

"이러므로 내가 애통하며 애곡하고 벌거벗은 몸으로 행하며 들개 같이 애곡하고 타조 같이 애통하리니 이는 그 상처는 고칠 수 없고 그것이 유다까지도 이르고 내 백성의 성문 곧 예루살렘에도 미쳤음이니라"(1:8~9)

예루살렘은 이미 되돌릴 수 없을 만큼 잘못되어 가고 있어 예루살렘을 끝장내신다 한다. 〈이사야서〉 6장 9절~13절에서도 이사야 선지자가 희망 없는 예루살렘에 대해 말한다.

"그들이 침상에서 죄를 꾀하며 악을 꾸미고 날이 밝으면 그 손에 힘이 있으므로 그것을 행하는 자는 화 있을진저"(2:1)

손에 있는 권력을 가지고 밤에는 악을 계획하고, 낮에는 악을 실천하는 사람들은 화가 있다는 말씀이다.

> "밭들을 탐하며 빼앗고 집들을 탐하여 차지하니 그들이 남자와 그의 집과 사람과 그의 산업을 강탈하도다"(2:2)

아합 왕이 나봇의 포도원을 빼앗듯이 권력을 이용하여 협박하고 강제로 재산을 탈취하는 것이다.

> "족속에게 재앙을 계획하나니 너희의 목이 이에서 벗어나지 못할 것이요 또한 교만하게 다니지 못할 것이라 이는 재앙의 때임이라 하셨느니라 그 때에 너희를 조롱하는 시를 지으며 슬픈 노래를 불러 이르기를 우리가 온전히 망하게 되었도다 그가 내 백성의 산업을 옮겨 내게서 떠나게 하시며 우리 밭을 나누어 패역자에게 주시는도다 하리니 그러므로 여호와의 회중에서 분깃에 줄을 댈 자가 너희 중에 하나도 없으리라 그들이 말하기를 너희는 예언하지 말라 이것은 예언할 것이 아니거늘 욕하는 말을 그치지 아니한다 하는도다"(2:3~6)

그들은 미가의 예언을 욕으로 받아들이고 있다.

> "너희 야곱의 족속아 어찌 이르기를 여호와의 영이 성급하시다 하겠느냐 그의 행위가 이러하시다 하겠느냐 나의 말이 정직하게 행하는 자에게 유익하지 아니하냐"(2:7)

행위가 정직한 자에게는 하나님 말씀이 다 유익이 되는데, 행위가 정직하지 못한 자에게는 유익하지 않고 욕으로 들린다는 말씀이다.

> "근래에 내 백성이 원수 같이 일어나서 전쟁을 피하여 평안히 지나가는 자들의 의복에서 겉옷을 벗기며 내 백성의 부녀들을 그들의 즐거운 집에서 쫓아내고 그들의 어린 자녀에게서 나의 영광을 영원히 빼앗는도다 이것은 너희가 쉴 곳이 아니니 일어나 떠날지어다 이는 그것이 이미 더러워졌음이니라 그런즉 반드시 멸하리니 그 멸망이 크리라 사람이 만일 허망하게 행하며 거짓말로 이르기를 내가 포도주와 독주에 대하여 네게 예언하리라 할 것 같으면 그 사람이 이 백성의 선지자가 되리로다"(2:8~11)

양심에 찔리는 이야기를 하면 욕하며 그만 하라고 협박하고, 허망한 말로 포도주와 독주에 대하여 이야기하면 백성의 선지자가 되는 타락한 모습과 부패상을 볼 수 있다.

> "내가 또 이르노니 야곱의 우두머리들과 이스라엘 족속의 통치자들아 들으라 정의를 아는 것이 너희의 본분이 아니냐 너희가 선을 미워하고 악을 기뻐하여 내 백성의 가죽을 벗기고 그 뼈에서 살을 뜯어 그들의 살을 먹으며 그 가죽을 벗기며 그 뼈를 꺾어 다지기를 냄비와 솥 가운데에 담을 고기처럼 하는도다 그 때에 그들이 여호와께 부르짖을지라도 응답하지 아니하시고 그들의 행위가 악했던 만큼 그들 앞에 얼굴을 가리시리라 내 백성을 유혹하는 선지자들은 이에 물 것이 있으면 평강을 외치나 그 입에 무엇을 채워 주지 아니하는 자에게는 전쟁을 준비하는도다 이런 선지자에 대하여 여호와께서 이르시되 그러므로 너희가 밤을 만나리니 이상을 보지 못할 것이요 어둠을 만나리니 점 치지 못하리라 하셨나니 이 선지

> 자 위에는 해가 져서 낮이 캄캄할 것이라 선견자가 부끄러워하며 술객이 수치를 당하여 다 입술을 가릴 것은 하나님이 응답하지 아니하심이거니와 오직 나는 여호와의 영으로 말미암아 능력과 정의와 용기로 충만해져서 야곱의 허물과 이스라엘의 죄를 그들에게 보이리라"(3:1~8)

미가 자신이 야곱의 허물과 이스라엘의 죄악을 백성들에게 계속 알리겠다고 말한다.

> "야곱 족속의 우두머리들과 이스라엘 족속의 통치자들 곧 정의를 미워하고 정직한 것을 굽게 하는 자들아 원하노니 이 말을 들을지어다 시온을 피로, 예루살렘을 죄악으로 건축하는도다 그들의 우두머리들은 뇌물을 위하여 재판하며 그들의 제사장은 삯을 위하여 교훈하며 그들의 선지자는 돈을 위하여 점을 치면서도 여호와를 의뢰하여 이르기를 여호와께서 우리 중에 계시지 아니하냐 재앙이 우리에게 임하지 아니하리라 하는도다"(3:9~11)

하나님의 진노와 재앙이 다가오고 있는데 거짓 선지자는 여호와께서 우리와 함께 하시니까 재앙은 임하지 않는다고 계속 거짓말을 하고 있다.

> "이러므로 너희로 말미암아 시온은 갈아엎은 밭이 되고 예루살렘은 무더기가 되고 성전의 산은 수풀의 높은 곳이 되리라"(3:12)

〈미가서〉의 결론의 말씀이다. 4장에서는 멸망하여 바벨론 포로가 되어서 구원을 얻는다는 하나님의 자비와 긍휼, 사랑하심을 알 수 있다.

"베들레헴 에브라다야 너는 유다 족속 중에 작을지라도 이스라엘을 다스릴 자가 네게서 내게로 나올 것이라 그의 근본은 상고에, 영원에 있느니라"(5:2)

진짜 목자는 부패하고 썩어빠진 예루살렘이나 사마리아에서 나오지 않는다는 것이다. 이 〈미가서〉의 한 구절 때문에 메시아가 '베들레헴'에서 나온다는 것을 알 수 있다.

"사람아 주께서 선한 것이 무엇임을 네게 보이셨나니 여호와께서 네게 구하시는 것은 오직 정의를 행하며 인자를 사랑하며 겸손하게 네 하나님과 함께 행하는 것이 아니냐 여호와께서 성읍을 향하여 외쳐 부르시나니 지혜는 주의 이름을 경외함이니라 너희는 매가 예비되었나니 그것을 정하신 이가 누구인지 들을지니라"(6:8~9)

8절 말씀을 〈미가서〉의 주제로 볼 수 있다.

"너희가 오므리의 율례와 아합 집의 모든 예법을 지키고 그들의 전통을 따르니 내가 너희를 황폐하게 하며 그의 주민을 사람의 조소거리로 만들리라 너희가 내 백성의 수욕을 담당하리라"(6:16)

여호와의 율례와 여호와께서 그들의 조상들과 더불어 세우신 언약과 경계하신 말씀을 버리고, 이방 사람을 따르게 되면 정의와 인자와 겸손과 하나님과의 동행을 못하게 된다는 말씀이다. 결국 앗수르와 바벨론에게 멸망당하는 슬픈 역사를 보게 된다.

이사야

이사야는 구약의 가장 위대한 선지자였다. 그는 북왕국에 대해서도 예언을 하였으나, 주로 남왕국에 관하여 예언하였다. 이사야의 사역 시기는 성전을 형식적으로 지켰으나 우상숭배와 탐욕, 도덕적 타락의 죄를 범하던 시기였다. 그는 아모스, 호세아, 미가와 동시대인이며 그의 사역은 B.C. 740년경, 즉 웃시야 왕이 죽던 해에 시작되었다(6:1). 이사야는 남왕국의 웃시야와 요담과 아하스와 히스기야 시대에 사역을 하였다. 이사야는 결혼한 사람이었고 스알야숩(7:3)과 마헬살랄하스바스(8:3)라는 두 아들을 두고 있었다. 그는 특히 히스기야 왕과의 많은 사건으로 큰 영향력을 행사했던 것으로 보인다. 또한 웃시야 왕의 행적을 기록한 것으로 알려지고 있다(대하 26:22). 유대인의 전승에 따르면 이사야는 므낫세 치하에서 죽임을 당했다고 한다(히 11:37). 이사야 선지자의 소명은 "이 백성의 마음을 둔하게 하며 그들의 귀가 막히고 그들의 눈이 감기게 하라 염려하건대 그들이 눈으로 보고 귀로 듣고 마음으로 깨닫고 다시 돌아와 고침을 받을까 하노라"(6:10). 즉 하나님의 은혜에 들어오지 못하게 은혜의 문을 닫고, 귀도 멀게 하고 눈도 어둡게 하고 마음도 둔하게 해서 진리를 깨닫지 못하게 만드는 것이다. 너무 충격적이라 이사야가 어느 때까지 그렇게 문을 닫으려고 하시는지 물었더니 하나님께서는 성읍이 황폐하여 주민이 없으며 가옥들에는 사람이 없고 이 토지는 황폐하게 되며 여호와께서 사람들을 멀리 옮기셔서 이 땅 가운데에 황폐한 곳이 많을 때까지(6:11~12)라고 하신다. 그래서인지 이사야는 어떤 사람들을 회개시키려고 노력하기보다 그 시대의 악을 조명하고 있다.

앗수르의 디글랏빌레셀 3세(B.C. 745~B.C. 727) 시대에 북왕국과 아람이 연합하여 이스라엘을 침략하였다(7:1~2). B.C. 733년경에 아람과 북왕국은 남왕국의 왕 아하스에게 앗수르에 대항할 연합군에 가담하도록 요구했지만, 아하스 왕은 그 연합군에 가담하지 않고 앗수르의 디글랏빌레셀 3세에게 도움을 청하였다. 결국 앗수르는 북왕국을 정복하였다(B.C. 721). 이후에 B.C. 701년에 앗수르의 산헤립 왕은 예루살렘을 위협하기 시작했다(36:1). 히스기야 왕은 간절히 기도했고 이사야는 하나님께서 앗수르 군대를 예루살렘으로부터 돌려보내고 칼로 죽게 할 것이라고 말하였다(37:6~7). 이사야는 남왕국이 죄 때문에 바벨론에 포로로 잡혀갈 것이라고 말하였다. 바벨론 왕의 사신들이 히스기야 왕을 방문하는 사건이 이 예언의 배경이다(39:1,6). 이사야는 남왕국이 멸망하고 바벨론 70년 포로 후 백성들이 예루살렘으로 귀환할 것을 예언한다(40:2~3). 또 메대와 페르시아를 연합하여 B.C. 539년에 바벨론을 정복할 사람, 고레스의 시대를 예언(45:1)하고 있다. 고레스는 여호와의 기름 부음을 받은 자라고 말한다. 고레스 칙령은 유대인들의 1차 귀환(B.C. 536)의 계기가 되었다. 그리고 이사야는 예수 그리스도를 '고난 받는 종'으로 예언한다(53:2~12).

하나님은 이스라엘 백성을 심판하시지만, 또한 그들을 구속하시는 분이다. 이스라엘 백성들은 눈이 멀고 귀가 가려졌고 공의와 의가 전혀 없는 백성이었다. 결국 심판을 받는 주의 날을 맞이하게 된다. 그리고 모든 열방은 그날의 심판의 권능을 보게 될 것이라는 예언이다. 이사야는 북왕국과 남왕국이 배교와 타락으로 더 이상 유지될 수 없다고 보았다. 당시 사람들은 다 눈이 감기고, 귀가 막히고, 마음이 둔해서 깨닫지 못하는 실정이었다. 완전히 황폐하여 북왕국도 멸망하고 남왕국도 멸망된다는 것이다. 그래서 그 뿌리 쪽에서 그루터기가 솟아나는 것처럼, 이 땅에 거룩한 씨인 그루터기가 이새의 줄기에서 나올 것, 다시 말해 예수 그리스도로 말미암아 이스라엘 역사가 시작될 것을 예언하고 있다.

40~66장의 내용은 사건 상 이사야 선지자 시대보다 250년 이후의 기록이라 이사야가 기록했다고 하기에는 무리가 있어 보인다. 바벨론 포로 상태와 바벨론에서 예루살렘으로 돌아온다는 것, 성소 유린 사건, 성전의 불타버림 등을 과거 시점으로 기록하고 있다. 이사야로서는 도저히 쓸 수 없는 사건들로 볼 수 있다. 적어도 이사야보다 약 250년 이상 후대 사람이라야 쓸 수 있는 내용이기 때문에 저자의 논쟁 여지를 두고 있다. 오늘날 일부 학자들은 이사야가 그의 이름으로 지칭되는 이 책을 전부 썼다는 주장에 대해 반대하나 그의 이름이 〈이사야서〉에 언급되고 있다(1:1, 2:1, 13:1). 12세기 학자 '아브라함 이반에스라'가 40장 이후의 구조 문제를 제기하였는데 40장 이후의 기록은 이사야보다 250년 이후의 사건들이 기록된 것이라고 주장하였다. 1892년 '버나드 둠'은 '제2 이사야서'라고 주장했다.

선지자 이사야의 예언

- 웃시야와 요담과 아하스와 히스기야 시대
- 이사야의 소명과 성토
- 열방들에 대한 예언
- 하나님은 반드시 심판하신다.
- 이스라엘은 회복되고 에돔은 완전히 멸망한다.
- 히스기야의 공적과 실수를 보여 준다.
- 바벨론 포로 후의 기록을 하고 있다.

1장은 하늘이여 들으라 땅이여 귀를 기울이라는 메시지를 전달하고 있다.

> "유다 왕 웃시야와 요담과 아하스와 히스기야 시대에 아모스의 아들 이사야가 유다와 예루살렘에 관하여 본 계시라"(1:1)

웃시야의 이름은 아사랴라고도 했다. 젊어서는 다윗의 길로 정직히 행했는데 교만해져 제사까지도 자기가 드리겠다고 고집하다가 나병이 들어 여생을 별궁에 갇혀서 불행하게 마친 왕이다.

> "하늘이여 들으라 땅이여 귀를 기울이라 여호와께서 말씀하시기를 내가 자식을 양육하였거늘 그들이 나를 거역하였도다"(1:2)

'거역'이라는 단어는 구약의 이스라엘 백성을 통해서 잘 알 수 있다.

"소는 그 임자를 알고 나귀는 그 주인의 구유를 알건마는 이스라엘은 알지 못하고 나의 백성은 깨닫지 못하는도다 하셨도다"(1:3)

이스라엘 백성들이 소나 당나귀보다도 못하다고 말하신다.

"슬프다 범죄한 나라요 허물 진 백성이요 행악의 종자요 행위가 부패한 자식이로다 그들이 여호와를 버리며 이스라엘의 거룩하신 이를 만홀히 여겨 멀리하고 물러갔도다"(1:4)

여호와 하나님을 백성들이 우습게 여기고 경멸하였다.

"너희가 어찌하여 매를 더 맞으려고 패역을 거듭하느냐 온 머리는 병들었고 온 마음은 피곤하였으며 발바닥에서 머리까지 성한 곳이 없이 상한 것과 터진 것과 새로 맞은 흔적뿐이거늘 그것을 짜며 싸매며 기름으로 부드럽게 함을 받지 못하였도다 너희의 땅은 황폐하였고 너희의 성읍들은 불에 탔고 너희의 토지는 너희 목전에서 이방인에게 삼켜졌으며 이방인에게 파괴됨 같이 황폐하였고 딸 시온은 포도원의 망대 같이, 참외밭의 원두막 같이, 에워 싸인 성읍 같이 겨우 남았도다"(1:5~8)

북왕국 멸망 후 앗수르의 침공으로 B.C. 713년경 예루살렘만 남은 적이 있었다.

"만군의 여호와께서 우리를 위하여 생존자를 조금 남겨 두지 아니

하셨더면 우리가 소돔 같고 고모라 같았으리로다"(1:9)

아브라함과 다윗에게 언약한 바 있어서 조금 남겨 두었다.

"너희 소돔의 관원들아 여호와의 말씀을 들을지어다 너희 고모라의 백성아 우리 하나님의 법에 귀를 기울일지어다"(1:10)

사람들의 잘못된 말에 놀아나지 말고 하나님의 법에 귀를 기울이라고 하신다.

"여호와께서 말씀하시되 너희의 무수한 제물이 내게 무엇이 유익하뇨 나는 숫양의 번제와 살진 짐승의 기름에 배불렀고 나는 수송아지나 어린 양이나 숫염소의 피를 기뻐하지 아니하노라"(1:11)

번제보다 하나님을 알기를 원하신다.

"너희가 내 앞에 보이러 오니 이것을 누가 너희에게 요구하였느냐 내 마당만 밟을 뿐이니라 헛된 제물을 다시 가져오지 말라 분향은 내가 가증히 여기는 바요 월삭과 안식일과 대회로 모이는 것도 그러하니 성회와 아울러 악을 행하는 것을 내가 견디지 못하겠노라"(1:12~13)

하나님은 형식적인 의식을 원하지 않으신다.

"내 마음이 너희의 월삭과 정한 절기를 싫어하나니 그것이 내게 무거운 짐이라 내가 지기에 곤비하였느니라 너희가 손을 펼 때에 내가 내 눈을 너희에게서 가리고 너희가 많이 기도할지라도 내가 듣지 아니하리니 이는 너희의 손에 피가 가득함이라 너희는 스스로 씻으며 스스로 깨끗하게 하여 내 목전에서 너희 악한 행실을 버리며 행악을 그치고 선행을 배우며 정의를 구하며 고아를 위하여 신원하며 과부를 위하여 변호하라 하셨느니라"(1:14~17)

하나님은 이 같은 삶이 경건이고 회개라고 말씀하신다.

"여호와께서 말씀하시되 오라 우리가 서로 변론하자 너희의 죄가 주홍 같을지라도 눈과 같이 희어질 것이요 진홍 같이 붉을지라도 양털 같이 희게 되리라"(1:18)

14~17절 말씀대로 살아야 죄가 주홍 같을지라도 눈과 같이 희게 되는 것이다.

"너희가 즐겨 순종하면 땅의 아름다운 소산을 먹을 것이요 너희가 거절하여 배반하면 칼에 삼켜지리라 여호와의 입의 말씀이니라"(1:19~20)

하나님께서 순종과 배반의 결과를 말씀하신다.

"신실하던 성읍이 어찌하여 창기가 되었는고 정의가 거기에 충만하였고 공의가 그 가운데에 거하였더니 이제는 살인자들뿐이로다 네 은은 찌꺼기가 되었고 네 포도주에는 물이 섞였도다 네 고관들은 패역하여 도둑과 짝하며 다 뇌물을 사랑하며 예물을 구하며 고아를 위하여 신원하지 아니하며 과부의 송사를 수리하지 아니하는

도다"(1:21~23)

이사야 시대의 예루살렘의 죄악을 그대로 알아볼 수 있다.

2장은 장차 도래할 주님의 날을 표현했다.

"대저 만군의 여호와의 날이 모든 교만한 자와 거만한 자와 자고한 자에게 임하리니 그들이 낮아지리라 또 레바논의 높고 높은 모든 백향목과 바산의 모든 상수리나무와 모든 높은 산과 모든 솟아 오른 작은 언덕과 모든 높은 망대와 모든 견고한 성벽과 다시스의 모든 배와 모든 아름다운 조각물에 임하리니 그 날에 자고한 자는 굴복되며 교만한 자는 낮아지고 여호와께서 홀로 높임을 받으실 것이요 우상들은 온전히 없어질 것이며 사람들이 암혈과 토굴로 들어가서 여호와께서 땅을 진동시키려고 일어나실 때에 그의 위엄과 그 광대하심의 영광을 피할 것이라 사람이 자기를 위하여 경배하려고 만들었던 은 우상과 금 우상을 그 날에 두더지와 박쥐에게 던지고 암혈과 험악한 바위 틈에 들어가서 여호와께서 땅을 진동시키려고 일어나실 때에 그의 위엄과 그 광대하심의 영광을 피하리라 너희는 인생을 의지하지 말라 그의 호흡은 코에 있나니 셈할 가치가 어디 있느냐"(2:12~22)

장차 주님의 날에 인생에 의지했던 자들은 호흡을 하지 못한다는 말씀이다.

3장~4장 1절 악인에게는 화가 있다.

"여호와께서 변론하러 일어나시며 백성들을 심판하려고 서시도다 여호와께서 자기 백성의 장로들과 고관들을 심문하러 오시리니 포도원을 삼킨 자는 너희이며 가난한 자에게서 탈취한 물건이 너희의 집에 있도다 어찌하여 너희가 내 백성을 짓밟으며 가난한 자의 얼굴에 맷돌질하느냐 주 만군의 여호와 내가 말하였느니라 하시도다"(3:13~15)

이사야는 그 당시 가진 자들을 책망한다.

"여호와께서 또 말씀하시되 시온의 딸들이 교만하여 늘인 목, 정을 통하는 눈으로 다니며 아기작거려 걸으며 발로는 쟁쟁한 소리를 낸다 하시도다 그러므로 주께서 시온의 딸들의 정수리에 딱지가 생기게 하시며 여호와께서 그들의 하체가 드러나게 하시리라 …… 손 거울과 세마포 옷과 머리 수건과 너울을 제하시리니 그 때에 썩은 냄새가 향기를 대신하고 노끈이 띠를 대신하고 대머리가 숱한 머리털을 대신하고 굵은 베 옷이 화려한 옷을 대신하고 수치스러운 흔적이 아름다움을 대신할 것이며 너희의 장정은 칼에, 너희의 용사는 전란에 망할 것이며 그 성문은 슬퍼하며 곡할 것이요 시온은 황폐하여 땅에 앉으리라"(3:16~26)

이사야는 그 당시 여자들의 죄악을 지적한다.

"그 날에 일곱 여자가 한 남자를 붙잡고 말하기를 우리가 우리 떡을 먹으며 우리 옷을 입으리니 다만 당신의 이름으로 우리를 부르게 하여 우리가 수치를 면하게 하라 하리라"(4:1)

일곱 여자가 한 남자의 바짓가랑이에 매달려서 제발 저를 데려다가 과부라는 소리만 안 듣게 해달라고 하는 비참한 모습을 말한다.

5장은 유명한 포도원의 노래이다. 이스라엘 백성들을 애굽에서 옮겨다가 예루살렘의 아름다운 산꼭대기에 심어서 좋은 포도를 바랐더니 들포도를 맺었다고 지적하고 있다.

"가옥에 가옥을 이으며 전토에 전토를 더하여 빈 틈이 없도록 하고 이 땅 가운데에서 홀로 거주하려 하는 자들은 화 있을진저 만군의 여호와께서 내 귀에 말씀하시되 정녕히 허다한 가옥이 황폐하리니 크고 아름다울지라도 거주할 자가 없을 것이며"(5:8~9)

언젠가는 다 무너져 버리고 황폐하여 사람이 없을 때가 온다는 것이다.

"아침에 일찍이 일어나 독주를 마시며 밤이 깊도록 포도주에 취하는 자들은 화 있을진저 그들이 연회에는 수금과 비파와 소고와 피리와 포도주를 갖추었어도 여호와께서 행하시는 일에 관심을 두지 아니하며 그의 손으로 하신 일을 보지 아니하는도다"(5:11~12)

지도자들과 백성들은 자기들의 세상 잔치에 정신이 없어 하나님이 행하시는 일에는 관심이 없다.

6장은 웃시야 왕이 죽던 해에 이사야가 소명 받는 장면이다.

"웃시야 왕이 죽던 해에 내가 본즉 주께서 높이 들린 보좌에 앉으셨는데 그의 옷자락은 성전에 가득하였고"(6:1)

웃시야 왕은 B.C. 792년부터 왕이 되어 52년간 다스렸으니 대략 B.C. 740년경으로 보인다.

"스랍들이 모시고 섰는데 각기 여섯 날개가 있어 그 둘로는 자기

의 얼굴을 가리었고 그 둘로는 자기의 발을 가리었고 그 둘로는 날며"(6:2)

여기서 천사 스랍은 '세라핌'으로 번역되어야 한다.

"여호와께서 이르시되 가서 이 백성에게 이르기를 너희가 듣기는 들어도 깨닫지 못할 것이요 보기는 보아도 알지 못하리라 하여 이 백성의 마음을 둔하게 하며 그들의 귀가 막히고 그들의 눈이 감기게 하라 염려하건대 그들이 눈으로 보고 귀로 듣고 마음으로 깨닫고 다시 돌아와 고침을 받을까 하노라 하시기로"(6:9~10)

이사야가 받은 사명이다.

"내가 이르되 주여 어느 때까지니이까 하였더니 주께서 대답하시되 성읍들은 황폐하여 주민이 없으며 가옥들에는 사람이 없고 이 토지는 황폐하게 되며 여호와께서 사람들을 멀리 옮기셔서 이 땅 가운데에 황폐한 곳이 많을 때까지니라 그 중에 십분의 일이 아직 남아 있을지라도 이것도 황폐하게 될 것이나 밤나무와 상수리나무가 베임을 당하여도 그 그루터기는 남아 있는 것 같이 거룩한 씨가 이 땅의 그루터기니라 하시더라"(6:11~13)

밤나무는 북왕국을 말하며 상수리나무는 남왕국을 말하는데, B.C. 721년에 북왕국이 베임을 당하고 B.C. 586년에 남왕국이 베임을 당한다.

7장은 불안해하는 아하스 왕이다.

"웃시야의 손자요 요담의 아들인 유다의 아하스 왕 때에 아람의 르신 왕과 르말리야의 아들 이스라엘의 베가 왕이 올라와서 예루살렘을 쳤으나 능히 이기지 못하니라 어떤 사람이 다윗의 집에 알려 이르되 아람이 에브라임과 동맹하였다 하였으므로 왕의 마음과 그의 백성의 마음이 숲이 바람에 흔들림 같이 흔들렸더라"(7:1~2)

아람과 북왕국이 연합하여 예루살렘을 공격하여 실패했지만, 이들이 더욱 결속을 돈돈히 해서 동맹을 했다는 소식을 듣고 나니 아하스 왕과 백성들이 바들바들 떨고 있는 모습이다.

"그 때에 여호와께서 이사야에게 이르시되 너와 네 아들 스알야숩은 윗못 수도 끝 세탁자의 밭 큰 길에 나가서 아하스를 만나 그에게 이르기를 너는 삼가며 조용하라 르신과 아람과 르말리야의 아들이 심히 노할지라도 이들은 연기 나는 부지깽이 그루터기에 불과하니 두려워하지 말며 낙심하지 말라"(7:3~4)

연합한 북왕국과 아람을 부지깽이로 비유하신다. 부지깽이는 부엌에서 불 땔 때에 쓰는 나무 작대기에 불과하니 두려워하지 말라고 하신다.

"아람과 에브라임과 르말리야의 아들이 악한 꾀로 너를 대적하여 이르기를 우리가 올라가 유다를 쳐서 그것을 쓰러뜨리고 우리를 위하여 그것을 무너뜨리고 다브엘의 아들을 그 중에 세워 왕으로 삼자 하였으나 주 여호와의 말씀이 그 일은 서지 못하며 이루어지지 못하리라 대저 아람의 머리는 다메섹이요 다메섹의 머리는 르신이며 육십오년 내에 에브라임이 패망하여 다시는 나라를 이루지 못할 것이며"(7:5~8)

북왕국과 아람이 65년 내에 멸망하니 두려워하지 말라는 것이다.

"여호와께서 또 아하스에게 말씀하여 이르시되 너는 네 하나님 여호와께 한 징조를 구하되 깊은 데에서든지 높은 데에서든지 구하라 하시니 아하스가 이르되 나는 구하지 아니하겠나이다 나는 여호와를 시험하지 아니하겠나이다 한지라"(7:10~12)

믿지도 못하고 시험도 하지 않겠다는 아하스 왕의 어리석은 모습을 볼 수 있다.

"이사야가 이르되 다윗의 집이여 원한건대 들을지어다 너희가 사람을 괴롭히고서 그것을 작을 일로 여겨 또 나의 하나님을 괴롭히려 하느냐 그러므로 주께서 친히 징조를 너희에게 주실 것이라 보라 처녀가 잉태하여 아들을 낳을 것이요 그의 이름은 임마누엘이라 하리라"(7:13~14)

히브리어에는 처녀가 '베툴라'인데 히브리 성경 본문에는 젊은 부인을 가리키는 '알마'로 표시되어 있다.

"그가 악을 버리며 선을 택할 줄 알 때가 되면 엉긴 젖과 꿀을 먹을 것이라 대저 이 아이가 악을 버리며 선을 택할 줄 알기 전에 네가 미워하는 두 왕의 땅이 황폐하게 되리라 여호와께서 에브라임이 유다를 떠날 때부터 당하여 보지 못한 날을 너와 네 백성과 네 아버지 집에 임하게 하시리니 곧 앗수르 왕이 오는 날이니라"(7:15~17)

히브리인들은 아이가 악을 버리고 선을 택하는 나이를 12세로 하여 성년식을 치른다. 정확히 알 수는 없지만 태어난 아이가 악과 선을 구별할 정도의 나이가 되었을 때, 앗수르 왕이 쳐들어온다는 것을 말한다. 이 부분은 아하스 왕이 두려워 떨고 있는 모습에 두려워하지 말라고 하는 것이다. 이 이야기는 한 징조로 아하스 왕이 잘 아는 어떤 여자가 지금 잉태하여 아이를 낳는데, 그 아이가 엉긴 젖과 꿀을 먹을 수 있을 때, 선과 악을 분별할 만한 정도가 되었을 때, 너희를 미워하는 두 왕이 버림을 받을 것이니 두려워하지 말라는 것이다. 결국에는 앗수르 왕이 두 나라를 멸망시킬 것이니 아하스 왕에게 걱정하지 말라는 것이다.

8~9장에서는 사마리아와 다메섹이 망할 것을 이야기한다. 10장 화있을진저 앗수르 사람이여라고 노래한다.

> "앗수르 사람은 화 있을진저 그는 내 진노의 막대기요 그 손의 몽둥이는 내 분노라 내가 그를 보내어 경건하지 아니한 나라를 치게 하며 내가 그에게 명령하여 나를 노하게 한 백성을 쳐서 탈취하며 노략하게 하며 또 그들을 길거리의 진흙 같이 짓밟게 하려 하거니와 그의 뜻은 이같지 아니하며 그의 마음의 생각도 이같지 아니하고 다만 그의 마음은 허다한 나라를 파괴하며 멸절하려 하는도다"(10:5~7)

본문의 '그'는 앗수르 왕을 말한다. 지금은 하나님께서 진노의 도구로 앗수르를 사용하지만 타락한 앗수르도 멸하리라고 하신다.

> "그러므로 주께서 주의 일을 시온 산과 예루살렘을 다 행하신 후에 앗수르 왕의 완악한 마음의 열매와 높은 눈의 자랑을 벌하시리라"(10:12)

하나님께서 앗수르 왕을 벌하겠다고 하신다. 11장 이새의 줄기에 싹이 난다

> "이새의 줄기에서 한 싹이 나며 그 뿌리에서 한 가지가 나서 결실할 것이요 그의 위에 여호와의 영 곧 지혜와 총명의 영이요 모략과 재능의 영이요 지식과 여호와를 경외하는 영이 강림하시리니"(11:1~2)

이것이 성령이다.

> "그가 여호와를 경외함으로 즐거움을 삼을 것이며 그의 눈에 보이는 대로 심판하지 아니하며 그의 귀에 들리는 대로 판단하지 아니하며 공의로 가난한 자를 심판하며 정직으로 세상의 겸손한 자를 판단할 것이며 그의 입의 막대기로 세상을 치며 그의 입술의 기운으로 악인을 죽일 것이며 공의로 그의 허리띠를 삼으며 성실로 그의 몸의 띠를 삼으리라"(11:3~5)

예수님의 오실 때, 종말 때에 일어날 일이다. 12장은 예수님만이 우리의 구원이시라는 감사와 찬양이다. 13장부터는 열방에 대한 예언이다. 13~14장은 바벨론, 15~16장은 모압, 17장은 다메섹, 18장은 구스, 19~20장은 애굽, 21장은 바벨론의 묵시와 두마, 22장은 예루살렘과 셉나, 23장은 두로와 시돈, 24~27장은 이사야의 종말론, 28장은 에브라임, 29장은 예루살렘, 30장은 애굽과 앗수르, 31장은 애굽, 32장은 장차 한 왕이 의로 통치할 것이다, 33장은 주께서 반드시 일어나셔서 심판하신다는 것이다.

> "오직 공의롭게 행하는 자, 정직히 말하는 자, 토색한 재물을 가증히 여기는 자, 손을 흔들어 뇌물을 받지 아니하는 자, 귀를 막아 피

> 흘리려는 꾀를 듣지 아니하는 자, 눈을 감아 악을 보지 아니하는 자"(33:15)

그리스도인들이 세상을 살아가는 지표일 것이다. 이러한 사람만이 심판 날에 바로 설 수 있을 것이다.

34장은 에돔은 반드시 멸망시키겠다는 말씀이다.

> "너희는 여호와의 책에서 찾아 읽어보라 이것들 가운데서 빠진 것이 하나도 없고 제 짝이 없는 것이 없으리니 이는 여호와의 입이 이를 명령하셨고 그의 영이 이것들을 모으셨음이라"(34:16)

이 구절은 하나님의 말씀에는 다 짝이 있다, 성경은 성경으로 풀어야 한다고 주장을 할 때에 가장 많이 인용되는 성경말씀이다. 본문의 '여호와의 책'이 '성경'이고, 하나님 말씀에는 빠진 것이 하나도 없고 제 짝이 없는 것이 없다며, 그 짝을 찾아서 해석해야 한다고 한다. 여호와의 입이 이를 명하셨고 그의 영이 이것들을 모으셨다. 성령이 짝을 찾아 해석할 수 있게 해 주신다. 그렇기 때문에 우리는 성경을 영적으로 해석할 수 있다고 주장한다.

그러나 본문의 '짝'은 히브리어로 '레흐탁스'라는 동물 암수의 짝을 말한다. '이것들'은 성경 구절이 아니라 '짐승들'이다. 승냥이, 타조, 숫염소, 밤짐승, 부엉이, 솔개 등 짐승들이 짝을 이룰 것에 대해 말하는 것이다.

34장은 하나님께서 에돔의 땅을 멸망시켜 짐승들이 짝을 이루어 살아가는 곳으로 만드시겠다는 말씀이다.

35장은 예루살렘은 언젠가 회복이 된다는 것이고, 36~39장은 히스기야 왕의 공적과 실수에 대한 것으로 〈열왕기하〉 18장 13절~20장 19절에 똑같이 기록되어 있다.

40장부터 66장까지는 바벨론 포로에서 돌아올 준비를 하는 과정이다.

40장은 바벨론 포로에서 70년을 마치고 위로받을 때가 되어 그들이 돌아올 길이 평탄하게 하라. 41장은 이제는 바벨론 시대가 끝나고 전혀 새로운 시대가 온다. 42장은 하나님의 종의 모습을 소개한다. 43장은 너희는 나의 증인이라 하신다. 44장은 나 외에는 다른 신이 없으며 우상숭배는 어리석은 짓이다.

45장은 하나님께서 페르시아 왕 고레스를 통해서 이루어 가실 일을 예언한다.

페르시아 종교는 이른바 '배화교'(또는 조로아스터교)라 하는 불을 숭배하는 종교로, 이원론적 신관을 가지고 있다. 하나는 어둠의 신(흑암의 신) '아리만'이라고 하고 또 하나는 빛의 신(광명의 신) '아우라마스타, 오르무즈드'이다.

이원론적 사고방식을 가지고 어떤 신을 추상화해서 섬기는 페르시아 종교에 대해 "나는 빛도 짓고 어둠도 창조하며 나는 평안도 짓고 환난도 창조하나니 나는 여호와라 이 모든 일들을 행하는 자니라 하였노라" 하는 45장 7절 말씀은 어둠의 신, 빛의 신이 따로 있는 것이 아니라고 페르시아 종교 자체를 부정하고 있다.

46장은 바벨론 신은 반드시 무너진다. 47장은 바벨론이 내려앉을 때가 되었다.

48장은 하나님께서 은비한 일을 보여 주겠다 하신다. 70년의 포로 생활이 다 끝났고, 유대인들이 다시 예루살렘으로 돌아와 다시 성전을 짓게 되고, 하나님의 아들이 육체가 되어서 인간 세상에 사람의 모습으로 나타나게 될 것이라 하신다. 49장은 여호와의 종의 사명. 50장은 주께서 자기의 백성을 절대로 버리시지 않는다.

51장은 하나님의 말씀을 주의해서 들어보라. 52장은 70년의 포로에서 잠들어 있던 모습에서 이제는 깨어나라.

53장은 하나님의 아들이 인간의 세상 죄를 짊어지고 고난을 받게 될 수난의 메시아의 모습이다.

"그는 주 앞에서 자라나기를 연한 순 같고 마른 땅에서 나온 뿌리 같아서 고운 모양도 없고 풍채도 없은즉 우리가 보기에 흠모할 만한 아름다운 것이 없도다"(53:2)

54장은 세상에 많은 사건들이 올 때 두려워 말라.

55장은 너희 목마른 자들아, 물로 나오라. 생명의 양식 하나님의 말씀을 우리 마음에 심어야 한다.

"너희가 어찌하여 양식이 아닌 것을 위하여 은을 달아 주며 배부르게 하지 못할 것을 위하여 수고하느냐 내게 듣고 들을지어다 그리하면 너희가 좋은 것을 먹을 것이며 너희 자신들이 기름진 것으로 즐거움을 얻으리라"(55:2)

56장은 공평을 위하여 의를 행하라. 57장은 의인은 죽어도 산다. 악인은 살아 있어도 죽은 것과 마찬가지이다.

58장은 금식에 대한 교훈이다. 6~7절의 말씀을 통하여 음식을 먹지 않는 것이 금식이 아니라, 삶을 바르게 살아가며 하나님의 뜻을 행하는 것, 이웃을 억울하게 하지 않는 것, 이웃을 사랑하는 것이 하나님이 기뻐하시는 참된 금식이다. 먹지 않고 금식할 때에 놀라운 금식기도의 역사가 나타나는 것이 아니라 하나님이 원하시는 대로 바르게 살아가고 억울한 자를 도와줄 때 "네 빛이 새벽 햇살처럼 비칠 것이며 네 상처가 빠르게 나을 것이다. 주의 영광이 네 뒤에서 호위하실 것이다. 그때에 네가 주님을 부르면 주께서 응답하실 것이다" 하는 말씀이다.

59장은 백성들이 죄를 바벨론에서 깨달았다. 60장은 이제는 시온이 다시 깨어서 세상 영광이 될 때가 되었다.

61장은 주 여호와의 영이 예수님에게 임하신다. 예수님께서 갈릴리 나사렛 회당에서 인용하신다. 62장은 바벨론에서 돌아올 때가 되었다. 백성의 길을 예비하라. 63장은 에돔을 심판하신다. 64장은 종의 기도. 65장은 바벨론에서 나오는 새로운 일을 하시고, 새로운 땅, 새로운 하늘을 창조하신다. 66장은 심령이 가난한 자가 메시아를 맞이한다.

나훔

〈나훔서〉는 남왕국의 선지자 나훔이 기록한 것으로 앗수르의 수도인 니느웨가 멸망한다는 예언서이다. 이 책은 니느웨에 대한 경고 즉, '나훔의 묵시'를 기록하고 있다(1:1). 그의 이름의 뜻은 히브리어로 '위로'이며 '여호와께서 위로하신다'이다. 〈나훔〉의 주제인 니느웨의 멸망은 수없이 이스라엘을 침공하고 약탈한 못된 남왕국에게는 '위로'가 됐을 것이다. 나훔에 대하여는 고향이 엘곳이라는 것 외에는 아무것도 알려져 있지 않다. 미가, 이사야, 오바댜와 동시대에 사역하였다. 저자는 본문에서 애굽의 테베(노아몬)의 멸망(B.C. 663)을 과거사로 언급하고 있다(3:8~10). 만일 나훔의 사역 시기를 이때를 기준으로 본다면 남왕국의 므낫세 왕의 시대로 추정해 볼 수 있다. 책 전체에서는 니느웨의 멸망(B.C. 612)을 예언하고 있다. '니느웨의 멸망을 임박한 사건으로 언급한 점'으로 보아 니느웨의 멸망 직전인 것으로 보인다. 그러므로 나훔이 B.C. 663~B.C. 612 사이에 말씀을 전한 것으로 보고 있다. 〈나훔서〉는 요나 선지자가 니느웨의 멸망을 예언(욘 3:4)하여 회개한 지 약 150여 년이 지난 후 다시 죄악이 가중된 니느웨의 멸망을 예언하고 있다. 그러나 결국 니느웨는 회개하지 않아 범람하는 물로 지상에서 영원히 땅속으로 묻어 버리셨다(1:8).

앗수르인들은 잔인하고 전쟁 시에 추악한 행위를 자행했으며 정복한 민족들을 다른 지역으로 강제 이주시켜 혼혈 정책으로 민족을 말살하려고 하였다. 이 시기는 앗수르가 이미 북왕국을 멸망시킨 후였고(B.C. 721), 주변 국가들은 앗수르를 두려워했다. 앗수르 왕 살만에셀이 사마리아를 함락(B.C. 721)시키고 8년쯤(B.C. 713) 지나 남왕국까지 정복하려고 42개성을 차지하고 예루살렘만 남게 되었다. 라기스에서 산헤립이 버티고 히스기야 왕을 상대로 은 10톤, 금 1톤을 요구하였다. 히스기야는 자기 왕궁의 내탕고를 다 털고 심지어는 성전 문짝에 입혔던 금을 다 벗겨서 앗수르 왕 산헤립에게 바쳤다. 그러나 금을 받고도 가지 않고 랍사게를 예루살렘에 보내어 시비를 걸면서, 우리의 대변을 먹고 소변을 마실 놈들이라고, 또 민족의 신들 중에 그의 땅을 앗수르 왕의 손에서 건진 자가 있느냐고 망발을 하면서 비웃었다(왕하 18:13~33, 19장; 사 36~39장). 히스기야는 이사야 선지자를 찾아가 "오늘은 환난과 징벌과 모욕의 날이라 아이를 낳을 때가 되었으나 해산할 힘이 없도다"(왕하 19:3)라고 말한다. 이사야는 "내가 한 영을 그의 속에 두어 그로 소문을 듣고 그의 본국으로 돌아가게 하고 또 그의 본국에서 그에게 칼에 죽게 하리라 하셨느니라 하더라"(왕하 19:7)라고 말하고, 그 후에 다시 괴롭힐 때 "여호와께서 앗수르 왕을 가리켜 이르시기를 그가 이 성에 이르지 못하며 이리로 화살을 쏘지 못하며 방패를 성을 향하여 세우지 못하며 치려고 토성을 쌓지도 못하고 오던 길로 돌아가고 이 성에 이르지 못하리라 하셨으니 이는 여호와의 말씀이시라"(왕하 19:32)라고 한다. "이 밤에 여호와의 사자가 나와서 앗수르 진영에서 군사 십팔만 오천 명을 친지라 아침에 일어나 보니 다 송장이 되었더라"(왕하 19:35). 앗수르 왕 산헤립은 겁에 질려 니느웨로 돌아가서 니스록 신전에서 경배할 때에 예언대로 칼에 맞아 죽는다. 이후 앗수르는 쇠퇴의 길로 접어들게 되었다. 앗수르의 잔인함과 오만함은 앗수르 제국의 마지막 대왕인 앗수르바니팔(B.C. 669~B.C. 627) 시대에 최고조에 달했다. 그의 사후에 앗수르의 영향력과 권세는 급속히 약화되어 바벨론의 느부갓네살 왕에게 니느웨가 함락(B.C. 612)당하고 만다(1:14, 2:1).

선지자 나훔의 묵시

- 나훔은 니느웨에 대한 혹독한 묵시를 보았다.
- 나훔은 니느웨의 멸망을 예언했다.
  여호와는 투기하시는 하나님이다.
  여호와는 보복하시는 하나님이다.
  여호와는 노하기를 더디 하신다.
  여호와는 끝날에는 반드시 심판하신다.
- 150년 전 하나님의 멸망의 40일 카운트다운에 걸렸을 때 회개하여 하나님의 자비로 구원을 받았지만 이후 앗수르는 교만과 음란, 우상숭배로 부패하여 니느웨는 완전히 멸망한다.
- 나훔의 예언은 B.C. 612년에 성취되었다.
- 니느웨의 유적은 오랫동안 찾을 수 없었다.

1820년 영국의 클라우드 제임스 리치가 모술을 답사하였으나 찾지 못하고 1845년 고고학자 레이야드 팀이 길이 약 50km, 넓이 약 16km의 규모의 니느웨 유적을 2457년 만에 확인했다.

> "여호와는 질투하시며 보복하시는 하나님이시니라 여호와는 보복하시며 진노하시되 자기를 거스르는 자에게 여호와는 보복하시며 자기를 대적하는 자에게 진노를 품으시며"(1:2)

그동안 우리가 아는 하나님은 은혜로우시고 자비로우시고 노하기를 더디하시고, 긍휼이 크시고 사랑이 많으시고 좋으신 하나님이셨는데 '여호와는 질투하시며 보복하시는 하나님'이라고 하신다.

> "여호와는 노하기를 더디하시며 권능이 크시며 벌 받을 자를 결코 내버려두지 아니하시느니라 여호와의 길은 회오리바람과 광풍에 있고 구름은 그의 발의 티끌이로다 그는 바다를 꾸짖어 그것을 말리시며 모든 강을 말리시나니 바산과 갈멜이 쇠하며 레바논의 꽃이 시드는도다 그로 말미암아 산들이 진동하며 작은 산들이 녹고 그 앞에서는 땅 곧 세계와 그 가운데에 있는 모든 것들이 솟아오르는도다 누가 능히 그의 분노 앞에 서며 누가 능히 그의 진노를 감당하랴 그의 진노가 불처럼 쏟아지니 그로 말미암아 바위들이 깨지는도다 여호와는 선하시며 환난 날에 산성이시라 그는 자기에게 피하는 자들을 아시느니라 그가 범람하는 물로 그 곳을 진멸하시고 자기 대적들을 흑암으로 쫓아내시리라"(1:3~8)

바벨론의 느부갓네살이 B.C. 612년에 니느웨 성을 멸하고 그 후에 물이 범람해서 도시를 모래로 파묻고 평토장을 만들어버려 찾을 수가 없는 도시였다. 알렉산더가 역사학자들을 데리고 가 찾으려 했지만 찾지 못했고, 나폴레옹의 군대가 지나가면서도 찾지 못하고 수많은 사람들이 찾지 못했다. 결국 1845년에 영국의 고고학자 레이하드가 2457년 만에 찾게 되었다.

오바댜

오바댜 선지자에 대하여 성경의 기록을 볼 수 없다. '오바댜는 여호와를 경배하는 자'라는 뜻이고 시기는 정확히 알 수 없으나 남왕국 땅에 살았으며 아마도 여호람과 아하시야, 아달랴와 요아스 시대에 사역을 한 것으로 추정한다. 〈오바댜서〉는 에돔의 멸망과 하나님이 에돔을 심판하시는 이유와 그 날이 다가오고 있음을 예언하고 있다. 여호와께서 "내가 너를 나라들 가운데에 매우 작게 하였으므로 네가 크게 멸시를 받느니라(1:2)"라고 말씀하신다. 그래서 나중에는 본래 없던 것같이 되리라고 하신다(1:16). 3절에서는 "너의 마음의 교만이 너를 속였도다", 4절에서는 "네가 독수리처럼 높이 오르며 별 사이에 깃들일지라도 내가 거기에서 너를 끌어내리리라"고 하신다. 에돔은 이스라엘을 괴롭히기 위하여 다른 주변 나라와 계획을 세우는 과정에서 사신들이 오고 가면서 그들의 요새인 페트라의 비밀 통로를 알게 되어 함락당하는 신세가 된다. 전승에 의하면 바벨론이 이스라엘(남왕국)을 공격할 때 에돔 족속과 연합하여 협동작전을 펼쳤다고 한다. 야곱이 어려움을 당할 때 서로 도와서 물리쳐야 할 상황에 이방 나라와 결탁해서 못된 짓을 한 것이다. 〈오바댜〉의 주제는 '하나님은 반드시 도덕적으로 심판'하시는 분인데, '너희가 행한 대로 받을 것'이며, 이로 인하여 에서의 산에서 거민이 모두 살육당하고 모두 멸절되고 네가 네 형제 야곱에 행한 포악으로 수욕을 입고 영원히 멸절될 것인데, '마시고 삼켜서 본래 없었던 것 같이 되리라'(1:15~16)라고 할 수 있다. 하나님은 도덕적으로 잘못된 것은 반드시 심판하신다. 예수님께서 최후 심판 때, 내가 갔을 때 너희가 돌아보지 않았고, 병들었을 때 찾아오지 않았으며 내가 헐벗었을 때 입히지 않았다고 하시면 우리는 언제 그랬느냐고 하지만, 예수님은 네 이웃의 지극히 작은 자에게 하지 않은 것이 나에게 하지 않은 것이라고 말씀하신다. '도덕적', '윤리적'으로 잘못된 믿음은 거짓 믿음이다. 에서의 후손들은 사해 남쪽 세일 산에 '페트라 둥지'를 틀고 강도 생활을 한다. 그곳은 생산되는 것이 없어 약탈 외에는 살아갈 방법이 없는 곳이다. 그런 삶을 살아가는 에돔을 향하여 '하나님의 혹독한 묵시'가 오바댜(여호와를 경배하는 자)를 통해서 선포된다.

⊙ 성경에서 에돔 멸망을 예언한 말씀은 〈이사야〉 34장, 〈예레미야〉 49장 7~22절, 〈에스겔〉 35장, 〈아모스〉 1장 11절이다.

선지자 오바댜의 예언

- 에돔의 멸망을 예언하였다.
- 여호와의 만국을 벌할 날을 말했다.
- 하나님은 도덕적인 문제로 심판하신다.
- 여호와는 심는 대로 거두신다.
- 여호와는 에돔 땅을 영원히 심판하신다.
- 여호와는 이스라엘을 회복하게 하신다.
- 여호와는 의인에게 보상하시고 악인에게 보응하신다.

"너의 마음의 교만이 너를 속였도다 바위 틈에 거주하며 높은 곳에 사는 자여 네가 마음에 이르기를 누가 능히 나를 땅에 끌어내리겠느냐 하니 네가 독수리처럼 높이 오르며 별 사이에 깃들일지라도 내가 거기에서 너를 끌어내리리라 여호와의 말씀이니라 혹시 도둑이 네게 이르렀으며 강도가 밤중에 네게 이르렀을지라도 만족할 만큼 훔치면 그치지 아니하였겠느냐 혹시 포도를 따는 자가 네게 이르렀을지라도 그것을 얼마쯤 남기지 아니하였겠느냐 네가 어찌 그리 망하였는고 에서가 어찌 그리 수탈되었으며 그 감춘 보물이 어찌 그리 빼앗겼는고 너와 약조한 모든 자들이 다 너를 쫓아 변경에 이르게 하며 너와 화목하던 자들이 너를 속여 이기며 네 먹을 것을 먹는 자들이 네 아래에 함정을 파니 네 마음이 지각이 없음이로다 여호와의 말씀이니라 그 날에 내가 에돔에서 지혜 있는 자를 멸하

> 며 에서의 산에서 지각 있는 자를 멸하지 아니하겠느냐 드만아 네 용사들이 놀랄 것이라 이로 말미암아 에서의 산에 있는 사람은 다 죽임을 당하여 멸절되리라"(1:3~9)

에서의 후손인 에돔을 끝장내버리시겠다고 하신다.

> "네가 네 형제 야곱에게 행한 포학으로 말미암아 부끄러움을 당하고 영원히 멸절되리라 네가 멀리 섰던 날 곧 이방인이 그의 재물을 빼앗아 가며 외국인이 그의 성문에 들어가서 예루살렘을 얻기 위하여 제비 뽑던 날에 너도 그들 중 한 사람 같았느니라 네가 형제의 날 곧 그 재앙의 날에 방관할 것이 아니며 유다 자손이 패망하는 날에 기뻐할 것이 아니며 그 고난의 날에 네가 입을 크게 벌릴 것이 아니며 내 백성이 환난을 당하는 날에 네가 그 성문에 들어가지 않을 것이며 환난을 당하는 날에 네가 그 고난을 방관하지 않을 것이며 환난을 당하는 날에 네가 그 재물에 손을 대지 않을 것이며 네거리에 서서 그 도망하는 자를 막지 않을 것이며 고난의 날에 그 남은 자를 원수에게 넘기지 않을 것이니라"(1:10~14)

에돔 족속은 전부 해서는 안 될 일, 악한 일을 너무 많이 했다는 것이다. 이러한 악한 일을 수백 년간 해도 우리에게 그 때 그 때 벌 줄 사람이 없어 인생들이 죄를 범하기에 담대해지고 있다는 것이다. 그래서 성경에서 "악한 일에 관한 징벌이 속히 실행되지 아니하므로 인생들이 악을 행하는 데에 마음이 담대하도다"(전 8:11)하는 말씀을 볼 수 있다.

> "여호와께서 만국을 벌할 날이 가까웠나니 네가 행한 대로 너도 받을 것인즉 네가 행한 것이 네 머리로 돌아갈 것이라 너희가 성산에

서 마신 것 같이 만국인이 항상 마시리니 곧 마시고 삼켜서 본래 없던 것 같이 되리라"(1:15~16)

만국의 벌할 날에 마시고 삼킨 것 같이 멸하리라고 하신다.

"오직 시온 산에서 피할 자가 있으리니 그 산이 거룩할 것이요 야곱 족속은 자기 기업을 누릴 것이며 야곱 족속은 불이 될 것이요 요셉의 족속은 불꽃이 될 것이요 에서의 족속은 지푸라기가 될 것이라 그들이 그들 위에 붙어서 그들을 불사를 것인즉 에서 족속에 남은 자가 없으리니 여호와께서 말씀하셨음이라"(1:17~18)

에서의 족속은 지푸라기를 불사르듯이 멸하신다고 한다.

하박국

'하박국'이라는 이름은 '포용하는 자'라는 뜻이다. 하박국 선지자가 사역할 때 남왕국은 영적으로 배교의 상황이었다. 하박국이 바벨론의 침입을 예언하는 점으로 볼 때(1:6) 하박국은 요시야 왕 말기(B.C. 640~B.C. 609)나 여호아하스 왕(3개월 통치), 여호야김 왕 (B.C. 609~B.C. 598) 시대에 활동하고 예레미야와 동시대에 활동한 것으로 보인다. 이들은 바벨론에 충성하였다. 요시야 왕 말기의 갈그미스 전쟁은 애굽 군대가 앗수르의 마지막 왕을 돕기 위하여 나보폴라살과 그의 아들 느부갓네살이 이끄는 바벨론 군대와 싸운 전쟁인데 애굽 군대는 바벨론에 쫓겨서 애굽의 후방까지 후퇴하였다(렘 46장). 하박국 선지자는 남왕국 예루살렘이 바벨론에 의해 침략받았던 때(B.C.597)에 살았던 것으로 보인다.

하박국 선지자는 이 세상 역사를 하나님께서 주관하신다면 하나님께서 역사를 잘못 이끌어가시는 것이 아니냐고 하나님께 호소한다. 바벨론 나라가 의로운 남왕국까지 삼키는 것은 부당하다는 것이다. 북왕국이나 남왕국이 하나님께 죄를 범한 것은 인정하지만, "바벨론은 남왕국보다 훨씬 많은 죄를 범하지 않았습니까? 악한 사람들이 선한 나라를 짓밟는다면 누가 참으로 선행을 하겠습니까? 이 땅에서 '공의'가 실현되지 못하는 것 아닙니까? 어떻게 공의가 세워지겠습니까?"라고 하소연한다. 이와 같은 의문은 하박국 혼자만의 생각이 아니었다. 예레미야가 "악한 자의 형통은 무슨 연고입니까? 우리 죄인들이 고통받는 것은 당연하다고 할지라도 악한 자의 형통은 무슨 이유인지요?"라고 묻는 장면(렘 12:1)이나 〈시편〉 73편 기자도 비슷한 질문을 하는 것을 볼 수 있다. 우리 선민은 밤낮 질책을 당하고 조금만 잘못하여도 고난을 당하는데 악인들은 형통한 연고가 무엇이냐는 질문에 하나님께서는 "바벨론을 일으킨 것은 내가 했다"라고 답하신다. 하박국은 또다시 하나님을 향하여 원망이 가득한 마음으로 자기의 성루에 올라가 묻는다. 하나님께서는 비록 더딜지라도 하나님이 정한 때에 하시니 더딘 것같이 느껴져도 기다리면 반드시 응하게 된다고 말씀하신다. "바벨론은 반드시 망한다. 그러나 남왕국을 징벌하고 나서 너희보다 큰 심판으로 멸망시킬 것이다". 하박국은 씩씩거리면서 하나님께 물었는데 하나님은 "네 눈에 바벨론이 오래갈 것 같지만 오래가지 않아서 반드시 망한다. 그러나 너희들은 망하지 않는다"라고 말씀하신다. 하나님께서는 죽을 사람은 죽을 것이라고 말씀하신다. 2장 4절 말씀에 "보라 그의 마음은 교만하며 그 속에서 정직하지 못하나 의인은 그의 믿음으로 말미암아 살리라" 하신다. 이 시대가 예레미야가 활동하던 시대이다. 예레미야는 "바벨론이 올 때 저항하지 말고 잡혀 가라 그것이 살길"이라고 40년을 눈물로 예언했다. 이 예언을 믿는 사람이 '의인'이라는 것이다. 의인이라야 믿는 것이다. 의인은 바벨론에 가서 죽지 않는다는 말씀이다.

하박국은 의인의 죽음을 염려하는데 하나님께서는 "의인은 죽지 않고 나의 의인은 믿음으로 말미암아 살리라"고 하신다. 예레미야의 말을 듣고 믿은 사람들, 바벨론 포로가 되어 갔던 사람들과 후세대들은 오히려 대우받으면서 살았다. 다니엘과 세 친구, 에스겔, 느헤미야 등을 보라. 심지어 에스더는 왕후가 되었다. 그들은 바벨론에 가서 하나님의 뜻을 깨닫고 돌아오는 역사를 기록한다. 하박국은 결국 하나님이 바벨론을 데려다가 심판을 하신다는 말씀을 듣고, 더 이상 말을 할 수 없어 바벨론이 치러 오는 날을 기다릴 수밖에 없는 두려움과 떨림으로 외양간에 송아지가 없어도 무화과나무 열매가 없어도 나는 여호와로 인하여 기뻐하고 즐거워하리라는 감사와 찬양을 하는 것을 볼 수 있다.

"내가 들었으므로 내 창자가 흔들렸고 그 목소리로 말미암아 내 입술이 떨렸도다 무리가 우리를 치러 올라오는 환난 날을 내가 기다리므로 썩이는 것이 내 뼈에 들어왔으며 내 몸은 내 처소에서 떨리는도다"(3:16)

본문 2장 14절의 "이는 물이 바다를 덮음 같이 여호와의 영광을 인정하는 것이 세상에 가득함이니라" 하는 사건은 역사적으로 메데 페르시아 고레스 왕에 의하여 바벨론이 멸망(B.C. 539)하고 1차 포로(B.C. 606)가 되기 시작하여 70년 만(B.C. 536)에 돌아오는 영광이 이루어진 말씀이다.

선지자 하박국의 묵시

- 하박국은 현실을 볼 때 당혹해하며 하나님께 따지듯이 질문했다.
- 하박국은 악인들이 의인들을 삼키고 있는데도 잠잠하시는 하나님께 이의를 제기했다.
- 세상에 하나님의 공의가 왜곡되고 있으며 이러므로 율법이 해이해진다고 했다.
- 하나님의 응답은 의인을 삼키는 바벨론의 멸망도 머지않았다고 하셨다.
- 하박국은 하나님의 답변을 듣고 떨면서 하나님을 찬양하였다.

"여호와여 내가 부르짖어도 주께서 듣지 아니하시니 어느 때까지리이까 내가 강포로 말미암아 외쳐도 주께서 구원하지 아니하시나이다 어찌하여 내게 죄악을 보게 하시며 패역을 눈으로 보게 하시나이까 겁탈과 강포가 내 앞에 있고 변론과 분쟁이 일어났나이다 이러므로 율법이 해이하고 정의가 전혀 시행되지 못하오니 이는 악인이 의인을 에워쌌으므로 정의가 굽게 행하여짐이니이다"(1:2~4)

하나님의 공의가 굽어진 것에 대하여 불평을 하고 있다.

"여호와께서 이르시되 너희는 여러 나라를 보고 또 보고 놀라고 또 놀랄지어다 너희는 생전에 내가 한 가지 일을 행할 것이라 누가 너희에게 말할지라도 너희가 믿지 아니하리라 보라 내가 사납고 성급한 백성 곧 땅이 넓은 곳으로 다니며 자기의 소유가 아닌 거처들을 점령하는 갈대아 사람을 일으켰나니"(1:5~6)

하나님께서 갈대아 사람 바벨론을 일으켰다고 하신다.

"선지자가 이르되 여호와 나의 하나님 나의 거룩한 이시여 주께서는 만세 전부터 계시지 아니하시니이까 우리가 사망에 이르지 아니하리이다 여호와여 주께서 심판하기 위하여 그들을 두셨나이다 반석이시여 주께서 경계하기 위하여 그들을 세우셨나이다"(1:12)

하나님께서는 누가 선한지 악한지를 아시니 하나님께서 심판하기 위하여 그(바벨론)를 두셨다면 이해할 수 있고, 하나님께서 경계하기 위하여 부패한 나라를 치시려고 그를 세우셨다면 인정한다고 말하고 있다.

"주께서는 눈이 정결하시므로 악을 차마 보지 못하시며 패역을 차마 보지 못하시거늘 어찌하여 거짓된 자들을 방관하시며 악인이 자기보다 의로운 사람을 삼키는데도 잠잠하시나이까"(1:13)

하박국은 하나님께서 악인들을 방관하시는 것은 잘못이라고 주장한다.

"주께서 어찌하여 사람을 바다의 고기 같게 하시며 다스리는 자 없는 벌레 같게 하시나이까 그가 낚시로 모두 낚으며 그물로 잡으며 투망으로 모으고 그리고는 기뻐하고 즐거워하여 그물에 제사하며 투망 앞에 분향하오니 이는 그것을 힘입어 소득이 풍부하고 먹을 것이 풍성하게 됨이니이다 그가 그물을 떨고는 계속하여 여러 나라를 무자비하게 멸망시키는 것이 옳으니이까"(1:14~17)

하박국은 하나님께 바벨론이 계속하여 여러 나라를 살육하고 다니는데, 그래도 옳은 것이냐고 질문한다.

> "내가 내 파수하는 곳에 서며 성루에 서리라 그가 내게 무엇이라 말씀하실는지 기다리고 바라보며 나의 질문에 대하여 어떻게 대답하실는지 보리라 하였더니"(2:1)

하박국은 씩씩거리면서 성루에 올라가서 응답을 들어본다고 한다.

> "여호와께서 내게 대답하여 이르시되 너는 이 묵시를 기록하여 판에 명백히 새기되 달려가면서도 읽을 수 있게 하라 이 묵시는 정한 때가 있나니 그 종말이 속히 이르겠고 결코 거짓되지 아니하리라 비록 더딜지라도 기다리라 지체되지 않고 반드시 응하리라"(2:2~3)

하나님은 정한 때가 있고, 더디게 느껴질지라도 바벨론을 멸할 것이라고 하신다.

> "보라 그의 마음은 교만하며 그 속에서 정직하지 못하나 의인은 그의 믿음으로 말미암아 살리라"(2:4)

하박국의 활동 시대는 예레미야, 스바냐와 동시대이다. 하박국이 볼 때에는 바벨론은 악한 자, 예루살렘은 의로운 사람이지만, 하나님이 보실 때는 아무도 의롭지 않다는 것이다.

본문에서 말씀하시는 '의인'은 예레미야 선지자가 40년 동안 눈물로 예언한 바벨론이 쳐들어올 때 포로로 끌려가는 것이 구원받는 것이라고 믿는 사람들이다.

> "그는 술을 즐기며 거짓되고 교만하여 가만히 있지 아니하고 스올처럼 자기의 욕심을 넓히며 또 그는 사망 같아서 족한 줄을 모르고 자기에게로 여러 나라를 모으며 여러 백성을 모으나니"(2:5)

본문의 '그'는 바벨론 사람들을 말하는 것으로, 계속된 바벨론의 교만함을 지적하고 있다.

> "그 무리가 다 속담으로 그를 평론하며 조롱하는 시로 그를 풍자하지 않겠느냐 곧 이르기를 화 있을진저 자기 소유 아닌 것을 모으는 자여 언제까지 이르겠느냐 볼모 잡은 것으로 무겁게 짐진 자여 너를 억누를 자들이 갑자기 일어나지 않겠느냐 너를 괴롭힐 자들이 깨어나지 않겠느냐 네가 그들에게 노략을 당하지 않겠느냐"(2:6~7)

'억누를 자'는 바벨론을 물 자 즉 메데 페르시아 고레스 왕을 말하고 있다.

> "네가 여러 나라를 노략하였으므로 그 모든 민족의 남은 자가 너를 노략하리니 이는 네가 사람의 피를 흘렸음이요 또 땅과 성읍과 그 안의 모든 주민에게 강포를 행하였음이니라 재앙을 피하기 위하여 높은 데 깃들이려 하며 자기 집을 위하여 부당한 이익을 취하는 자에게 화 있을진저 네가 많은 민족을 멸한 것이 네 집에 욕을 부르며 네 영혼에게 죄를 범하게 하는 것이 되었도다 담에서 돌이 부르짖고 집에서 들보가 응답하리라"(2:8~11)

바벨론의 교만함과 멸망을 풍자하여 말하고 있다.

> "피로 성읍을 건설하며 불의로 성을 건축하는 자에게 화 있을진저 민족들이 불탈 것으로 수고하는 것과 나라들이 헛된 일로 피곤하게 되는 것이 만군의 여호와께로 말미암음이 아니냐"(2:12~13)

민족들이 불탈 것으로 수고하는 것과 열국이 헛된 일로 곤비하게 되는 것이 다 하나님의 뜻이라고 말씀하신다.

> "이는 물이 바다를 덮음 같이 여호와의 영광을 인정하는 것이 세상에 가득함이니라"(2:14)

물이 바다를 덮음 같이 여호와의 영광을 인정하는 것이 온 세상에 가득하게 될 것이라고 예언했다. 이것은 고레스 왕이 바벨론을 정복(B.C. 539)하면서 70년의 포로 생활을 마치고 돌아온 사건이다.

> "내가 들었으므로 내 창자가 흔들렸고 그 목소리로 말미암아 내 입술이 떨렸도다 무리가 우리를 치러 올라오는 환난 날을 내가 기다리므로 썩이는 것이 내 뼈에 들어왔으며 내 몸은 내 처소에서 떨리는도다"(3:16)

바벨론이 반드시 망한다는 말을 들었지만, 바벨론이 치러 올라오는 날을 피할 수도 없고, 막을 수도 없이 바벨론이 치러 올라오는 날만 기다려야 한다는 것이다. 바벨론이 망하기 전에 남왕국이 먼저 망한다는 말을 듣고 바들바들 떨고 있는 모습이다.

"비록 무화과나무가 무성하지 못하며 포도나무에 열매가 없으며 감람나무에 소출이 없으며 밭에 먹을 것이 없으며 우리에 양이 없으며 외양간에 소가 없을지라도 나는 여호와로 말미암아 즐거워하며 나의 구원의 하나님으로 말미암아 기뻐하리로다"(3:17~18)

하박국 자신도 남들을 염려할 것이 아니고, 불평하는 자가 되지 않으려고 떨면서 찬양하는 모습이다.

스바냐

스바냐는 남왕국이 바벨론의 침략을 받아 함락되기 전에 사역한 선지자이다. 스바냐의 이름의 뜻은 '여호와는 숨겨 주신다.'이다. 선지자 스바냐는 남왕국의 히스기야 왕의 현손(1:1; 4대손)이며 왕족 출신으로 므낫세 왕 때 태어났고 그가 사역하던 때는 요시야 왕 때(B.C. 641~B.C. 610)이다. 이 사실은 그가 예레미야, 나훔, 하박국과 동시대인이었음을 알려 준다. 스바냐는 남왕국에 임박한 하나님의 심판을 예언한다. 스바냐가 예언한 대로 바벨론이 앗수르를 정복하고, 남왕국의 멸망이 다가왔다. 〈스바냐〉의 주제는 언약을 지키지 않고 배교한 남왕국을 포함한 모든 열방을 혹독하게 징계하시는 날인 '여호와의 날'이 임박한다는 것이다. 그리고 그날에 있을 하나님의 진노와 회복에 대하여 예언하며, 백성들에게 "모이기를 힘써서 여호와를 찾으며 공의와 겸손을 구하라 너희가 여호와의 날에 숨김을 얻으리라"고 명한다. 〈스바냐서〉를 보면 '진멸'하고 '멸절'한다는 말이 끊임없이 되풀이된다. 2장 1~3절에 구원을 받는 사람들이 나오는데, 진리를 듣기 위해 모이는 사람들과 여호와의 규례를 지키는 세상의 모든 겸손한 사람인 이 소수의 무리를 하나님의 분노의 날에 숨겨 두신다는 것이다.

하나님께서 이스라엘 백성과 시내 산에서 〈레위기〉의 언약을 체결할 때 이 언약을 지키면 온갖 복을 받을 것이고 언약을 지키지 않으면 저주를 받을 것을 미리 말씀하신다(레 26장; 신 28장). 하나님 말씀을 지키지 않으면 그들은 완전히 멸절되고, 그 땅이 안식을 누릴 것이라는 것이다. 너희가 그 땅에 들어가면 7년마다 안식년을 누리고 엿새 일하고 하루를 쉬라고 했는데, 그들은 바벨론에 포로로 끌려가기까지 그렇게 하지 않았다. 이스라엘 백성들이 하나님 말씀을 준행하지 않았기 때문에 땅이 전혀 쉼을 얻지 못했고, 그래서 이제 포로로 잡혀가면 땅이 충분히 안식을 누릴 것이라는 말씀이다. 〈레위기〉 26장 42~44절을 보면 여호와는 "내가 야곱과 맺은 내 언약과 이삭과 맺은 내 언약을 기억하며 아브라함과 맺은 내 언약을 기억하고 그 땅을 기억하리라 그들이 나의 법도를 싫어하며 내 규례를 멸시하였으므로 그 땅을 떠나서 사람이 없을 때에 그 땅은 황폐하여 안식을 누릴 것이요 그들은 자기 죄악의 형벌을 기쁘게 받으리라"고 하신다. 이스라엘 백성들이 완전히 멸망당하면서 땅이 쉼을 얻고, 사람들이 완전히 멸절된 것 같이 보이나 하나님은 '소수의 무리가 하나님의 숨겨 주시는 은혜를 입게 될 것'이라고 약속하신다.

선지자 스바냐의 예언

- 미래의 약속을 스바냐 선지자가 보여 주는 것이다.
- 스바냐는 여호와께서 생명 있는 모든 것을 진멸하고 멸절하실 날이 온다고 했다.
- 그때에 하나님은 '모이기를 힘쓰는 자', '여호와의 규례를 지키는 자', '세상의 모든 겸손한 자', '여호와를 찾는 자', '겸손과 공의를 구하는 자'를 숨겨 주신다고 예언했다.

> "여호와께서 이르시되 내가 땅 위에서 모든 것을 진멸하리라 내가 사람과 짐승을 진멸하고 공중의 새와 바다의 고기와 거치게 하는 것과 악인들을 아울러 진멸할 것이라 내가 사람을 땅 위에서 멸절하리라 나 여호와의 말이니라 내가 유다와 예루살렘의 모든 주민들 위에 손을 펴서 남아 있는 바알을 그 곳에서 멸절하며 그마림이란 이름과 및 그 제사장들을 아울러 멸절하며"(1:2~4)

바알은 가나안 사람들이 섬겼던 태양을 상징하는 남자 신이고, 그마림은 검은 옷이라는 뜻으로 바알을 섬겼던 제사장들을 가리킨다.

> "또 지붕에서 하늘의 뭇 별에게 경배하는 자들과 경배하며 여호와께 맹세하면서 말감을 가리켜 맹세하는 자들과"(1:5)

말감은 몰렉, 몰록, 밀곰으로 불리는 암몬 사람들의 신으로, 이 신을 섬기는 부모는 장자를 불에 태워 바치는 잔인한 예배 의식을 했다.

> "여호와를 배반하고 따르지 아니한 자들과 여호와를 찾지도 아니하며 구하지도 아니한 자들을 멸절하리라"(1:6)

여호와를 찾지 않는 자와 배교하는 자는 멸절하리라고 하신다.

> "주 여호와 앞에서 잠잠할지어다 이는 여호와의 날이 가까웠으므로 여호와께서 희생을 준비하고 그가 청할 자들을 구별하셨음이니라 여호와의 희생의 날에 내가 방백들과 왕자들과 이방인의 옷을 입은 자들을 벌할 것이며 그 날에 문턱을 뛰어넘어서 포악과 거짓을 자기 주인의 집에 채운 자들을 내가 벌하리라 나 여호와가 말하노라 그 날에 어문에서는 부르짖는 소리가, 제 이 구역에서는 울음소리가, 작은 산들에서는 무너지는 소리가 일어나리라 막데스 주민들아 너희는 슬피 울라 가나안 백성이 다 패망하고 은을 거래하는 자들이 끊어졌음이라"(1:7~11)

여호와의 날에 포악과 거짓으로 자기의 이익을 취한 자는 벌하리라고 하신다.

> "그 때에 내가 예루살렘에서 찌꺼기 같이 가라앉아서 마음속에 스스로 이르기를 여호와께서는 복도 내리지 아니하시며 화도 내리지 아니하시리라 하는 자를 등불로 두루 찾아 벌하리니 그들의 재물이 노략되며 그들의 집이 황폐할 것이라 그들이 집을 건축하나 거기에 살지 못하며 포도원을 가꾸나 그 포도주를 마시지 못하리라

여호와의 큰 날이 가깝도다 가깝고도 빠르도다 여호와의 날의 소리로다 용사가 거기서 심히 슬피 우는도다 그날은 분노의 날이요 환난과 고통의 날이요 황폐와 패망의 날이요 캄캄하고 어두운 날이요 구름과 흑암의 날이요"(1:12~15)

여호와의 날은 환난과 고통의 날이요, 재앙으로 황폐하게 될 것이라 하신다.

"나팔을 불어 경고하며 견고한 성읍들을 치며 높은 망대를 치는 날이로다 내가 사람들에게 고난을 내려 맹인 같이 행하게 하리니 이는 그들이 나 여호와께 범죄하였음이라 또 그들의 피는 쏟아져서 티끌 같이 되며 그들의 살은 분토 같이 될지라"(1:16~17)

여호와께서 사람들이 범죄로 인하여 똥거름이 될 것이라고 하신다.

"그들의 은과 금이 여호와의 분노의 날에 능히 그들을 건지지 못할 것이며 이 온 땅이 여호와의 질투의 불에 삼켜지리니 이는 여호와가 이 땅 모든 주민을 멸절하되 놀랍게 멸절할 것임이라"(1:18)

여호와의 질투의 불로 여호와께서 이 땅 모든 거민을 멸절하되 놀랍게 멸절하신다는 것이다.

"수치를 모르는 백성아 모일지어다 모일지어다"(2:1)

진노 중에도 백성들에게 모여 보라고 하신다.

"명령이 시행되어 날이 겨 같이 지나가기 전, 여호와의 진노가 너희

> 에게 내리기 전, 여호와의 분노의 날이 너희에게 이르기 전에 그리할지어다 여호와의 규례를 지키는 세상의 모든 겸손한 자들아 너희는 여호와를 찾으며 공의와 겸손을 구하라 너희가 혹시 여호와의 분노의 날에 숨김을 얻으리라"(2:2~3)

'스바냐'라는 이름의 뜻은 '여호와는 숨겨 주신다.'이다. 이 본문이 〈스바냐서〉의 주제이다. 하나님의 진노가 극에 달해 있음을 볼 수 있다. 하나님께서는 예루살렘을 멸절하려고 하신다. 그러나 그날에도 숨김을 받을 자는 모여서 여호와를 찾으며 공의와 겸손을 구해 보라는 것이다.

> "여호와가 북쪽을 향하여 손을 펴서 앗수르를 멸하며 니느웨를 황폐하게 하여 사막 같이 메마르게 하리니"(2:13)

하나님이 모두 진멸하시고 바벨론의 칼을 무기로 삼아 앗수르를 진멸하려 하신다.

> "패역하고 더러운 곳, 포학한 그 성읍이 화 있을진저 그가 명령을 듣지 아니하며 교훈을 받지 아니하며 여호와를 의뢰하지 아니하며 자기 하나님에게 가까이 나아가지 아니하였도다 그 가운데 방백들은 부르짖는 사자요 그의 재판장들은 이튿날까지 남겨 두는 것이 없는 저녁 이리요 그의 선지자들은 경솔하고 간사한 사람들이요 그의 제사장들은 성소를 더럽히고 율법을 범하였도다 그 가운데에 계시는 여호와는 의로우사 불의를 행하지 아니하시고 아침마다 빠짐없이 자기의 공의를 비추시거늘 불의한 자는 수치를 알지 못하는도다"(3:1~5)

지도자들인 방백, 재판장, 제사장, 선지자 등, 여호와를 의뢰하지 않는 자들은 공의와 수치를 모른다고 하신다.

> "내가 이르기를 너는 오직 나를 경외하고 교훈을 받으라 그리하면 내가 형벌을 내리기로 정하기는 하였지만 너의 거처가 끊어지지 아니하리라 하였으나 그들이 부지런히 그들의 모든 행위를 더럽게 하였느니라 나 여호와가 말하노라 그러므로 내가 일어나 벌할 날까지 너희는 나를 기다리라 내가 뜻을 정하고 나의 분노와 모든 진노를 쏟으려고 여러 나라를 소집하며 왕국들을 모으리라 온 땅이 나의 질투의 불에 소멸되리라"(3:7~8)

오직 형벌을 면하려면 하나님만 경외하고 교훈을 받으며 모든 행위를 더럽게 하지 말고 그날을 기다리라 하였지만, 행위를 더럽게 하여 하나님의 질투의 불로 소멸되리라 하신다.

여호와의 규례를 지키는 세상의 모든 겸손한 사람, 여호와를 찾으며 공의와 겸손을 구하는 사람들을 여호와의 분노의 날에 숨겨 주신다는 것이다. 그 당시 숨겨 주신다는 의미는 바벨론이 쳐들어 올 때, 바벨론 포로로 잡혀가는 것이다. 바벨론을 사용하여 남왕국을 다 진멸하고, 멸절하고 쓸 만한 자 4,600명(렘 52:30)을 바벨론으로 보내시는 하나님의 아픈 심정을 성경 속에서 볼 수 있어야 한다.

예레미야

그의 이름의 뜻은 '여호와께서 급히 보내시다'인데 '여호와께서 세우신다'라는 의미로 번역되었다. 선지자 예레미야의 사역과 북왕국이 멸망하여 바벨론 포로로 가는 모습을 기록하고 있다. 예레미야의 개인적 생애와 40년의 고난에 대해서는 '구약의 눈물의 선지자'로 우리에게 잘 알려져 있다. 이미 북왕국은 135년 전에 앗수르에게 멸망되었고(B.C. 721), 북왕국이 패망한 것을 보고도 더 타락하는 남왕국에서 예레미야는 요시야 왕(왕하 23장)의 통치 13년에 예언 활동을 시작하여, 여호아하스, 여호야김, 여호야긴 그리고 시드기야의 재위 기간에 걸쳐 계속 활동하였다. 그리고 남왕국의 멸망(B.C.586) 이후 사역이 끝난다. 그는 스바냐, 하박국과 같은 시기에 활동한 것으로 보인다. 예레미야가 언제 죽었는지는 알려지지 않고 있다. 그러나 유대인의 전통에 의하면 애굽에서 살다가 돌에 맞아 죽임을 당했다고 전해져 온다. 〈히브리서〉 11장 37절의 돌로 치는 것은 예레미야의 죽음, 톱으로 켜는 것은 히스기야 왕의 아들인 므낫세 왕이 이사야 선지자를 죽인 것을 의미하는 것으로 알려져 있다.

예레미야의 고향은 아나돗(1:1)이며 제사장 힐기야의 아들이다. 그는 솔로몬 통치에서 아도니야 반역에 참여했던 제사장 아비아달(왕상 2:26)의 후손으로 추정된다. 하나님께서는 예레미야에게 결혼하지 말고 자녀를 두지 말라고 하셨다(16:2). 왜냐하면 머지않아 남왕국이 하나님의 심판인 칼과 기근으로 망하여 사람이 독한 병으로 죽어도 아무도 슬퍼하지 않으며 자녀들을 묻어 줄 사람이 없기 때문이다(16:4). 그가 활동했던 시기는 열방의 국가들과 남왕국의 운명이 마치 바람 앞 촛불 같은 시기였다. 앗수르의 마지막 통치자인 앗수르바니팔은 B.C. 627년에 죽고, 그의 뒤를 이은 후계자들은 신바벨론 제국을 일으킨 나보볼라사르와 경쟁 상대가 못 되었다. 결국 앗수르는 바벨론에 의해 B.C. 612년 함락되었고, 애굽은 북쪽으로 진군하여 위기에 처한 앗수르를 건지려고 하였다. 이때 남왕국 왕 요시야는 애굽의 북진을 막으려다 B.C. 609년에 므깃도 근처에서 애굽의 바로 느고 2세에 의하여 죽임을 당하게 된다. 이 사건으로 요시야 왕의 개혁은 아쉬움을 남기고 끝나게 되었고(왕하 23:1~8), 예레미야는 경건한 요시야 왕의 죽음을 매우 슬퍼했다(대하 35:25).

요시야의 아들 여호아하스(살룸)는 예레미야에게 우호적이지 않았다. 애굽의 느고 왕은 여호아하스를 3개월 동안만 통치하게 하고 애굽으로 잡아갔다(대하 36:2). 느고는 요아스의 다른 아들 엘리아김의 이름을 여호야김으로 바꾸어 왕위에 앉혔다. 그리고 예레미야의 예언이 여호야김에게 읽혀졌을 때(36:21), 왕은 칼로 그 두루마리를 베어서 그 조각들을 자기의 겨울 궁전에 피운 화로 불속에 던져 버렸다(36:22~23). 그러나 예레미야에게 여호와의 말씀이 임하여 그는 하나님의 명령(36:27)인 첫 두루마리의 모든 말을 바룩에게 전하여 다시 기록하고 더 추가하였다(36:32). 예레미야와 끝까지 같이한 친구는 그의 신실한 비서이면서 기록자인 바룩이었다. 그는 예레미야로부터 "너를 위하여 큰일을 찾지 말라 모든 육체에 재난을 내리리라"는 충고를 들었다(45:5). 그는 또한 예레미야로부터 매매 증서를 잘 보관하라는 부탁을 받았고(32:11~16), 예레미야와 함께 포로가 되어 애굽으로 잡혀갔다가(43:6~7) 돌아왔다. 〈열왕기상하〉의 저자 신분을 밝혀 주는 결정적 자료가 전혀 없는데, 유대인의 전통은 예레미야라고 믿고 있다. 〈열왕기하〉 18장 이하의 본문이 〈예레미야서〉와 일치하는 점이 많은 것과, 24~25장은 〈예레미야〉 52장과 유사하고, 역사 배경이 예레미야의 생존 시기와 일치하는 것이 근거가 된다. 역사서인 〈열왕기하〉는 예레미야 선지자의 활동을 전혀 거론하지 않고 있는데 이것은 예레미야가 자신의 활동을 의도적으로 기록하지 않고, 본인의 선지 사역은 〈예레미야서〉에서 밝히고 있다고 추정해 볼 수 있다.

갈그미스 전쟁은 남왕국의 역사의 진행 방향을 변화시켰다. B.C.605년 애굽왕 느고는 느부갓네살에게 유프라테스 강변의 갈그미스에서 참패하였다(46:2). 느고는 심각한 피해를 입은 채 귀국했고, 느부갓네살은 같은 해에 그의 부친 나보볼라사르를 이어 바벨론의 통치자로 즉위하였다. 바벨론은 유일한 세계 초강대국으로 약 70년 동안 천하를 지배하게 된다. 느부갓네살은 B.C. 606년에 예루살렘을 포위하여 여호야김을 항복시켰고(단 1:1~2), 그 후 B.C. 597년에 예루살렘을 재공격하여 반항하는 여호야김의 아들 여호야긴을 포로로 끌고 갔다. 여호야긴은 단 3개월간 예루살렘을 통치했다(대하 36:9). 이후 느부갓네살 왕은 여호야긴의 숙부이자 요시야의 아들인 맛다니야를 시드기야로 이름을 바꾸어 B.C. 597년 남왕국의 왕위에 앉게 하였다. 시드기야는 때로는 예레미야의 충고를 요청하기도 했지만 우유부단하여 어떤 때는 예레미야의 대적들과 함께 그를 괴롭히고 또 투옥시키는 것을 허용하기도 했다. 시드기야 왕 말년에는 예레미야가 자신의 안전을 보장하는 대가로 그에게 하나님의 뜻을 전하겠다고 동의하였다. 그러나 예레미야는 예루살렘이 B.C. 586년 함락될 때까지 시위대 뜰에 감금되어 있었고, 결국 시드기야 왕은 바벨론의 느부갓네살 왕을 배반하여 바벨론이 침공하자 예루살렘 성을 빠져나갔으나 추적하는 바벨론 군대에게 여리고 평지에서 체포당하고 말았다. 그의 눈앞에서 그의 아들들이 죽임을 당했고 그는 느부갓네살에 의해 눈이 뽑히고 바벨론으로 끌려가 죽는 날까지 옥에 갇혀 있었다. 이후 바벨론의 사령관인 느부사라단은 예레미야에게 느부갓네살 왕이 남왕국 총독으로 세운 그다랴와 함께 살도록 충고했다. 그러나 아히감의 아들 그다랴는 얼마 되지 않아 이스마엘과 동행한 대적들에게 살해당했다. 그로 인해 남왕국에 있는 많은 사람이 바벨론의 재침략을 두려워한 끝에 애굽으로 피난했고, 예레미야와 바룩도 애굽으로 끌려갔다 돌아온다. 이러한 하나님의 진노는 이스라엘의 역사 속에서 최종적인 말씀은 아니었다. 하나님의 자비와 언약, 신실함으로 이스라엘은 회복되었고 옛 언약들이 다시 영광스럽게 되었다. 하나님은 그의 백성들과 그의 율법을 백성들의 마음에 기록하면서 새 언약(31:31~34)을 맺으신다. 거짓 선지자들은 백성들에게 평화를 선포하면서 여호와 하나님은 남왕국의 죄악과는 전혀 관계없는 것처럼 말하였다. 그러나 예레미야를 시켜 죄를 책망하고 심판을 선언하신 그 하나님은 '자신의 진노가 70년 동안 임한다고 선언'하도록 예레미야에게 하나님의 말씀이 임하게 하셨다.

⊙ 예레미야 시대의 대표적 거짓 선지자

- 바스훌: 여호와의 성전의 총감독으로 임멜의 아들이었다(20장).
- 하나냐: 기브온앗술의 아들이다(28장).
- 스마야: 느헬람 사람으로 바벨론에 포로로 갔다(29장 24절).
- 시드기야: 마아세야의 아들(29장 21절).
- 아합: 골라야의 아들(29장 21절).

⊙ 역사 순서에 따른 〈예레미야서〉의 예언과 본문 재배치

1. 요시야 왕 때

- B.C. 627년 렘 1~6장 – 예레미야의 사역 시작.
  - 렘 1장 – 요시야 왕 13년에 소명을 받은 예레미야.
  - 렘 2:1~3:5 – 예레미야가 예루살렘 백성에게 선포한 개혁의 메시지.
  - 렘 3:6~6장 – 북이스라엘과 남유다를 평가하는 메시지.
- B.C. 621년 렘 11~12장 – 예레미야의 사역은 '시내 산 언약'을 기초로 한다.
  - 렘 11:1~7 – 예레미야의 사명은 시내 산 언약에서 영향을 받음.
  - 렘 11:18~23 – 아나돗 사람의 음모를 알게 하심.
  - 렘 12장 – 예레미야의 질문.

2. 여호아하스 왕 때

- B.C. 609년 렘 20:10~12

3. 여호야김 왕 때

- B.C. 608년 렘 7~10장, 14~20장(26장과 연결해서 읽음), 22:13~23, 26장 – 신 바벨론 등장, 36장 – 두루마리 불태움.
- B.C. 605년 렘 25장, 35장, 45~49:33 – 바벨론 1차 침략과 1차 포로.

4. 여호야긴 왕 때

- B.C. 597년 렘 13장, 22:24~30, 23:9~40 – 바벨론 2차 침략과 2차 포로.

5. 시드기야 왕 때

- B.C. 597년 렘 24장, 29~31장, 49:34~39
- B.C. 595년 렘 23:1~8, 27장, 28장
- B.C. 590년 렘 50, 51장
- B.C. 588년 렘 21:1~22:9, 32~34장, 37장 – 바벨론의 3차 침략과 예루살렘 포위.
- B.C. 587년 렘 38장
- B.C. 586년 렘 39장, 52장 – 예루살렘 함락과 3차 포로.

6. 멸망 그 이후

- B.C. 586년 렘 40~41장 – 그다랴가 유다 총독이 됨.
- B.C. 585년 렘 42~44장 – 요하난이 지도자가 됨.

구약의 눈물의 선지자 예레미야

- 제사장 가문에서 태어났다.
- 요시야 왕(왕하 23장) 13년부터 유다 예루살렘 멸망까지 약 40년을 사역하였다.
- 40년간 말씀을 전했으나 아무도 그 말을 듣는 사람이 없었다.
- 바벨론 왕이 쳐들어올 때 항복하여 섬기라 하였다.
- 70년이 지나야 바벨론에서 돌아온다는 것을 알고 있었다.
- 때가 되면 여호와께서 새 언약을 세우실 때가 온다고 예언하였다.
- 주변 열방과 침략한 바벨론도 멸망할 거라고 예언하였다.
- 거짓 선지자들은 예레미야를 매국노로 매도하였다.
- 예레미야의 예언을 비서 바룩이 기록하여 전하였다.

1장은 예레미야의 소명 받는 모습이다. 요시야 왕 13년에 여호와의 말씀이 예레미야에게 임하였다. 모태에 짓기 전에 알았고, 배에서 나오기 전에 성별하여 여러 나라의 선지자로 세웠다고 하신다. 대적들이 너를 치나 내가 함께하여 너를 구원하시겠다고 말씀하신다.

2장은 하나님을 배반하는 이스라엘의 모습이다. 하나님께서는 시내 산 언약을 하나님이 이스라엘과 결혼(2:1)한 것처럼 생각하셨다.

> "너는 광야에 익숙한 들암나귀들이 그들의 성욕이 일어나므로 헐떡거림 같았도다 그 발정기에 누가 그것을 막으리요 그것을 찾는

것들이 수고하지 아니하고 그 발정기에 만나리라"(2:24)

이스라엘 백성들이 우상숭배에 빠져 허우적대는 모습을 표현한 것이다. 하나님을 버리고 이방신을 분향하면 심판하겠다고 하신다.

3장은 지금 현재 남왕국 예루살렘의 타락한 모습보다 약 135년 전에 멸망한 북왕국의 사마리아가 차라리 났다는 것이다(3:11).

4장은 황폐해져 가는 남쪽 유다의 모습이다.

"슬프고 아프다 내 마음속이 아프고 내 마음이 답답하여 잠잠할 수 없으니 이는 나의 심령이 나팔 소리와 전쟁의 경보를 들음이로다 패망에 패망이 연속하여 온 땅이 탈취를 당하니 나의 장막과 휘장은 갑자기 파멸되도다 내가 저 깃발을 보며 나팔 소리 듣기를 어느 때까지 할꼬"(4:19~21)

나팔 소리는 30년 후에 일어날 일들이다. 이것이 계속 귀에 들리니 견디다 못해 나가서 외치면 얻어맞는 인생이 40년 동안의 예레미야의 모습이다.

5장에서 남왕국 유다는 완전히 타락하였다.

"너희는 예루살렘 거리로 빨리 다니며 그 넓은 거리에서 찾아보고 알라 너희가 만일 정의를 행하며 진리를 구하는 자를 한 사람이라도 찾으면 내가 이 성읍을 용서하리라"(5:1)

의인 한 사람이라도 있다면 용서해 주려 하시지만 예루살렘에 의인이 한 사람도 없다는 것이다.

"이 땅에 무섭고 놀라운 일이 있도다 선지자들은 거짓을 예언하며

> 제사장들은 자기 권력으로 다스리며 내 백성은 그것을 좋게 여기니 마지막에는 너희가 어찌하려느냐"(5:30~31)

선지자들과 제사장들이 타락하여 거짓 예언을 하는 실정이다.
6장에서는 북방으로부터 재앙과 파멸이 와서 예루살렘에 멸망이 임한다.

> "베나민 자손들아 예루살렘 가운데로부터 피난하라 드고아에서 나팔을 불고 벧학게렘에서 깃발을 들라 재앙과 큰 파멸이 북방에서 엿보아 옴이니라"(6:1)

바벨론의 침입을 암시하고 있다.
7장은 진정한 회개만이 유일한 희망이라고 이야기한다.

> "너희는 내가 처음으로 내 이름을 둔 처소 실로에 가서 내 백성 이스라엘의 악에 대하여 내가 어떻게 행하였는지를 보라"(7:12)

실로는 북왕국 에브라임 지파의 수도였다. 에브라임 지파의 수도를 망하게 하신 것같이 하겠다고 하신다.

> "그런즉 너는 이 백성을 위하여 기도하지 말라 그들을 위하여 부르짖어 구하지 말라 내게 간구하지 말라 내가 네게서 듣지 아니하리라"(7:16)

남왕국의 타락한 모습에 하나님께서 예레미야에게 백성을 위하여 기도하지 말라고 하신다. 듣지 않겠다고 하신다. 하나님의 아픈 심정이 드러나고 있다. 11장 14절에서도 또 한 번 말씀하신다.

8장은 하나님께서 예레미야 안에서 울고 계시는 것 같다.

> "이 악한 민족의 남아 있는 자, 무릇 내게 쫓겨나서 각처에 남아 있는 자들이 사는 것보다 죽는 것을 원하리라 만군의 여호와의 말씀이니라"(8:3)

하나님의 무서운 심판에 차라리 죽는 것을 원할 것이라고 하신다.

9장은 실망하는 예레미야의 모습이다.

> "내가 예루살렘을 무더기로 만들며 승냥이 굴이 되게 하겠고 유다의 성읍들을 황폐하게 하여 주민이 없게 하리라 지혜가 있어서 이 일을 깨달을 만한 자가 누구며 여호와의 입의 말씀을 받아서 선포할 자가 누구인고 이 땅이 어찌하여 멸망하여 광야같이 불타서 지나가는 자가 없게 되었느냐"(9:11~12)

하나님의 심판으로 남왕국이 멸망의 심판을 받을 터인데 깨달을 자가 없는 실정을 애타하신다.

10장은 하나님만이 신실하시다는 것이다.

> "여호와께서 이와 같이 말씀하시되 여러 나라의 길을 배우지 말라 이방 사람들은 하늘의 징조를 두려워하거니와 너희는 그것을 두려워하지 말라 여러 나라의 풍습은 헛된 것이니 삼림에서 벤 나무요 기술공의 두 손이 도끼로 만든 것이라 그들이 은과 금으로 그것에 꾸미고 못과 장도리로 그것을 든든히 하여 흔들리지 않게 하나니 그것이 둥근 기둥 같아서 말도 못하며 걸어다니지도 못하므로 사람이 메어야 하느니라 그것이 그들에게 화를 주거나 복을 주지 못

하나니 너희는 두려워하지 말라 하셨느니라"(10:2~5)

본문의 '길'은 풍습을 말한다. 사람의 손으로 만든 우상들은 아무 의미가 없다는 것이다.

11장은 시내 산 언약의 깨어짐을 말하신다.

"여호와께로부터 예레미야에게 임한 말씀이라 이르시되 너희는 이 언약의 말을 듣고 유다인과 예루살렘 주민에게 말하라 그들에게 이르기를 이스라엘의 하나님 여호와께서 이와 같이 말씀하시되 이 언약의 말을 따르지 않는 자는 저주를 받을 것이니라"(11:1~3)

시내 산 언약인 〈레위기〉를 말한다.

12장은 예레미야가 하나님께 불평의 질문을 한다.

"여호와여 내가 주와 변론할 때에는 주께서 의로우시니이다 그러나 내가 주께 질문하옵나니 악한 자의 길이 형통하며 반역한 자가 다 평안함은 무슨 까닭이니이까 주께서 그들을 심으시므로 그들이 뿌리가 박히고 장성하여 열매를 맺었거늘 그들의 입은 주께 가까우나 그들의 마음은 머니이다"(12:1~2)

예레미야도 하나님께 악한 자가 형통하는 것에 불평스러운 모습으로 질문한다. 악한 자는 항상 평안하고 형통하고, 정직하게 사는 사람은 어려움을 겪는 것을 예레미야도 안타까워했던 것 같다. 하박국 선지자와 〈시편〉 73편 기자 역시도 같은 질문을 한다.

13장에서는 교만을 썩어 못 쓰게 된 베띠로 보여 주신다.

> "여호와의 말씀이 내게 임하니라 이르시되 여호와께서 이와 같이 말씀하시니라 내가 유다의 교만과 예루살렘의 큰 교만을 이같이 썩게 하리라 이 악한 백성이 내 말 듣기를 거절하고 그 마음이 완악한 대로 행하며 다른 신들을 따라 그를 섬기며 그에게 절하니 그들이 이 띠가 쓸 수 없음 같이 되리라 여호와의 말씀이니라 띠가 사람의 허리에 속함 같이 내가 이스라엘 온 집과 유다 온 집으로 내게 속하게 하여 그들로 내 백성이 되게 하며 내 이름과 명예와 영광이 되게 하려 하였으나 그들이 듣지 아니하였느니라"(12:8~11)

하나님께서 네 허리띠가 네게 속한 것처럼 이스라엘 백성은 내게 속한 것이라고 말씀하신다. 그리고 허리띠 같은 백성을 풀어서 바벨론으로 가서 70년을 푹 썩혀서 그 교만이 완전히 삭아서 돌아오게 하시겠다고 하신다.

14장에서는 예레미야가 하나님의 마음대로 안 되는 모습을 본 것 같다.

> "여호와여 우리의 죄악이 우리에게 대하여 증언할지라도 주는 주의 이름을 위하여 일하소서 우리의 타락함이 많으니이다 우리가 주께 범죄하였나이다 이스라엘의 소망이시요 고난 당한 때의 구원자시여 어찌하여 이 땅에서 거류하는 자 같이, 하룻밤을 유숙하는 나그네 같이 하시나이까 어찌하여 놀란 자 같으시며 구원하지 못하는 용사 같으시니이까 여호와여 주는 그래도 우리 가운데 계시고 우리는 주의 이름으로 일컬음을 받는 자이오니 우리를 버리지 마옵소서"(14:7~9)

예레미야가 보니 하나님이 어이가 없어 벙벙해 가지고 이러지도 저러지도 못하고 무능한 하나님으로 보이는 것이다. 예레미야는 "하나님과 우리가 남입니까? 하나님이 무슨 하룻밤 유숙하는 행인 같은 나그네입니까? 우리 죄가 많은 것은 인정하지만, 그래도 하나님은 하나님 이름을 위해서라도 구원해야 되지 않습니까?"라고 한다. 예레미야가 40년을 하나님과 같이 하는데 하나님이 아무것도 못하는 것으로밖에 안 보이는 것이다.

15장은 이스라엘 백성에 염증 내시는 하나님이시다.

> "여호와께서 내게 이르시되 모세와 사무엘이 내 앞에 섰다 할지라도 내 마음은 이 백성을 향할 수 없나니 그들을 내 앞에서 쫓아 내보내라"(15:1)

지금까지 이스라엘 백성과의 관계에서 하나님이 얼마나 화가 나셨는지 모세와 사무엘이 내 앞에 와서 엎드렸다 할지라도 내 마음은 이 백성을 향할 수 없다고 하신다. 그만큼 마음이 상하신 것이다. 모세가 하나님을 위해서 너무 아름답게 충성을 했기 때문에 출애굽 과정에서, 광야에서 생활하는 과정에서 하나님이 백성들을 전부 죽이려고 하였으나 "만약에 이 백성을 죽이려거든 내 이름을 하나님의 생명책에서 지워 버려 달라"는 모세의 기도로 위기를 넘어가는 모습을 볼 수 있다. 그런 사연이 있기 때문에 모세가 하나님에게 엎드리거나 거룩한 사무엘이 하나님께 간구하면 하나님도 어찌할 수 없지만, 800년이 넘도록 계속된 하나님의 마음 상함이 얼마나 큰지 모세나 사무엘이 간구해도 들어줄 수 없다는 것이다. 예레미야가 아무리 제발 용서해 달라고 해도 안 된다는 것이다. 남왕국의 죄악은 절대로 용서할 수 없다는 하나님의 단호한 마음이 드러난다.

> "그들이 만일 네게 말하기를 우리가 어디로 나아가리요 하거든 너는 그들에게 이르기를 여호와께서 이와 같이 말씀하시니라 죽을 자는 죽음으로 나아가고 칼을 받을 자는 칼로 나아가고 기근을 당할 자는 기근으로 나아가고 포로 될 자는 포로 됨으로 나아갈지니라 하셨다 하라"(15:2)

죽을 자는 죽고, 칼 맞을 자는 칼로, 기근 당할 자는 기근으로, 포로 될 자는 포로로 내어 쫓을 것이라고 하신다.

"유다 왕 히스기야의 아들 므낫세가 예루살렘에 행한 것으로 말미암아 내가 그들을 세계 여러 민족 가운데에 흩으리라"(15:4)

므낫세 왕이 죽은 지 오래되었어도 하나님께서 그의 악독한 행위에 아직도 화가 풀리지 않으신 모습이다.

"예루살렘아 너를 불쌍히 여길 자 누구며 너를 위해 울 자 누구며 돌이켜 네 평안을 물을 자 누구냐 여호와께서 이르시되 네가 나를 버렸고 내게서 물러갔으므로 네게로 내 손을 펴서 너를 멸하였노니 이는 내가 뜻을 돌이키기에 지쳤음이로다"(15:5~6)

'지쳤음'이라는 단어는 히브리어로 '라아'라는 단어이며 '기진하고 지치고 진저리가 났다'라는 뜻이다. 하나님께서는 한두 번이 아니고 800년이 지나도록 반역하는 백성들에게 지쳐 버리고 진저리가 나셨다.

16장은 예레미야에게 결혼도 하지 말라 하신다.

"여호와의 말씀이 또 내게 임하여 이르시되 너는 이 땅에서 아내를 맞이하지 말며 자녀를 두지 말지니라 이 곳에서 낳은 자녀와 이 땅에서 그들을 해산한 어머니와 그들을 낳은 아버지에 대하여 여호와께서 이와 같이 말씀하시오니 그들은 독한 병으로 죽어도 아무도 슬퍼하지 않을 것이며 묻어 주지 않아 지면의 분토와 같을 것이며 칼과 기근에 망하고 그 시체는 공중의 새와 땅의 짐승의 밥이 되리라"(16:1~4)

아이를 낳아도 낳은 어머니나 아버지 할 것 없이 매장도 되지 못하고 독한 병으로 죽을 것이고 공중의 새와 땅의 짐승의 밥이 될 것이니 결혼도 하지 말라고 하신다.

17장은 금강석 철필로 기록된 유다의 죄악이다.

> "유다의 죄는 금강석 끝 철필로 기록되되 그들의 마음 판과 그들의 제단 뿔에 새겨졌거늘 그들의 자녀가 높은 언덕 위 푸른 나무 곁에 있는 그 제단들과 아세라들을 생각하도다"(17:1~2)

히브리인들이 항상 생각하고 있는 것이 아세라 목상과 바알이라는 것이다.

> "만물보다 거짓되고 심히 부패한 것은 마음이라 누가 능히 이를 알리요마는 나 여호와는 심장을 살피며 폐부를 시험하고 각각 그의 행위와 그의 행실대로 보응하나니 불의로 치부하는 자는 자고새가 낳지 아니한 알을 품음 같아서 그의 중년에 그것이 떠나겠고 마침내 어리석은 자가 되리라"(17:9~11)

사람은 그 마음에 가득한 것을 입으로 말한다. 그 사람이 항상 무엇을 생각하는지, 무엇을 말하는지, 무엇을 추구하는지가 바로 그 사람이라는 것이다. 그래서 죄를 지은 사람은 죄 지을 생각만 한다. 하나님은 부패한 사람의 심장을 살피신다. 자고새는 꿩과 메추라기에 속한 새인데, 때로는 남의 알을 자기 알이라고 착각하고 품고 있는 모습을 볼 수 있는 새여서 반역한 백성들을 비유하는 예로 들은 것 같다.

18장은 여호와 자신을 토기장이에 비유하신다.

> "여호와께로부터 예레미야에게 임한 말씀에 이르시되 너는 일어나

토기장이의 집으로 내려가라 내가 거기에서 내 말을 네게 들려 주리라 하시기로 내가 토기장이의 집으로 내려가서 본즉 그가 녹로로 일을 하는데 진흙으로 만든 그릇이 토기장이의 손에서 터지매 그가 그것으로 자기 의견에 좋은 대로 다른 그릇을 만들더라"(18:1~4)

녹로는 동그란 판을 가지고 발로 돌리면서 진흙을 성형하는 기구이다.

"여호와의 말씀이니라 이스라엘 족속아 이 토기장이가 하는 것 같이 내가 능히 너희에게 행하지 못하겠느냐 이스라엘 족속아 진흙이 토기장이의 손에 있음 같이 너희가 내 손에 있느니라"(18:6)

하나님께서 이스라엘 백성들에게 진흙이 토기장이의 손에 있는 것처럼 너희가 내 손 안에 있다고 하신다. 그래서 남왕국의 백성들이 본래 만들려는 그릇으로 잘 만들어지지 않았으니 전혀 다른 그릇으로 만들어 버리겠다는 것이다.

19장은 자녀들의 살을 먹게 된다고 하신다.

"그들이 그들의 원수와 그들의 생명을 찾는 자에게 둘러싸여 곤경에 빠질 때에 내가 그들이 그들의 아들의 살, 딸의 살을 먹게 하고 또 각기 친구의 살을 먹게 하리라 하셨다 하고 너는 함께 가는 자의 목전에서 그 옹기를 깨뜨리고 그들에게 이르기를 만군의 여호와께서 이와 같이 말씀하시되 사람이 토기장이의 그릇을 한 번 깨뜨리면 다시 완전하게 할 수 없나니 이와 같이 내가 이 백성과 이 성읍을 무너뜨리리니 도벳에 매장할 자리가 없을 만큼 매장하리라"(19:9~11)

결국에 하나님을 계속적으로 배반하고 거역하다가는 마지막 날에 가서 너희가 너희 자녀의 살을 먹게 될 것이라 하신다. 하나님의 저주로 자기 자식을 삶아서 먹게 된다. 〈신명기〉 28장 53절에 그런 말씀이 예언되어 있다. 그런 예언이 이루어질 때가 온다는 것이다.

20장에서는 예레미야가 자기 생일을 저주한다.

예레미야가 아무리 옳은 말을 해도 거짓 선지자들이 자꾸 거짓말을 하니까 예레미야가 감당을 하지 못한다. 예레미야는 40년 동안을 모든 백성에게 따돌림당하고 얻어맞고 진흙 구덩이에 처박히곤 한다. 말씀을 선포하지 않으려고 마음먹지만 다시 말하지 않을 수 없는 마음이라고 답답해한다. 가장 정직하고 바르게 말씀을 전하는데도 예레미야는 복을 받은 것이 아니라 온갖 조롱을 당하고 결혼도 하지 못하고 사는 모습이다.

> "내 생일이 저주를 받았더면, 나의 어머니가 나를 낳던 날이 복이 없었더면, 나의 아버지에게 소식을 전하여 이르기를 당신이 득남하였다 하여 아버지를 즐겁게 하던 자가 저주를 받았더면, 그 사람은 여호와께서 무너뜨리시고 후회하지 아니하신 성읍 같이 되었더면, 그가 아침에는 부르짖는 소리, 낮에는 떠드는 소리를 듣게 하였더면, 좋을 뻔하였나니 이는 그가 나를 태에서 죽이지 아니하셨으며 나의 어머니를 내 무덤이 되지 않게 하셨으며 그의 배가 부른 채로 항상 있지 않게 하신 까닭이로다 어찌하여 내가 태어서 나와서 고생과 슬픔을 보며 나의 날을 부끄러움으로 보내는고 하니라"(20:14~18)

예레미야가 너무 힘드니까 차마 하나님을 원망하지는 못하고 자기 생일을 저주한다. 어린아이 때 죽어 버렸으면 얼마나 좋을 뻔했는가 하면서 예레미야가 자기의 생을 괴로워한다.

21장은 여호와께서 두신 생명의 길과 사망의 길을 예언한다.

> "여호와의 말씀이니라 그 후에 내가 유다의 왕 시드기야와 그의 신하들과 백성과 및 이 성읍에서 전염병과 칼과 기근에서 남은 자를 바벨론의 느부갓네살 왕의 손과 그들의 원수의 손과 그들의 생명을 찾는 자들의 손에 넘기리니 그가 칼날로 그들을 치되 측은히 여기지 아니하며 긍휼히 여기지 아니하며 불쌍히 여기지 아니하리라 하셨느니라 여호와께서 말씀하시기를 보라 내가 너희 앞에 생명의 길과 사망의 길을 두었노라 너는 이 백성에게 전하라 하셨느니라 이 성읍에 사는 자는 칼과 기근과 전염병에 죽으려니와 너희를 에워싼 갈대아인에게 나가서 항복하는 자는 살 것이나 그의 목숨은 전리품 같이 되리라 여호와의 말씀이니라 내가 나의 얼굴을 이 성읍으로 향함은 복을 내리기 위함이 아니요 화를 내리기 위함이라 이 성읍이 바벨론 왕의 손에 넘김이 될 것이요 그는 그것을 불사르리라"(21:7~10)

예레미야는 바벨론 군대가 오면 믿음으로 싸우라고 하지 않고, 쉽지 않은 일이지만 나가서 그들에게 항복하는 것이 생명의 길이라고 한다. 반면 거짓 선지자들은 바벨론 군대가 절대로 오지 않는다고 한다.

22장은 여호야김, 여호야긴 왕에 대하여 비참함을 말한다.

> "여호와의 말씀이니라 나의 삶으로 맹세하노니 유다 왕 여호야김의 아들 고니야가 나의 오른손의 인장반지라 할지라도 내가 빼어 네 생명을 찾는 자의 손과 네가 두려워하는 자의 손 곧 바벨론의 왕 느부갓네살의 손과 갈대아인의 손에 줄 것이라"(22:24~25)

여호야김과 여호야긴 왕을 바벨론에 넘겨주시겠다는 말씀이다.

23장은 거짓 선지자들이 말하는 꿈들이다.

"여호와의 말씀이니라 보라 거짓 꿈을 예언하여 이르며 거짓과 헛된 자만으로 내 백성을 미혹하게 하는 자를 내가 치리라 내가 그들을 보내지 아니하였으며 명령하지 아니하였나니 그들은 이 백성에게 아무 유익이 없느니라 여호와의 말씀이니라"(23:32)

하나님께서 보내시지도 않은 거짓 선지자들이 환상을 보았다, 꿈을 꾸었다, 음성을 들었다, 이런 소리들을 한다는 것이다. 구약에서는 아브라함 시대, 솔로몬 시대 등 하나님께서 직접 택한 자에게 꿈에서 메시지를 주시는 모습을 볼 수 있다.

24장은 좋은 무화과와 나쁜 무화과 두 광주리의 예언이다.

"이스라엘의 하나님 여호와께서 이와 같이 말씀하시니라 내가 이 곳에서 옮겨 갈대아인의 땅에 이르게 한 유다 포로를 이 좋은 무화과 같이 잘 돌볼 것이라 내가 그들을 돌아보아 좋게 하여 다시 이 땅으로 인도하여 세우고 헐지 아니하며 심고 뽑지 아니하겠고 내가 여호와인 줄 아는 마음을 그들에게 주어서 그들이 전심으로 내게 돌아오게 하리니 그들은 내 백성이 되겠고 나는 그들의 하나님이 되리라 여호와께서 이와 같이 말씀하시니라 내가 유다의 왕 시드기야와 그 고관들과 예루살렘에 남은 자로서 이 땅에 남아 있는 자와 애굽 땅에 사는 자들을 나빠서 먹을 수 없는 이 나쁜 무화과 같이 버리되 세상 모든 나라 가운데 흩어서 그들에게 환난을 당하게 할 것이며 또 그들에게 내가 쫓아 보낼 모든 곳에서 부끄러움을 당하게 하며 말거리가 되게 하며 조롱과 저주를 받게 할 것이며 내가 칼과 기근과 전염병을 그들 가운데 보내 그들이 내가 그들과 그들의 조상들에게 준 땅에서 멸절하기까지 이르게 하리라 하시니라"(24:5~10)

B.C. 597년 여호야긴(여고냐) 왕과 에스겔 등이 바벨론으로 2차 포로로 간 사건이 있은 후 여호와께서 성전 앞에서 무화과를 보여 주셨다. 한 광주리는 좋은 무화과이고, 또 한 광주리는 더러워 먹을 수 없는 것이다. 좋은 무화과 한 광주리는 바벨론에 포로로 잡혀간 사람들이고, 나쁜 무화과 한 광주리는 그 땅에 남아 있기를 고집하는 사람들을 말한다. 하나님이 보시기에는 바벨론에 포로로 잡혀간 자들은 앞으로 새로운 이스라엘의 주인이 될 사람들이고, 남아 있는 사람들은 칼과 기근, 전염병으로 다 죽게 될 사람들이라는 것이다.

25장은 이스라엘 백성이 바벨론 포로로 잡혀가 70년이 지나면 돌아온다고 하신다.

> "이 모든 땅에 폐허가 되어 놀랄 일이 될 것이며 이 민족들은 칠십 년 동안 바벨론의 왕을 섬기리라 여호와의 말씀이니라 칠십 년이 끝나면 내가 바벨론의 왕과 그의 나라와 갈대아인의 땅을 그 죄악으로 말미암아 벌하여 영원히 폐허가 되게 하되 내가 그 땅을 향하여 선언 한 바 곧 예레미야가 모든 민족을 향하여 예언하고 이 책에 기록한 나의 모든 말을 그 땅에 임하게 하리라"(25:11~13)

결국에는 바벨론도 무너지게 되고 이스라엘 백성도 포로에서 돌아온다는 것이다. 이런 약속을 다니엘(단 9:2)이 알게 된다. 예레미야 이후 다니엘은 70년이 되면 돌아간다는 약속을 붙잡고 기도하게 된다. B.C.539년에 고레스의 메데 · 페르시아 연합국에 의해 바벨론이 무너지고 B.C.538년에 고레스 칙령이 선포되어, B.C.606년 여호야김 왕 3년에 바벨론에 포로로 갔다가 B.C.536년에 예레미야의 예언대로 70년 만에 돌아오게 된다.

26장은 여호야김 왕 때의 이야기이다. 1차 기록이 불타고 다시 기록되어 순서의 차이가 보인다. 여호야김 왕이라 앞부분에 다루어져야 하지만 뒤에 나와 짜임새가 조금 맞지 않아 보인다. 그래서 14~20장까지 읽고 26장을 읽으면 짜임새가 맞아 보인다. 내용은 여호야김 왕이 하나님의 말씀을 듣고도 결국 회개하지 못한다는 것이다.

27장은 예레미야가 목에 멍에를 걸고 바벨론 왕의 멍에를 지고 살아야 한다고 한다.

> "유다의 왕 요시야의 아들 여호야김이 다스리기 시작할 때에 여호와께서 말씀으로 예레미야에게 임하시니라 여호와께서 이와 같이 내게 말씀하시되 너는 줄과 멍에를 만들어 네 목에 걸고 유다의 왕 시드기야를 보러 예루살렘에 온 사신들의 손에도 그것을 주어 에돔의 왕과 모압의 왕과 암몬 자손의 왕과 두로의 왕과 시돈의 왕에게 보내며"(27:1~3)

본문의 '여호야김'을 '시드기야 왕'으로 바꾸어야 문맥상 이어진다. 우리 성경, 킹 제임스 버전과 AV(Authorized Version) 영어 성경은 '여호야김'으로 되어 있지만 NIV, RSV와 일본어 성경은 '시드기야 왕'으로 번역되어 있다. 이것은 성경을 사본한 사람들의 실수로 보아야 할 것 같다.

> "여호와의 말씀이니라 바벨론의 왕 느부갓네살을 섬기지 아니하며 그 목으로 바벨론의 왕의 멍에를 메지 아니하는 백성과 나라는 내가 그들이 멸망하기까지 칼과 기근과 전염병으로 그 민족을 벌하리라 너희는 너희 선지자나 복술가나 꿈꾸는 자나 술사나 요술자가 이르기를 너희가 바벨론의 왕을 섬기게 되지 아니하리라 하여도 너희는 듣지 말라 그들은 너희에게 거짓을 예언하여 너희가 너희 땅에서 멀리 떠나게 하며 또 내가 너희를 몰아내게 하며 너희를 멸망하게 하느니라 그러나 그 목으로 바벨론 왕의 멍에를 메고 그를 섬기는 나라는 내가 그들을 그 땅에 머물러 밭을 갈며 거기서 살

게 하리라 하셨다 하라 여호와의 말씀이니라 하시니라"(27:8~11)

바벨론 왕을 섬기지 않는 자는 모두 칼과 기근, 전염병으로 벌하겠다고 하신다.

28장은 거짓 선지자 하나냐의 잘못된 예언의 결과이다.

"선지자 예레미야가 선지자 하나냐에게 이르되 하나냐여 들으라 여호와께서 너를 보내지 아니하셨거늘 네가 이 백성에게 거짓을 믿게 하는도다 그러므로 여호와께서 이와 같이 말씀하시되 내가 너를 지면에서 제하리니 네가 여호와께 패역한 말을 하였음이라 네가 금년에 죽으리라 하셨느니라 하더니 선지자 하나냐가 그 해 일곱째 달에 죽었더라"(28:15~17)

하나님 말씀을 거짓으로 예언한 하나냐는 결국 죽음을 맞이한다.

29장은 예레미야가 바벨론에 포로로 끌려간 백성들에게 편지를 보냈다.

"만군의 여호와 이스라엘의 하나님께서 예루살렘에서 바벨론으로 사로잡혀 가게 한 모든 포로에게 이와 같이 말씀하시니라 너희는 집을 짓고 거기에 살며 텃밭을 만들고 그 열매를 먹으라 아내를 맞이하여 자녀를 낳으며 너희 아들이 아내를 맞이하며 너희 딸이 남편을 맞아 그들로 자녀를 낳게 하여 너희가 거기에서 번성하고 줄어들지 아니하게 하라 너희는 내가 사로잡혀 가게 한 그 성읍의 평안을 구하고 그를 위하여 여호와께 기도하라 이는 그 성읍이 평안함으로 너희도 평안할 것임이라 만군의 여호와 이스라엘의 하나님께서 이와 같이 말씀하시니라 너희 중에 있는 선지자들에게와 점쟁이에게 미혹되지 말며 너희가 꾼 꿈도 곧이 듣고 믿지 말

라"(29:4~8)

바벨론에 포로로 끌려간 백성들에게 생육하고 번성하며 집을 짓고 텃밭을 가꾸며 성실히 살라고 한다.

> "내가 그들을 보내지 아니하였어도 그들이 내 이름으로 거짓을 예언함이라 여호와의 말씀이니라 여호와께서 이와 같이 말씀하니라 바벨론에서 칠십 년이 차면 내가 너희를 돌보고 나의 선한 말을 너희에게 성취하여 너희를 이 곳으로 돌아오게 하리라 여호와의 말씀이니라 너희를 향한 나의 생각을 내가 아나니 평안이요 재앙이 아니니라 너희에게 미래와 희망을 주는 것이니라 너희가 내게 부르짖으며 내게 와서 기도하면 내가 너희들의 기도를 들을 것이요 너희가 온 마음으로 나를 구하면 나를 찾을 것이요 나를 만나리라 이것이 여호와의 말씀이니라 나는 너희들을 만날 것이며 너희를 포로된 중에서 다시 돌아오게 하되 내가 쫓아 보내었던 나라들과 모든 곳에서 사로잡혀 떠났던 그 곳으로 돌아오게 하리라 이것은 여호와의 말씀이니라"(29:9~14)

바벨론에서 70년이 차면 돌아온다는 말씀은 백성들에게 미래와 희망을 주는 것이며, 온 마음을 다하여 하나님을 찾으라는 것이다. 24절 이후는 스마야 같은 거짓 선지자가 또 나타나 하나님의 이름으로 거짓 예언을 하고 있어 보낸 편지이다.

30장은 바벨론 포로로 간 백성들은 언젠가 돌아오는데 죄가 없는 것으로 여기지 않고 법에 따라 징계하시겠다는 말씀이다.

> "이는 여호와의 말씀이라 내가 너와 함께 있어 너를 구원할 것이라

> 너를 흩었던 그 모든 이방을 내가 멸망시키리라 그럴지라도 너만은 멸망시키지 아니하리라 그러나 내가 법에 따라 너를 징계할 것이요 결코 무죄한 자로만 여기지는 아니하리라"(30:11)

포로에서 돌아온 백성들에게 법에 따라 죄를 묻겠다고 하신다.

31장은 새 언약을 세우시리라고 하신다.

> "여호와의 말씀이니라 보라 날이 이르리니 내가 이스라엘 집과 유다 집에 새 언약을 맺으리라 이 언약은 내가 그들의 조상들의 손을 잡고 애굽 땅에서 인도하여 내던 날에 맺은 것과 같지 아니할 것은 내가 그들의 남편이 되었어도 그들이 내 언약을 깨뜨렸음이라 여호와의 말씀이니라"(31:31~32)

구약 시대에 이스라엘과 하나님의 관계는 부부 관계였는데, 신약 시대의 새 언약은 부모와 자식처럼 언약을 하신다는 것이다.

32장은 하나멜의 밭을 사라고 한다. 예레미야가 자기 사촌 하나멜의 소유로 되어 있는 밭을 사게 된다. 하나님께서 예레미야가 포로가 되어 바벨론으로 잡혀가도 반드시 돌아온다는 증명을 보이시려고 하나멜의 밭을 사라고 하시는 것이다.

> "예레미야가 이르되 여호와의 말씀이 내게 임하였느니라 이르시기를 보라 네 숙부 살룸의 아들 하나멜이 네게 와서 말하기를 너는 아나돗에 있는 내 밭을 사라 이 기업을 무를 권리가 네게 있느니라 하리라 하시더니"(32:6~7)

예레미야는 바벨론 포로에서 돌아오게 된다는 증거로 사촌인 하나멜에게서 아나돗 밭을 사게 된다.

> "만군의 여호와 이스라엘의 하나님께서 이와 같이 말씀하시니라 사람이 이 땅에서 집과 밭과 포도원을 다시 사게 되리라 하셨다 하니라"(32:15)

포로에서 돌아온 백성들도 집과 밭, 포도원을 다시 사게 되리라고 하신다. 33장에서는 하나님의 비밀을 보이신다.

> "여호와의 말씀이니라 보라 내가 이스라엘 집과 유다 집에 대하여 일러 준 선한 말을 성취할 날이 이르리라 그 날 그 때에 내가 다윗에게서 한 공의로운 가지가 나게 하리니 그가 이 땅에 정의와 공의를 실행할 것이라"(33:14~15)

다윗의 자손 예수 그리스도가 탄생할 것을 예언한다. 34장은 시드기야 왕의 운명이 다가오고 있는 모습이다.

> "바벨론의 느부갓네살 왕과 그의 모든 군대와 그의 통치하에 있는 땅의 모든 나라와 백성이 예루살렘과 그 모든 성읍을 칠 때에 말씀이 여호와께로부터 예레미야에게 임하여 이르시되 이스라엘의 하나님 여호와께서 이와 같이 말씀하시니라 너는 가서 유다의 시드기야 왕에게 아뢰어 이르기를 여호와의 말씀에 보라 내가 이 성을 바벨론 왕의 손에 넘기리니 그가 이 성을 불사를 것이라 네가 그의 손에서 벗어나지 못하고 반드시 사로잡혀 그의 손에 넘겨져서 네 눈은 바벨론 왕의 눈을 볼 것이며 그의 입은 네 입을 마주 대하여 말할 것이요 너는 바벨론으로 가리라 그러나 유다의 시드기야 왕이여

여호와의 말씀을 들으라 여호와께서 네게 대하여 이와 같이 말씀하시니라 네가 칼에 죽지 아니하고 평안히 죽을 것이며 사람이 너보다 먼저 있은 네 조상들 곧 선왕들에게 분향하던 것 같이 네게 분향하며 너를 위하여 애통하기를 슬프다 주여 하리니 이는 내가 말하였음이라 여호와의 말씀이니라 하시니라"(34:1~5)

시드기야 왕이 바벨론 왕을 섬기라는 하나님의 말씀에 순종하였다면 비참하게 죽지는 않을 것이라는 말이다.

35장은 레갑의 아들 선조 요나답의 명령을 지키는 겐 족속 사람들의 모습이다.

"레갑의 아들 요나답이 그의 자손에게 포도주를 마시지 말라 한 그 명령은 실행되도다 그들은 그 선조의 명령을 순종하여 오늘까지 마시지 아니하거늘 내가 너희에게 말하고 끊임없이 말하여도 너희는 내게 순종하지 아니하도다 내가 내 종 모든 선지자를 너희에게 보내고 끊임없이 보내며 이르기를 너희는 이제 각기 악한 길에서 돌이켜 행위를 고치고 다른 신을 따라 그를 섬기지 말라 그리하면 너희는 내가 너희와 너희 선조에게 준 이 땅에 살리라 하여도 너희가 귀를 기울이지 아니하며 내게 순종하지 아니하였느니라 레갑의 아들 요나답의 자손은 그의 선조가 그들에게 명령한 그 명령을 지켜 행하나 이 백성은 내게 순종하지 아니하도다"(35:14~16)

선조 요나답의 명령을 듣고 그대로 살아가는 겐 족속과 하나님의 말씀에 860년 동안 순종하지 않는 이스라엘 백성들을 보면서 하나님이 안타까워하시는 모습이다.

"예레미야가 레갑 사람의 가문에게 이르되 만군의 여호와 이스라엘의 하나님께서 이와 같이 말씀하시기를 너희가 너희 선조 요나단의 명령을 순종하여 그의 모든 규율을 지키며 그가 너희에게 명령한 것을 행하였도다 그러므로 만군의 여호와 이스라엘의 하나님께서 이와 같이 말씀하시니라 레갑의 아들 요나답에게서 내 앞에 설 사람이 영원히 끊어지지 아니하리라 하시니라"(35:18~19)

겐 족속 이방인들은 자기들의 선조인 레갑의 아들 요나답(여호나답; 왕하 10:15; 민 24:21)의 유훈을 철저히 지켜 가고 있는데, 어찌하여 나의 말은 이스라엘 백성 중에서 실행되지 않고 있는지 하나님께서 탄식하고 계시다. 이스라엘 백성들은 하나님의 종 모세를 중재자로 하여 거룩한 언약을 맺었는데 그것을 헌신짝처럼 벗어던지고 예언자를 보내고 또 보내도 회개하지 않는 반면 이방인들은 자기 선조가 남긴 말도 이렇게 진실하게 지켜 가고 있다는 것이다. 이스라엘 백성들은 왜 이렇게 말을 듣지 않는지 안타까워하신다. 예레미야 속에서 하나님이 울고 계시는 모습이 엿보인다. 그래서 하나님께서 앞으로 겐 족속 중에서 내 앞에 설 자가 끊어지지 않을 것이라고 말씀하신다.

36장에서는 왕이 예레미야의 예언을 기록한 두루마리 책을 화로 불에 던져 태웠다.

"유다의 요시야 왕의 아들 여호야김 제사년에 여호와께로부터 예레미야에게 말씀이 임하니라 이르시되 너는 두루마리 책을 가져다가 내가 네게 말하던 날 곧 요시야의 날부터 오늘까지 이스라엘과 유다와 모든 나라에 대하여 내가 네게 일러 준 모든 말을 거기에 기록하라 유다 가문이 내가 그들에게 내리려 한 모든 재난을 듣고 각기 악한 길에서 돌이키리니 그리하면 내가 그 악과 죄를 용서하리라 하시니라 이에 예레미야가 네리야의 아들 바룩을 부르매 바룩이 예레미야가 불러 주는 대로 여호와께서 그에게 이르신 모든 말씀을 두루마리 책에 기록하니라"(36:1~4)

여호와의 모든 말씀을 예레미야가 다시 바룩에게 불러 주고 기록하게 한다.

"그들이 두루마리를 서기관 엘리사마의 방에 두고 뜰에 들어가 왕께 나아가서 이 모든 말을 왕의 귀에 아뢰니 왕이 여후디를 보내어 두루마리를 가져오게 하매 여후디가 서기관 엘리사마의 방에서 가져다가 왕과 왕의 곁에 선 모든 고관의 귀에 낭독하니 그 때는 아홉째 달이라 왕이 겨울 궁전에 앉았고 그 앞에는 불 피운 화로가 있더라 여후디가 서너 쪽을 낭독하면 왕이 칼로 그것을 연하여 베어 화로 불에 던져서 두루마리를 모두 태웠더라"(36:20~23)

여호야김 왕은 예레미야가 전한 여호와의 말씀의 기록을 듣고 그것을 칼로 베어 불에 태워 버렸다.

37장은 느부갓네살이 요시야 왕의 아들 시드기야를 왕으로 삼았으나 그와 그의 신하, 백성은 예레미야의 말을 믿지 않았다.

"그와 그의 신하와 그의 땅 백성이 여호와께서 선지자 예레미야에게 하신 말씀을 듣지 아니하니라"(37:2)

시드기야 왕과 신하와 백성들은 40년 동안 예레미야가 전한 하나님의 말씀을 믿지 않았다.

38장은 진흙 구덩이에 빠진 예레미야의 모습과 구출된 예레미야에게 시드기야 왕이 비밀히 바벨론 침략에 대하여 묻는 모습이다.

"시드기야 왕이 예레미야에게 이르되 나는 갈대아인에게 항복한 유다인을 두려워하노라 염려하건대 갈대아인이 나를 그들의 손에 넘기면 그들이 나를 조롱할까 하노라 하는지라 예레미야가 이르되 …… 여호와의 목소리에 순종하소서 그리하면 왕이 복을 받아 생명을 보전하시리이다 그러나 만일 항복하기를 거절하시면 여호와께서 내게 보이신 말씀대로 되리이다"(38:19~21)

시드기야 왕은 이미 바벨론 왕의 두 번의 침략을 겪고도 예레미야의 예언을 믿지 않고 있다. 항복하는 것이 사는 길이라고 말하지만, 시드기야 왕은 지금까지 봐서는 예레미야 말이 모두 맞지만 항복을 하려니 자존심도 상하고, 먼저 잡혀간 포로들이 조롱할 것 같아 마음에 걸린다고 말한다.

39장은 시드기야 왕 제9년 10월 10일에 바벨론 왕의 3차 침략으로 예루살렘이 멸망하는 장면이다.

"유다의 시드기야 왕의 제구년 열째 달에 바벨론의 느부갓네살 왕과 그의 군대가 와서 예루살렘을 에워싸고 치더니 시드기야의 제십일년 넷째 달 아홉째 날에 성이 함락 되니라"(39:1~2)

시드기야 왕 9년(B.C. 588) 10월 10일, 바벨론의 느부갓네살 왕이 침략하고 1년 6개월(B.C. 586) 만인 4월 9일에 예루살렘이 함락된다.

"바벨론의 왕이 리블라에서 시드기야의 눈 앞에서 그의 아들들을 죽였고 왕이 또 유다의 모든 귀족을 죽였으며 왕이 또 시드기야의 눈을 빼게 하고 바벨론으로 옮기려고 사슬로 결박 하였더라"(39:6~7)

예루살렘이 예레미야의 예언대로 함락되고 말았다. 바벨론 느부갓네살 왕은 자기가 세운 시드기야 왕의 배반에 노하여 시드기야의 자식들을 죽여 버리고 시드기야의 눈을 뽑아 바벨론으로 잡아갔다.

40장에서는 예레미야가 풀려난다.

> "보라 내가 오늘 네 손의 사슬을 풀어 너를 풀어 주노니 만일 네가 나와 함께 바벨론으로 가는 것을 좋게 여기거든 가자 내가 너를 선대하리라 만일 나와 함께 바벨론으로 가는 것을 좋지 않게 여기거든 그만 두라 보라 온 땅이 네 앞에 있나니 네가 좋게 여기는 대로 옳게 여기는 곳으로 갈지니라 하니라 예레미야가 아직 돌이키기 전에 그가 다시 이르되 너는 바벨론의 왕이 유다 성읍들을 맡도록 세운 사반의 손자 아히감의 아들 그다랴에게로 돌아가서 그와 함께 백성 가운데 살거나 네가 옳게 여기는 곳으로 가거나 할지니라 하고 그 사령관이 그에게 양식과 선물을 주어 보내매 예레미야가 미스바로 가서 아히감의 아들 그다랴에게로 나아가서 그 땅에 남아 있는 백성 가운데서 그와 함께 사니라"(40:4~6)

포로로 잡혀 바벨론으로 가는 중 사령관 느부사라단이 예레미야를 풀어주어 바벨론 왕이 세운 그다랴 총독에게 돌아간다.

41장에서는 총독 그다랴가 암살당하였다.

요하난의 정보를 묵살했다가 총독 그다랴가 이스마엘에게 암살당했다. 그래서 생긴 것이 7월의 금식이다. 이스라엘의 4대 금식 절기는 예루살렘이 최종적으로 포위당했던 B.C. 588년 10월의 금식, 예루살렘의 성벽이 뚫렸던 날인 B.C. 586년 4월의 금식, B.C. 586년 5월 7일부터 10일까지 예루살렘 성전과 왕궁이 불타 버린 5월의 금식, 총독 그달랴가 암살당했던 7월의 금식이다.

42~44장은 바벨론이 세운 총독 그다랴를 죽였기 때문에 바벨론 군대가 다

시 올 것 같아 애굽으로 가려는 이스라엘 백성과 애굽에 가서의 모습들이다.

아히감이나 그다랴는 귀족 출신이었지만 그래도 예레미야의 말에 관심을 가지고 분별력이 있는 총독이었다. 그러나 바벨론 왕이 세운 총독을 죽이고 나니 이스라엘 백성들은 바벨론 왕에게 겁을 먹으면서 애굽으로 도망가려 한다. 그들이 몰려와 예레미야에게 이야기한다. "지금까지 우리가 지켜보았지만 여러 선지자보다 당신 말이 늘 맞았다. 그러니까 당신이 무슨 말을 하시든지 그 말을 따르는 것이 우리에게 복이 될 줄 믿는다.

그러므로 우리가 애굽으로 가야 할지 여기에 남아야 할지 알려 달라."며 묻는다. 예레미야가 기도한 후 하나님 말씀을 전하기를 "바벨론이 다시 오지 않습니다." 하며 남아 있는 백성들은 이 땅이 황무지로 변하지 않게 땅을 가꾸고 자녀를 낳고 열심히 살면 된다고 하나님의 뜻을 전했다. 그러나 그 악한 백성들의 무리는 "또 올 것인데 오지 않는다고 우리를 속이고 바벨론 왕에게 모두 잡혀가게 하려고 한다."라고 말한다. 온다고 할 때에는 안 온다고 우기더니 이번에는 안 온다고 하니까 온다고 고집하는 백성들의 모습에 예레미야의 심정이 어떠했겠는가? 예레미야는 어리석은 사람들을 안타까워하면서 애굽으로 가면 한 사람도 예외 없이 모두 죽는다고, 내 말이 하나님의 말씀이니 믿으라고 하면서 가지 말라고 호소하지만, 그들은 애굽으로 갈 것이라고 한다. 북소리도 들리지 않는, 전쟁이 없는 애굽으로 간다면서 예레미야도 데리고 간다. 애굽의 '다바네스'라는 곳에 도착했을 때에 예레미야는 바벨론 군대가 여기까지 와서 칼과 기근, 전염병으로 모조리 죽일 것이니 큰 돌 하나를 가져오라고 하고는 그곳에 구덩이를 파고 덮으라고 한다. 예레미야가 시키는 대로 구덩이를 팠던 흔적이 없도록 만들어 놓자 예레미야가 말한다.

예레미야는 돌을 묻어 둔 장소는 알 수 없게 만들었지만 바벨론 군대가 이 장소, 여기 돌 묻힌 위에서 여러분을 재판하고 모두 죽일 것이라고 예언한다. 정말 날이 되어 바벨론 군대가 예레미야의 예언대로 돌을 파묻은 그 자리 위에서 이스라엘 백성들을 모두 잡아 죽인다. 예레미야는 다시 혼자서 예루살렘으로 돌아온다.

45장에서는 여호와께서 바룩에게 구원을 약속하신다. 46장은 애굽, 47장은 블레셋, 48장은 모압, 49장은 암몬, 49장 7절은 에돔, 49장 23절은 다메섹, 49장 28절은 게달과 하솔, 49장 34절은 엘람에 대한 예언의 말씀들이다. 50~51장은 바벨론도 멸망할 것을 예언한다.

52장은 39장의 예루살렘이 함락되는 이야기를 다시 한 번 되풀이하면서 결론을 맺는다.

> "느부갓네살이 사로잡아 간 백성은 …… 제 칠년에 유다인이 삼천 이십삼 명이요 느부갓네살의 열여덟째 해에 …… 팔백삼십이 명이요 느부갓네살의 제이십삼년에 …… 칠백사십오 명이니 그 총수가 사천육백 명이더라"(52:28~30)

하나님께서 참담한 심정으로 쓸 만한 자 4,600명을 데리고, 바벨론에서 다시 새 역사를 시작하시려는 모습을 볼 수 있어야 한다.

예레미야애가

〈예레미야애가〉의 이름은 히브리어 원문같이 '애카'(어찌하여)로 표현되어 있다. 본문 1장, 2장, 4장에서도 첫 구절에 사용되었다. "슬프다 이 성이여 전에는 사람들이 많더니 이제는 어찌 그리 적막하게 앉았는고"(1:1). 이 〈예레미야애가〉를 히브리어로 읽어 보면 두문 형식으로 쓰인 것을 알 수 있다. 히브리어 알파벳 알렙(א), 베~트(ב), 기~멜(ג), 달렡(ד), 헤~(ה), 바브(ו), 자인(ז), 헤~트(ח), 테~트(ט), 요드(י), 카프(כ), 라메드(ל), 멤(מ), 눈(נ), 싸멕(ס), 아인(ע), 페~(פ), 차데(צ), 코프(ק), 레쉬(ר), 신(שׂ), 쉰(שׁ), 타우(ת)를 머리글자로 알파벳을 나열하여 써 내려가고 있다. 〈애가서〉는 전체적 구성을 시적으로 기록하고 있다. 〈애가서〉는 모두 다섯 개의 애가로 각기 22개의 구절들로 되어 있다(세 번째 애가만 66개의 구절). 히브리 알파벳의 자음 22개를 인용한 것임을 알 수 있다. 〈애가서〉는 B.C. 586년에 예루살렘에 임한 하나님의 심판을 예언한 예레미야(대하 35:25)가 썼다고 전한다. 〈애가서〉는 예루살렘 성과 성전의 파괴, 성전 의식의 폐지 그리고 유다 백성들의 포로 사건 등을 비통한 심정으로 전하고 있다. 지금도 유대 전통적 절기인 아브절의 아홉째 날에 〈애가서〉 전체를 큰 소리로 읽는다. 예루살렘 파멸을 슬퍼하는 이 〈애가서〉는 왕들, 지도자들, 장로들, 제사장들, 선지자들 그리고 백성들에 대한 죽음, 굶주린 어머니들이 자기 자녀들을 잡아먹는 상황, 남왕국 백성들의 바벨론 포로 됨, 정성껏 드려졌던 성전 의식의 붕괴로 인한 예루살렘의 처절함을 볼 수 있다. 예레미야가 애굽에서 이스라엘 백성들과 작별하고 돌아와서 자기 일생의 40년을 말씀을 전하고 기도하였던 그 예루살렘 성이 불타고 백성들이 강탈당하는 참혹함을 눈물로 기록한 것으로 본다.

예레미야의 슬픈 노래

- 시드기야 왕의 아들이 목전에서 죽임을 당하고 왕은 두 눈이 뽑힌 채 바벨론에 포로로 끌려갔다.
- 귀족들과 대인들, 방백들이 죽임을 당하거나 포로로 잡혀갔고, 청년 남녀들도 포로로 끌려갔다.
- 거룩한 성전은 모두 파괴되어 무너졌다.
- 성전 안의 금과 은으로 만든 기구와 기명(器皿)들이 모두 약탈당했다.
- 거민이 많아서 길이 훈훈하던 그 성읍이 처량하고 명절이 되어도 오가는 사람들이 없었다.
- 대대로 내려오는 보물들은 모두 약탈당했다.
- 열국 중에 공주 같은 성읍이 이제는 조공을 드리는 자가 되었다.
- 시온의 도로가 처량하고 절기가 되어도 오고 가는 사람들이 없었다.
- 시온이 손을 펴도 위로할 자가 없다.
- 제사장들과 장로들이 식물을 구걸하다가 성중에서 기절하여 죽었다.
- 장로와 제사장들이 존경받지도 못하고 성소에서 죽임을 당했다.
- 젖먹이가 목말라서 혀가 입천장에 말라붙었다.
- 어린아이의 노랫소리가 영원히 사라졌다.
- 어린아이들도 모두 대적에게 사로잡혀 갔다.
- 어린아이들은 길거리에서 양식을 구하다가 지쳐서 쓰러졌다.
- 어린아이들이 어머니 품에 안겨서 배가 고파 혼미한 가운데 숨이 끊어지면 슬퍼하여 울지 않고 웃으며 아이를 부엌으로 가져가 삶아서 배고

픔을 달랬다.

- 골목길에서 장난하던 어린아이들의 노랫소리가 사라졌다.
- 어린아이들이 소년소녀가 되어 보지도 못한 채 죽임을 당했다.
- 밖에는 살육자의 칼이 아직도 난무하고 있다.
- 집에는 치우지 못한 시체들의 썩는 냄새로 눈과 코를 들 수가 없다.
- 눈이 눈물에 상하여 짓무르도록 울어도 아무도 위로할 자가 없다.
- 들개는 오히려 젖을 내어서 새끼를 먹이는데 예루살렘의 자비로운 부녀들이 무정하고 잔인하기가 광야의 타조와 같다.
- 발바닥으로 아직 흙도 한번 밟아보지 못한 부녀들이 욕보임을 당하고 자녀들을 삶아 먹는 비참한 일이 벌어졌다.
- 붉은 색동옷을 입은 자가 이제는 거름더미에 엎드려졌다.
- 전에는 존귀한 자의 몸이 눈보다 깨끗하고 우유보다 희며 산호보다 붉고 그 윤택함이 마치 마광된 청옥과 같은 청청한 피부와 얼굴이 이제는 숯보다 검고 그 가죽이 뼈에 붙어서 막대기처럼 되어 거리에서 아무도 알아 볼 수가 없다.
- 거리에서 호미같이 말라가던 여인들은 어찌하여 칼에 죽지 못 하였던고 하다가 숨이 끊어졌다.
- 대적이 유다의 각 성에서 부녀와 처녀들을 욕보이고 지나갔다.
- 주림의 열기로 인하여 피부가 아궁이처럼 검어졌다.
- 사람들의 입에서 기쁨이라는 말이 사라졌다.

결국에 "여호와여! 우리의 마음을 다시 주께로 돌이키소서! 그리하시면 우리가 주께로 돌이키겠나이다! 우리의 날을 다시 새롭게 하사 옛적같이 하옵소서!"라고 하지만 예레미야의 슬픈 노래가 이어지고 예레미야는 어떻게 되었는지, 어떻게 죽었는지, 어떻게 마지막을 맞이했는지 기록이 없다. 유대 전승에 의하면 〈히브리서〉 11장 37절의 '돌로 치는 것'이 예레미야가 애굽에서 돌에 맞아 죽었다는 것을 의미한다고 전한다. "처녀 딸 내 백성이 사로잡힘을 인하여 내가 눈물을 흘리며 통곡하리라!" 눈물이 많은 예레미야를 통해서 예레미야만 우는 것이 아니고 예레미야 안에서 하나님도 우시는 것을 볼 수 있다.

다니엘

다니엘(하나님은 재판장이시다)은 남왕국 요시야 왕 때 귀족의 가문에서 태어났다. 그는 바벨론의 1차 침입 때 어린 나이에 포로로 잡혀간 것으로 보인다. 〈다니엘서〉는 바벨론의 1차 침입(B.C.606) 시기부터 바벨론으로 포로가 되어간 기간(B.C536)까지 이스라엘 백성들의 이야기이다. 이스라엘 백성들은 가나안 땅에 들어가서 안식일과 안식년도 지키지 않았다. 안식년을 지키지 않은 것을 바벨론 포로 70년으로 보상하게 된다. 하나님께서 선민을 선택하여 출애굽 후 배역한 광야1세대를 다 죽이시고, 가나안으로 인도하셨다. 그러나 가나안 역사 약 860년을 우상숭배와 배교 등, 타락의 죄로 예언하신대로 바벨론을 끌어다가 멸망시키시고 쓸 만한 자 4,600명(렘52:30)만 바벨론으로 포로 보내어 다시 시작하시는 역사이다. 하나님께서 주신 약속의 땅 가나안에서는 깨닫지 못한 것을 바벨론에 가서 깨닫게 된다. 다니엘서의 주제는 하나님의 절대 주권이고, "지극히 높으신 하나님이 인간 나라를 다스리신다"(5:21)라고 말씀하신다. 저자도 다니엘이라고 증거한다(9:2). 예수님은 〈다니엘서〉 11장 31절 "너희가 선지자 다니엘의 말한바 멸망의 가증한 것이 거룩한 곳에서 선 것을 보거든"을 인용하시면서 저자를 다니엘이라 인정하셨다. 〈다니엘서〉는 B.C. 539년에 고레스에 의해서 바벨론이 함락되고 스룹바벨과 여호수아의 인도로 바벨론 포로 1차 귀환 이후인 약 B.C. 530년경에 바벨론에서 기록된 것으로 보인다. 다니엘은 느부갓네살 왕부터 고레스 왕까지 하나님의 선지자로 직임은 받지 않았으나 하나님의 지혜를 받아 예언을 꿈과 환상으로 해석을 하였다. 다니엘의 예언은 이스라엘 백성과 이방인에 대하여 예언하였다. 그 내용은 하나님의 주권 아래 있는 열방 나라들의 운명과 최후의 메시아 왕국의 도래를 예언하고 있다.

1. 〈다니엘서〉의 배경

여호야김 왕이 바벨론의 포로로 잡혀 올 때 같이 잡혀 와서, 고레스 왕이 통치할 때까지B.C. 606~536년, 약 70년간의 사건과 계시를 기록하고 있다. 다니엘은 약 B.C. 620~530년, 약 90년을 살았다고 보여 진다. 소년 다니엘과 세 친구가 신바벨로니아에 잡혀 와서 겪은 사건들과 다니엘이 환상 가운데 받은 계시가 기록되어 있다.

2. 바벨론(B.C. 625~539)의 왕들

- 나보 폴리살: B.C. 612년 앗수르 함락
- 느브갓네살 2세(B.C. 604~562): 43년간 통치
- 에빌므로닥(B.C. 561~560): 느부갓네살의 아들, 매부 네르갈 사레살의 반란으로 왕위를 빼앗김(왕하 25:17)
- 네르갈 사례살(B.C. 559~556): 느부갓네살의 사위, 에빌므로닥의 매부, 4년 통치, 전쟁에서 죽음(렘 39:3, 13)
- 리바시마루둑(B.C. 556): 네르갈 사례살의 아들(저능아)
- 나보니두스(B.C. 555~539): 네르갈 사례살의 아내와 결혼, 페르시아 전쟁에 나가 있어 벨사살을 섭정 왕으로 임명하였다.
- 벨사살(B.C. 539): 섭정 왕이었으나 고레스에게 죽임을 당한다. 본문 5장2절에서 느부갓네살이 벨사살의 부친으로 번역된 것은 잘못되어진 것이다.

3 〈다니엘서〉의 본문 구조

역사와 교훈

1. 신바빌로니아의 역사: 1~5장
2. 메데 · 페르시아의 역사: 6장

계시와 교훈

1. 신바빌로니아 때에 받은 환상: 7~8장
2. 메대 · 페르시아 때에 받은 환상: 9~12장

1장은 포로로 잡혀 온 다니엘과 세 친구, 뜻을 정하여 음식으로 몸을 더럽히지 않는다.

이 름	뜻	바뀐 이름	비 고
다니엘	하나님은 나의 재판장이시다.	벨드사살	벨 신이여 왕의 생명을 지키소서.
하나냐	주 여호와는 은혜로우시다.	사드락	
미사엘	하나님과 같은 이가 누구인가.	메삭	
아사랴	여호와는 돕는 자이시다.	아벳느고	

⊙ 하나님께서 지혜와 총명을 더하여 주셨다.

2장은 느부갓네살(느보가 왕을 지킨다)의 꿈 이야기이다.

국 가	상 징	연 대	비 고
신바빌로니아	머리–순금	B.C. 627~B.C. 536	고레스–캄비세스–아하수에르(크세르크세스)–아닥사스다 1세–다리오 2세–아닥사스다 2세–아닥사스다 3세–아르세스–다리오 3세–알렉산더
메데 · 페르시아	가슴과 두 팔–은	B.C. 539~B.C. 331	
헬라 제국	배와 넓적다리–놋	B.C. 332~B.C. 148	
로마 제국	종아리–쇠	B.C. 146~A.D. 395	
로마 제국 분열	발–쇠와 진흙	서로마–A.D. 476, 동로마–A.D. 1453	

• 꿈의 내용과 해몽을 묻는 느부갓네살 왕-합심 기도 후 하나님의 뜻을 깨달은 다니엘
• 손대지 않은 돌-영원한 하나님의 나라
• 느부갓네살 왕이 다니엘에게 절하고 다니엘이 섬기는 이스라엘의 하나님을 인정함.

3장은 두라 평지에 금 신상(60규빗: 30m)을 세우고 낙성식에서 느부갓네살 왕의 명으로 절하게 하였다. 다니엘의 세 친구가 위협을 받고도 신앙을 지켰다(하나님께서 보호하지 아니하실지라도). 풀무 불을 칠 배나 뜨겁게 하여 불에 던졌으나 하나님이 구원하셨다. 다니엘의 세 친구로 말미암아 왕이 하나님을 인정하였다.

> "누구든지 엎드려 절하지 아니하는 자는 맹렬히 타는 풀무불 가운데에 던져 넣음을 당하리라 이제 몇 유다 사람 사드락과 메삭과 아벳느고는 왕이 세워 바벨론 지방을 다스리게 하신 자이거늘 왕이여 이 사람들이 왕을 높이지 아니하며 왕의 신들을 섬기지 아니하며 왕이 세우신 금 신상에게 절하지 아니하나이다"(3:11~12)

다니엘의 세 친구는 신변의 위협을 받고도 금 신상에게 절하지 아니하였다.

4장은 느부갓네살 왕의 꿈과 다니엘의 해석과 성취(왕의 교만과 징벌과 회개)

왕이 꿈을 꾸고 12달 후에 하나님께 영광을 돌리지 않고 교만하다가 소처럼 풀을 먹고, 머리털은 독수리처럼, 손톱은 새 발톱처럼 되었다. 7년 기한이 차, 왕이 총명을 찾아 하늘의 왕을 찬양하고 경배하였다.

> "열두 달이 지난 후에 내가 바벨론 왕궁 지붕에서 거닐새 나 왕이

벨사살 왕 원년에 침상에서 꿈꾸며 본 환상

• 큰 짐승 넷과 종말 광경
• 사자와 같은데 독수리의 날개가 – 신바벨론
• 곰과 같은데 그것이 몸 한쪽을 들었고 – 페르시아
• 새의 날개 넷이 있고 머리 넷이 있고 표범 같은 – 헬라
• 열 뿔이 있고 놀랍고 무서운 짐승 – 로마
• 작은 뿔 – 적그리스도

말하여 이르되 이 큰 바벨론은 내가 능력과 권세로 건설하여 나의 도성으로 삼고 이것으로 내 위엄의 영광을 나타낸 것이 아니냐 하였더니 이 말이 아직도 나 왕의 입에 있을 때에 하늘에서 소리가 내려 이르되 느부갓네살 왕아 네게 말하노니 나라의 왕위가 네게서 떠났느니라 네가 사람에게서 쫓겨나서 들짐승과 함께 살면서 소처럼 풀을 먹을 것이요 이와 같이 일곱 때를 지내서 지극히 높으신 이가 사람의 나라를 다스리시며 자기의 뜻대로 그것을 누구에게든지 주시는 줄을 알기까지 이르리라 하더라 바로 그 때에 이 일이 나 느부갓네살에게 응하므로 내가 사람에게 쫓겨나서 소처럼 풀을 먹으며 몸이 하늘 이슬에 젖고 머리털이 독수리 털과 같이 자랐고 손톱은 새 발톱과 같이 되었더라"(4:29~33)

하나님의 행하심은 의로우시며 은혜를 모르고 교만하게 행하는 자를 낮추시는 사건을 느부갓네살 왕을 통하여 보여주신다.

다니엘의 해석

메네-세었다
데겔-저울에 달았다.
우바르신(베레스)-찢다.
→ 세어 보고 달아 보았는데 함량 미달이라 나라가 무너진다는 의미이다.

5장은 메데·페르시아 연합군이 바벨론 성을 포위하고 있을 때 흥을 돋기 위해 성전 그릇들로 잔치를 한다. 벨사살 왕의 잔치 자리에 한 손이 나와서 '메네 메네 데겔 우바르신(베레스)'이라고 벽에 글자를 쓴다.

"그가 마음이 높아지며 뜻이 완악하여 교만을 행하므로 그의 왕위가 폐한바 되며 그의 영광을 빼앗기고 사람 중에서 쫓겨나서 그의 마음을 들짐승의 마음과 같았고 또 들나귀와 함께 살며 또 소처럼 풀을 먹으며 그의 몸이 하늘 이슬에 젖었으며 지극히 높으신 하나님이 사람 나라를 다스리시며 자기의 뜻대로 누구든지 그 자리에 세우시는 줄을 알기에 이르렀나이다 벨사살이여 왕은 그의 아들이 되어서 이것을 다 알고도 아직도 마음을 낮추지 아니하고 도리어

> 자신을 하늘의 주재보다 높이며 그의 성전 그릇을 왕 앞으로 가져다가 왕과 귀족들과 왕후들과 후궁들이 다 그것으로 술을 마시고 왕이 또 보지도 듣지도 알지도 못하는 금, 은, 구리, 쇠와 나무, 돌로 만든 신상들을 찬양하고 도리어 왕의 호흡을 주장하시고 왕의 모든 길을 작정하시는 하나님께 영광을 돌리지 아니한지라"(5:20~23)

벨사살 왕은 느부갓네살 왕의 교만으로 심판 받을 일을 잊어버리고 성전 그릇으로 술을 마시고 신상들을 찬양하는 타락된 모습이다.

6장은 다니엘을 모함하는 다리오 왕의 신하들이다. 다리오 왕의 신하들은 왕의 신임을 받는 다니엘을 시기하여 30일간 누구에게도 구하지 말도록 조서를 작성하여 반포하지만 다니엘은 변함없이 기도를 한다. 다니엘은 사자 굴에 던져지고 다리오 왕도 금식을 한다. 마침내 다니엘은 하나님께 구원을 받고 모함한 자들이 사자 굴로 던져진다.

> "다니엘은 마음이 민첩하여 총리들과 고관들 위에 뛰어나므로 왕이 그를 세워 전국을 다스리게 하고자 한지라 이에 총리들과 고관들이 국사에 대하여 다니엘을 고발할 근거를 찾고자 하였으나 아무 근거, 아무 허물도 찾지 못하였으니 이는 그가 충성되어 아무 그릇됨도 없고 아무 허물도 없음이었더라 그들이 이르되 이 다니엘은 그 하나님의 율법에서 근거를 찾지 못하면 그를 고발할 수 없으리라 하고"(6:3~5)

다리오 왕이 나라들을 정복하여 120명을 두고 다스리고 그 위에 총리 셋을 두었으나 그 중 하나가 지혜로운 다니엘이라 지혜로운 총리들과 고관들이 시기하였다.

7장 1절~14절은 다니엘이 본 환상이고 15절~27절은 해석, 28절은 다니엘의 반응이다.

- 벨사살 왕 원년에 침상에서 꿈꾸며 본 환상(1절) - 큰 짐승 넷과 종말광경
- 사자와 같은데 독수리의 날개가(4절) - 신바벨론
- 곰과 같은데 그것이 몸 한쪽을 들었고(5절) - 페르시아
- 새의 날개 넷이 있고 머리 넷이 있고 표범 같은(6절) - 헬라
- 열 뿔이 있고 놀랍고 무서운 짐승(7절) - 로마
- 작은 뿔(8절) - 적그리스도

벨사살 왕 삼 년에 본 환상

- 몸은 엘람의 수산 성에 있었고 환상을 본 것은 을래강변
- 두 뿔 가진 숫양 – 메데 · 페르시아
- 나중에 난 – 페르시아가 더 강해짐
- 서쪽의 숫염소 – 알렉산더의 헬라 제국
- 네 뿔 – 카산더, 뤼시마커스, 셀류쿠스, 톨레미
- 작은 뿔 – 안티오크스 4세(셀류크스 8대왕), 적그리스도 예표, B.C. 175~B.C. 164년 동안 통치.

8장 1절~14절은 다니엘이 본 환상이고, 15절~25절은 해석, 26절은 천사의 부탁, 27절은 다니엘의 반응이다.

9장 1절~2절은 기도 배경이고, 3절~19절은 기도, 20절~27절은 기도에 대한 응답과 70이레이다.

- 다니엘의 기도에 대한 응답으로 예루살렘 성에 이루어질 일들에 대해 대략적인 말씀.
- 70이레(24절, 솨부임 쉬부임): 거룩한 성을 위해 정해진 기간(이레를 7년, 희년의 한 주기를 50년으로 본다).
- 이레: 원래 우리말로 7일을 뜻한다. 이때 이레를 한 주간이나 한 달로 보아서는 역사적으로 아무 사건과 연계되지 않아 성경학자들은 7년으로 보고 있다.
- 7이레(25절): 예루살렘을 중건하라는 명이 나면서부터 성전 중건, 광장과 거리가 세워질 때까지
- 고레스 칙령: B.C. 538년 성전 재건, B.C. 516년: 성전 중건, 나머지 기간
- 62이레(25절): 62이례 후에 기름부음을 받은 자가 끊어져 없어짐. 이 시점은 예수님 십자가에 달리시기 434년 전, 구약의 마지막 말라기 기록 후로 봐야할 것 같다.

하스몬 왕조

14절: 2,300주야 – 대제사장 오니야스를 야손이 쫓아낸 후부터 성전 회복까지 B.C. 171~B.C. 164년 동안 안티오크스 에피파네스 4세가 6년 110일 동안 예루살렘을 짓밟았다. B.C. 167년에는 예루살렘 성전을 제사를 폐하고 제우스 신상을 세웠으나 마카비 혁명으로 성전이 회복이 되었다(〈요한복음〉 10장 22절의 수전절을 의미한다).

- 1 이레(27절): 7년(한 주간에 뜻이지만 희년의 한 주기로 보아야 한다)
- 7년 대 환란이나 환란 전 휴거는 없다.
- 인류 역사의 마지막 때 - 예루살렘에 복음을 3년 반 정도 다시 전할 시기(1260일, 42달, 한 때, 두 때, 반 때)가 주어짐. 〈요한계시록〉 11장 참조.

10장은 바사왕 고레스 3년에 큰 전쟁에 관한 일에 대한 환상이다.

- 1절~9절: 환상을 깨닫고 슬퍼하는 다니엘
- 10절~11장 1절: 천사 가브리엘이 전한 기도의 응답과 위로

11장 1절~45절은 다니엘이 본 환상은 남방 왕(애굽의 톨레미 왕조)와 북방 왕(앗수리아의 셀류쿠스 왕조) 간에 150년 동안 예루살렘을 사이에 두고 전쟁을 하여 '말라기 이후' 이스라엘 백성들이 고난을 당하는 모습이다. 알렉산더 사후에 카산더(헬라, 마케도냐), 뤼시마케스(소아시아 대부분), 셀류쿠스(시리아, 바벨론, 중동지역), 톨레미(애굽과 팔레스타이) 등 4개의 나라로 갈라진다. 본문에서 말하는 남방 왕은 애굽의 톨레미 왕조이고 북방 왕은 앗수르의 셀류쿠스 왕조를 말한다.

12장: 세상의 마지막 때의 이야기이다. 1~4절은 영생에 대한 약속과 책에 기록된 모든 자가 구원받는 마지막 때의 모습이다. 5~7절은 마지막 때에도 일정 기간 동안 환란이 있을 것임(한 때, 두 때, 반 때: 3년 반) 보여 준다. 8~9절은 다니엘이 비록 깨닫지 못했지만 마지막 때까지 간수하고 봉함하라고 하신 것과 10절은 지혜가 있는 자는 마지막이 있다는 것을 깨달으리라는 것이다. 11절은 멸망의 가증한 것이 세워지고 1,290일 지냄(42달 +30일, 〈요한계시록〉 11장 참조)을 보여 준다.

12절은 기다려서 1,335일까지 이르는 사람은 복이 있으리라(〈요한계시록〉 14장 참조)와 13절은 이 땅에서 마지막을 기다리는 착하고 충성된 다니엘에게 끝날에는 네 몫을 누린다는 소망을 주시는 약속이다.

에스겔

〈에스겔서〉는 선지자 에스겔에 의해서 바벨론 포로 중에 기록된 예언서이다. 에스겔은 제사장 가문(1:3)에서 태어났으며 바벨론의 2차 침입 때 포로로 잡혀갔다. 그는 포로 생활 중 선지자로 부르심을 받았고 결혼하여 살고 있었다. 그는 남왕국 백성들이 포로 된 원인은 죄의 결과이고, 그 기간은 70년간 지속될 것이며 회복은 이루어지나 남은 자들만이 영광을 보게 될 것이라고 예언하였다. 에스겔은 남왕국의 여호야긴 왕이 사로잡힌 지(B.C. 597) 5년이 지나서 B.C. 592년에 소명을 받았다(1:2). 본문 1장 1절의 말씀에서 '서른째 해'는 소명을 받았을 때의 에스겔의 나이라고 보아야 연대를 이해하기가 좋을 것 같다. 그가 활동했던 시기는 예루살렘 멸망이 임박한 시기였다. 그의 사역의 처음은(B.C. 592~B.C. 586) 그의 동족 유대인들에게 "예루살렘은 멸망할 것이다"라고 하나님의 심판을 예언한 것이다. 그들이 하나님의 언약 백성이며 하나님의 성전이 존재하지만, 백성들의 우상숭배로 예루살렘이 파멸되는 것을 더 이상 막을 수 없다고 전한다. 에스겔(하나님은 강하게 하시다)이 소명 받을 당시는 예루살렘이 멸망당하기 전 1차(B.C. 606), 2차(B.C. 597) 포로로 잡혀 온 사람들이 바벨론에서 하나님께 불평을 하던 시기였다. 아직은 예루살렘이 멸망을 하기 직전이었지만, 예루살렘에 남아 있는 그들이 얼마나 많은 죄를 짓고 있는가를 보여 주기 위해서 하나님께서 에스겔을 영적으로 예루살렘으로 데리고 가신다. 그러면서 예루살렘의 동서남북의 문을 열어젖히고 이 백성들이 얼마나 많은 죄를 범하고 있는지 보라고 하신다. 에스겔은 백성들이 정말 눈 뜨고 볼 수 없는 죄를 짓고 있는 것을 보게 된다. 남쪽 문을 보아도 그렇고, 북쪽 문으로 데려가시면서 "네가 이 가증한 일들을 보느냐? 이보다 더 큰 가증스러운 일들을 볼 것이다"라고 하시면서 또 다른 문을 열어 보이시고 백성들이 죄를 범하는 현장을 낱낱이 에스겔로 하여금 목격하도록 하신다.

그리고 "네가 본 대로 이 백성의 죄가 작다고 하겠느냐? 내가 진노하는 일이 과한 일이겠느냐?"라고 하시면서 에스겔에게 다그치고 화를 내신다. 실제로 못된 소리를 하는 자들은 바벨론에 포로로 잡혀온 장로들이다. 그러나 하나님께서는 에스겔에게 역정을 내신다.

에스겔이 하나님으로부터 예루살렘이 멸망할 것이라는 소식을 들은 후에(24:1~14), 에스겔도 하나님의 심정을 알게 하기 위해 그의 사랑하는 아내가 곧 죽으리라는 말씀을 듣는다. 그 말씀의 증거로 예루살렘이 멸망하고 백성들도 에스겔의 아내의 죽음과 같은 참담함을 느끼게 되었다. 에스겔은 자기 아내의 죽음으로 인해 공개적으로 슬퍼하지 못했다. 그것은 예루살렘 멸망으로 인해 백성들도 슬퍼할 수 없는 것에 대한 증거였다. 하나님의 진노의 날은 곧 임할 것이며 그것은 이스라엘에게만 해당한 것은 아니었다. 에스겔은 암몬, 모압, 블레셋, 두로, 시돈, 애굽 등의 일곱 나라에 대한 하나님의 심판을 예언한다. 에스겔은 국제적으로 다변화하는 시대에 살고 있었다. 북왕국을 멸망시켰던 앗수르 제국은 바벨론 제국 앞에 서서히 무너지기 시작하였다. 결국 B.C. 612년에 앗수르의 수도 니느웨는 바벨론과 메대인으로 구성된 연합군에 의해서 함락되었다. B.C. 609년 애굽의 바로 느고 2세는 앗수르를 보호하기 위해서 북쪽으로 향하였다. 남왕국은 히스기야 왕 때 므깃도에서 바벨론과 동맹을 맺었다. 이 동맹으로 남왕국의 요시야 왕은 애굽 군대를 저지하려고 시도하였지만 그 싸움에서 요시야 왕은 전사한다. 이 사건으로 요시야의 아들인 여호아하스는 3개월 동안 통치하고 애굽으로 잡혀가서 죽는다. 애굽의 느고는 요시야의 또 다른 아들인 여호야김을 왕으로 세우고 남왕국을 지배했다. 그 후 애굽과 바벨론의 전쟁에서 여호야김 왕도 바벨론의 느부갓네살과 대항하여 싸웠다. 이에 대한 보복으로 느부갓네살은 군대를 동원하여 B.C. 597년에 예루살렘을 함락하였다. 여호야김의 아들 여호야긴은 왕이 된 지 3개월 정도(왕하 24:8) 되어 에스겔을 포함한 약 900여 명의 유대인들과(왕하 24:14; 렘 52:29) 바벨론에 포로로 잡혀갔다. 바벨론의 느부갓네살 왕은 요시야의 아들, 여호야긴 왕의 숙부 시드기야를 남왕국의 왕으로 세우지만 몇 년이 안 되어 그 역시 반역하였다. 바벨론 군대는 B.C. 588년 10월 10일 예루살렘을 다시 포위하였고 B.C. 586년 4월 9일 성벽을 무너뜨리고 그 성을 함락시켰다. B.C. 586년 5월 7~10일까지 성과 도시는 불타 버렸다. 이후 느부갓네살 왕과 그의 후계자들은 바벨론을 B.C. 539년 페르시아의 고레스에 의해 멸망당할 때까지 서아시아의 강대국으로 통치하게 된다. 결국 남왕국은 멸망하였고 여호와의 성전도 더 이상 존재할 수 없었다.

- 에스겔 선지자는 B.C. 597년에 여호야긴 왕과 함께 바벨론에 포로로 잡혀갔다.
- 에스겔은 제사장 가문 출신의 선지자였다.
- 하나님께서는 에스겔을 강하게 하셨다.
- 에스겔은 민족의 파수꾼으로 부르심을 받았다.
- 에스겔이 부름 받은 해는 포로 된 지 5년 4월이었다(B.C. 592).
- 에스겔은 여러 가지 독특한 방법(행동)으로 예조를 보여 주고 있다.
- 에스겔 선지자는 특별한 경험과 함께 소명을 받았다.
- 에스겔은 두려운 하나님을 경험하였다.
- 에스겔 선지자는 하나님의 진노하심을 보여 주었다.

포로가 된 사람들의 잘못된 오해

바벨론에 포로로 온 사람들은 여러 가지 오해를 하고 있었다. 자신들의 죄가 그리 크지 않았는데도, 더 죄가 많은 이방 민족에게 멸망당하게 하셨다는 생각을 하고 있었다.

- 하나님은 공평하지 않다고 생각했다.
- 조상들이 포도를 많이 먹어서 자신들도 이가 시다고 했다(18:2).
- 자신들은 희망이 없다고 낙심했다.

1~3장까지는 에스겔이 굉장한 이상 속에서 소명 받는 모습이다. 본문에서 '인자야'라는 말씀은 분위기로 보아 에스겔을 인격적으로 대하시는 모습이 아

니다. 달아 있는 쇠 같은 모양(사람, 소, 사자, 독수리의 4형상의 배치)의 이상한 물체를 타고 번개같이 빠르게 와서 에스겔의 머리채를 잡아가는 모습(영적)이다. 에스겔은 처음에는 근심하고 분한 마음이었다고 3장 14절에서 말한다. 그렇다면 여기서 '인자'는 하나님이 에스겔의 머리채를 잡은 모습을 하나님의 진노로 보아 '사람의 자식아' 또는 '사람의 새끼야' 정도의 표현으로 보아야 할 것이다.

4장은 인분 불에 빵을 구워서 먹고, 왼쪽으로 누워 이스라엘 족속의 죄를 범한 햇수(4:5) 곧 390일 동안을 그런 부정한 떡을 먹고 예언을 하라 하신다.

5장은 세 가지 멸망을 예언한다. 에스겔에게 자기 몸에 있는 머리털과 수염을 깎아 3등분하여 나누어 놓으라 하신다. "삼분의 일은 성읍 안에서 불사르고, 삼분의 일은 성읍 사방에서 칼로 치고 또 삼분의 일은 바람에 흩으라 내가 그 뒤를 따라 칼을 빼리라"고 하신다. 하나님께서 이스라엘 백성에게 사람의 수염이나 털이 그 사람에게 속한 것처럼, 너희가 다 내게 속한 것인데, 내가 다 뽑아내어 삼분의 일은 불태워 죽일 것이고, 삼분의 일은 칼에 맞아 죽을 것이고, 삼분의 일은 온 세상 만국에 흩어 놓고 도망 다니는 사람들의 뒤를 따라다니면서 끝까지 죽게 할 것이라며 진노하신다. 6장은 하나님과 맺은 언약을 우상숭배로 800년이나 거역하는 백성들에게 심판을 면치 못한다고 말한다.

> "너희 중에서 살아 남은 자가 사로잡혀 이방인들 중에 있어서 나를 기억하되 그들이 음란한 마음으로 나를 떠나고 음란한 눈으로 우상을 섬겨 나를 근심하게 한 것을 기억하고 스스로 한탄하리니 이는 모든 가증한 일로 악을 행하였음이라"(6:9)

포로로 잡혀가서도 음란한 눈으로 우상을 섬겨 나를 근심하게 하고 악을 행하였다고 하신다.

> "먼 데 있는 자는 전염병에 죽고 가까운 데 있는 자는 칼에 엎드러

지고 남아 있어 에워싸인 자는 기근에 죽으리라 이같이 내 진노를 그들에게 이룬즉"(6:12)

전염병과 칼과 기근으로 죽일 것이라고 하신다. 7장은 하나님의 심판이 임박함을 말한다.

"너 인자야 주 여호와께서 이스라엘 땅에 관하여 이같이 말씀하셨느니라 끝났도다 이 땅 사방의 일이 끝났도다 이제는 네게 끝이 이르렀나니 내가 내 진노를 네게 나타내어 네 행위를 심판하고 네 모든 가증한 일을 보응하리라"(7:2~3)

담무스란?

〈창세기〉에서 니므롯은 사람들을 선동해서 바벨탑을 쌓은 악한 사람이다. 니므롯은 오래 살지 못하고 죽었다고 전한다. 남편 니므롯이 죽은 지 얼마 되지 않아 아내인 세미라미스가 부도덕하여 사생아를 낳는다. 그 사생아를 낳은 것이 창피하니 자기의 죽은 남편 니므롯이 다시 자기 몸을 통하여 환생하고 나왔다고 환생설을 주장했다. 자기 아들 담무스를 신격화 해서 아들이 신이니까 어머니인 세미라미스도 신의 어머니가 되었다. 즉 담무스는 바벨론에서 섬기는 신이다. 하나님은 이러한 바벨론 신에 경배하는 예루살렘의 모습을 8장에서 에스겔에게 보여 주면서 한탄하신다.

이스라엘 땅 사방의 가증한 일들을 심판하신다 한다. 8장은 예루살렘에서 상상도 할 수 없는 죄악상을 보여 준다. 하나님께서 영적으로 에스겔의 머리채를 잡아들고 담무스를 위하여 애곡하는 예루살렘의 우상숭배의 타락상을 보여 주신다. 9장은 가증한 일로 탄식하며 우는 자의 이마에 표를 치는 모습이다.

"또 그가 큰 소리로 내 귀에 외쳐 이르시되 이 성읍을 관할하는 자들이 각기 죽이는 무기를 손에 들고 나아오게 하라 하시더라 내가 보니 여섯 사람이 북향한 윗문 길로부터 오는데 각 사람의 손에 죽이는 무기를 잡았고 그 중의 한 사람은 가는 베 옷을 입고 허리에 서기관의 먹 그릇을 찼더라 그들이 들어와서 놋 제단 곁에 서더라 그룹에 머물러 있던 이스라엘 하나님의 영광이 성전 문지방에 이르더니 여호와께서 그 가는 베 옷을 입고 서기관의 먹 그릇을 찬 사람을 불러 여호와께서 이르시되 너는 예루살렘 성읍 중에 순행하여 그 가운데에서 행하는 모든 가증한 일로 말미암아 탄식하며 우는 자의 이마에 표를 그리라 하시고 그들에 대하여 내 귀에 이르시되 너희는 그를 따라 성읍 중에 다니며 불쌍히 여기지 말며 긍휼을 베풀지 말고 쳐서 늙은 자와 젊은 자와 처녀와 어린이와 여자를 다 죽이되 이마에 표 있는 자에게는 가까이 하지 말라 내 성소에서 시작할지니라 하시매 그들이 성전 앞에 있는 늙은 자들부터 시작하더라"(9:1~6)

예루살렘의 가증함으로 탄식하면서 죽일 자를 모두 죽이고 구원할 자들의 이마에 인치심을 하신다.

10장은 세라핌의 위용을 보여 준다. 서양 사람들이 그린 천사의 그림을 보면 '살이 찐 통통한 어린아이가 고추를 내놓고 날개를 단 모습'이다. 그러나 천사는 보통 사람 같다고 보면 된다. 천사는 남자나 여자가 아니다. 이렇게 잘못된 지식으로 형상화해 고정관념으로 만드는 것은 위험한 일이다.

"그룹들에게는 각기 네 면이 있는데 첫째 면은 그룹(소와 같은 얼굴을 가짐)의 얼굴이요 둘째 면은 사람의 얼굴이요 셋째는 사자의 얼굴이요 넷째는 독수리의 얼굴이더라"(10:14)

성경 주석들을 보면 사자는 〈마태복음〉이요, 소는 〈마가복음〉이요, 사람은 〈누가복음〉이요, 독수리는 〈요한복음〉이라 말하고 있는데, 이것은 복음서와는 아무 관계없는 것이다. 11장은 하나님은 마침내 가증스러운 일을 참지 못하시고 예루살렘을 떠나신다.

"너희를 그 성읍 가운데에서 끌어내어 타국인의 손에 넘겨 너희에게 벌을 내리리니"(11:9)

하나님이 없는 예루살렘에 있는 자는 죽임을 당하게 된다.

12장은 하나님은 떠나시고 예레미야를 통해 포로의 행장을 꾸리고 이사하는 모습을 보여 준다.

> "또 말하기를 나는 너희 징조라 내가 행한 대로 그들도 포로로 사로잡혀 가리라"(12:11)

포로가 될 상징적인 모습을 보여 주신다. 13장은 거짓 선지자들의 종말의 모습을 보여 준다.

> "여호와께서 말씀하셨다고 하는 자들이 허탄한 것과 거짓된 점괘를 보며 사람들에게 그 말이 확실히 이루어지기를 바라게 하거니와 그들은 여호와가 보낸 자가 아니라"(13:6)

여호와가 보냈다고 거짓 예언을 하는 모습이다.

> "그러므로 주 여호와께서 이같이 말씀하셨느니라 너희가 허탄한 것을 말하며 거짓된 것을 보았은즉 내가 너희를 치리라 주 여호와의 말씀이니라"(13:8)

거짓 예언자들을 멸한다고 하신다. 14장은 다시 질문하러 온 장로들의 모습이다. 의인도 자기의 생명만 건질 것이라고 하신다.

> "비록 노아, 다니엘, 욥 이 세 사람이 거기에 있을지라도 그들은 자기의 공의로 자기의 생명만 건지리라 나 주 여호와의 말이니라"(14:14)

노아, 다니엘, 욥이 백성 가운데 있을지라도 백성을 용서하지 않겠다는 진노하심을 볼 수 있다. 15장은 〈요한복음〉 15장과 같이 포도나무 비유를 보여 준다.

포도나무에 열매가 맺히지 않으면 쓸모가 없듯이 이스라엘 백성들도 열매 맺지 못하면 멸하리라 하신다.

16장은 타락한 예루살렘의 모습을 보여 주시며 벌하리라 하신다. 셈의 아들(창 10:22) 다섯 명이 있었다. 엘람(이란), 앗수르, 아르박삿, 룻(리디아), 아람(시리아) 중에서 아르박삿만 나라를 세우지 못하고 떠돌이처럼 돌아다녔다. 그가 아브라함이다. 비유로 표현하기를 태어나서 탯줄도 안 자르고, 피도 안 닦은 채, 들에 내팽개친, 그런 것을 주워서 그 피를 닦고, 탯줄을 자르며 소금을 뿌리고, 고센 땅에서 400년을 길러서 솔로몬의 영광을 주었더니 왕후의 지위까지 올라간 후에 타락했다. 온갖 남자(이방 민족들)들과 행음하고, 창녀는 몸을 주고 화대를 받는데, 돈을 주면서 남자들을 사서 행음하고 타락하였다. 하나님이 애통해하시는 모습이다. 17장은 언약을 어겨서는 결코 바로 설 수 없다는 것을 수수께끼와 비유로 말씀하신다.

> "이는 나라를 낮추어 스스로 서지 못하고 그 언약을 지켜야 능히 서게 하려 하였음이거늘"(17:14)

하나님의 언약을 지키지 않고는 바로 설 수 없다고 하신다.

18장은 하나님이 최후의 경고를 하신다. 아무리 조상들이 죄를 많이 지었어도, 이것을 깨닫고 뉘우치고 돌아오면, 과거를 묻지 않으시겠다는 말씀이다. 그러나 끝내 돌아오지 않는다.

> "주 여호와의 말씀이니라 내가 어찌 악인이 죽는 것을 조금인들 기뻐하랴 그가 돌이켜 그 길에서 떠나 사는 것을 어찌 기뻐하지 아니하겠느냐"(18:23)

하나님은 악인이 죽기를 원치 아니하시고 돌이켜 그 길을 떠나 사는 것을 기뻐하신다. 19장은 최후의 권면도 듣지 않고, 끝내 돌아오지 않은 자들을 위한 '애가'이다.

> "너는 이스라엘 고관들을 위하여 애가를 지어 부르라"(19:1~2)

하나님은 지도자들부터 죽이고자 애가를 부르라 하신다.

20장은 반역하는 장로들이 회개도 하지 않고, 따지고 자꾸 물으러 오니 화가 나셔서 결코 답하지 않으시겠다고 하면서도 답을 하시는 모습이다.

> "너희가 내게 물으려고 왔느냐 내가 나의 목숨을 걸고 맹세하거니와 너희가 내게 묻기를 내가 용납하지 아니하리라 주 여호와의 말씀이니라"(20:3)

하나님은 화를 내시지만 답을 하신다. 21장은 심판을 위하여 바벨론 군대로 빛 낸 여호와의 칼을 준비하신 모습이다.

> "인자여 너는 예언하여 여호와의 말씀을 이같이 말하라 칼이여 칼이여 날카롭고도 빛나도다 그 칼의 날카로움은 죽임을 위함이요 빛남은 번개 같이 되기 위함이니 우리가 즐거워하겠느냐 내 아들의 규가 모든 나무를 업신여기는도다 그 칼을 손에 잡아 쓸 만하도록 빛나게 하되 죽이는 자에 손의 넘기기 위하여 날카롭고도 빛나게 하였도다 하셨다 하라"(21:9~11)

바벨론 군대를 사용하여 여호와의 칼을 준비하신다. 22장은 회개하지 않는 백성들에게 죄를 물으시며 칼을 가시는 하나님이시다.

"네가 흘린 피로 말미암아 죄가 있고 네가 만든 우상으로 말미암아 스스로 더럽혔으니 네 날이 가까웠고 네 연한이 찼도다 그러므로 내가 너로 이방의 능욕을 받으며 만국의 조롱거리가 되게 하였노라"(22:4)

예루살렘이 우상숭배로 타락한 죄를 알려주시고 있다. 23장은 사마리아와 예루살렘의 행음을 비유하여 출애굽부터 여태까지 지은 죄를 다 알려 주면서 국문을 하신다.

"그의 하체는 나귀 같고 그의 정수는 말 같은 음란한 간부를 사랑하였도다"(23:20)

이스라엘 백성들의 음란함을 동물의 하체로 비유하신다.

24장에서는 바벨론의 칼을 들어 참수하신다. 패역한 족속을 비유로 말한다. 가마솥(예루살렘 성)을 걸어 놓고, 그 솥에 예루살렘 백성들을 밀어 넣고 불을 지펴서 그 속에 있는 백성들의 뼈가 무를 때까지 푹 삶으라고 하신다. 그 예루살렘이라는 가마솥은 녹(죄)이 슬어서 도저히 녹이 벗겨지지 않는다. 그래서 태우고 졸여서 계속 불을 지피면, 그 가마 속의 녹이 벗겨지지 않겠느냐는 끔찍한 이야기이다. 그러면서 네 눈에 기뻐하는 아내를 쳐서 빼앗을 것인데 너는 슬퍼하거나 눈물을 흘리지 말라고 하신다. 죽은 자를 위하여 울지도 말고 조용히 탄식하며 수건으로 머리를 동이고 발에 신을 신으며, 입술을 가리고 사람들이 주는 음식물을 먹지 말라 하신다. 다시 말해서, 예루살렘을 목 베는 날을 대비하여 에스겔의 아내를 목숨을 빼앗아 가는 이유를 말하신다. 내가 사랑하는 나의 애인과 같고 눈동자 같은 예루살렘이 멸망되었을 때, 나의 심정이 어떠할지 너도 사랑하는 네 아내가 죽음으로써 몸소 느끼면서 체험하게 될 것이라는 것이다. 결국 하나님의 사랑의 대상이었던 예루살렘은 함락되고, 에스겔의 아내는 죽었다. 에스겔은 이런 충격을 당하면서 하나님의 심정을 이해하게 되는 것이다. 에스겔은 자기 아내가 죽는 날에 하나님께서 예루살렘의 우상숭배와 타락으로 진노하고 슬퍼하심을 알게 되었다.

25장 2절에서는 암몬 족속을 치고, 8절에서는 모압을 치며, 12절에서는 에돔을 치고, 26장~28장에서는 두로를 치며, 28장 20절에서 시돈을 치고, 29장~32장까지는 애굽을 치신다. 33장에서는 에스겔을 파수꾼으로 삼으신다.

> "그러나 칼이 임함을 파수꾼이 보고도 나팔을 불지 아니하여 백성에게 경고하지 아니하므로 그 중의 한 사람이 그 임하는 칼에 제거 당하면 그는 자기 죄악으로 말미암아 제거되려니와 그 죄는 내가 파수꾼의 손에서 찾으리라"(33:6)

백성들이 믿고 안 믿는 것이 문제가 아니고, 알고 있는 것을 전해야 책임을 면한다고 하신다. 34장은 이스라엘의 목자(지도급 인사)들이 백성(양 무리)을 잘못 인도함을 지적하신다.

> "인자야 너는 이스라엘 목자들에게 예언하라 …… 주 여호와께서 이같이 말씀하시되 자기만 먹는 이스라엘 목자들은 화 있을진저 목자들이 양 떼를 먹이는 것이 마땅하지 아니하냐"(34:2)

부패한 목자들을 질타하신다. 35장은 에돔의 멸망을 예언한다(1~15절)(〈오바댜서〉, 〈아모스〉 1장 11절, 〈이사야〉 34장, 〈예레미야〉 49장 참조).

36장은 바벨론에 있는 백성들이 거룩하신 하나님의 이름 때문에 다시 예루살렘으로 돌아갈 것을 예언한다.

> "여러 나라 가운데에서 더럽혀진 이름 곧 너희가 그들 가운데에서

> 더럽힌 나의 큰 이름을 내가 거룩하게 할지라 내가 그들의 눈 앞에 서 너희로 말미암아 나의 거룩함을 나타내리니 내가 여호와인 줄을 여러 나라 사람이 알리라 주 여호와의 말씀이니라"(36:23)

더렵혀진 하나님의 이름을 거룩하게 하신다고 한다. 37장은 회복될 이스라엘의 이상을 보여 주신다. 가마솥의 뼈다귀를 골짜기에 부었는데, 다시 살려서 온 세상이 대적할 수 없는 막강한 군대가 되어 본토로 돌아온다는 것이다.

> "주 여호와께서 이 뼈들에게 이같이 말씀하시기를 내가 생기를 너희에게 들어가게 하리니 너희가 살아나리라"(37:5)

생기를 불어넣어 회복을 주시는 하나님이시다.

> "내가 또 내 영을 너희 속에 두어 너희가 살아나게 하고 내가 또 너희를 너희 고국 땅에 두리니 나 여호와가 이 일을 말하고 이룬 줄을 너희가 알리라 여호와의 말씀이니라"(37:14)

하나님의 계획에 의해 이스라엘이 회복되어 고국 땅으로 돌아오는 은혜를 베푸신다. 38장과 39장의 전쟁에 대한 말씀은 지금까지 일어나지 않은 전쟁을 예언한 것으로 보아야 한다. 40장에서 48장까지의 회복될 예루살렘의 비전, 성전 회복, 땅의 분배는 시대에 맞지 않는 부분이다. 구약의 동물 제사의 모습을 볼 수 있다. 바벨론 포로에서 돌아와서 이루어질 일과도 맞지 않는다. 종말에 회복될 이스라엘, 천년왕국, 천국 등과도 연결되지 않는다. 단지 43장 10~12절을 단서로 하여 이루어질 뻔했다가 이루어지지 않은 것으로 보아야 하는지 의문이고 해석하기 어려운 부분이다.

욥기

〈욥(핍박을 받는 자)기〉의 대부분이 욥 자신의 말과 그의 친구들의 대화로 이루어져 있지만 저자는 알 수 없다. 저자는 욥에 대한 이야기를 기록하기 위해 하나님의 영감을 받아 구전과 자료들을 정리한 것으로 보인다. 이 책은 욥의 고난(1~2장), 욥과 그의 친구들의 논쟁(3~26장), 욥과 엘리후의 독백(27~36장), 하나님의 대답(38~41장), 욥의 회복(42장)으로 구성되어 있다. 〈욥기〉는 하나님께서 의롭다고 인정한 사람이 사탄의 참소로 받은 고난을 끝까지 잘 견딘 사건을 기록한 것이다. 서정시적인 표현들과 문체는 저자의 문학적인 재능을 보여 준다. 빅토르 위고(〈레미제라블〉 저자)는 이 〈욥기〉를 "인류 문학사에 비교할 작품이 없다"라고 격찬을 하였다. 욥이 살았던 시기는 아브라함과 비슷한 시기이다. 그의 고향도 아브라함과 가까운 곳이다. 아브라함이 태어난 곳은 하란이고, 거기에는 아브라함이 태어난 동굴이 있다. 지금은 아쉽게도 기념 동굴에 이슬람 회당이 세워져 있다. 아브라함이 태어난 동굴에서 멀지 않은 곳에 욥의 무덤이 지금도 존재하고 있다. 기록 시기는 바벨론 포로 기간으로 보고 있다. 욥은 히브리 족장들처럼 140년 이상을 살았다(42:16). 그는 부유한 자였으며 제사장으로 사는 모습을 볼 수 있다(1:5). 욥의 역사적인 시대는 스바 사람(1:15)과 갈대아 사람(1:17)들이 침입한 B.C. 2세기에 일어난 사건으로 본다. 그것은 42장 11절의 '은 한 조각'(Kesitah: 케쉬타-고대 화폐 단위)에 관한 언급을 보아 알 수 있다.

- 〈욥기〉의 주제는 '의인의 고난'에 관한 문제이다.
- 욥의 시대는 아브라함 시대와 같다.
- 〈욥기〉의 문학적 장르는 희곡에 가깝다.
- 〈욥기〉의 저자는 미상이나 바벨론 포로 시기에 기록된 것으로 본다.

본문을 자세히 보면 욥의 주장에도 모순이 있다. 스스로를 의롭다고 주장하다 보니 말을 실수하는 모습을 볼 수 있다. 욥이 그런 재앙을 받을 만큼 죄를 지은 것은 없다. 그의 친구들 엘리바스, 소발, 빌닷과 어린 엘리후가 찾아와서 욥을 위로하지만 욥의 자존심에 상처만 준다. 〈욥기〉의 앞부분의 장면(1:6~12)을 보면 '천국의 어전 회의' 장면이 나온다. 천사들이 도열해 있고 하나님의 어전이 보이는데 그곳에 사탄이 어슬렁 어슬렁 나타난다. 하나님께서 은근히 욥을 자랑하신다. 동방의 우스 땅에 욥이라는 의로운 종이 있는데, 그는 온전하고 정직하고 하나님을 경외하고 악에서 떠난 자라고 하신다. 그런데 사탄은 그것에 동의하지 않고 "욥이 어찌 까닭 없이 하나님을 경외하리이까"라고 참소를 하면서 〈욥기〉가 시작된다.

〈욥기〉에서 저자는 사탄을 '하나님과 경건한 사람을 향해서 치명적인 공격을 가하는 자'로 그리고 있다. 하나님께서 사탄 앞에서 욥의 이름을 거론하면서 그가 '세상에서 의로운 자'라고 할 때, 사탄은 욥의 경건은 자기 이익을 위한 것이고 보상이 있을 때만 의롭게 행동하는 것이라고 하나님 앞에 욥을 참소한다. 만일 하나님이 자기를 허락하셔서 욥이 받은 복을 다시 거두어들인다면 의인 욥도 죄인일 수밖에 없다는 것이다. 그래서 하나님이 정한 범위(1:12) 내에서 사탄에게 욥을 붙이신다. 이렇게 해서 욥은 곤궁에 빠지게 되고 모든 소유를 빼앗기게 되며 하나님은 그에게 어려움의 존재가 되고 만다. 비록 자기의 생일을 저주하고(3장), 하나님께 항의를 하기도 하고(9:28~35), 그의 아내가 하나님을 욕하고 죽으라고도 하지만(2:9) 욥은 하나님을 직접 저주하지는 않는다. 〈욥기〉의 3장 전체는 탄식조 시 형태를 띠고 있다. 탄식조 시의 형태는 〈욥기〉에만 있는 독특한 것이다. 그의 친구들은 그를 위로하러 왔다가 욥을 정죄하게 된다. 친구들의 논쟁은 27장에서 끝나고, 저자는 28장에서 지혜가 부족하므로 논쟁

욥이 당했던 시험

①재물과 자녀를 잃게 되는 시험
②건강을 잃고 병들어 고통받는 시험
③친구들로부터 정죄받는 시험

에 실패했다는 것을 말하고 있다. 그 이후에는 욥이 자기를 위하여 하나님께 마지막 호소를 하고 있다(29~31장).

〈욥기〉의 저자는 세 번 반복되는 논쟁(3~27장)과 세 번의 말들(욥의 말 29~31장, 엘리후의 말 32~37장, 하나님의 말씀 38:1~41:34)을 전체의 중심으로 전개하고 있다. 욥의 말은 자신의 무죄함에 대하여 하나님께 직접 판결을 촉구하는 것이다. 그는 자기 친구들이 정죄한 내용에 대해 자신은 무죄하다고 말하고 있다. 결국 엘리후가 화를 내며(32~37장) 하나님은 전능자이시며 인간은 하나님이 하시는 일을 측량할 수 없어 오직 하나님을 경외해야 한다고 말하면서 욥을 비난한다. 마지막 장면에서 욥에게 고난을 가한 사탄은 찾아볼 수 없다. 그의 친구들과 욥은 침묵한다. 그리고 하나님은 욥에게 말씀하신다. '고난의 날'에 그가 지혜롭지 못하게 말한 말들을 후회하게 하시며 전능하신 하나님의 능력 앞에 침묵하도록 욥에게 말씀하신다(38:1~42:6). 또한 하나님은 그의 친구들의 잘못된 말들을 사하기 위한 욥의 중보 기도를 기쁘게 받으시고(42:8~10), 욥이 처음 소유하고 있던 물질을 두 배의 축복으로 다시 회복하시고, 다시 아들 일곱과 딸 셋을 주셨다(42:10~17).

욥과 친구들의 논쟁

	첫 번째 논쟁	두 번째 논쟁	세 번째 논쟁
엘리바스	죄 없이 망한 자가 없다. 정직한 자는 끊어지지 않는다(4:7). 하나님께 징계받는 자는 복이 있다(4~5장)고 책망.	하나님을 대적하는 교만한 자는 환난을 당한다(15장).	네 악이 크다. 네가 하나님께 돌아가면 다시 흥하리라. 하나님은 겸손한 자를 구원하신다. 죄를 비난하며 회개를 촉구(22장).
욥	나를 괴롭히지 말라. 나는 영원히 살기를 원치 않는다(7:16). 자신의 불평을 정당화하면서 하나님께 호소(6~7장).	너희는 재난을 주는 위로자들이다. 나는 소망이 없다. 하나님께 호소(16~17장).	나의 가는 길은 오직 하나님이 보신다. 하나님께 판결 받기를 원함(23~24장).
빌닷	자녀들이 죽은 것은 악한 자이기 때문이다(8:4).	악인은 대가 끊어지고 재앙을 받는다(18장).	벌레 같은 인생들이 어찌 하나님 앞에 의로우랴(25장).
욥	하나님은 순전한 자나 악한 자나 다 멸망시키신다. 하나님의 공의를 인정(9~10장).	나의 고난은 대속자로 부터 온 것이다. 친구들의 잔혹성을 지적하면서 동정을 구함. 자신의 믿음을 말함(19장).	하나님의 창조의 뜻과 능력을 누가 알겠는가?(26장)

소발	네 손의 죄를 버리면 고난이 끝날 것이다(11장).	악인의 자랑은 잠깐이요 죄악이 드러난다. 풍족할 때도 괴로움이 이르니 모든 재난을 주는 자의 손이 그에게 임하리라(20장).	
욥	너희는 잠잠하라. 하나님이여, 내게 대답하소서. 자신의 순결을 변호, 생을 저주함(12~14장).	악인이 세상에서 형통하게 지내는 것은 불공평하다. 그러나 재난의 날이 온다(21장).	하나님이 나를 보호하던 때가 다시 오기를 원한다. 죽기 전에는 나의 순전함을 버리지 않으리라. 무죄를 주장함(27~31장).

하나님 말씀과 욥의 회개

하나님의 말씀	욥의 대답
첫 번째: 욥의 무지(38:1~40:2) • 욥은 창조의 순간에 없었다. • 욥은 자연의 섭리를 설명할 수 없었다.	욥은 하나님의 음성을 듣고, 자신의 무지를 인정하고 잠잠해짐(40:3~5).
두 번째: 욥의 연약함(40:6~41:34) • 욥은 하나님의 방식에 대해 논할 수가 없다. • 욥은 자연의 섭리를 다스릴 수 없다.	욥은 자신의 교만을 인정하고 회개함(42:2~6).

하나님과의 대화로 인한 욥의 회복

구 분		대화 내용	본문 구절
하나님과의 첫 번째 대화	하나님	땅, 바다, 하늘의 창조에 대해 질문.	38:1~38
		동물계에 대해 질문.	38:39~39:30
		욥에게 대답을 요구.	40:1~2
	욥	자신의 무지함을 인정하며 대답할 말이 없음을 고백.	40:3~5
하나님과의 두 번째 대화	하나님	욥에게 스스로 구원해 보라고 하심.	40:6~14
		욥과 하마의 능력을 비교.	40:15~24
		욥과 악어의 능력을 비교.	41:1~34
	욥	자신의 생각과 무지함을 고백.	42:1~3
		귀로 듣기만 한 하나님을 눈으로 보며 회개.	42:4~6
하나님의 욥과 친구들의 구원		하나님은 욥의 세 친구를 책망하시며 번제를 요구.	42:7~9
		욥은 친구를 위하여 중보 기도, 회복된 욥(물질 2배: 1:3과 42:12 참조)	42:10~17

시편

〈시편〉은 5권의 책으로 나누어지며 각각은 송영가로 끝난다. 제150편은 〈시편〉 전체의 송영가이다. 전체적으로 다윗의 시 73편, 아삽의 시 12편, 고라 자손의 시 10편, 솔로몬의 시 2편, 모세, 헤만, 에단, 에스라의 시가 각 1편으로 이루어져 있다. 히브리 알파벳의 머리글자 순서인 두문 형식(〈예레미야애가〉 개요 참조)으로 쓰인 〈시편〉은 9편, 25편, 34편, 37편, 111편, 119편, 145편이다.

책	제1권 (1~41편)	제2권 (42~72편)	제3권 (73~89편)	제4권 (90~106편)	제5권 (107~150편)
저자	다윗	다윗과 고라	아삽	무명	다윗과 무명
〈시편〉의 수	41	31	17	17	44
내용	성전 노래	민족적인 찬양시		찬송	
송 영	41:13	72:18~19	89:52	106:48	150:1~6
편집자	다윗	히스기야		에스라	
편집 시기	B.C. 1020 ~B.C. 970 년경	B.C. 970~B.C. 610년경		B.C. 430년경까지	
기록 기간	약 1,000년(B.C. 1410~B.C. 430)				

〈시편〉은 이스라엘 백성들 사이에서 테힐림이라는 명칭으로 불렸으며 그 뜻은 '찬양의 노래'이다. 그것은 원래 악기(현악기)란 뜻이다. 〈시편〉에 대한 전통적인 히브리 명칭은 〈시편〉의 많은 내용에 기도(테힐롯)가 포함되었으나 찬양(테힐림)의 의미로 불렸다. 〈시편〉은 여러 개의 수집물들을 하나로 모아 놓은 책이고 수세기에 걸쳐서 수집된 책이다. 〈시편〉은 바벨론 포로 후 성전에서 활동했던 인물들에 의해 수집되었고 B.C. 3세기경에 완성했을 것으로 추정된다. 〈시편〉은 기도와 찬양으로 두 번째 성전(스룹바벨과 헤롯의 성전)과 회당에서 사용되었다. 〈시편〉은 복음서에서는 '시서'(눅 20:42, 행 1:20)와 '저술들'로 명칭이 기록되었다(눅 24:44). 〈시편〉의 기도의 내용은 저자가 하나님 앞에 사건을 제시한다. 원수가 대적할 때 자기의 상황과 무죄를 호소한다. 그리고 그의 대적을 고소하고 구원을 간청한다. 또한 하나님에 의해 고통을 당할 때 죄를 고백하고 자비를 구한다.

〈시편〉이 수집되기 시작한 것은 솔로몬의 성전에서 성전 의식을 갖추기 시작했던 시기로 보인다. 예를 들어 본문에서 이미 '다윗의 기도들'이라는 말을 볼 수 있으며 그 후에 고라 자손의 노래와 시(42~49편, 84편, 87~88편), 아삽의 시와 노래들(50편, 73~83편), 성전에 올라가는 노래(120~134편)들의 수집물들이 더 추가되었다. 〈시편〉은 최종적으로 150편의 시를 수록하고 있다. 〈시편〉은 모두 앞의 표와 같이 다섯 개의 책으로 나뉜다. 다섯 개의 책은 각기 송영으로 끝을 맺고 있다. 그리고 〈시편〉은 서론(1, 2편)과 결론(146~150편)이 있다.

〈시편〉의 형태는 표제어로 1)미즈모오르(시) 2)식가욘(시 7편) 3)믹담(다윗의 믹담 16편, 풍자시) 4)쉬르(노래) 5)마스길(다윗의 마스길 32편, 명상시) 6)테휠라(기도시) 7)테힐라(찬양시) 8)레하즈키르(하나님에게 기억되기 위하여, 간구) 9)레토다(감사, 찬양) 10)레하메드(교훈) 11)쉬르예딧도트(사랑의 노래, 축가)로 분류해 볼 수 있지만 용어들의 의미는 분명하지 않다. 어떤 제목들은 두 개를 포함한 것도(미즈모오르와 쉬르) 볼 수 있는데 그런 시는 형태가 중복되어 있는 것으로 볼 수 있다.

〈시편〉의 유형 중에서 개인의 기도와 공동체의 기도 유형을 아래와 같이 정리해 본다.

① 하나님께 호소(오 여호와여)
② 호소로 시작(하소서)
③ 재난(많은 원수들이 나를 대적하여 일어났나이다)
④ 하나님께 불평(왜 나를 버리셨나이까)
⑤ 간구(나로부터 멀리 계시지 마소서)
⑥ 하나님이 기도를 듣도록(왜냐하면 나는 당신 속에서만 안식처를 얻을 수 있나이다)
⑦ 원수들을 고소(악인이 나의 생명을 찾나이다)
⑧ 시정을 요청(그들로 하여금 부끄러움을 당하게 하소서)
⑨ 무죄함을 주장(나는 완전하게 행하였나이다)
⑩ 죄를 고백(나는 당신에게 범죄하였나이다)
⑪ 신뢰를 선언(당신은 나의 방패시니이다)
⑫ 구원 후에 찬양(내가 당신의 능력을 노래하리이다)
⑬ 찬양할 것을 요청(나와 함께 여호와를 찬양하자)
⑭ 찬양의 원인(당신이 나를 구속하셨나이다).

〈시편〉의 '표제어'들을 살펴보면, 기록 연대를 다윗 시대부터로 추정할 수 있다. 표제어들이 간혹 〈시편〉의 내용과 잘 어울리지 않는 것들도 있다. 표제어의 내용은 다양한 듯하지만 ①저자 ②수집자의 이름 ③형태 ④음악 부호 ⑤의식 부호 ⑥저작 시기를 알려 주는 내용도 포함되어 있다. 히브리어는 어법이 까다로워 부호만으로 저자가 누구인지 밝혀내는 것은 어려운 일이다. 그래서 표제에 나타난 이름은 그 〈시편〉을 수집한 사람의 이름(아삽의, 고라 자손의)일 수도 있다고 본다. 다윗의 〈시편〉도 다윗에 관한 많은 시들을 포함하고 있다. 〈시편〉에서 특히 '셀라'라는 말이 많이 발견되는데 그중 140편, 143편만 제외하고는 1~3권에서만 나온다.

셀라는 또한 하박국 3장 3절, 9절, 13절에서도 나타난다. 셀라의 의미에 관해서 많은 의견들이 있지만 일반적인 주장은 의식적인 부호라는 것이다. 셀라는 음악에서 잠시 휴식을 의도하는 것과 회중들이 잠시 의식적인 응답을 보이는 모습이라고 추정하고 있다.

잠언

〈잠언〉의 히브리어 명칭은 '마샬'이다. 그 의미는 '격언' 또는 '지혜의 말씀'으로 번역할 수 있다. 이 책은 솔로몬의 〈잠언〉이라고 말하면서 시작하고 있다. 그러나 본문을 자세히 보면 저자가 솔로몬 혼자만이 아니라는 것을 알 수 있다. 〈잠언〉 22장 17절은 '지혜 있는 자의 말씀', 24장 23절은 '지혜로운 자들의 말씀'이라고 말하고 있다. 이러한 말들은 〈잠언〉이 솔로몬에게서 비롯된 것이 아니라 '지혜 있는 자들'에게서 유래되었음을 보여 준다. 〈잠언〉은 "어리석은 자를 슬기롭게 하며 젊은 자에게 지식과 근신함을 주기 위한 것이니"(1:4) 그리고 "지혜 있는 자는 듣고 학식이 더할 것이요 명철한 자는 지략을 얻을 것이라"(1:5), "여호와를 경외하는 것이 지식의 근본이거늘 미련한 자는 지혜와 훈계를 멸시하느니라"(1:7)라는 말씀으로 가르치고 있다. 지혜를 배우면 어리석음에 빠지지 않고 건전한 삶을 살아가는 방법을 알 수 있기 때문이다.

〈잠언〉은 '올바른 삶'을 가르치는 책이지만 중요한 것은 〈잠언〉의 지혜는 '여호와를 경외'하는 것에 그 근본을 두고 있다(1:7). 〈잠언〉은 사람이 자신에게 의지하지 않고 '여호와를 경외하는 것이 생명과 안전을 보장할 수 있는 길'이라고 말하고 있다. 〈잠언〉은 창조주 하나님의 사역과 지혜를 한 속성으로 연결 지어 말하고 있다. 그래서 하나님은 사람의 발걸음을 인도하시고 그의 눈은 사람들의 모든 행위를 살펴보고 계신다고 말한다. 즉 하나님은 땅의 모든 왕들을 다스리시고, 그 모든 역사는 하나님의 통치 아래에 있다는 것이다. 〈잠언〉은 대부분 솔로몬과 연관되어 있다. "이것도 솔로몬의 〈잠언〉이요 유다왕 히스기야의 신하들이 편집한 것이니라"(25:1)에서 이 〈잠언〉의 말씀들이 히스기야의 신하들에 의해 편집되었다고 말하고 있지만, 10장 1절과 25장 1절에서는 솔로몬이 〈잠언〉의 말씀을 지었다고 밝히고 있다. 그래서 〈잠언〉은 지혜자들과 서기관들이 편집해서 편찬했고, 25~29장의 뒷부분은 히스기야의 신하들이 추가했다는 것을 알 수 있다. 특히 〈잠언〉을 짓는 솔로몬의 능력은 〈열왕기상〉 4장 32절에 3,000개의 〈잠언〉을 지었다고 기록되어 있다. 솔로몬은 지혜와 총명으로(왕상 4:29~31) 〈잠언〉 대부분을 기록했다는 것을 알 수 있다. 만일 솔로몬이 이 책의 편찬에 깊이 관여하였다면 대부분의 〈잠언〉의 말씀들은 이스라엘 통일 왕국 때 기록되었다고 보는 것이 좋다.

〈잠언〉은 지혜와 훈계를 알게 하고 명철의 말씀을 깨닫게 하며 지혜롭게, 의롭게, 공평하게, 정직하게, 슬기롭게 하며 지식과 학식을 얻게 하려고 기록한 것이다. 솔로몬 왕이 많은 여인으로부터 태어난 자녀들을 훈계하기 위하여 〈잠언〉 3,000개를 말했는데, 히스기야 신하들이 추가로 편집하였다(25:1). 〈잠언〉은 모두 여덟 부분으로 나눌 수 있다. 1장~9장은 지혜의 중요성을 말하며, 10장~22장은 솔로몬의 〈잠언〉으로 '〈잠언〉의 진수'라 한다. 〈잠언〉의 대부분을 솔로몬의 것이라고 보는 견해는 〈열왕기상〉 4장 19~34절에 근거를 두고 있다. 22장~24장은 가난한 자를 보살필 것과 공직자를 세우면 그를 따라야 한다는 것, 자녀가 잘못하면 징계하라는 것, 순결을 강조하는 말씀이다. 24장은 추가된 말씀, 25장은 히스기야 신하들이 〈잠언〉을 편집한 이야기이다. 30장은 아굴의 〈잠언〉, 31장 1~9절은 절제에 대한 경고, 31장 10~31절은 가장 현숙한 여인상을 말하고 있다.

전도서

이 책의 이름은 첫 구절의 '전도자의 말씀'에서 유래하였다. 저자의 이름은 전혀 언급되지 않았지만 여러 구절은 솔로몬 왕이 저자라고 한다(1:1). 책의 명칭은 히브리어로는 '띠브레 코헬렛'인데 '회중의 스승들의 말씀'(12:11)이라는 뜻이다. 저자는 '하나님을 떠나서는 모든 것이 헛되다'라고 강조한다. 하나님을 중심으로 하지 않는 삶은 목적이 없고 의미도 없는 삶이라는 것이다. 하나님 없이는 아무 만족도 없고 하나님을 알아야만 생명과 하나님의 모든 좋은 선물을 은혜로 받을 수 있으며, 그래야만 그것들을 풍성하게 즐길 수 있다는 것이다. 〈전도서〉는 하나님을 의지하지 않았기 때문에 그의 전 생애가 무의미했던 '솔로몬의 인생 철학'을 담고 있다. 그는 자신의 삶과 출생과 죽음 사이에서 경험할 수 있는 세상에 대해 평가하고 있다. 죽음의 세계는 인간이 볼 수 없는 곳이다. 세상에서 풀 수 없는 일들이 수없이 많은 것같이 보이는데 그런 존재가 바로 인간이라는 것이다. 인간들은 자신의 이해의 관점에서 말씀들을 받아들인다. 그러나 솔로몬은 지혜라 해도 한계가 있음을 알게 되었다. 인간의 지혜로는 하나님의 창조의 목적을 알 수 없으며 인간 존재의 의미도 알 수 없다고 한다. 솔로몬이 인간들을 바라볼 때 자기들이 원하는 것들은 무엇이나 추구하는 모습을 본다. 마치 인간은 세상을 지배할 것처럼 일하고 행동한다. 그리고 자신의 운명을 지배할 것처럼 행동한다. 인간이 헛된 소망을 추구하며 '모두 다 헛되어 바람을 잡으려는 것같이 의미 없는 것들'을 찾아 헤매는 것을 본다. 그러나 하나님께서 자신의 목적을 위해 창조의 질서를 정하셨고, 인간은 그것을 수용하며 자신의 한계를 인정하는 것이다. 그러므로 인간은 하나님께서 각자에게 주시는 삶에 만족해야 한다. 인간은 자신의 한계를 알아야만 하나님을 경외하고 그의 계명들을 지킬 수 있으며 사람의 본분을 지킬 수 있다(12:13). 하나님은 모든 행위와 은밀한 일을 선악 간에 심판하시는 분이시기 때문이다(12:14). 다시 말해서 〈전도서〉는 물질적이고 세속적인 목적을 추구하는 삶은 공허한 삶이요, 오직 하나님을 경외하고 그 명령을 지키는 삶이어야 한다는 것을 이야기한다.

- 〈전도서〉는 솔로몬의 인생론이다.
- 〈전도서〉의 핵심은 하나님을 떠나서 세상에서 추구하는 모든 것은 다 헛되다는 것이다.
- 사람들이 중히 여기는 부귀영화, 권세, 지혜와 지식이 다 살을 번뇌하게 할 뿐이다.
- 가족이 화목하고 하나님의 명령을 지키는 것이 사람의 본분이다.
- 최후에는 하나님의 심판이 있다는 것을 기억하자.

"범사에 기한이 있고 천하 만사가 다 때가 있나니 날 때가 있고 죽을 때가 있으며 심을 때가 있고 심은 것을 뽑을 때가 있으며 죽일 때가 있고 치료할 때가 있으며 헐 때가 있고 세울 때가 있으며 울 때가 있고 웃을 때가 있으며 슬퍼할 때가 있고 춤출 때가 있으며 돌을 던져 버릴 때가 있고 돌을 거둘 때가 있으며 안을 때가 있고 안는 일을 멀리 할 때가 있으며 찾을 때가 있고 잃을 때가 있으며 지킬 때가 있고 버릴 때가 있으며 찢을 때가 있고 꿰맬 때가 있으며 잠잠할 때가 있고 말할 때가 있으며 사랑할 때가 있고 미워할 때가 있으며 전쟁할 때가 있고 평화할 때가 있느니라"(3:1~8)

하나님의 목적에 따라 만물의 질서를 정하신다.

"하나님이 모든 것을 지으시되 때를 따라 아름답게 하셨고 또 사람들에게는 영원을 사모하는 마음을 주셨느니라 그러나 하나님이 하시는 일의 시종을 사람으로 측량할 수 없게 하셨도다"(3:11)

하나님의 모든 일에는 때가 있지만 사람은 그 때를 알 수가 없다.

"두 사람이 한 사람보다 나음은 그들이 수고함으로 좋은 상을 얻을 것임이라 혹시 그들이 넘어지면 하나가 그 동무를 붙들어 일으키려니와 홀로 있어 넘어지고 붙들어 일으킬 자가 없는 자에게는 화가 있으리라 또 두 사람이 함께 누우면 따뜻하거니와 한 사람이면 어찌 따뜻하랴 한 사람이면 패하겠거니와 두 사람이면 맞설 수 있나니 세 겹 줄은 쉽게 끊어지지 아니하느니라"(4:9~12)

친구의 가치를 말해 주고 있다.

"은을 사랑하는 자는 은으로 만족하지 못하고 풍요를 사랑하는 자는 소득으로 만족하지 아니하나니 이것도 헛되도다 재산이 많아지면 먹는 자들도 많아지나니 그 소유주들은 눈으로 보는 것 외에 무엇이 유익하랴 노동자는 먹는 것이 많든지 적든지 잠을 달게 자거니와 부자는 그 부요함 때문에 자지 못하느니라 내가 해 아래에서 큰 폐단 되는 일이 있는 것을 보았나니 곧 소유주가 재물을 자기에게 해가 되도록 소유하는 것이라"(5:10~12)

재물과 부의 풍요도 헛되다.

"하나님께서 행하시는 일을 보라 하나님께서 굽게 하신 것을 누가 능히 곧게 하겠느냐 형통한 날에는 기뻐하고 곤고한 날에는 되돌아 보아라 이 두 가지를 하나님이 병행하게 하사 사람이 그의 장래 일을 능히 헤아려 알지 못하게 하셨느니라"(7:13~14)

하나님은 두 가지를 병행하셔서 아무도 큰 소리 못 치게 하셨다.

"악한 일에 관한 징벌이 속히 실행되지 아니하므로 인생들이 악을 행하는 데에 마음이 담대하도다"(8:11)

"악인은 잘 되지 못하며 장수하지 못하고 그 날이 그림자와 같으리니 이는 하나님을 경외하지 아니함이니라"(8:13)

시간은 알 수 없지만 악인들의 심판은 반드시 있다.

"청년이여 네 어린 때를 즐거워하며 네 청년의 날들을 마음에 기뻐하여 마음에 원하는 길들과 네 눈이 보는 대로 행하라 그러나 하나님이 이 모든 일로 말미암아 너를 심판하실 줄 알라 그런즉 근심이 네 마음에서 떠나게 하며 악이 네 몸에서 물러가게 하라 어릴 때와 검은 머리의 시절이 다 헛되니라 너는 청년의 때에 너의 창조주를 기억하라 곧 곤고한 날이 이르기 전에, 나는 아무 낙이 없다고 할 해들이 가깝기 전에 해와 빛과 달과 별들이 어둡기 전에, 비 뒤에 구름이 다시 일어나기 전에 그리하라"(11:9~12:2)

젊은이들에게 주시는 교훈이다.

"전도자는 지혜자이어서 여전히 백성에게 지식을 가르쳤고 또 깊이 생각하고 연구하여 〈잠언〉을 많이 지었으며 전도자는 힘써 아름다운 말들을 구하였나니 진리의 말씀들을 정직하게 기록하였느니라 지혜자들의 말씀들은 찌르는 채찍들 같고 회중의 스승들의 말씀들은 잘 박힌 못 같으니 다 한 목자가 주신 바이니라 내 아들아 또 이것들로부터 경계를 받으라 많은 책들을 짓는 것은 끝이 없고 많이 공부하는 것은 몸을 피곤하게 하느니라"(12:9~12)

'회중의 스승의 말씀'이라는 것이 〈전도서〉의 히브리어인 '띠브레 코엘렛'이다.

"일의 결국을 다 들었으니 하나님을 경외하고 그의 명령들을 지킬지어다 이것이 모든 사람의 본분이니라 하나님은 모든 행위와 모든 은밀한 일을 선악 간에 심판하시리라"(12:13~14)

〈전도서〉의 주제라고 볼 수 있으며 세상 어떤 곳에서도 행복은 없는 것이니 하나님 안에서 믿음으로 살아야 한다는 것이다.

아가

〈아가서〉는 인간의 에로스적인 사랑을 바탕으로 인간에 대한 하나님의 사랑을 묘사하고 있다. 히브리 원문의 명칭은 '솔로몬의 노래'인데, '노래 중의 노래'(쉬르 핫 쉬림)란 말은 '최고의 노래'라는 뜻이다. 1장 1절 말씀은 솔로몬이 저자이라고 말한다. 〈아가서〉 8장 6~7절에 나오는 사랑의 표현은 지혜와 사랑이 모두 하나님의 선물이라는 것이다. 그러나 〈아가서〉는 순전한 남녀 사랑 이야기이고, 인간의 육체, 정욕적 욕망 같은 것이 너무 강렬하게 표현되었으며, '하나님'이라는 단어도 없고 '여호와'라는 단어도 볼 수 없다. 그런데 어떻게 성경이 되었을까? A.D. 97년경에 유대인 랍비 회의인 '얌니아 회의'에서 하나님께서 이스라엘을 이같이 사랑하지 않으시겠는가 하여 성경으로 확정(〈에스더〉, 〈에스겔〉, 〈잠언〉, 〈전도서〉 포함)하였고 기독교에서는 '예수 그리스도께서 그 신부되는 교회(성도)를 이같이 사랑하실 것이다'라고 보고 있는 것이다.

⊙ 얌니아 회의에서 〈아가서〉와 같이 추가된 성경

- 〈에스더〉: 하나님의 이름이 한 번도 거론되지 않지만 이방 나라까지도 하나님이 다스리신다.
- 〈에스겔〉: 40~48장을 정확히 이해할 수 없고 아직까지 예언이 실현되지 않았지만, 전체적으로 하나님의 심정을 충분히 이해할 수 있는 면이 중시되었다.
- 〈잠언〉: 앞뒤 모순되는 구절이 있지만 삶의 지혜를 주신다.
- 〈전도서〉: 향락주의, 허무주의의 모습이지만 하나님을 떠나면 이렇게 된다는 점이 중시되었다.

〈아가서〉는 하나님과 이스라엘, 그리고 하나님과 인간 사이의 사랑의 관계를 노래하고 있다. 한 여인을 후처로 삼으려고 하는 솔로몬 왕에 대해 변할 수 없는 자기의 사랑을 지키는 모습이고, 솔로몬을 소박한 목자이며 연인으로 생각한 한 처녀의 순수한 사랑을 노래한 것이라고 본다. 〈아가서〉의 사랑이란 말은 하나님의 주신 최고의 선물 중 하나이다. 〈아가서〉는 자기가 사랑하는 사람을 즐거워하여 '백합화 가운데서 노는 노루와 어린 사슴'으로 그를 묘사하고 있다(2:16~17). 또는 애인의 가슴을 "백합화 가운데서 꼴을 먹는 쌍태 어린 사슴"(4:5)으로, 연인을 과실들로 가득한 동산(4:12~16)으로 묘사하고 있다. 〈아가서〉에서 말하는 사랑은 죽음과 같이 강하고 기세가 여호와의 불과 같아서 많은 물과 홍수라도 끌 수 없다(8:6~7상)며 사랑의 소중함을 보여 준다. 사랑은 모든 재물로도 살 수 없고 그것을 바꾸려면 멸시를 받는다(8:7하)고 하였다. 〈아가서〉의 사랑은 여호와께서 사람에게 주신 선물임을 알 수 있다. 마지막은 두 연인들이 서로의 사랑을 갈망하는 모습과 그 사랑이 계속될 것을 암시하고 있다.

- 〈아가서〉는 '노래 중의 노래'라는 뜻이다.
- 장르는 오페라에 가깝다.
- 솔로몬의 노래가 1,005개였는데 그중에 가장 아름다운 노래가 〈아가서〉이다.
- 하나님의 사랑이 인간적인 사랑이라는 것을 보여 준다.
- 남녀 사이에 아름답고 순진한 사랑도 하나님의 선물이시다.
- 〈아가서〉는 본문 구별이 어렵지만 솔로몬의 노래, 술람미 여자의 노래, 예루살렘 여자의 노래가 교대로 나온다.

유대 전승에는 솔로몬이 사냥 중에 양 치는 술람미 여인을 사랑하게 되어 궁으로 데리고 왔으나 이미 술람미 여인에게는 약속을 정한 자가 있어 사랑을 거절당해 돌려보냈다고 한다. 결국 권력과 지혜로도 사랑을 가질 수 없다는 것이다. 그래서 솔로몬은 술람미 여인과의 사랑을 이루지 못했다고 전한다.

"왕비가 육십 명이요 후궁이 팔십 명이요 시녀가 무수하되"(6:8)

"내 마음이 계속 찾아보았으나 아직도 찾지 못한 것이 이것이라 천 사람 가운데서 한 사람을 내가 찾았으나 이 모든 사람들 중에서 여자는 한 사람도 찾지 못하였느니라"(전 7:28)는 말씀같이 솔로몬에게는 140명의 여자가 있었지만 만족하지 못하고 천 명까지 원했던 것 같다. 그래서 찾은 여인이 술람미 여인이었지만 이미 정한 자가 있어 권력과 지혜로도 얻을 수 없고, 더 이상 찾을 수 없었던 솔로몬의 인간적인 사랑 이야기이다.

역대상하

〈역대상하〉의 히브리어 명칭 '디브레 하야밈'은 '그 시대의 사건들'로 번역될 수 있다. 〈열왕기상하〉의 저자는 본서를 인용하면서 '역대지략'으로 번역하였다. 〈열왕기상하〉는 이스라엘 민족의 왕권의 멸망에 대하여 예언적인 관점에서 기록하고 있으나 〈역대기상하〉는 이스라엘 성전을 중심으로 제사장적인 관점에서 기록했다고 볼 수 있다. 〈열왕기상하〉 저자는 포로 상태에 있는 백성들을 위해 이스라엘 역사를 중심으로 기록했고, 〈역대상하〉 저자는 바벨론 포로 이후 예루살렘에 귀환하는 백성들을 위해 썼다. 이 책의 핵심은 과거와의 밀접한 연계성이다. 무서운 심판이 지나간 지금 우리에게 하나님은 관심을 가지고 계시는가 하는 질문에 〈역대상하〉 저자는 "하나님은 언제나 그러하셨다."라고 말하고 있다. 과거와의 연계성은 예루살렘에 새로 건립된 스룹바벨 성전을 말할 수 있다. 하나님은 주권을 행사하셔서 페르시아 제국의 고레스로 하여금 칙령을 반포하시고 성전을 재건토록 하셨다. 이것은 이스라엘을 향한 하나님의 은혜로 볼 수 있다. 성전은 다윗 왕가들의 성전이 아니라 이스라엘 백성과 왕들이 율법에 순종함에 있었다. 그리고 심판에 대하여는 하나님과 다윗의 말과 선지자들의 말을 들으라 하고 있다. 〈역대상하〉는 개개인의 통치를 기록하면서 죄가 가져오는 심판을 보여 주고 있다. 그러나 회개와 순종이 평화와 번영을 가져온다는 것도 보여 주고 있다. 저자가 역사를 기록할 때 주요한 주제는 포로 후 남과 북을 나누지 않은 '전체 이스라엘'이었다. 이스라엘에 대한 하나님의 은혜와 사랑은 창조와 더불어 시작된 것으로, 1장의 족보도 아담에게서부터 시작하고 있다. 저자는 사건들을 강조하기 위하여 〈사무엘상하〉와 〈열왕기상하〉에는 나오지 않는 아비야(대하 13:4~12), 아사(대하 14:11), 여호사밧(대하 20:5~12)의 이야기들을 소개하고 있으며 과거의 역사를 기록하면서 많은 문서 자료들을 인용하고 있다. 그는 〈역대기〉를 기록하면서 〈사무엘상하〉와 〈열왕기상하〉, 유대인의 율법서, 〈사사기〉, 〈룻기〉, 〈시편〉, 〈이사야서〉, 〈예레미야서〉, 〈예레미야애가〉, 〈스가랴서〉 등을 인용하였다. 그 밖에도 '이스라엘 열왕기', '다윗 왕의 역대지략', '유다와 이스라엘 열왕기', '열왕기 주석' 등이 있다. 또한 저자는 선견자 사무엘(대상 29:29), 선지자 나단(대상 29:29; 대하 9:29) 선견자 갓의 글(대상 29:29)과 실로 사람 아히야(대하 9:29), 선견자 잇도(대하 9:29), 선지자 스마야(대하 12:15), 선지자 이사야(대하 26:22), 호새의 사기(대하 33:19) 등의 선지자의 저술도 인용하여 기록하고 있다. 저자는 이 모든 자료를 사용하여 과거의 역사를 기록하고 있다.

〈에스라서〉 1장 1~4절과 〈역대하〉 36장 22~23절을 근거로 보면, 〈역대상하〉는 바벨론 포로로부터 돌아오는 에스라가 기록한 것으로 보인다. 기록 연대는 〈역대하〉 36장 22절~23절의 고레스 칙령 이후이다. 〈역대기〉를 기록한 이유는 무엇인가? 나라가 망하고 70년간 포로가 되어 다시 나라를 일으켜야 했다. 민족을 다시 재건하기 위한 사명의 메시지가 필요했다. 이들이 포로 귀환 때 어떠한 마음으로 돌아왔는지 알기 위해 이스라엘 전체 역사를 되돌아보기 시작했다. 그중에서도 다윗과 솔로몬 때를 자세히 살피기 시작한 것으로 보인다. 저자는 바벨론 포로 귀환 후 새로운 재건 모델을 다윗과 솔로몬 시대로 정하였다. 물론 다윗과 솔로몬의 좋지 않은 실수도 많다.

그러나 〈역대상하〉에서는 다윗과 솔로몬의 실수나 타락의 내용을 찾을 수 없다. 민족 재건에 필요하지 않은 부분이기 때문에 이들의 타락 이야기를 삭제하게 된 것 같다. 다윗과 솔로몬 시대의 긍정적인 모습을 바벨론 포로 귀환 후 재건의 모델로 삼고자 부정적인 내용은 의도적으로 빼버린 것으로 보인다. 〈역대상하〉는 누구든지 회개하면 용서받는다는 내용이 많다.

심지어 〈열왕기하〉에서 악한 왕으로 나오는 므낫세조차도 회개하여 용서받는다는 내용이 〈역대하〉에는 기록(대하 33:10~13)되어 있다. 그러나 〈열왕기하〉에는 이런 내용이 없다. 저자의 의도를 찾을 수 있는 것이 가장 중요하다. 그래야 〈역대상하〉의 책이 이해될 수 있다.

〈열왕기상하〉	〈역대상하〉
1. 예언자적인 관점	1. 제사장 관점
2. 전쟁 사건 중심	2. 성전 중심
3. 왕권의 흥망성쇠	3. 남왕국 다윗의 왕통 계승
4. 북왕국과 남왕국에 관한 기록	4. 남왕국에 관한 기록
5. 도덕성 강조	5. 구원 강조

에스라

〈에스라(여호와는 도우시다)〉는 B.C. 440년에, 그리고 〈느헤미야〉는 B.C. 430년에 기록된 것으로 본다. 에스라는 아닥사스다 1세의 재위 7년(B.C. 458)에 예루살렘에 도착했고(스 7:8), 느헤미야는 그 뒤를 이어 아닥사스다 1세의 재위 20년(B.C. 445; 느 2:1)에 도착하였다. 〈에스라서〉는 이스라엘에게 하신 하나님의 약속인 바벨론 포로 생활 70년을 마치고 자기 땅으로 다시 돌아올 것이라는 예언(렘 25:11)의 성취를 기록하고 있다. 이 일은 스룹바벨, 여호수아, 학개, 스가랴 및 에스라 등과 같은 유대인 지도자들과 세 명의 페르시아(바사) 왕(고레스, 다리우스, 아닥사스다)의 도움으로 이루어졌다.

바벨론 포로와 귀환 시기

포로로 잡혀간 시기	포로 귀환 시기
1차 포로 B.C. 606년 여호야김 왕, 다니엘 세 친구	1차 귀환 B.C. 536년 스룹바벨, 여호수아 인솔.
2차 포로 B.C. 597년 여호야긴 왕, 에스겔	2차 귀환 B.C. 457년 에스라 인솔(79년 후), 1~6장은 1차 귀환 사건을 기록함.
3차 포로 B.C. 586년 시드기야 왕	3차 귀환 B.C. 444년 느헤미야 인솔.

고레스는 B.C. 539년 10월에 바벨론을 정복한다. 그리고 그는 정복한 민족에게 자치권을 주어 통치하였다. 그래서 그는 B.C. 538년에 칙령을 발표하여 정복한 모든 민족의 포로들을 돌려보냈고, 유대인들도 고국으로 돌아가도록 하였다. 이때 약 5만 명(스 2:64)이 스룹바벨의 지도하에 돌아왔고, 성전의 기초가 놓였으나 15년이 지나도 완성되지 못하였다. 이 책은 1~6장에서 이 사건을 기록(79년 전 사건)하고 있다. 7~10장은 에스라가 아닥사스다 왕의 도움으로 예루살렘으로 돌아와 백성들에게 영적인 회복을 위하여 율법을 가르치는 모습과 이방의 아내와 그 소생들을 내쫓기로 하나 어려움을 겪는 모습을 기록하고 있다.

이 당시 재위하였던 페르시아(바사) 왕들에 관한 표

왕	연대(B.C.)	관련 본문	관련된 다른 본문(B.C.)
고레스	538~530	1~6장	
캄비세스 (고레스의 아들)	530~522	4:7,11절의 아닥사스다 왕	79년 전의 사건으로 보아 역사상 고레스의 아들인 캄비세스로 보아야 일치한다.
슈도스메르데스	522	혼란기 잠시 '가짜 왕'	
다리우스 1세	521~486	고레스의 딸, 아토스와 결혼, 7모사에서 왕이 됨.	학개(520), 스가랴(520~515)
아하수에로	486~465	4:6	에스더(474)의 남편, 하만의 음모, '크세르크세스' 왕이라 함.
아닥사스다 1세	463~423	4:7~23; 7~10장	말라기(450~400), 에스라, 느헤미야(445~425)
다리우스 2세	423~404		

히브리 성경은 〈에스라〉와 〈느헤미야〉를 하나로 묶었고, 헬라어 70인역도 〈에스라〉와 〈느헤미야〉를 한 권의 책으로 다루고 있다. 〈에스라서〉에 나타나는 본문에서는 에스라가 1인칭 시점으로 인용되는 형식을 볼 수 있고(7:27~28, 8:1~34, 9장), 일부 단락들은 3인칭으로 쓰여 있다(7:1~26, 10장, 느 8장). 이것을 어떤 학자들은 언어학적 문법상 1인칭과 3인칭의 인용들은 서로 유사하여 두 책이 한 사람의 저자가 쓴 것으로 주장하고 있다. 그리고 대부분의 학자들은 〈에스라〉와 〈느헤미야〉의 저자를 〈역대상하〉의 저자라고 결론을 내리고 있다. 이 견해는 〈역대상하〉와 〈에스라〉, 〈느헤미야〉에 나타나는 공통적인 내용에 근거한 것이다. 〈역대상하〉의 끝 부분(대하 36:22~23)에 있는 구절들과 〈에스라〉의 시작 부분(스 1:1~4)에 있는 구절들은 사실상 일치한다.

〈에스라서〉의 구조

1장~6장(스룹바벨 인솔, 대제사장 여호수아)

- 1차 포로 귀환에 대한 기록(B.C. 536)
- 스룹바벨 성전 건축과 방해, 재건축 시작
- 페르시아 제국에 '에스더가 황후'로 등극.
- 7장보다 79년 전 사건을 기록.

7장~10장(에스라 인솔)

- 2차 포로 귀환의 기록
- 여호와의 율법을 교육.

1장~5장은 스룹바벨이 돌아와 성전 건축을 위하여 기공식(B.C. 535)을 하고 공사를 시작을 하였으나 주변의 방해 공작으로 다리오 왕 12년까지 공사가 중단되어 방치되고 있었는데, 이때 학개와 스가랴 선지자가 나타나 '책망과 위로'를 하여 다시 건축을 하기 시작하는 모습을 볼 수 있다. 고레스 왕이 바벨론을 점령할 때 다니엘을 만나게 되었다고 한다.

다니엘은 그 당시 바벨론의 서열 세 번째(단 5:29) 위치에 있었다. 이스라엘 전승에 다니엘이 〈이사야〉 45장과 〈예레미야〉 25장 11절, 29장 10절의 말씀으로 고레스 왕도 여호와께서 기름 부은 자로 하나님의 예언을 실현해야 한다고 전수하여 고레스 칙령이 공포되었다고 한다.

"이스라엘 자손이 각자의 성읍에 살았더니 일곱째 달에 이르러 일제히 예루살렘에 모인지라"(3:1)

7월 15일~23일까지 초막절(장막절, 수장절) 성회가 8일간 이루어졌다.

"예루살렘에 있는 하나님의 성전에 이른 지 이 년 둘째 달에 스알디엘의 아들 스룹바벨과 요사닥의 아들 예수아와 다른 형제 제사장들과 레위 사람들과 무릇 사로잡혔다가 예루살렘에 돌아온 자들이 공사를 시작하고 이십 세 이상의 레위 사람들을 세워 여호와의 성전 공사를 감독하게 하매"(3:8)

돌아온 지 14개월째 되는 날에 성전 공사를 시작하게 되었다.

"건축자가 여호와의 성전의 기초를 놓을 때에 제사장들은 예복을 입고 나팔을 들고 아삽 자손 레위 사람들은 제금을 들고 서서 이스라엘 왕 다윗의 규례대로 여호와를 찬송하되 찬양으로 화답하며 여호와께 감사하여 이르되 주는 지극히 선하시므로 그의 인자하심이 이스라엘에게 영원하시도다 하니 모든 백성이 여호와의 성전 기초가 놓임을 보고 여호와를 찬송하며 큰 소리로 즐거이 부르며 제사장들과 레위 사람들과 나이 많은 족장들은 첫 성전을 보았으므로 이제 이 성전의 기초가 놓임을 보고 대성통곡하였으나 여러 사람은 기쁨으로 크게 함성을 지르니 백성이 크게 외치는 소리가 멀리 들리므로 즐거이 부르는 소리와 통곡하는 소리를 백성들이 분간하지 못하였더라"(3:10~13)

옛날 화려한 솔로몬 성전을 보았던 사람들은 제2성전인 스룹바벨 성전의 기초 놓임이 초라함을 보고 대성통곡하였지만 여러 사람은 다시 돌아와 성전의 기초 놓임을 보고 기뻐하는 모습이다.

4장에서는 성전 건축을 방해한 사람들로 인하여 성전 공사가 중단되었다. 그리고 7절과 11절, 23절의 아닥사스다 왕으로 번역된 것은 세계사로 확인해 볼 때 7장 이전의 기록은 에스라가 돌아오기 79년 전의 사건으로 고레스 왕의 아들 '캄비세스 왕'으로 보아야 역사적으로 타당한 것 같다. 세계사는 일곱 모사에서 왕이 된 다리우스 왕과 그의 아들 아하수에르 왕, 손자인 아닥사스다 왕의 순으로 기록되어 있다.

에스라가 돌아온 것이 아닥사스다 왕 때인데 79년 전 사건의 왕으로 번역된 것은 착오가 있어 보인다.

5장은 학개와 스가랴 선지자들의 책망과 격려로 성전 공사가 재개되었다. 6장은 다리오 왕이 조서를 내려 확인하여 성전 공사를 끝마쳤다. 6장의 본문까지 에스더 시대의 배경으로 보아야 한다.

7장은 1차 귀환(B.C. 536)으로부터 79년 정도의 세월이 흘러 B.C 457년, 2차 귀환으로 에스라가 돌아오는 시점부터 기록되었다.

> "이 일 후에 바사 왕 아닥사스다가 왕위에 있을 때에 에스라라 하는 자가 있으니라 그는 스라야의 아들이요 아사랴의 손자요 힐기야의 증손이요 살룸의 현손이요 사독의 오대 손이요 아히둡의 육대 손이요 아마랴의 칠대 손이요 아사랴의 팔대 손이요 므라욧의 구대 손이요 스라히야의 십대 손이요 웃시엘의 십일대 손이요 북기의 십이대 손이요 아비수아의 십삼대 손이요 비느하스의 십사대 손이요 엘르아살의 십오대 손이요 대제사장 아론의 십육대 손이라"(7:1~5)

에스라가 대제사장 아론의 16대 손으로 자기를 정확하게 밝히고 있다.

"이 에스라가 바벨론에서 올라왔으니 그는 이스라엘의 하나님께서 주신 모세의 율법에 익숙한 학자로서 그의 하나님 여호와의 도우심을 입음으로 왕에게 구하는 것은 다 받는 자이더니"(7:6)

페르시아에서 태어나 왕의 신하로서 모든 것(명예와 재력)을 다 갖추고 있던 에스라는 전부 버리고 예루살렘으로 돌아왔다.

"아닥사스다 왕 제칠년에 이스라엘 자손과 제사장들과 레위 사람들과 노래하는 자들과 문지기들과 느디님 사람들 중에 몇 사람이 예루살렘으로 올라올 때에"(7:7)

약 1,500명 정도 돌아왔다(8:1~14).

"이 에스라가 올라왔으니 왕의 제칠년 다섯째 달이라 첫째 달 초하루에 바벨론에서 길을 떠났고 하나님의 선한 손의 도우심을 입어 다섯째 달 초하루에 예루살렘에 이르니라"(7:8~9)

만 4개월 걸려 돌아왔다.

"에스라가 여호와의 율법을 연구하여 준행하며 율례와 규례를 이스라엘에게 가르치기로 결심하였었더라"(7:10)

예루살렘에 돌아온 에스라는 영적 회복을 위하여 율법과 규례를 가르치고자 한다.

11~26절까지는 아닥사스다 왕이 내린 조서이다.

11~20절에서 아닥사스다 왕은 조서에서 에스라에게 사람을 모집할 수 있

는 권한, 재정 모금과 집행권을 부여하였다. 21~25절에서 아닥사스다 왕은 에스라에게 사법권과 인사행정권을 부여하였다.

> "무릇 네 하나님의 명령과 왕의 명령을 준행하지 아니하는 자는 속히 그 죄를 정하여 혹 죽이거나 귀양 보내거나 가산을 몰수하거나 옥에 가둘지니라 하였더라"(7:26)

아닥사스다 왕은 에스라에게 막강한 권한을 부여하였다.

8장은 에스라가 사람들과 함께 예루살렘으로 돌아오는 모습이다.

> "그 때에 내가 아하와 강가에서 금식을 선포하고 우리 하나님 앞에서 스스로 겸비하여 우리와 우리 어린 아이와 모든 소유를 위하여 평탄한 길을 그에게 간구하였으니 이는 우리가 전에 왕에게 아뢰기를 우리 하나님의 손은 자기를 찾는 모든 자에게 선을 베푸시고 자기를 배반하는 모든 자에게는 권능과 진노를 내리신다 하였으므로 길에서 적군을 막고 우리를 도울 보병과 마병을 왕에게 구하기를 부끄러워 하였음이라"(8:21~22)

하나님의 선하심을 말하였기에 인위적인 도움을 요청하지 않았다.

> "그러므로 우리가 이를 위하여 금식하며 우리 하나님께 간구하였더니 그의 응낙하심을 입었느니라"(8:23)

호위병 없이 예루살렘으로 돌아올 때 금식을 선포하고 하나님을 의지하면서 돌아왔다.

9장은 에스라가 예루살렘에 돌아와 보니 1차 포로 귀환 후 이방인과 피가 섞이고 혼합되어 있는 모습을 보고 회개 기도하는 모습이다.

10장에서는 에스라의 개혁 의지가 보인다.

학개

학개는 스가랴와 함께 바벨론 포로에서 귀환한 백성들에게 성전을 재건하도록 격려하는 선지자였다(스 5:1~2, 6:14). 저자의 이름은 '축제' 또는 '향연'을 의미한다. 2장 3절에 근거하면 선지자 학개는 솔로몬 성전이 파괴되는 것을 목도한 사람이었다. 만일 그렇다면 그의 나이 70대 초반에 선지자 사역을 담당했다고 볼 수 있다. 연대는 자세히 알 수 없지만 바벨론에 포로로 갔다가 돌아온 나이 많은 민족의 어른인 것 같다. 그 당시 사람들은 성전 공사가 중단된 것은 아직 때가 이르지 않은 것, 하나님의 뜻이 아닌 것, 하나님이 함께하지 않으신 것, 지도자(스룹바벨, 여호수아)의 무능한 탓으로 돌리고 있었다. 앗수르를 정복한 고레스 왕은 B.C. 539년에 바벨론을 정복하고 B.C. 538년에 유대인들은 예루살렘으로 돌아가 성전을 재건하라는 칙령을 반포했다(스 1:2~4, 6:3~5). 스룹바벨과 여호수아의 인도로 약 5만 명이 예루살렘으로 돌아와 성전 재건을 시작하였다. 약 2년 후인 B.C. 536년에 성전 기초를 완성하였으나(스 3:8~10), 정치적, 종교적 이해관계로 이스라엘의 번영을 반대하는 사마리아인들과 이웃 민족들에 의해서 방해를 받게 되었다. 그 후 성전 공사는 다리우스 1세가 페르시아의 왕위(B.C. 522)에 오른 후까지 중단(스 4:1~5, 24)되었다. 다리우스는 정복한 민족의 종교에 많은 관심을 가진 인물이었다. 학개와 스가랴는 그의 재위 2년 후인 B.C. 520년에 말씀을 전하기 시작했다(1:1, 슥 1:1). 학개 선지자는 그들을 무기력한 상태에서 일으켜 세우려고 노력하였다. 유프라테스 강 서편의 통치자와 다른 지도자들이 성전 재건을 방해하려고 했을 때 다리우스는 유대인들을 지원해 주었고(스 5:3~6, 6:6~12), B.C. 516년에 성전이 완성되었다.

학개 선지자의 예언과 질책

• 학개 선지자는 바벨론에 포로로 갔다가 돌아온 민족의 어른이다.

남왕국은 B.C. 606년 1차 포로로 잡혀가기 시작하여 B.C. 539년에 고레스 왕이 바벨론을 정복하고 B.C. 538년 고레스 칙령 반포로 B.C. 536년의 말씀대로 70년 만에 돌아와 성전을 건축하다 15년 정도 방치하고 있었다. 학개와 스가랴 선지자의 질책과 격려로 4년 만에 완성하여 B.C. 516년에 성전을 회복했다. B.C. 586년에 예루살렘 성전이 불타고 70년 만에 B.C. 516년 성전 복원도 완성되었다. 〈학개서〉의 예언들은 다리우스 왕 재위 2년인 B.C. 520년의 네 달 동안 주어진 것이다. 첫 번째 메시지는 여섯째 달 초하루(1:1)에 전해졌고, 마지막 예언은 일곱째 달 21일(2:1)에 전해졌다.

2장 7절에서 재건된 성전은 여호와의 말씀에 '모든 나라의 보배'에 이르리라 한다. 여호와는 스룹바벨을 만국의 보배의 증인으로 삼으셨다(2:23). 이후 성전을 다시 공사하려니 자금이 필요하였다. 15년 전에는 성전 지을 공사비를 갖고 있었으나 지금은 가진 돈을 다 써 버리고 없는 상황이었다. 자기들 집을 지으려고 다 써 버린 것이다. 또한 여전히 지도자들을 무시하고 있는 상태였다. 전승에 의하면 스룹바벨은 많은 고민 끝에 바벨론 포로 시절에 친구였던 다리우스 히스타페스 1세인 페르시아 황제를 찾아가 후원금을 받아 와서 4년 만에 성전 공사를 끝냈다고 한다. B.C. 586년 5월 10일에 예루살렘 성전이 불에 탔는데, B.C. 516년에 완성하여 70년 만에 바벨론 포로에서 돌아와 성전을 회복한 역사를 볼 수 있다.

그 당시 사람들의 말과 생각

- 성전 건축 공사가 중단된 것은 아직 때가 이르지 않은것
- 백성들은 하나님의 뜻이 아닌것
- 백성들은 하나님이 함께하시지 않는 것
- 백성들은 지도자들이 무능한탓다.

학개 선지자의 질책

- 전 건축은 하나님의 뜻이며 하나님은 지금도 함께 하시며 하나님의 전을 건축할 때가 오히려 늦었고 지연되고 있다고 질책.
- 그래서 흉년이 들고 재앙이 계속되고 있다고 질책.
- 지금 건축하고 있는 성전이 보잘것없어 보이지만 정성을 다하기만 하면 하나님께서 기뻐하실 것이라고 말하고 스스로 굳세게 하여 일하라고 함.
- 은도 금도 하나님의 것이기 때문에 하나님께서 "만국의 보배가 이르리니 이전의 영광보다 나중 영광이 더 클 것이며, 평강을 주리라" 고 하신다.

스가랴

스가랴는 이스라엘 백성들이 바벨론 포로에서 예루살렘에 귀환한 후 학개 선지자와 함께 사역한 선지자이고 〈스가랴서〉의 저자이다. 스가랴의 이름은 '여호와께서 기억하신다'라는 뜻이다. 〈스가랴서〉는 바벨론으로부터의 하나님의 구원 약속인 성전 회복의 모습을 볼 수 있다. 스가랴는 바벨론 포로로부터 귀환하여 재건에 힘쓰던 시기에 학개 선지자를 이어 사역하였다(스 1:1). 학개 선지자는 책망하였지만 스가랴 선지자는 격려하여 성전 재건 역사를 완성하도록 위로하였다(스 4:8~10). 그리고 밤중에 본 여덟 번의 환상의 목적에 대해 여호와께서는 만일 이스라엘이 그에게 돌아오면 여호와도 그들에게 돌아가시겠다고 말씀하시며 그의 말씀은 성취되리라고 하신다. 스가랴는 마지막 때에 초림과 재림, 메시아 왕국에 관하여 예언하였다. 스가랴는 예레미야와 에스겔처럼 선지자이며 동시에 제사장이었다. 그는 바벨론에서 출생하여 스룹바벨과 여호수아(느 12:4)의 지도하에 예루살렘에 귀환한 사람이었다. 스가랴의 아버지는 제사장 베레갸였으며, 할아버지 잇도도 제사장이었다. 후에 요야김이 대제사장이 되었을 때 스가랴는 제사장 가문으로서(느 12:10~16) 조부인 잇도의 뒤를 이었던 것으로 보인다(스 1:1,7). 스가랴는 학개와 동시대인이나 그의 사역은 학개보다 오랫동안 계속되었다(스 1:1; 학 1:1). 그가 사역을 시작했을 때 젊은 나이였으며, 세 번의 예언의 말씀을 받는다(1:1, 1:7, 7:1). 아닥사스다 1세(B.C. 465~B.C. 424)의 재위 시까지 사역을 계속한 것으로 보인다.

〈스가랴서〉는 권면(1:2~6), 환상(1:7~6:8), 예언(9~14장)으로 나누어진다. 1장 7절~6장 8절의 환상은 하나님이 백성들에게 소망을 주시는 것이다. 이 책의 주제는 '격려'이다. 9~14장에 나타난 예언들은 하나님의 백성들에게는 영광스런 미래가 기다리므로 소망을 가지라는 말씀들이다. 〈스가랴서〉는 성전 재건을 격려하는 것을 주제로 삼고 있다. 최종적인 하나님의 심판은 '메시아의 재림'과 '모든 적대 국가들이 하나님에 의해서 심판받을 것'이라는 예언의 말씀이다.

환상들	의미
네 마리의 말(1:8~17)	열방의 심판을 위하여 예수님의 확인
네 뿔과 네 대장장이 (1:18~21)	'네 뿔'은 세상의 4대 세력(앗수르, 바벨론, 아람, 애굽)을 심판할 하나님의 사자
측량줄(2장)	예루살렘을 재건하고 영화롭게 일으켜 세울 것을 의미한다.
여호수아의 옷을 새로 입힘 (3장)	대제사장 여호수아의 더러운 행실(이방 여인과의 결혼; 스 10:10)을 사면, 복권하시어 칭의의 옷으로 거룩하게 될 것을 의미한다.
순금 등잔대와 두 감람나무 (4장)	성령이 유다 백성의 지도자인 스룹바벨과 여호수아에게 능력을 공급할 것임을 의미한다.
날아가는 두루마리(5장)	각 사람이 지은 죄에 대한 하나님의 심판과 저주를 의미한다.
에바의 여인(5장)	'여인'은 죄와 반역을 의미하며 그것이 이스라엘을 떠나 바벨론으로 옮겨질 것을 의미한다.
네 병거(6장)	바벨론과 온 땅 위에 임할 하나님의 심판을 의미한다.

스가랴 선지자와 그가 본 이상

- 스가랴 선지자는 젊은 날에 소명을 받음(약 30세 정도).
- 스가랴는 학개의 뒤를 이어 사역.
- 참담한 현실 앞에서 예루살렘의 과거와 현재, 미래를 보면서 비전을 제시.
- 천사는 스가랴에게 먼저 환상을 보여 주고 스가랴에게 바르게 보고 있는지 확인.
- 천사는 스가랴가 알지 못한다고 할 때마다 이미 보여 준 환상에 대하여 자세히 설명.

스가랴가 본 환상

- 화석류나무 사이에 서 있는 말을 탄 사람들의 환상
- 뿔들을 떨어뜨리려고 하는 대장장이(기술자, 전문인)
- 손에 측량줄을 잡고 서 있는 환상
- 여호수아가 하나님 앞에 소환되어 더러운 옷을 입고 서 있는 환상
- 두 감람나무와 등잔대의 환상
- 날아다니는 두루마리 환상
- 에바 속의 어떤 여인의 환상
- 검은 말, 흰 말, 어룽진 말, 건장한 말이 끄는 병거의 환상
- 그 당시 참담했던 예루살렘이 재건될 것과 메시야가 와서 나귀를 타고 입성하실 것을 예언.
- 마지막 때에 주님께서 심판하시기 위하여 감람산에 재림하실 것을 예언.
  ① 시대적 배경과 함께 처음 오실 예수그리스도를 말하였다.
  ② 13장, 14장은 재림하실 예수그리스도를 말하였다.

에스더

'에스더'라는 이름은 '별'이라는 뜻에서 유래되었으며 에스더의 히브리 이름은 '하닷사'(2:7)이다. 저자는 확실히는 모르지만 페르시아에 거주하고 있던 유대인이라는 것을 알 수 있다. 이 사건의 발생은 B.C. 478년경, 에스라가 예루살렘으로 돌아오기 전이고 1차 포로 귀환과 2차 포로 귀환 사이에 발생한 일로 볼 수 있다. 부림절의 축제를 지키게 된 동기와 그것을 영구히 지켜야 할 이유를 설명(9:19)하고 있다. 포로 생활 중에 하만의 음모로 유대인들이 말살될 위기에서 구원받는 사건을 기록하고 있다. 하만의 실패로 그들은 안식을 찾아 잔치를 하는 모습이다(9:17,22). 하만의 계획으로 페르시아의 수산 성에서 일어난 사건은 하나님의 구속 사역을 좌절시키려 했다. 저자는 이스라엘을 말살시키려는 하만의 음모에서 구원받은 사건으로 보고 있다. 그래서 연례적인 부림 축제의 기원을 밝히고, 아하수에로(B.C. 486~465; 크세르크세스) 치하에서 유대인이 큰 '구원'을 경험한 이야기를 기록하여 후대에 전하는 것이다. 〈에스더서〉의 또 다른 주제는 '잔치'이다. 이 잔치 중에서 처음 두 번의 잔치는 아하수에로(크세르크세스)에 의해 베풀어진 것이고, 두 개(5:1~8, 7:1~10)의 잔치는 에스더가 준비한 것이며, 두 개(9:17, 9:18~32)의 잔치는 부림 축제의 잔치이다. 〈에스더서〉는 내용 면에서 심각한 문제를 불러일으켜 왔다. 하나님에 관하여 전혀 언급이 없다는 점이다. 이 문제는 〈에스더서〉에 종교적인 가치가 전혀 없다고 판단하는 근거가 되었다. 그러나 저자는 본문에서 적절한 사건들(6:1)을 일으키고 이끌어 나가는 분이 바로 '하나님'이라는 사실을 분명하게 드러내고 있다. 하나님이나 어떤 종교적인 일들에 관해 의도적으로 언급하지 않으나 내용을 보면 하나님의 절대적인 통치를 볼 수 있다.

1. 하나님의 역사

- 포로에 불과한 유대인 소녀 에스더(하닷사)가 페르시아 제국의 왕후가 된 일(2:15~18)
- 대궐 문에 앉았던 모르드개가 때마침 왕의 암살 음모를 엿듣게 된 일(2:21~23)
- 한 달 동안 에스더를 찾지 않던 왕이 에스더의 등장을 반긴 일(5:2)
- 잠들지 못하고 있던 아하수에로 왕에게 궁중 일기를 읽어 모르드개의 공을 알게 함(6:1~2).
- 하만이 에스더에게 목숨을 구걸할 때 왕이 강간으로 판단한 일(7:5~8)
- 모르드개를 죽이고자 세운 장대에 하만 자신이 매달린 일(7:9~10)

1장은 페르시아의 화려한 연회 잔치(180일)와 와스디 왕비의 폐위이다.

2장에서는 에스더가 왕후가 되고, 모르드개는 왕의 목숨을 구하였다. 2장 6절에서 유다 왕 여고냐가 포로로 잡혀갈 때 모르드개도 잡혀갔다고 하는데, B.C. 597년 2차 포로일 때를 말하는 것이 되므로 모르드개가 5살 정도에 끌려갔다 하더라도 모르드개의 나이가 약 127세 정도가 되고, 에스더의 나이가 약 80세 정도가 되어 문제가 된다. 그래서 여기서는 에스더의 배경사가 B.C. 478년경이므로 '모르드개 선조들이 포로로 끌려간 것이 약 120년 정도'가 된 것으로 해석해야 한다.

3장은 하만이 유다 사람을 멸하고자 음모를 꾸민다.

4장은 모르드개가 모든 사실을 알고 에스더에게 구원 요청을 한다.

5장은 에스더가 하나님의 도우심으로 왕을 만나게 되어 잔치를 베풀게 되었다.

6장은 모르드개가 명예를 얻게 되었다.

7장은 하나님의 역사로 하만의 몰락과 처형을 볼 수 있다.

8장은 유대인의 복수로 전환되었다.

9장은 유대인의 명절 부림(제비뽑기)절의 탄생을 알 수 있다.

10장은 모르드개가 아하수에로 왕의 다음가는 자가 되었다.

2. 페르시아에 살았던 모르드개와 에스더

이란의 고대 도시로 손꼽히고 있는 '하메단'에는 구약의 역사를 알 수 있는 유적들이 무척 많이 있다. 여름 궁전이 최근에 발견되어 그 유적지에서 발견된 왕궁 터의 주춧돌과 각종 도자기들이 전시되고 있다. 페르시아 제국 다섯 번째 왕인 아하수에로 왕의 비문이 있는 '간자너메'는 에스더의 무덤이 있어 성경 고고학적으로 매우 의미 있는 곳이다. 당시 그리스 역사가 '헤로도토스'는 B.C. 5세기 후반부에 페르시아 지역을 여행하면서 '페르시아'와 '그리스' 간의 갈등에 대하여 자세히 기록하고 있다. 페르시아의 기록 시기는 〈에스더〉 7~9장에 해당하는 기간이다. 저자는 아하수에로 왕을 독재적이고 변덕스러우며 관능적이며 때로는 잔인하다고 묘사하고 있다. 〈에스더〉 1장에 나오는 와스디 왕후를 폐하고, 새 왕비 에스더를 맞는 것을 보면 알 수가 있다. '페르세폴리스'에서 발견된 아하수에로 왕의 비문에는 "나는 아하수에로, 위대한 왕, 유일한 왕, 모든 종류의 방언을 쓰는 모든 나라의 왕, 땅 끝까지 이르는 거대한 제국의 왕"이라고 기록되어 있다. 당시 겨울 궁전이었던 이란 남부 '수쉬'의 수산 성을 발굴하던 프랑스 고고학자들은 아하수에로 왕의 아버지 다리오 왕 1세가 제국의 곳곳에서 물자를 동원하여 겨울 궁전을 지었다는 내용을 담은 토판도 발견하였다. 이 궁궐은 다리오 왕의 뒤를 이은 아하수에로 왕에 의해 완성되었다. 아하수에로 왕 통치 초에 '마두르카'라는 사람이 최고 관리였다는 기록이 바벨론 근처의 '보르시파'에서 발견된 상형문자에 적혀 있었다. 그는 에스더의 나이 많은 사촌오빠 모르드개로 추정된다. 고고학자의 자료에 의하면 유대인들이 아하수에로 왕의 뒤를 이은 다리오 2세의 통치 기간에 페르시아 제국 내의 주요 직책을 맡고 있었다고 한다. 모르드개가 활동하던 시기는 〈에스더서〉 6~7장 사이에 나와 있다. 바벨론 1차 포로 귀환(B.C. 536)과 2차 포로 귀환(B.C. 457) 사이의 일들이다. 이 사실들은 아하수에로 왕(크세르크세스)의 궁중 일기(2:23)와 메대와 바사 왕들의 일기(10:2)를 인용한 실제적 사건임을 알 수 있다.

3. 모르드개는 히브리식 이름이 아니다

바벨론 주신 '마루둑' 또는 페르시아어 '몰다케(작은 사람)'에서 온 이름으로 본다. 1903년 발견된 페르시아 서판에서 '마루두카'라는 인물이 페르시아 고위 관료로 크세르크세스(아하수에로) 왕 재위 기간에 활동한 기록이 발견되었고, 이후 30여 개의 고대 문헌에서 '마루두카' 또는 '마루두트'라는 이름이 4명 정도 발견되는데 이들 중 한 명이 '모르드개'일 가능성을 배제할 수 없다.

느헤미야

〈느헤미야(여호와는 위로하신다)〉는 바벨론에 포로로 잡혀갔던 백성들이 돌아와 예루살렘 성벽을 재건하는 역사를 기록하고 있다. 이것은 에스라의 지도하에 시작된 것이었다. 성벽이 완성된 후 온 백성은 하나님의 율법을 듣고 큰 회개 운동을 일으켰다. 또한 이 책의 사건들은 〈말라기서〉의 역사적 배경을 뒷받침하고 있다. 〈느헤미야〉는 성벽 재건에 관한 많은 부분의 이야기를 기록하고 있다. 그러나 에스라와 느헤미야 사이의 13년 정도를 기록하지 않아 1장 3절의 "그들이 내게 이르되 사로잡힘을 면하고 남아 있는 자들이 그 지방 거기에서 큰 환난을 당하고 능욕을 받으며 예루살렘 성은 허물어지고 성문들은 불탔다 하는지라"의 배경을 이해하기가 어려운 점이 있다. 에스라의 개혁에서 이방 여인들을 돌려보내는 것은 쉽지 않았으리라 본다. 이후 쫓겨난 여인들의 형제들이 예루살렘 성벽을 무너트리고, 성문을 불태우며, 백성들을 죽이고, 포로로 잡아갔으나 이와 같은 사건은 〈느헤미야〉의 첫 기록에는 빠져 있다.

- 느헤미야는 '여호와는 위로하신다'의 뜻을 가지고 있다.
- 느헤미야는 페르시아의 왕 아닥사스다의 술 맡은 관원장이다.
- 왕의 신임과 총애로 페르시아에서 안정된 지위에 있었다.
- 안일한 삶에 안주하지 않고 귀환 공동체의 백성들을 인솔하여, 난관에 봉착한 에스라의 개혁을 돕기 위하여 왕의 재가를 얻어 예루살렘으로 찾아와서 에스라를 위로하고 개혁을 같이하였다.
- 에스라를 도와 성벽을 중축하고 출애굽 이후 처음(약 990년)으로 성경 낭독을 하게 한다.
- 영적으로 성숙한 사람이다.
- 모든 사람에게 신뢰받은 사람이다.
- 쉬지 않고 기도하는 사람이다.
- 검소하고 경건한 공직자의 표본이다.
- 공과 사를 구분하는 사람이다.
- 12년 동안 총독의 녹을 받지 않았다.

1. 느헤미야의 귀환과 개혁

'에스라의 개혁'에 문제가 생겼다. 1차 귀환에서 약 80년이 지나 스룹바벨이나 대제사장 여호수아는 이미 세상을 떠난 지 오래되었다. 주변의 반대 세력과 쫓겨난 이방 여인들의(〈에스라〉 10장) 형제들이 예루살렘의 성을 무너트리고, 많은 사람을 죽이며 포로로 사로잡아 갔다. 성문들을 불태워 버려 성벽이 수축되지 못했다는 소식을 동생 하나니에게 전해 들었을 때, 그는 페르시아에서 태어나 예루살렘을 가 본 적이 없지만, 왕의 눈에 띌 만큼 슬퍼했다. 느헤미야는 페르시아 왕국에서 아닥사스다 1세의 술잔을 받드는 일을 하였다. 이것은 왕이 마시는 술에 독이 들어 있는지 여부를 확인하는 대단히 높고 중요한 직위였다. 이러한 믿음 있는 직책의 사람은 때로는 왕의 '모사'가 되기도 했다. 그러나 이와 같이 높은 직위에 있으면서도 느헤미야는 가 보지도 못한 자기의 조국과 백성을 항상 생각했다. 그는 왕으로부터 예루살렘을 재건하러 가도록 허락(12년)을 받고 귀국하자, 곧 놀라운 지도력을 발휘하여 많은 어려움에도 52일(6:15)만에 성벽 쌓는 일을 완료하였다.

이스라엘 민족은 3차에 걸쳐 바벨론에 포로로 잡혀갔고 3차에 걸쳐 귀환한다. 첫 번째 귀환 팀의 지도자는 스룹바벨과 대제사장 여호수아이고, 두 번째는 학사 겸 제사장인 에스라이며 세 번째는 느헤미야이다. 첫 번째 귀환 팀은 성전 터를 다시 쌓고 성전 건축을 하였다. 두 번째 귀환 팀은 예루살렘 주변의 이방인들과 혼잡한 성생활을 청산하려다 에스라의 개혁이 심각한 위기에 부딪치게 되었다. 그 위기를 극복하기 위하여 페르시아에서 느헤미야가 돌아왔다. 느헤미야가 온 것은 개혁이 심각한 위기에 처한 에스라에게 이름의 뜻대로 위로가 되었을 것이다. 느헤미야는 이방인과의 분명한 경계를 위하여 예루살렘 성을 다시 쌓았다. 그리고 에스라와 함께 출애굽 후 최초로 약 990년 만에 초막절에 성경 낭독(신 31:9~13)을 시행했다. 그리고 제사장을 세우고 성전 중심의 신앙 공동체를 시작했다. 문제는 느헤미야가 페르시아 황제와 약속 기간이 다 되어서 예루살렘의 총독 소임을 마치고 페르시아로 간 약 2년 정도의 기간이다. 그 후 에스라가 언급되지 않은 것으로 보아 소천한 것으로 보인다. 2년 동안 느헤미야가 없는 사이에 예루살렘에서 많은 일이 발생한다.

2. 느헤미야가 다시 돌아오기 전까지 예루살렘에 있었던 일들

유다의 총독으로서 느헤미야는 겸손과 정직, 애국심과 경건, 희생의 본을 보였다. 12년 후 그가 아닥사스다 왕에게 잠깐 동안 돌아간 사이에 백성들은 다시 타락하기 시작한다. 다시 돌아온 느헤미야는 백성을 회개하도록 하였으나 이미 어려운 상황에 접어든 것으로 보인다.

십일조 관련 성전고와 엘리아십, 도비야(13:4~9)

먼저 도비야와 엘리아십이 서로 연락이 있었다고 하는데, 엘리아십은 제사장이고 또한 노래하는 자의 우두머리였을 것으로 추정된다(스 10:24). 또한 산발랏의 종이었고 암몬 사람인 도비야의 사위였다. 도비야는 귀환 포로 백성 중 유력한 사람들과 동맹하였다(느 6:17~19). 엘리아십은 잘못된 결혼으로 에스라에게 이미 꾸중을 들은 바 있다. 이 엘리아십은 느헤미야가 페르시아로 가서 다시는 안 올 줄 알았는지 스룹바벨 성전 중 십일조를 모으고 성전 기명과 거제물을 두었던 곳을 개인이 쓸 수 있도록 도비야에게 큰 방을 만들어 주었다. 느헤미야가 돌아와 바로 도비야를 쫓아내고 성전고를 회복시켰다.

레위인들이 생계 때문에 모두 흩어져 버렸다(느 13:10)

레위인들이 받을 것을 주지 않았다는 것은 십일조가 모아지지 않았다는 것이고 이는 백성들이 십일조를 하지 않은 것이다(느 13:11~13).

- 느헤미야가 돌아가자 안식일을 지키지 않았다(느 13:15~22).
- 에스라가 금한 이방인과의 결혼이 다시 시작되었다(느 13:23~27).
- 대제사장 가문마저 이방인과 결혼하였다(느 13:28~31).

느헤미야가 2년 정도 예루살렘을 비운 사이 백성들은 순식간에 타락하고 제사장까지도 타락한다. 그 이후 구약을 총결산하는 선지자인 말라기를 하나님께서 보내신다. 말라기가 고발한 '이스라엘 민족의 총체적 타락상'은 이미 느헤미야 때에 보이기 시작하였다.

1장은 느헤미야의 동생 하나니가 에스라의 개혁의 어려움을 전하러 페르시아로 가서 사정을 알렸다. 2장은 예루살렘의 소식을 듣고 왕의 허락을 받고 돌아온다. 3장은 성벽 중수하는 모습, 4장은 성벽 재건 방해자들을 물리쳤다.

5장은 성벽 공사와 세금으로 가난해진 백성들에게 부담을 덜어 주고 총독 자신도 녹을 받지 않았다. 6장은 느헤미야를 죽이려는 음모에도 성벽 공사를 마쳤다. 7장은 느헤미야가 지도자들을 세운다. 8장은 이스라엘 백성이 출애굽 후 약 990년 만에 율법 책을 읽고 회개한다. 9장은 백성들이 죄를 자복하는 모습이다. 10장은 언약을 세워 기록하고 인봉한 사건이다. 11~12장은 예루살렘에 거주하는 백성들을 제비를 뽑아 정하고, 제사장과 레위 사람들이 성벽을 봉헌하는 모습이다.

13장은 느헤미야가 페르시아 왕과 약속을 지키기 위하여 약 2년 동안 페르시아로 가게 된다. 그러나 백성들은 느헤미야가 다시 돌아올 줄 모르고 타락하였다. 다시 느헤미야가 돌아온 후에 성전 거제물 두는 곳을 차지한 도비야를 내쫓고, 안식일을 지키지 않고 이방인과 다시 결혼한 타락한 백성들을 개혁한다.

말라기

〈말라기서〉의 제목인 '말라기'는 직함이 '나의 사자'인 것인지 이름이 '말라기'인 것인지 불분명하다. B.C. 400년경 에스라가 세상을 떠나고 느헤미야 사후 40~50년 이후로 추정된다. 〈말라기서〉는 학개와 스가랴와 같이 여호와의 날이 임함을 예언한다. 그러나 그 예언이 이루어지지 않자, 이스라엘 백성들의 하나님을 향한 경배가 형식적으로 변하고 그들의 믿음은 타락하여 갔다. 이때 말라기 선지자는 하나님의 사자로서 경고하고 메시아의 길을 준비하는 자가 이 땅에 오실 것이며, 메시아 역시 약속하신 대로 오실 것을 예언한다. 이스라엘 백성은 하나님을 섬기지 않았고 형식주의에 빠져 있었다. 하나님을 섬기는 것이 헛되다고 생각했다. 하나님께 드리는 제물에 정성과 존경이 없었다. 이스라엘 백성들은 십일조를 다 도둑질하였고 첫 열매를 하나님께 드리지 않았다.

바벨론 포로에서 1차 귀환 후 스룹바벨의 지도하에 귀환한 백성들은 학개와 스가랴 선지자의 책망과 격려에 힘입어 B.C. 516년에 성전을 완성하였다. 그리고 B.C. 457년에 제사장 에스라와 약 1,500명이 귀환함으로써 이스라엘 공동체는 힘을 받게 되었다. 페르시아의 아닥사스다 왕은 에스라에게 성전을 재건하여 성전 제사를 드리고(스 7:17), 모세의 율법을 아는 자를 법관과 재판관으로 삼아 재판하라고 하였다(스 7:25~26). 13년 후에(B.C. 444) 페르시아 아닥사스다 왕은 느헤미야가 예루살렘에서 온 동생 하나니의 소식에 왕의 눈에 띌 만큼 슬픔에 잠긴 것을 보고, 그로 하여금 예루살렘에 돌아가 무너진 성벽을 재건하도록 하였다(느 6:15). 새로 임명된 총독 느헤미야는 가난한 자들을 위한 개혁을 하였으며(느 5:2~13), 이방인과 결혼을 금지하고 안식일을 지키며(느 10:30~31), 그들의 십일조와 예물을 성실히 바칠 것을 전했다(느 10:37~39). 그러나 B.C. 432년에 느헤미야는 페르시아 왕과 약속을 지키기 위해 돌아갔다. 그의 부재 기간인 약 2년 동안 유대인들은 더욱더 타락하였다. 느헤미야가 예루살렘에 다시 돌아왔을 때 백성들이 십일조를 드리지 않고, 안식일을 어기며, 이방인들과 결혼하는 타락한 상황과 제사장들의 부패 등을 지적하면서(느 13:7~31) 다시 개혁을 시도하였다. 이 여러 죄악은 말라기 선지자에 의해 정죄를 받았으며, 말라기 선지자는 하나님의 사랑을 의심하는 이스라엘을 꾸짖으며(1:2~5), 제사장들(1:6~2:9)과 백성들(2:10~16)의 타락을 책망하였다.

제사장들이 여호와의 제단 앞에서 경멸적으로 코웃음 칠 때(1:13), 여호와는 그들이 희생 제사를 드릴 때 그들의 얼굴에 똥을 바른다(2:3)고 하신다. 하나님은 심판자로서 악인들에게는 "그는 금을 연단하는 자의 불과 표백하는 자의 잿물과 같을 것이라"(3:2)고 하시고 의인들을 위해서는 "공의로운 해가 떠올라서 치료하는 광선을 비추리니 너희가 나가서 외양간에서 나온 송아지같이 뛰리라"(4:2)라는 말씀처럼 행하시는 분이시다. 이스라엘 백성들이 "모든 악을 행하는 자는 여호와의 눈에 좋게 보이며 그에게 기쁨이 된다"라며 "정의의 하나님이 어디 계시냐"(2:17)라고 항의를 하지만 말라기 선지자는 하나님은 "연단하는 자의 불"(3:1~4)처럼 반드시 오실 것이라고 경고한다. 하나님께서는 심판하러 오셔서 그의 백성을 먼저 심판하신다고 말씀하신다(3:5).

여호와 하나님은 신실하시기 때문에 이스라엘은 계속적인 타락에도 불구하고 완전히 멸망당하지 않았다(3:6). 하나님께서는 오직 하나님의 규례를 지켜야만 복을 다시 경험할 것이고(3:7~12), 여호와를 경외하는 사람들은 그가 심판하러 오실 때 살아남을 것이라고(3:16~18) 말씀하신다. 말라기 선지자는 "여호와의 크고 두려운 날"(4:5)이 오고 있으며 "용광로 불"(4:1)같이 사르리라고 그의 백성들에게 경고하고 있다. 하나님께서는 그날에 내 이름을 경외하는 사람은 기뻐할 것이며 "악인을 밟을 것이니 그들이 내가 정한 날에 너희 발바닥 밑에 재와 같으리라"(4:3)라고 하신다. 그래서 백성들에게 "내 종 모세에게 명령한 법 곧 율례와 법도를 기억하라"고(4:4) 말씀하시고 그날을 준비하도록 하기 위해 여호와께서는 '선지자 엘리야(신약의 세례 요한)'를 보내셔서 그로 하여금 아버지에게로 돌아오게 하실 것이라고(4:5~6) 한다. 그러나 돌이키지 아니하면 저주로 심판하겠다고 하시며 〈말라기서〉는 끝난다.

• 말라기는 에스라와 느헤미야 뒤에 나타났던 구약의 마지막 예언자였다.
• 에스라와 느헤미야가 세상을 떠난 후에는 이스라엘 백성들이 하나님을 섬기지 않고 형식주의에 빠져 있었다.
• 하나님을 섬기는 것이 헛되다고 생각했다.
• 하나님께 드리는 제물에 정성도 없었다.
• 이스라엘 사람들은 십일조를 다 도둑질하였고 첫 열매를 하나님께 드리지도 않았다.

하나님께서 말씀하시길(1:2) "내가 너희를 사랑하였노라" 하셨으나 백성들은 "주께서 우리를 어떻게 사랑하셨나이까" 하고 반문한다. 하나님께서 "아들은 그 아버지를, 종은 그 주인을 공경하나니 내가 아버지일진대 나를 공경함이 어디 있느냐"(1:6)라고 말씀하시나 이스라엘 백성들은 꼬박꼬박 말대꾸를 한다. 하나님께서 무슨 말씀을 하셔도 '회개'하지 않는다. 이스라엘 백성들의 '불경과 불신앙'에 대하여 말씀하셨으나 백성들은 끝까지 '회개'하지 않는다. 말라기 선지자는 '하나님의 심정'을 가지고 이스라엘 백성들에게 나아갔지만 백성들은 귀담아듣지 않았고 회개하지 않는다. 하나님께서는 이스라엘 백성이 '마음이 완악'한 것과 '완악한 말'로 하나님 마음을 아프게 한 사실을 말씀하였으나 이스라엘 백성들은 들으려 하지 않았다. 마침내 하나님께서는 언젠가 '엘리야'를 보내실 것을 말씀하시고 대화를 끊고 이스라엘을 외면하셨다(신구약 중간사 400년 동안, 세례 요한 때까지).

하나님은 출애굽 이후 시내 산에서 레위 지파와 맺은 언약(3:4)을 너희들이 깨트렸다고(3:8) 선포하시고 떠나셨다. 바벨론 포로로 갔다 와서 135년 정도 지났을 때 하나님과의 '일천년의 관계'가 무참하게 끊어진 모습이다. 하나님은 할 수 있는 것은 다해 보았지만 백성들의 태도에 방법이 없으셨다.

> "여호와께서 말라기를 통하여 이스라엘에게 말씀하신 경고라"(1:1)

이 시점은 모세의 출애굽(B.C. 1446년경) 후 천 년의 시간이 지난 때이다. 지도자 에스라와 느헤미야가 세상을 떠난 지 40~50년 지난 후이다. 백성들은 영적인 타락의 길로 접어들었다. 바벨론 포로로 가서 새롭게 하나님을 인식하고 왔지만, 다시 포로 전의 모습으로 돌아가 버려 하나님이 안타까워하시며 떠나시는 모습을 볼 수 있다.

> "여호와께서 이르시되 내가 너희를 사랑하였노라 하나 너희는 이르기를 주께서 어떻게 우리를 사랑하셨나이까 하는도다 나 여호와가 말하노라 에서는 야곱의 형이 아니냐 그러나 내가 야곱을 사랑하였고 에서는 미워하였으며 그의 산들을 황폐하게 하였고 그의 산업을 광야의 이리들에게 넘겼느니라 에돔은 말하기를 우리가 무너뜨림을 당하였으나 황폐된 곳을 다시 쌓으리라 하거니와 나 만군의 여호와는 이르노라 그들은 쌓을지라도 나는 헐리라 사람들이 그들을 일컬어 악한 지역이라 할 것이요 여호와의 영원한 진노를 받은 백성이라 할 것이며 너희는 눈으로 보고 이르기를 여호와께서는 이스라엘 지역 밖에서도 크시다 하리라"(1:2~5)

하나님은 이방 나라 중에서도 존경을 받건만, 자신의 백성들에게는 멸시를 받으신다고 한탄하신다.

> "내 이름을 멸시하는 제사장들아 나 만군의 여호와가 너희에게 이르기를 아들은 그 아버지를, 종은 그 주인을 공경하나니 내가 아버

지일진대 나를 공경함이 어디 있느냐 내가 주인일진대 나를 두려워함이 어디 있느냐 하나 너희는 이르기를 우리가 어떻게 주의 이름을 멸시하였나이까 하는도다 너희가 더러운 떡을 나의 제단에 드리고도 말하기를 우리가 어떻게 주를 더럽게 하였나이까 하는도다 이는 너희가 여호와의 식탁은 경멸히 여길 것이라 말하기 때문이라 만군의 여호와가 이르노라 너희가 눈 먼 희생제물을 바치는 것이 어찌 악하지 아니하며 저는 것, 병든 것을 드리는 것이 어찌 악하지 아니하냐 이제 그것을 너희 총독에게 드려 보라 그가 너를 기뻐하겠으며 너를 받아 주겠느냐"(1:6~8)

제사장들까지도 여호와의 제단을 더럽히면서도 알지 못하고 있다.

"만군의 여호와가 이르노라 너희는 나 하나님께 은혜를 구하면서 우리를 불쌍히 여기소서 하여 보라 너희가 이같이 행하였으니 내가 너희 중 하나인들 받겠느냐 만군의 여호와가 이르노라 너희가 내 제단 위에 헛되이 불사르지 못하게 하기 위하여 너희 중에 성전 문을 닫을 자가 있었으면 좋겠도다 내가 너희를 기뻐하지 아니하며 너희가 손으로 드리는 것을 받지도 아니하리라"(1:9~10)

하나님께서 더 이상 악함을 볼 수가 없어 성전 문을 닫으려고 하신다.

"만군의 여호와가 이르노라 해 뜨는 곳에서부터 해 지는 곳까지의 이방 민족 중에서 내 이름이 크게 될 것이라 각처에서 내 이름을 위하여 분향하며 깨끗한 제물을 드리리니 이는 내 이름이 이방 민족 중에서 크게 될 것임이니라"(1:11)

성경에서 하나님은 바벨론의 느부갓네살 왕과 페르시아의 고레스 왕을 하나님의 기름 부은 자로 사용하여 역사하신다.

"그러나 너희는 말하기를 여호와의 식탁은 더러워졌고 그 위에 있는 과일 곧 먹을 것은 경멸히 여길 것이라 하여 내 이름을 더럽히는도다 만군의 여호와가 이르노라 너희가 또 말하기를 이 일이 얼마나 번거로운고 하며 코웃음치고 훔친 물건과 저는 것, 병든 것을 가져왔느니라 너희가 이같이 봉헌물을 가져오니 내가 그것을 너희 손에서 받겠느냐 이는 여호와의 말이니라 짐승 떼 가운데에 수컷이 있거늘 그 서원하는 일에 흠 있는 것으로 속여 내게 드리는 자는 저주를 받으리니 나는 큰 임금이요 내 이름은 이방 민족 중에서 두려워하는 것이 됨이니라 만군의 여호와의 말이니라"(1:12~14)

하나님의 분노와 감정을 볼 수 있으며, 멸시당하는 것을 참지 않겠다고 하신다.

"너희 제사장들아 이제 너희에게 이같이 명령하노라 만군의 여호와가 이르노라 너희가 만일 듣지 아니하며 마음에 두지 아니하여 내 이름을 영화롭게 하지 아니하면 내가 너희에게 저주를 내려 너희의 복을 저주하리라 내가 이미 저주하였나니 이는 너희가 그것을 마음에 두지 아니하였음이라"(2:1~2)

여기서 '복을 저주하리라'고 하신 것은 자손을 가리킴으로 보아야 한다.

"보라 내가 너희의 자손을 꾸짖을 것이요 똥 곧 너희 절기의 희생의 똥을 너희 얼굴에 바를 것이라 너희가 그것과 함께 제하여 버림

을 당하리라"(2:3)

하나님은 백성들의 얼굴에 똥을 바를 것이라는 진한 감정을 말하신다.

"만군의 여호와가 이르노라 내가 이 명령을 너희에게 내린 것은 레위와 세운 나의 언약이 항상 있게 하려 함인 줄을 너희가 알리라 레위와 세운 나의 언약은 생명과 평강의 언약이라 내가 이것을 그에게 준 것은 그로 경외하게 하려 함이라 그가 나를 경외하고 내 이름을 두려워하였으며 그의 입에는 진리의 법이 있었고 그의 입술에는 불의함이 없었으며 그가 화평함과 정직함으로 나와 동행하며 많은 사람을 돌이켜 죄악에서 떠나게 하였느니라 제사장의 입술은 지식을 지켜야 하겠고 사람들은 그의 입에서 율법을 구하게 되어야 할 것이니 제사장은 만군의 여호와의 사자가 됨이거늘 너희는 옳은 길에서 떠나 많은 사람을 율법에 거스르게 하는도다 나 만군의 여호와가 이르노니 너희가 레위의 언약을 깨뜨렸느니라 너희가 내 길을 지키지 아니하고 율법을 행할 때에 사람에게 치우치게 하였으므로 나도 너희로 하여금 모든 백성 앞에서 멸시와 천대를 당하게 하였느니라 하시니라"(2:4~9)

제사장들이 옳은 길에서 떠나 많은 사람을 율법을 거스르게 하여 레위의 언약인 시내 산 언약(〈레위기〉)을 깨트렸다 하시고, 그 결과로 백성들도 멸시와 천대를 받을 것이라 하신다.

"유다는 거짓을 행하였고 이스라엘과 예루살렘 중에서는 가증한 일을 행하였으며 유다는 여호와께서 사랑하시는 그 성결을 욕되게 하여 이방 신의 딸과 결혼하였으니 이 일을 행하는 사람에게 속한 자는 깨는 자나 응답하는 자는 물론이요 만군의 여호와께 제사를 드리는 자도 여호와께서 야곱의 장막 가운데에서 끊어 버리시리라 너희가 이런 일도 행하나니 곧 눈물과 울음과 탄식으로 여호와의 제단을 가리게 하는도다 그러므로 여호와께서 다시는 너희의 봉헌물을 돌아보지도 아니하시며 그것을 너희 손에서 기꺼이 받지도 아니하시거늘 너희는 이르기를 어찌 됨이니이까 하는도다 이는 너와 네가 어려서 맞이한 아내 사이에 여호와께서 증인이 되시기 때문이라 그는 네 짝이요 너와 서약한 아내로되 네가 그에게 거짓을 행하였도다"(2:11~14)

하나님께서는 경건한 자손을 위하여 잡혼과 이혼을 노여워하셨다.

"그에게는 영이 충만하였으나 오직 하나를 만들지 아니하셨느냐 어찌하여 하나만 만드셨느냐 이는 경건한 자손을 얻고자 하심이라 그러므로 네 심령을 삼가 지켜 어려서 맞이한 아내에게 거짓을 행하지 말지니라 이스라엘의 하나님 여호와가 이르노니 나는 이혼하는 것과 옷으로 학대를 가리는 자를 미워하노라 만군의 여호와의 말이니라 그러므로 너희 심령을 삼가 지켜 거짓을 행하지 말지니라"(2:15~16)

하나님께서 에덴동산에 많은 흙이 있었으나 아담만을 지으시고 신체의 일부로 여자 하와를 만들어 짝 지어 주신 것은 '경건한 자손'을 위해서 하신 것이라고 말라기 선지자가 말한다.

"너희가 말로 여호와를 괴롭게 하고도 이르기를 우리가 어떻게 여호와를 괴롭혀 드렸나이까 하는도다 이는 너희가 말하기를 모든 악을 행하는 자는 여호와의 눈에 좋게 보이며 그에게 기쁨이 된다 하며 또 말하기를 정의의 하나님이 어디 계시냐 함이니라 만군의 여호와가 이르노라 보라 내가 내 사자를 보내리니 그가 내 앞에서 길을 준비할 것이요 또 너희가 구하는 바 주가 갑자기 그의 성전에 임하시리니 곧 너희가 사모하는 바 언약의 사자가 임하실 것이라 그가 임하시는 날을 누가 능히 당하며 그가 나타나는 때에 누가 능히 서리요 그는 금을 연단하는 자의 불과 표백하는 자의 잿물과 같을 것이라 그가 은을 연단하여 깨끗하게 하는 자 같이 앉아서 레위 자손을 깨끗하게 하되 금, 은 같이 그들을 연단하리니 그들이 공의로운 제물을 나 여호와께 바칠 것이라 그 때에 유다와 예루살렘의 봉헌물이 옛날과 고대와 같이 나 여호와께 기쁨이 되려니와"(2:17~3:4)

하나님의 심판을 말하지만 백성들은 돌아서지 않았다.

"내가 심판하러 너희에게 임할 것이라 점치는 자에게와 간음하는 자에게와 거짓 맹세하는 자에게와 품꾼의 삯에 대하여 억울하게 하며 과부와 고아를 압제하며 나그네를 억울하게 하며 나를 경외하지 아니하는 자들에게 속히 증언하리라 만군의 여호와가 말하였느니라 나 여호와는 변하지 아니하나니 그러므로 야곱의 자손들아 너희가 소멸되지 아니하느니라"(3:5~6)

성경의 역사를 보면 이미 백성들은 수없이 심판으로 죽었다는 사실을 알 수 있다. 그러나 하나님은 언약의 역사로 회개할 때 회복도 같이 보여 주신다.

"만군의 여호와가 이르노라 너희 조상들의 날로부터 너희가 나의 규례를 떠나 지키지 아니하였도다 그런즉 내게로 돌아오라 그리하면 나도 너희에게로 돌아가리라 하였더니 너희가 이르기를 우리가 어떻게 하여야 돌아가리이까 하는도다 사람이 어찌 하나님의 것을 도둑질하겠느냐 그러나 너희는 나의 것을 도둑질하고도 말하기를 우리가 어떻게 주의 것을 도둑질하였나이까 하는도다 이는 곧 십일조와 봉헌물이라 너희 곧 온 나라가 나의 것을 도둑질 하였으므로 너희가 저주를 받았느니라 만군의 여호와가 이르노라 너희의 온전한 십일조를 창고에 들여 나의 집에 양식이 있게 하고 그것으로 나를 시험하여 내가 하늘 문을 열고 너희에게 복을 쌓을 곳이 없도록 붓지 아니하나 보라"(3:7~10)

하나님께서 얼마나 애타셔서 이 말씀을 했겠는가? 말라기 시대의 이스라엘 백성들은 십일조를 시험해 볼 기회도 없이 멸망해 버렸다. 〈말라기서〉는 십일조를 강조한 것이 결코 아니다. 일천 년의 관계와 시내 산의 언약을 깨버리고 떠나 버리시는 하나님의 아픈 마음이 있고, 그래도 그 백성들을 사랑하셔서 다시 기회를 주시는 하나님의 자비와 긍휼, 사랑을 〈말라기서〉를 통하여 알아야 한다.

"여호와가 이르노라 너희가 완악한 말로 나를 대적하고도 이르기를 우리가 무슨 말로 주를 대적하였나이까 하는도다"(3:13)

계속 대적을 하고 있으면서도 아니라고 말하고 있다.

"이는 너희가 말하기를 하나님을 섬기는 것이 헛되니 만군의 여호와 앞에서 그 명령을 지키며 슬프게 행하는 것이 무엇이 유익하리요 지금 우리는 교만한 자가 복되다 하며 악을 행하는 자가 번성하

며 하나님을 시험하는 자가 화를 면한다 하노라 함이라"(3:14~15)

하나님을 섬기는 것은 헛된 일이고, 오히려 교만하고 악한 자가 잘되고 있다고 말하고 있다.

"그 때 여호와를 경외하는 자들이 피차에 말하매 여호와께서 그것을 분명히 들으시고 여호와를 경외하는 자와 그 이름을 존중히 여기는 자를 위하여 여호와 앞에 있는 기념책에 기록하셨느니라"(3:16)

그때 여호와를 경외하는 자들의 말을 들으시고 기념책에 기록하신다고 말씀하신다.

"만군의 여호와가 이르노라 나는 내가 정한 날에 그들을 나의 특별한 소유로 삼을 것이요 또 사람이 자기를 섬기는 아들을 아낌 같이 내가 그들을 아끼리니 그 때에 너희가 돌아와서 의인과 악인을 분별하고 하나님을 섬기는 자와 섬기지 아니하는 자를 분별하리라"(3:17~18)

심판 날에 너희가 의인과 악인을 구별할 것이라고 하신다.

"너희는 내가 호렙에서 온 이스라엘을 위하여 내 종 모세에게 명령한 법 곧 율례와 법도를 기억하라 보라 여호와의 크고 두려운 날이 이르기 전에 내가 선지자 엘리야를 너희에게 보내리니 그가 아버지의 마음을 자녀에게로 돌이키게 하고 자녀들의 마음을 그들의 아버지에게로 돌이키게 하리라 돌이키지 아니하면 두렵건대 내가

와서 저주로 그 땅을 칠까 하노라"(4:4~6)

하나님은 이스라엘 백성과 할 수 있는 것은 다 해 보았지만 방법이 없으셨다. 일천 년의 관계가 무너지는 모습이다. 하나님께서 이스라엘을 떠나시는 사건으로 〈말라기서〉가 끝나고 이후 400년 동안 이스라엘 백성들에게 말씀을 하지 않으신다.

표로 보는 신구약 중간사(B.C.400~4)

구약성경의 끝에서부터 신약성경의 처음까지의 기간은 약 400년이 되지만 성경은 이 시대에 대하여 침묵하고 있다. 이 시대에 대해서는 유대인 작가 요세푸스의 글이나 로마의 문서에 의하여 알 수 있다. 일반적으로 구약과 신약의 중간 400년간(B.C.400~4)을 소위 중간사라고 말하는데 이 기간에도 하나님의 역사는 계속되었다. 예수 그리스도가 오시기 전까지 어떠한 사건들이 있는지 사건 연대와 주요 사건을 요약하여 보았다.

443		7월인 초막절에 에스라가 율법을 지도함.	
431		느헤미야가 아닥사스다 왕과 약속한 12년이 되어 잠시 바사(페르시아)에 다녀옴.	
424		아닥사스다 왕 통치(464~424).	
423		다리우스2세 통치(423~405).	
404		아닥사스다2세 므네온 왕의 통치(404~358).	
400		말라기 선지자의 마지막으로 하나님의 말씀을 전함.	
358		아닥사스다3세 오쿠스 왕의 통치(358~338).	
337		아르세스 왕의 통치(337~336).	
335		다리우스3세의 통치(335~331).	
335	헬라시대(그리이스)	마케도니아 필립 왕이 암살이 되고 알렉산더가 왕위를 계승.	
334		알렉산더가 바사(페르시아)를 할리카르낫수 전쟁에서 승리.	
333		루시아, 밀레토스, 입수스, 길리기아를 차례대로 정복.	
332		두로를 함락시키고 가자를 점령하고 애굽을 정복.	
331		알렉산더 대왕이 예루살렘을 방문하여 대제사장 얏두아를 만남. 알렉산드리아 건설 시작. 바벨론과 수사와 페르세폴리스를 차례로 정복. 메대(메디아)의 엑바타나까지 정복. 메대왕 다리우스3세는 사망.	
328		박트리아 소그디니아 정복.	
327		인도 정복.	
326		말리 정복.	

325		알렉산더 게드로시아에 주둔.	
323	프톨레미왕조와 셀류코스왕조의 150년 전쟁(단11장)	알렉산더 사망(카산더, 리시마커스, 프톨레미, 안티고너스)으로 제국이 4분되어짐. 안티고스는 제거되어지며 이때 프톨레미 휘하 장수 중 셀류코스가 반기를 들어 안티고너스의 땅을 차질함.	
311		셀류크스 니카토르(312~280)가 바벨론 지역 정복.	
281–247		애굽의 프톨레미 필라델푸스 시대에 구약성경이 헬라어로 번역됨(70인 역: Septuagint LXX).	
217		라피아 전투 후에 프톨레미 피로파터가 예루살렘에서 제사를 드림. 알렉산드리아의 유대인을 파괴하기 위한 목적.	
203		안티오쿠스가 예루살렘을 취하여 다스림.	
201–200		시리아가 이스라엘을 합병(안티오쿠스가 파네아 싸움에서 이집트에서 빼앗음).	
175		시리아의 셀류크스4세가 죽고 안티오커스4세 에피파네스(175~163)가 왕으로 즉위.	
174		대제사장 오니아가 쫓겨나고 친헬라파 야손이 대제사장으로 임명.	
169		시리아가 다시 애굽을 쳐들어갔으나 로마가 이미 애굽을 점령한 후라 안티오커스 에피파네스는 퇴각을 함.	
168		안티오커스 에피파네스는 퇴각을 하면서 예루살렘의 성전을 더럽힘.	
167	레위 제사장 집안의 하스몬왕조 시작	안티오커스 에피파네스가 예루살렘을 취하여 백성을 대량 학살을 하고 우상의 제단을 세우고 이교도의 제사를 드리도록 명령. 레위지파의 제자상의 맛다디아스의 아들들에 의하여 마카비 독립운동이 시작. 맛다디아스가 죽은 후 아들 유다가 뒤를 이음.	
165		기스래(12)월 25일 예루살렘의 성전을 깨끗하게 하고 다시 제사를 드림(수전절, 요 10:22).	
163		안티오커스 에피파네스가 사망.	
142		유다가 전투에서 패배하여 맛다디아스의 아들 요나단이 뒤를 이음.	
138		요나단이 전쟁에서 죽고 맛다디아스 아들 시몬이 뒤를 이음.	
134		대제사장 시몬이 죽고 요한히르카누스가 대신하여 대제사장이 됨.	
103		요한 히르카누스가 죽고 알렉산더 얀네우스가 대제사장이 됨.	
76		알렉산더 얀네우스가 죽고 고령인 그의 아내 알렉산드라 살로메가 하스몬 왕가의 왕이 됨.	

67		알렉산드라 살로메가 죽고 유대인들의 내란 시작.	
64		로마의 폼페이우스가 시리아에 주둔.	
63	로마 시대	유대인들의 내란으로 기회를 잡은 폼페이우스가 예루살렘을 점령. 하스몬 왕조가 끝나고 로마의 지배가 시작됨.	
62		폼페이우스가 요한 히르카누스 2세를 대제사장으로 삼고 비두니아, 길리기아, 시리아를 로마의 식민지로 만듦.	
48		폼페이우스 애굽에서 암살당함. 유다의 행정장관이 된 헤롯의 아버지 안티파테르.	
47		안티파테르 장자 파사엘이 예루살렘 총독 임명. 차자 헤롯이 갈릴리 총독이 됨.	
44		줄리어스 시저 암살당함.	
43		헤롯의 아버지 안티파테르 독살. 안토니우스, 옥타비아누스, 레피두스의 삼두정치 시작.	
40		로마로 피신했던 헤롯이 로마 원로원으로부터 유대 분봉왕으로 임명.	
39	헤롯의 통치	헤롯이 예루살렘 장악.	
37		헤롯이 유다왕 즉위.	
30		안토니우스와 클레오파트라가 전쟁에 패배하여 자살. 옥타비아누스가 알렉산드리아 장악.	
27		가이사 아우구스도(옥타비아누스)의 황제 즉위.	
24		헤롯의 왕궁 건축.	
20		헤롯 성전 착공.	
13		헤롯의 아들 안티파테르 후계자 지명.	
8		헤롯의 아내 미리암내의 두 아들의 역모 사건.	
7		헤롯의 최종 후계자로 아들 안티파스 지명.	
4	예수 탄생	예수 그리스도의 탄생.	
26 (A.D.)		본디오 빌라도 유대총독 임명.	
30		예수님께서 세례 요한의 세례를 받고 공생애 시작.	

33		예수님께서 십자가에 못 박히심.	
36		본디오 빌라도 로마로 소환.	
37		티베리우스가 죽고 가이우스 갈리굴라가 황제 즉위.	
41		가이우스 갈리굴라가 암살되고 클라우디어스가 황제 즉위. 헤롯 아그립바1세가 유대와 사마리아 왕으로 즉위.	
52		벨릭스가 유대 총독으로 임명.	
54		클라우디어스가 자기 아내 아그리피나에게 독살. 네로가 황제로 즉위.	
60		베스도가 유대 총독으로 임명.	
62		네로가 로마에 불을 질러 대화재 발생.	
63		네로가 기독교인들 박해 시작.	1차 박해
67		네로에 의하여 사도 바울 순교.	
68		네로가 죽고 갈바가 황제 즉위.	
69		짧은 기간에 갈바에서 오토, 오토가 자살하고 비텔리우스로, 비텔리우스가 죽고 베스파시아누스가 로마의 황제로 즉위.	
70		베스파시아누스의 아들 티투스에 의하여 예루살렘이 함락.	
79		베스파니아누스가 죽고 티투스가 황제로 즉위.	
81		티투스가 죽고 동생 도미티아누스가 황제로 즉위.	
94		도미티아누스가 유대인들과 기독교인들을 박해 시작.	2차 박해

성경 속의 하나님을 바로 알아야 더 이상 착각하지 않고
하나님과 진정한 교제를 할 수 있을 것이다.
말씀의 바른 지식 위에 섰을 때 비로소 하나님에게 합한 기도인
솔로몬의 기도를 할 수 있다.
예수 그리스도의 진짜 제자라면, 성경 66권을 반드시 알아야만 하지 않겠는가?

신약편

마태복음~요한계시록

마태복음

〈마태복음〉은 마태가 A.D.50~70년경 쓴 복음이라는 뜻에서 '마태복음'이라 이름을 붙인 것 같다. 12사도 중 마태가 이 복음서의 저자이다. 그는 예수 그리스도의 공생애를 직접 목격했지만 많은 부분을 〈마가복음〉의 기록에 의존한 것 같다. 마태는 〈마가복음〉을 인정하고 있으며 예수 그리스도에 대한 사도적 증언을 하고 있다. '기쁜 소식'이란 뜻의 이름을 지닌 마태는 원래 세리였는데, 자기의 직업을 버리고 예수 그리스도를 따랐다(9:9~13). 그의 다른 이름은 레위(막 2:14, 눅 5:27)라고 한다. 〈마태복음〉은 헬라어로 기록되었으므로 학자들은 〈마태복음〉의 수신자가 헬라어를 사용하는 수리아 안디옥에 살고 있던 유대인들이었던 것으로 추정하고 있다. 그래서인지 마태는 신약성경의 다른 저자들보다도 구약을 더욱 많이 인용하였다. 그가 예수 그리스도의 족보를 아브라함에서부터 시작한 점(1:1)과 〈마가복음〉처럼 유대인의 관습을 설명하고 있지 않는 점이 〈마태복음〉의 수신자가 유대인들이었음을 뒷받침한다. 또한 마태는 여호와란 이름을 '천국과 하늘'로 대체하여 사용하였고, 예수 그리스도의 족보를 '다윗의 자손'(1:6~16)으로 이 땅에 오셨다고 기록하고 있다.

마태는 예수 그리스도의 말씀과 탄생 기사와 동방 박사의 경배 이야기를 기록하고 있다. 또한 마태는 산상수훈(5~7장)과 그리스도의 지상 명령(28:18~20)을 언급하고 있다. 마태가 이 복음서를 유대인에게만 국한시켰다는 것은 아니지만, 이와 같은 구절들은 〈마태복음〉이 유대인을 위하여 기록되었음을 보여 준다. 〈마태복음〉은 신약과 구약을 역사적으로 연결해 주고 있으며, 모든 복음서 저자들이 구약성경을 인용하고는 있지만, 마태는 특별히 구약성경을 인용하여 유대인들에게 메시아가 예수 그리스도라는 사실을 증거하고 있다. 마태는 이 목적을 달성하기 위하여 예수 그리스도를 다윗의 계보로 강조하고 있다. 〈마태복음〉은 예수 그리스도의 탄생과 공생애 사역의 준비, 십자가의 고난, 부활, 승천으로 구성되어 있다.

유대인이 왕으로 오신 예수 그리스도

- 아브라함과 다윗의 자손 예수 그리스도(1:1~17)
- 다윗의 동네 베들레헴에서 나신 예수 그리스도(2:1~6)
- 유대인의 왕으로 임하신 예수 그리스도
- 구약성경의 많은 예언을 인용하여 예수가 그리스도임을 증거
- 죄인을 불러서 회개케 하시는 예수 그리스도
- 진리로서 사람들을 가르치시는 예수 그리스도
- 예수 그리스도는 죄에서 우리들을 구원하셨다.
- 귀신의 권세를 이기시는 예수 그리스도
- 예수 그리스도는 산상수훈으로 율법을 보완하셨다(5~7장).
- 예수 그리스도는 귀신을 쫓아내셨다.
- 모든 질병에서 구원하셨다. • 우리의 양식을 책임지셨다.
- 예수 그리스도는 안식일의 주인이셨다.
- 많은 비유를 하셨다. • 변화 산에서 영광스러운 모습을 보여 주셨다.
- 유대인의 왕으로 입성하시는 예수 그리스도
- 성전을 숙청하시는 예수 그리스도
- 멍에를 메는 나귀 새끼를 타셨다(슥 9:9).
- 서기관들과 바리새인들의 위선을 책망하셨다(23:1).
- 예루살렘의 멸망을 예언하셨다(24:1).
- 최후의 만찬을 나누시는 예수 그리스도(26:17)
- 십자가를 지신 예수 그리스도 • 부활하신 예수 그리스도
- 최후의 유언을 부탁하시는 예수 그리스도(28:18~20)

마가복음

〈마가복음〉은 요한 마가에 의해 A.D.50~60년경에 기록되었다고 본다. 예수 그리스도에 대한 증인인 사도 베드로가 마가에게 예수 그리스도의 사역을 전하여 기록한 것으로 전해지고 있다. 마가는 베드로의 동역자였고, 신약성경에 나오는 요한 마가였다. 마가는 14장 51~52절의 벗은 몸으로 도망한 자가 자신임을 암시한다. 마가의 어머니 마리아는 재산이 많았고 초대 기독교인들의 집회 장소로 사용된 마가의 다락방을 예루살렘에 가지고 있었던(행 12:12) 경건한 부인이었다. 〈마가복음〉의 수신자는 로마 교회로 보고 있다. 마가는 복음서에서 유대인의 관습을 설명하고 있으며, 박해와 순교에 대해서 특별한 관심을 갖고 있는 것 같다. 〈마가복음〉은 시대적으로 로마와 깊은 관계를 갖고 있기 때문에, 학자들은 본서를 네로 황제 때인 A.D.64~67년에 있었던 로마 교회의 박해를 배경으로 기록되었을 것으로 추정하기도 한다. 그 당시 로마 교회는 박해로 성도들이 순교까지 감수해야 했다. 마가가 이러한 성도들에게 예수 그리스도의 생애를 전함으로써 박해와 고난에 대비시키려고 기록했을 것으로 추정된다.

〈마가복음〉은 예수 그리스도의 말씀보다는 예수 그리스도의 사역이 강조된 기록이다. 다른 복음서보다 예수 그리스도의 실제적인 교훈들이 적게 기록되어 있다. 그 이유는 예수 그리스도를 육신을 입고 이 땅에 종으로 오신 하나님의 아들로 가르쳐 주기 위해서이다. 그래서 〈마가복음〉에는 예수 그리스도의 어린 시절에 대한 이야기가 없고 바로 사역하시는 예수 그리스도의 모습을 기록하고 있다. 그러나 예수 그리스도의 삶과 죽음, 부활과 승천, 예수 그리스도께서 하신 말씀의 중요한 핵심은 〈마가복음〉에 있다. 〈마가복음〉은 '복음의 시작(1:1)'이라는 말로 시작하고 있다. 예수 그리스도의 생애와 죽음과 부활이 복음의 시작이라고 말하려는 의도가 있는 것이다.

섬기시기 위하여 오신 예수 그리스도

- 세례 요한의 사역과 예수 그리스도의 준비(1:4)
- 제자들을 부르시는 예수님(1:17)
- 천국에 관한 비유들
- 병자들과 귀신 들린 자들을 고치심.
- 칠병이어로 4천 명을 먹이심(8:1).
- 베드로의 신앙 고백(8:29)
- 변화 산에서 보이신 영광(9:2)
- 예루살렘으로 올라가심(11:1).
- 수난에 대한 예고
- 예루살렘 입성(11:11)
- 성전 숙청(11:15)
- 마지막 주간의 교훈
- 크고 첫째가는 교훈(12:28)
- 〈마가복음〉의 종말론(13:14, 13:24)
- 베다니 나병 환자 시몬의 집 방문(14:3)
- 최후의 만찬(14:22)
- 예수 그리스도의 수난과 부활

누가복음

〈누가복음〉에는 기록자가 나타나 있지는 않지만, 비시디아 안디옥 출신 헬라인 누가가 기록자로 인정되고 있다. 〈사도행전〉 바로 전 A.D.60년경에 쓰인 책으로 추정하고 있다. 이 두 책은 동일한 사람에 의해 기록되었음을 알 수 있다. 〈누가복음〉과 〈사도행전〉은 누가의 친구 '데오빌로'라는 사람에게 전달된 책이며, 〈사도행전〉은 〈누가복음〉의 속편으로 기록되었다고 본다(행 1:1). 누가는 다른 많은 사람들이 예수 그리스도의 생애에 대해 기록했다는 사실을 알고 있었지만(1:1), 복음서를 쓸 때에 "목격자와 말씀의 일꾼 된 자들"(1:2)이 전하여 준 그대로 의존하지 않았다고 강조하고 있다. 누가는 "목격자와 말씀의 일꾼 된 자들"의 증언에 근거하여(1:2) 근원부터 자세히 미루어 살펴 기록했다고 말하고 있다. 또한 〈마태복음〉과 〈마가복음〉에서 볼 수 없는 많은 독특한 자료(30가지)들은 누가가 독자적으로 저술했음을 보여준다. 누가는 사도 바울을 만나 예수 그리스도를 믿었고, 3차 전도여행 후에 예루살렘으로 연보를 가지고 갔다가 사도 바울이 감옥에 갇히게 되어, 예수 그리스도의 행적을 돌아보고 〈누가복음〉을 기록한 것 같다. 헬라인 누가의 직업은 의사였고(골 4:14), 사도 바울이 2차 전도여행을 할 때 동역자로 만나 바울이 순교할 때까지 충성을 다했던 예수 그리스도의 제자였다(딤후 4:11). 유대 전승에 의하면 누가는 초대 교회의 이단들과 대항하다가 84세 때에 그리스 베오티아에서 순교하였다고 전해지고 있다.

이 복음서는 회람되어 읽는 사람들과 데오빌로를 교훈하기 위함이었다(1:4). 이 복음서가 원래 데오빌로를 위해서 기록되었다고 하지만, 누가는 이방인 성도들도 예수 그리스도의 교훈 안에 있음을 원했고 또한 복음이 온 세상에 확장되기를 원하였다. 이 서신의 기록 시기는 바울이 로마 가택에 연금되었을 때로 보고 있다. 서신의 수신지는 데오빌로로 기록하고 있지만, 누가가 이방인 전도에 많은 관심을 가지고 있다는 사실을 본다면 안디옥, 아가야, 에베소 등이 수신지라고 볼 수 있다.

〈누가복음〉은 예수 그리스도의 탄생과 어린 시절 등에 대해서 자세히 기록하고 있다. 〈누가복음〉은 다른 복음서에 비해 문체가 아름답고 회화적이라고 칭찬을 받고 있으며, 예수 그리스도를 육신을 입고 사람으로 오신 '인자'로 묘사하고 '잃어버린 자'를 찾아 구원하러 오신 구세주로 기록하고 있다. 즉 구원사적 중심으로 예수 그리스도의 생애를 기록하고 있다. 이 세 번째의 복음서에는 구원을 이해하는 데 중요한 예수 그리스도의 사역과 교훈이 제시되어 있다. 이 서신의 주제는 예수 그리스도의 메시아적인 성격과 그의 사역이며, "인자가 온 것은 잃어버린 자를 찾아 구원하려 함이니라"(19:10)라는 말씀으로 알 수 있다. 〈누가복음〉은 예수 그리스도의 탄생에서부터 승천까지 기록하고 있으며, 수신자는 유대인과 이방인인 것으로 보인다.

〈마태복음〉, 〈마가복음〉에 기록되지 않은 사건들

- 세례 요한 탄생 기사(1:57)
- 로마 황제의 호적 조사(2:1)
- 동방 박사보다 목자들이 먼저 경배하였다(2:8).
- 예수 그리스도가 할례 받은 사건(2:22)
- 예수 그리스도가 성전 제사에 갔다가 시므온과 안나를 만난 사건(2:25, 2:36)
- 예수 그리스도가 12세 때, 성전에 가서 사라져 요셉과 마리아가 찾은 일(2:41)
- 예수 그리스도의 족보를 하나님까지 살폈다(마태는 아브라함까지, 3:23).
- 세리와 군인이 세례 요한에게 물어보는 사건(회개의 의미, 3:11)
- 나사렛 회당에서 처음 설교 기록(4:16)
- 나인 성 과부의 아들을 살려 주심(7:11).
- 많은 여인의 이름을 밝히고 있다(요안나, 수산나, 마리아 등, 8:3).
- 혈루증 환자를 고친 사건(8:43)
- 12제자 외에 70인의 제자가 있었다(10:1).
- 선한 사마리아인의 비유(10:25)
- 마리아와 마르다의 이야기(10:38)
- 빌라도가 제물에 피를 섞은 사건(13:1)
- 포도원 가운데 심은 무화과 이야기(13:6)
- 수종병 환자를 고친 사건(14:1)

- 사마리아인, 세리, 창기 등의 소외 계층에 각별한 관심을 보이셨다.
- 탕자의 비유(15:11)
- 불의한 청지기 비유(16:1)
- 부자와 거지 나사로의 삶과 죽음의 비유(16:19)
- 나병 환자 열 명을 고침과 그중 사마리아인 한 사람만이 찾아오는 사건 (17:11)
- 불의한 재판관을 번거롭게 하는 과부의 비유(18:1)
- 바리새인과 세리의 기도 자세(18:9)
- 돌무화과나무에 올라갔던 삭개오 사건(19:1)
- 부자의 헌금과 가난한 과부의 두 렙돈 헌금(21:1)
- 헤롯 왕 앞에서 조롱당하신 예수님(23:8)
- 엠마오로 가는 두 제자 이야기(24:13)
- 부활 이후에 예수 그리스도의 승천하신 이야기(24:36)
- 천사의 찬양, 스가랴의 찬양, 엘리사벳의 찬양, 시몬의 찬양, 안나의 찬양

요한복음

〈요한복음〉은 에베소에서 A.D.95년경 쓰인 것으로 저자는 본문에서 '예수께서 사랑하시는 제자'로 표현하고 있는 사도 요한이다. 그는 세베대와 살로메의 아들이었으며 살로메는 예수 그리스도의 육신의 어머니인 마리아와 자매였다고 전해지고 있다. 그러므로 요한은 예수 그리스도와 사촌 형제가 되는 것이다. 또한 요한은 야고보와 형제였으며 예수 그리스도는 이 두 사람에게 '보아너게'(막 3:17)란 이름을 붙여 주었다. 그의 성격이 매우 급한 데에서 비롯된 것 같다. 그러나 시간이 흘러 그가 쓴 성경에서 요한을 '사랑의 사도'라고 표현하고 있다. 〈요한복음〉은 헬라 사람들을 위하여 기록한 것으로 보이고, 기록한 목적은 "이것을 기록함은 너희로 예수께서 하나님의 아들 그리스도이심을 믿게 하려 함이요 또 너희로 믿고 그 이름을 힘입어 생명을 얻게 하려 함이니라"(20:31)라고 말하고 있다.

사도 요한은 초대 교회에서 뛰어난 지도자였지만, 이 복음서에는 직접적으로 이름이 언급되어 있지 않다. 저자는 유대인과 사마리아인의 관계(4:9)와 안식일에 일하는 것을 금하고 출생한 지 제8일에 할례를 시행하는 유대인의 관습을 말하고 있다. 또한 그는 '베다니'와 다른 복음서에서 언급되지 않은 '가나'에 대해서도 언급하고 있다. 〈요한복음〉에는 분명히 목격자에 의해서만 기록될 수 있는 부분들이 많이 다루어져 있고, 다른 세 복음서에 기록되지 않은 18가지 사건들이 있다. 특히 세 복음서에서 밝히지 않은 베다니의 집에서 옥합을 깨트린 장본인을 베다니 마리아로 기록하고 있다(12:3). 본 복음서가 기록될 때에는 베다니 마리아가 소천했기 때문으로 추정된다. 사도 요한은 로마의 도미티안 황제에 의하여 A.D.95년경에 밧모 섬에 유배되었고, 에베소로 돌아와 사역하다가 순교한 것으로 전해지고 있다.

1. 〈요한복음〉의 중심

- 요한은 예수 그리스도의 말씀과 사랑을 강조하였다.
- 요한은 예수 그리스도의 신성을 강조하였다.
- 요한은 예수 그리스도의 행하신 일과 말씀보다, 모든 것을 초월하시는 예수 그리스도의 정체와 예수 그리스도의 사랑을 보여 주고 도마의 신앙 고백으로 인도하였다.
- 요한은 예수 그리스도를 위로부터 오신 초월적인 분으로 묘사하면서 하나님의 아들로 증언한다.
- 요한은 예수 그리스도의 말씀 속에서 특별한 언어에 주목하고 있다.

에고 에이미(Ego Eimi, 나는 ~ 이다)

1. 나는 생명의 떡이다.
2. 나는 세상의 빛이다.
3. 나는 양의 문이다.
4. 나는 선한 목자이다.
5. 나는 부활이요 생명이다.
6. 나는 길이요 진리요 생명이다.
7. 나는 참 포도나무이다.

2. 요한이 주목한 신성의 이적들

1. 물로써 포도주를 만드심(질의 초월, 2:1).
2. 왕의 신하의 아들을 고치심(공간을 초월, 4:43).
3. 베데스다의 환자를 고치심(시간을 초월, 5:2).
4. 오병이어의 이적(양의 초월, 6:1)
5. 물 위를 걸으심(자연법칙을 초월, 6:16).
6. 날 때부터 소경된 자를 고치심(운명을 초월, 9:1).
7. 죽은 나사로를 살리심(죽음을 초월, 11:1).

3. 세 복음서에 기록되지 않은 사건들

- 나다나엘의 소명(1:43)
- 갈릴리 혼인 잔치 사건(물로 포도주 만든 사건, 2:1)
- 니고데모가 밤에 찾아온 사건(3:1)
- 베데스다 못가에서 38년 된 병자를 고침(5:2).
- 예수 그리스도께서 스스로를 "나는 선한 목자"라고 칭하셨다.
- 죽은 나사로를 살린 사건(11:1)
- 포도나무 비유(15:1)
- 대제사장의 기도(17:1)
- 사마리아 우물가의 여인(4:1)
- 간음하다 현장에서 잡힌 여인(8:1)
- 보혜사 성령(14:25)
- 새 계명을 주노니 서로 사랑하라(13:34).
- 한 알의 밀알(예수님 자신, 12:24)
- 제자들의 발을 씻긴 사건(13:1)
- 도마의 '나의 주 나의 하나님'의 신앙 고백(20:28)
- 예수 그리스도를 사랑한다는 베드로의 고백(21:15)
- 예수 그리스도는 위에서 오신 하나님의 아들(8:23)
- 다윗의 족보에서 예수 그리스도가 태어났지만, 하나님의 아들임을 강조.

4. 4복음서의 내용에서 볼 수 있는 시간들은?

구약 시대에는 태양과 달의 변동으로 대략 구분하여 시간을 표시했다. 그 후 신구약 중간 시대를 거쳐 페르시아, 헬라, 로마와 접촉하면서 현재와 비슷한 24시간제 시간 구분 개념이 통용되었다. 그러나 유대인은 로마식과 달리 새벽 6시를 0시로 기준 삼았다. 신약 4복음서는 〈요한복음〉이 기록된 연대를 A.D.90~100년경으로 보고 있다. 이때 이미 유대인들은 로마의 속국이 되어 히브리 시간 제도로 현재와 같은 24시간제를 사용하였다. 그래서 〈마태복음〉, 〈마가복음〉, 〈누가복음〉의 세 복음서는 유대식 시간 기준으로 보아야 하고 〈요한복음〉은 현재와 같은 시간제로 보아야 그 당시 시간을 혼동하지 않는다.

요한복음	공관복음	시 간	성 경
제6시	제0시	오전 6시	요 19:14
제9시	제3시	오전 9시	마 20:3
제10시	제4시	오전 10시	요 1:39
제12시	제6시	오전 12시	마 20:5
제3시	제9시	오후 3시	마 20:5
제5시	제11시	오후 5시	마 20:6
제6시	제12시	오후 6시	요 4:6
제7시	제1시	오후 7시	요 4:52

이렇게 시간을 비교하여 보면 도움이 될 것 같다. 특히 〈요한복음〉 4장의 수가 성 여인이 물을 길으러 갔던 시간을 유대식으로 보아 낮 12시로 보고 있는데, 이것은 저녁 6시로 보아야 타당할 것이다.

5. 4복음서의에 나오는 예수님의 이적들

예수님은 우주 만물에 대한 주권을 통하여 우리의 믿음에 확신을 주고자 이적을 행하셨다. 이적이란 단순히 크고 놀라운 일이 아니다. 하나님의 의지로 진행되는 자연 질서를 잠시 중단하시고, 인간의 구원을 위한 뚜렷한 목적을 가지고 각 때에 필요한 놀라운 일을 보여 주심으로써 우리의 신앙의 표적이 되는 것만이 참 이적이다. 이처럼 이적의 진의를 모르면 단지 기복적 입장에서 이적을 위한 이적만을 요구하는 오류에 빠지게 된다. 그래서 사탄의 간계에 의한 이적으로 많은 사람들이 미혹되는 경우도 많이 있다. 4복음서에 나오는 예수님의 이적을 정리해 보면 다음과 같다.

	이적	장소	특징	말씀
육체적 질병 치유	나병 환자	갈릴리 지방	병자를 향한 주님의 연민이 강조됨.	마 8:2~3 막 1:40~42 눅 5:12~13
	백부장 하인	가버나움	이방인의 믿음이 두드러짐.	마 8:5~13 눅 7:1~10 요 4:43~54
	베드로 장모의 열병	가버나움	베드로의 장모가 치유된 직후 예수님 일행을 섬김.	마 8:14~15 막 1:30~31 눅 4:38~39
	중풍병자 치유	가버나움	친구들의 믿음과 우정, 열정이 강조됨.	마 9:2~7 막 2:3~12 눅 5:18~25
	혈루병 앓는 여자	가버나움	예수님을 향한 여인의 간절한 심정	마 9:20~22 막 5:25~29 눅 8:43~48
	두 소경	가버나움	자신의 믿음대로 치유받음.	마 9:27~31
	한쪽 손 마른 자	갈릴리 회당	안식일의 논쟁 야기.	마 12:10~13 막 3:1~5 눅 6:6~10
	바디매오와 다른 한 소경	여리고	끈질긴 요청으로 치유받음.	마 20:29~34 막 10:46~52 눅 18:35~43
	귀먹고 벙어리 된 자	갈릴리 호수 근방	치유 과정에서 예수님의 친밀한 동작이 두드러짐.	마 15:29~31 막 7:31~37
	벳새다의 소경	벳새다	두 번 안수하고 고치심.	막 8:22~26
	수종병 환자		바리새인 집에서 안식일에 치유하심.	눅 14:1~6
	열 나병 환자 치유	사마리아와 갈릴리 사이	치유된 자 중 한 명만 예수님께 찾아옴.	눅 17:11~19
	귀 잘린 말고	겟세마네 동산	원수까지도 고쳐 주심.	눅 22:50~51
	왕의 신하의 아들	가나	보지 않고도 말씀으로 고치심.	요 4:46~54
	베데스다 못가의 병자	예루살렘	오래된 질병 고치심.	요 5:1~9
	나면서 소경된 자	예루살렘	나면서 된 병자도 고치심.	요 9:1~41

정신적 질환 치유	두 귀신 들린 자	거라사	돼지 떼 몰사 사건	마 8:28~34 막 5:1~15 눅 8:27~35
	귀신 들린 벙어리	가버나움	바리새인들 비방	마 9:32~34
	귀신 들려 눈멀고 벙어리 된 자	갈릴리 지방	바리새인들 비방	마 12:22 눅 11:14
	가나안 여자의 딸	두로	이방인도 치유하심.	마 15:21~27 막 7:24~30
	귀신 들린 아이	변화 산 근처	아비의 믿음을 보고 치유해주심.	마 17:14~18 막 9:17~29 눅 9:38~43
	회당의 귀신 들린 자	가버나움	귀신들이 예수님을 알아봄.	막 23:26 눅 4:33~35
	꼬부라져 펴지 못하는 여인		18년 된 귀신을 단숨에 쫓으심.	눅 13:11~13
자연 현상에 대한 이적	풍랑을 잔잔케 하심.	갈릴리 호수	자연에 대한 통제 능력	마 8:23~27 막 4:37~41 눅 8:22~25
	오천 명을 먹이심.	갈릴리 호숫가	이적의 능력과 사랑의 조화	마 14:15~21 막 6:35~44 눅 9:12~17 요 6:5~13
	물 위를 걸으심.	갈릴리 호수	예수님이 하나님의 아들임을 입증하심.	마 14:25 막 6:48~51 요 6:19~21
	사천 명을 먹이심.	갈릴리 호수	이적의 능력과 사랑의 조화	마 15:32~39 막 8:1~10
	물고기 입에서 돈을 꺼냄.	가버나움	제자들에게 전능하심을 입증하심.	마 17:24~27
	무화과나무를 마르게 하심.	예루살렘	심판의 능력을 암시	마 21:18~22 막 11:12~14, 20~26
	많은 물고기를 잡게 하심.	갈릴리 호수	주 안에서만 삶의 풍요가 있음을 보이심.	눅 5:1~11
	물로 포도주를 만드심.	가버나움	예수님의 첫 이적으로 사람들에게 기쁨을 주기 원하심.	요 2:1~11
	부활 후 많은 물고기를 잡게 하심.	갈릴리 호수	제자들에게 확신을 주시기 위한 이적	요 21:1~11
사망의 기적	야이로의 딸	가버나움	죽음을 잠으로 묘사하심.	마 9:18~25 막 5:22~42 눅 8:41~56
	나인 성 과부의 외아들	나인	살리시는 능력	눅 7:11~15
	나사로	베다니	죄인에 대한 사랑	요 11:1~44

사도행전

〈사도행전〉은 헬라어로 '프락세이스 아포스톨론'이라 쓰는데, '사도의 행적'이라는 뜻이다. 〈사도행전〉은 〈누가복음〉에 이어지는 책으로서, 〈누가복음〉에도 기록된 "예수께서 행하시며 가르치시기를 시작"(1:1)하신 일과 예수 그리스도께서 사도들의 복음 전도와 교회 설립을 통해서 행하시고 가르치신 일, 바울의 생애와 서신서들의 배경을 알 수 있다. 〈사도행전〉은 교회가 시작된 예루살렘과 정치적 중심지인 로마를 연결해 주고 있으며 초대 교회사인 30년간의 역사가 기록되어 있다.

저자는 자신의 이름을 밝히고 있지 않지만, 〈누가복음〉을 기록했던 누가이며(행 1:1, 눅 1:1~4), 기록 연대는 바울이 로마 감옥에 갇혀 있던 A.D.61년경으로 추정된다. 2년간의 바울의 로마 가택 연금 이후의 사건들이 전혀 기록되지 않았다. 네로 황제 때 로마의 화재와 그리스도인 박해 사건(A.D.64년), 베드로와 바울의 순교(A.D.67년경), 예루살렘의 멸망(A.D.70년) 등이 전혀 기록되어 있지 않다. 그리고 바울의 재판 결과도 나타나 있지 않다. 누가가 그 사건들을 기록하지 않은 이유는 〈사도행전〉 28장의 사건이 최근의 일이었기 때문일 것으로 추정된다. 누가는 〈사도행전〉의 사건들을 기록할 때, '우리'라는 인칭 대명사를 사용한다. 그리고 바울의 전도여행 동반자 중에 자신을 포함시키고 있다(16:10, 20:5, 27:1). '우리'라고 표현된 부분의 사건에는 저자가 28장 30절에서 밝힌 로마 가택 연금 2년 동안 바울과 함께 있었을 것이다. 〈사도행전〉에서 '우리'라는 말은 16장 10절에 처음 나온다. 이 기간 동안에 바울은 〈에베소서〉, 〈골로새서〉, 〈빌립보서〉와 〈빌레몬서〉를 써서 보냈다. 〈빌레몬서〉와 〈골로새서〉에서 바울은 그의 동역자들과 함께 인사를 하고 있는데, 그 동역자들 중에는 누가도 포함되어 있다(몬 1:23~24, 골 4:10~17). 〈사도행전〉의 저자가 의사였다는 것을 본문에서 알 수 있으며 바울도 누가를 소개하면서 그가 '의사'였다고 표현하고 있다(골 4:14). 누가는 사도 바울의 생애 마지막 20년간 그의 동역자였다.

〈사도행전〉의 기록은 30여 년의 전도여행 기간에 관한 것이며, 예루살렘에서 로마에 이르게 되는 과정을 기록하고 있다. 〈사도행전〉은 예수 그리스도의 승천에서 시작하여, 약속하신 성령의 강림의 역사, 초대 교회의 활동과 사도들의 활동에 대해서 기록하고 사도 바울의 가택 연금으로 막을 내리고 있다. 이 서신은 기독교의 기원을 자세히 말해주고 있으며, 사도들을 통해서 행하신 성령 하나님의 역사를 기록하였다.

- 〈누가복음〉에 이어 연속으로 기록되었다.
- 베드로의 행적과 야고보의 순교, 스데반의 순교, 바나바와 바울의 행적을 기록하였다.
- 복음이 예루살렘과 온 유대와 사마리아와 온 땅으로 어떻게 전파되고 있는지, 그리고 어떻게 로마까지 전파되어 갔는지를 밝히고 있다.
- 예수 그리스도의 시대에서 사도들의 시대로, 복음이 유대에서 이방인의 세계로 전파되는 역사를 기록하고 있다.
- 사도 바울의 회심과 소명
- 바울과 바나바의 협력 사역
- 바울과 바나바의 1차 전도여행
- 바울과 실라의 2차 전도여행
- 바울과 누가의 3차 전도여행
- 바울과 누가의 로마행
- 바울과 바나바, 누가와 디모데, 디도의 사역
- 바울 서신 10편의 기록 과정
- 선교 명령, 선교의 모범, 선교의 역사 기록

1. 1차 전도여행(행 13:4~14:28)

사도 바울의 1차 전도여행은 대략 A.D.45년경에 출발하였다.

수리아 안디옥 → 실루기아 → (배) → 살라미 → 바보 → (배) → 버가 → 비시디아 안디옥 → 이고니온 → 루스드라 → 더베 → 루스드라 → 이고니온 →

비시디아 안디옥 → 버가 → 앗달리아 → (배) → 수리아 안디옥

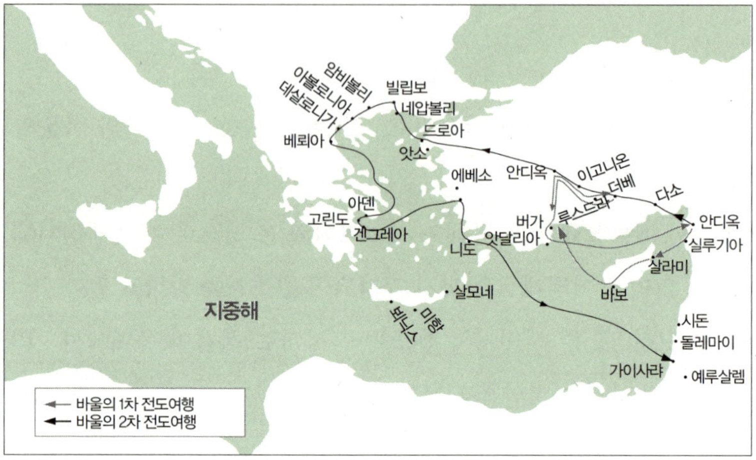

"바울과 및 동행하는 사람들이 바보에서 배 타고 밤빌리아에 있는 버가에 이르니 요한은 그들에게서 떠나 예루살렘으로 돌아가고"(13:13)

이유는 자세히 알 수 없지만 동행하던 마가는 예루살렘으로 돌아간다.

2. 2차 전도여행(행 15:36~18:22)

"며칠 후에 바울이 바나바더러 말하되 우리가 주의 말씀을 전한 각 성으로 다시 가서 형제들이 어떠한가 방문하자 하고"(15:36)

2차 전도여행의 시작이다. 1차 전도여행 때 갔던 곳에 다시 가서 성도들이

어떠한가를 보자는 것이다. 2차는 1차 후 약 5년이 지난 A.D.48~50년경에 시작되어 3년 이상 걸렸다. 2차 전도여행은 육로로 가게 되었다.

수리아 안디옥 → 다소 → 더베 → 루스드라 → 비시디아 안디옥 → 드로아 → (배) → 네압볼리 → 빌립보 → 데살로니가 → 베뢰아 → (배) → 아덴 → 고린도 → 겐그리아 → (배) → 에베소 → (배) → 로도 → (배) → 가이사랴 → 예루살렘 → 수리아 안디옥

바울과 바나바의 결별(15:36~41)

> "바나바는 마가라 하는 요한도 데리고 가고자 하나 바울은 밤빌리아에서 자기들을 떠나 함께 일하러 가지 아니한 자를 데리고 가는 것이 옳지 않다 하여"(15:37~38)

바나바는 조카 마가를 데리고 가려고 하나 바울은 1차 전도여행 때에 밤빌리아에서 마가가 자기들을 떠나 예루살렘으로 돌아갔으니 데리고 가는 것이 옳지 않다고 한다.

> "서로 심히 다투어 피차 갈라서니 바나바는 마가를 데리고 배 타고 구브로로 가고"(15:39)

이로 인해 바나바와 바울은 심히 다투어 피차 갈라서고 말았다. 바나바는 마가를 데리고 고향인 구브로로 향했다. 이후 바나바와 마가의 선교에 대해서는 언급을 볼 수 없다.

실라와 디모데

사도 바울이 놀라운 선교를 했는데, 그것은 동역자가 있었기에 가능했다. 바

울은 1차에는 바나바가 있었지만, 2차에는 디모데와 실라가 있었다.

"바울이 더베와 루스드라에도 이르매 거기 디모데라 하는 제자가 있으니 그 어머니는 믿는 유대 여자요 아버지는 헬라인이라"(16:1)

2차 전도여행 때에 바울은 루스드라에 가서 디모데를 만났다. 디모데는 루스드라와 이고니온에 있는 형제들에게 칭찬받는 자였다(16:2.) 디모데는 바울 서신 6개에서 모습을 볼 수 있다(고후 1:1, 빌 1:1, 골 1:1, 살전 1:1, 살후 1:1, 몬 1:1). 그리고 바울에게 〈디모데전후서〉의 서신을 받았다. 바울은 디모데를 아들(고전 4:17, 딤후 1:2), 동역자(롬 16:21, 고전 16:10)로 부르며, 에베소 교회를 지도하도록 에베소에 머물게 하였다. 바울은 디모데에게 "오직 너 하나님의 사람아"(딤전 6:11)라고 했다.

디모데 할례 사건

"바울이 그를 데리고 떠나고자 할새 그 지역에 있는 유대인으로 말미암아 그를 데려다가 할례를 행하니 이는 그 사람들이 그의 아버지는 헬라인인 줄 다 앎이러라"(16:3)

바울은 왜 이런 차이를 두게 하였을까?

갈라디아에서는 할례가 칭의의 방법으로 선포되고 있었기 때문에 바울은 그렇지 않다는 것을 보이기 위해 디도에게 할례를 받지 못하게 한 것이다. 그러나 루스드라에서는 유대인들이 디모데의 아버지가 헬라인인 줄을 알기 때문에 디모데가 할례를 받아야 복음 전도에 도움이 된다고 본 것이다. 유대인에 대한 복음 확산을 위해서 할례를 받게 한 것이다.

바울은 디모데에게 할례를 받도록 했다. 예루살렘 회의에서 이방인에게 할례가 필요 없다는 규칙이 정해졌다. 바울은 〈갈라디아서〉 2장 3~5절에서는 디도에게 할례를 받지 못하게 하였다.

바울은 세계 역사를 바꾸는 전환점을 만들었다

여기서부터 바울의 사역은 세계 역사를 바꾸어 놓는 전환점이 되었다. 바울이 실라와 디모데를 데리고 소아시아의 북서쪽을 여행하였다.

"성령이 아시아에서 말씀을 전하지 못하게 하시거늘 그들이 브루기아와 갈라디아 땅으로 다녀가 무시아 앞에 이르러 비두니아로 가고자 애쓰되 예수의 영이 허락하지 아니하시는지라"(16:6~7)

아시아는 지금의 터키의 서쪽 지역이다. 무시아, 비두니아는 터키 북동쪽 지역이다. 성령이 아시아에서 말씀을 전하지 못하게 하셨다.

"무시아를 지나 드로아로 내려갔는데 밤에 환상이 바울에게 보이니 마게도냐 사람 하나가 서서 그에게 청하여 이르되 마게도냐로 건너와서 우리를 도우라 하거늘"(행 16:8~9)

바울은 드로아로 건너갔다. 드로아는 고대 도시 트로아이다. 바울이 밤중에 환상에서 만난 마게도냐 사람이 "마게도냐로 건너와서 우리를 도우라"고 했다.

"바울이 그 환상을 보았을 때 우리가 곧 마게도냐로 떠나기를 힘쓰니 이는 하나님이 저 사람들에게 복음을 전하라고 우리를 부르신 줄로 인정함이러라"(행 16:10)

'우리'라고 한 것은 저자 누가가 전도팀에 동참하고 있었다는 것을 의미한다. 누가는 보통 '그는'이라는 3인칭으로 기록하다가, 자신이 포함된 때에는 '우리'라는 표현을 사용하였다(행 20:5~15, 21 · :1~18). 성령이 바울에게 유럽 선교를 지시하셨다. 바울은 1차와 마찬가지로

2차에서도 터키에 머물고 있었다. 그런데 세계에 복음을 전하기 위하여서는 헬라 본토로 들어가야 했다. 성령 하나님은 마게도냐로 복음을 전해야 하는 시기가 되었다고 하시는 것이다.

바울의 빌립보 사역(행 16:11~15)

사도 바울은 소아시아를 떠나 유럽의 마게도냐에 도착하였다.

> "거기서 빌립보에 이르니 이는 마게도냐 지방의 첫 성이요 또 로마의 식민지라 이 성에서 수일을 유하다가"(행 16:12)

빌립보는 알렉산더 대왕의 부친인 빌립 2세가 헬라 제국(마게도냐)의 왕이 되면서 B.C.357년경 자기 이름을 붙인 것이다. 그러다가 B.C.168년에 로마가 마게도냐를 정복했다. 빌립보에는 의학 학교가 있었으며 누가는 빌립보 출신으로 추정된다. 빌립보에는 회당이 없었고 바울은 유대교를 믿는 사람들을 찾아다녔다(행 16:13). 바울은 강가에 모인 여자들을 발견하고 그들에게 말씀을 전하였다.

> "두아디라 시에 있는 자색 옷감 장사로서 하나님을 섬기는 루디아라 하는 한 여자가 말을 듣고 있을 때 주께서 그 마음을 열어 바울의 말을 따르게 하신지라"(행 16:14)

루디아는 자색 옷감 장수인데 성령께서 루디아의 마음을 열어 주셨다. 성령의 역사로 회심한 루디아는 그와 그의 집이 다 세례를 받았다(행 16:15).

바울의 빌립보의 귀신 축출 사건(행 16:16~40)

바울이 귀신 들린 여종의 귀신을 내쫓으니, 그 여종의 주인이 고소를 하여 옥에 갇히게 된다. 바울과 실라는 감옥에서 기도했고 찬송했다. 바울과 실라의 기도가 응답되어 지진이 나서 감옥의 문이 열리고 묶인 것이 다 풀어졌다. 간수가 옥문이 열린 것을 보고 무서워 떨며 바울과 실라 앞에 엎드렸다. "내가 어떻게 하여야 구원을 받으리이까"(행 16:30) 하니 바울이 "주 예수를 믿으라 그리하면 너와 네 집이 구원을 받으리라"(행 16:31) 하고 말한다. 그러고 나서 간수는 회심을 한다.

아덴 전도(행 17:15~21)

빌립보 → 데살로니가 → 아덴

아덴은 지금의 아테네이다. 아테네는 그리스 남부 지역이고 철학의 중심이며 우상들이 많이 있었다.

> "바울이 아덴에서 그들을 기다리다가 그 성에 우상이 가득한 것을 보고 마음에 격분하여"(행 17:16)

아테네 신전, 제우스 신전, 아폴로 신전 등 바울은 우상이 가득 찬 것을 보고 마음에 격분이 일어났다. 아덴에서 바울의 전도가 잘 될 수 없었던 것은 바울의 문제가 아니라, 아덴 지방 사람들의 문화와 철학의 영향으로 그들이 복음을 받아들일 자세가 되지 못했기 때문이다.

> "회당에서는 유대인과 경건한 사람들과 또 장터에서는 날마다 만나는 사람들과 변론하니"(행 17:17)

바울은 분하여 말싸움을 하였다.

> "어떤 에피쿠로스와 스토아 철학자들도 바울과 쟁론할새 어떤 사람은 이르되 이 말쟁이가 무슨 말을 하고자 하느냐 하고 어떤 사람은 이르되 이방 신들을 전하는 사람인가보다 하니 이는 바울이 예수와 부활을 전하기 때문이러라"(행 17:18)

에피쿠로스(B.C.341~270)는 삶의 목적이 쾌락과 행복이라고 믿었다. 신이 존재하더라도 인간의 삶에 개입하지 않는다고 생각했다. 에피쿠로스 학파는 오늘날 쾌락주의자와 유사하다. 스토아 학파(B.C.320~263)는 범신론을 주장하였다. 바울은 이런 철학자들과 논쟁을 하였다. 이들은 바울에게 말쟁이라고 했는데 이것은 바울이 여기저기에서 지식을 주워섬기는 자라는 의미이다.

"모든 아덴 사람과 거기서 나그네 된 외국인들이 가장 새로운 것을 말하고 듣는 것 이외에는 달리 시간을 쓰지 않음이더라"(행 17:21)

아덴 사람들은 토론과 논쟁을 좋아했다. 바울은 크게 실망을 하였다. 복음은 회개부터 시작되는 것인데 철학적 변론을 벌여 결국 아덴에서는 교회를 세우지 못하고 고린도로 가게 된다.

바울의 고린도 사역(행 18:1~11)

아덴 → 고린도

"그 후에 바울이 아덴을 떠나 고린도에 이르러"(행 18:1)

당시 고린도는 인구 약 65만 명, 자유 시민 25만 명, 노예 40만 명으로 부와 사치, 쾌락과 범죄가 있는 곳이었다. 신전이 12개이고, 성적 타락이 극에 달하여 "고린도 같다"(코린씨 아제스싸이)라는 말이 만들어지기도 했다. 이 말은 '성적으로 부정을 저지르다'라는 의미이다. 바울은 고린도에 도착하자마자 아굴라와 브리스길라 부부를 만났다. 아굴라는 유대인, 브리스길라는 로마 시민이다. 바울은 브리스길라와 아굴라를 이렇게 평하였다.

"너희는 그리스도 예수 안에서 나의 동역자들인 브리스가와 아굴라에게 문안하라 그들은 내 목숨을 위하여 자기들의 목까지도 내 놓았나니 나뿐 아니라 이방인의 모든 교회도 그들에게 감사하느니라"(롬 16:3~4)

브리스길라와 아굴라는 이방인의 모든 교회가 그들에게 감사할 정도로 헌신했던 것이다.

"밤에 주께서 환상 가운데 바울에게 말씀하시되 두려워하지 말며 침묵하지 말고 말하라 내가 너와 함께 있으매 어떤 사람도 너를 대적하여 해롭게 할 자가 없을 것이니 이는 이 성중에 내 백성이 많음이라 하시더라 일 년 육 개월을 머물며 그들 가운데서 하나님의 말씀을 가르치니라"(행 18:9~11)

〈사도행전〉에서는 환상으로 인도하심을 볼 수 있다. 회당 옆에 가정 교회를 세웠으니 유대인들의 핍박이 심했을 것이다. 주님이 바울에게 "두려워하지 말며 침묵하지 말고 말하라"며 "이는 이 성중에 내 백성이 많음이라" 말씀하신다.

바울에게 잠잠하지 말라고 하신다. 바울이 고린도에서 1년 6개월을 머물면서 복음을 전하고 가르쳤다. 여기서 바울은 데살로니가에 있는 신자들에게 〈데살로니가전후서〉를 써서 보냈다. 바울은 A.D.50년 가을부터 52년 봄까지 1년 6개월을 고린도에 머물렀다. 그리고 수리아 안디옥으로 떠난다.

에베소를 거쳐 안디옥으로

"에베소에 와서 그들을 거기 머물게 하고 자기는 회당에 들어가서 유대인들과 변론하니 여러 사람이 더 오래 있기를 청하되 허락하지 아니하고 작별하여 이르되 만일 하나님의 뜻이면 너희에게 돌아오리라 하고 배를 타고 에베소를 떠나"(행 18:19~21)

바울은 겐그레아에서 배를 타고 동쪽으로 이동하여 아시아의 중심 도시 에베소에 도착했다. 바울은 브리스길라와 아굴라를 에베소에 머물게 한다. 에베소를 교회의 중심으로 하고자 하는 의도를 알 수 있다(행 18:19). 에베소 사람들이 바울에게 더 있으라고 하자 하나님께서 원하시면 다시 올 것이라고 하면서 그곳을 떠났다(행 18:21).

> "가이사랴에 상륙하여 올라가 교회의 안부를 물은 후에 안디옥으로 내려가서 얼마 있다가 떠나 갈라디아와 브루기아 땅을 차례로 다니며 모든 제자를 굳건하게 하니라"(행 18:22)

바울은 에베소에서 시작한 800km의 대장정을 마치고 예루살렘 교회로 올라갔다가 다시 안디옥으로 내려갔다. 여기서 '교회'는 예루살렘이다. '올라가'는 지형적으로 높은 곳에 있는 예루살렘으로 가는 것을 말한다. 바울은 A.D.52년~53년 봄까지 안디옥에 머물렀던 것 같다.

3. 바울의 3차 전도여행(행 18:23~21:17)

바울의 3차 여행은 A.D.53~57년까지이다. 갑자기 떠나게 된 3차 전도여행은 제자들을 굳게 하기 위한 것이다. 바울은 수리아 안디옥을 떠나 에베소로 향했다. 이번에는 에베소에서 오래 머물기 위해서이다(약 2~3년).

수리아 안디옥 → 다소 → 이고니온 → 에베소 → 미둘레네 → 앗소 → 드로아 → (배) → 빌립보 → 데살로니가 → 베뢰아 → 고린도 → 베뢰아 → 데살로니가 → 빌립보 → (배) → 드로아 → 앗소 → 미둘레네 → (배) → 기오, 사모 → 밀레도 → (배) 고스, 로도 → 바다라 → 두로 → 가이사랴 → 예루살렘(체포)

에베소 사역(행 18:24~19:12)

1) 아볼로 사역(행 18:24~28)

> "알렉산드리아에서 난 아볼로라 하는 유대인이 에베소에 이르니 이 사람은 언변이 좋고 성경에 능통한 자라"(행 18:24)

에베소에서는 아볼로라는 인물이 사역을 하였다. 그는 유대인으로 구약성경에 능했다.

> "그가 일찍이 주의 도를 배워 열심으로 예수에 관한 것을 자세히 말하며 가르치나 요한의 세례만 알 따름이라"(행 18:25)

아볼로가 예수에 대해 많이 알았지만 요한의 세례만 알 뿐이었다. 성령은 모르고 있어 브리스길라와 아굴라가 도를 가르쳐다. 그러자 아볼로는 겸손히 배움을 수용하였다(행 18:27).

> "이는 성경으로써 예수는 그리스도라고 증언하여 공중 앞에서 힘 있게 유대인의 말을 이김이러라"(행 18:28)

아볼로는 최고의 변론자이고 그의 명성은 소문이 나 있었다(고전 4:6). 사도 바울이 고린도 교회에 보낸 서신을 보면, 바울파, 베드로파, 예수파, 아볼로파가 있었다.

> "나는 심었고 아볼로는 물을 주었으되 오직 하나님께서 자라나게 하셨나니 그런즉 심는 이나 물주는 이는 아무 것도 아니로되 오직 자라게 하시는 이는 하나님뿐이니라"(고전 3:6~7)

바울은 자기는 심었고 아볼로는 물을 주었다고 말하고 있다. 바울은 아볼로를 같은 수준으로 인정해 주고 있다. 사도 바울은 아볼로를 질투하거나 시기하지 않았다.

2) 바울의 두란노 강연

> "두란노 서원에서 날마다 강론하니라"(행 19:9)

바울은 두란노 서원에서 강론을 하였다. 대개 서원은 오전에 강연 장소로 사용되었으며, 더운 낮 시간(오전 11시~오후 4시)에는 비어 있어, 바울은 아마 이 시간을 활용한 것으로 추정할 수 있다.

> "두 해 동안 이같이 하니 아시아에 사는 자는 유대인이나 헬라인이나 다 주의 말씀을 듣더라"(행 19:10)

바울의 강연은 2년 동안 지속되었다. 에베소뿐 아니라 터키 지역에 있는 사람들도 왔다.

> "하나님이 바울의 손으로 놀라운 능력을 행하게 하시니 심지어 사람들이 바울의 몸에서 손수건이나 앞치마를 가져다가 병든 사람에게 얹으면 그 병이 떠나고 악귀도 나가더라"(행 19:11~12)

바울의 에베소 사역에는 놀라운 능력이 동반되었다. 악귀가 나가는 것은 물론이고 치유도 일어났다. 심지어 바울이 사용하던 손수건이나 앞치마를 병자들에게 갖다 대자 병 고침이 일어나고 귀신이 축출되는 역사가 일어났다.

3) 에베소의 마술사(행 19:13~20)

에베소에서 있었던 영적 대결을 설명하고 있다. 어떤 유대인들이 예수의 이름으로 귀신을 추방하려다 낭패를 당한 사례가 소개된다(행 19:13~16). 에베소 사람들은 돈벌이를 위해서 귀신 쫓는 일에 관여하고 있었다. 대제사장인 스게와의 일곱 아들들이 이런 일을 하다가 귀신에게 당한 사건이다. 이 일로 에베소에 있는 신자들은 영적으로 충만하게 되었고, 신비주의적인 풍속을 끊게 되었다. 마술을 행하던 사람들이 책을 모아 모든 사람 앞에서 불사르는 역사가 이루어졌다.

> "이와 같이 주의 말씀이 힘이 있어 흥왕하여 세력을 얻으니라"(행 19:20)

이 사건으로 복음이 힘을 얻게 되었다.

4) 에베소 아데미 신전 소동(행 19:23~41)

"그 때쯤 되어 이 도로 말미암아 적지 않은 소동이 있었으니 즉 데메드리오라 하는 어떤 은장색이 은으로 아데미의 신상 모형을 만들어 직공들에게 적지 않은 벌이를 하게 하더니"(행 19:23~24)

데메드리오는 은장색 길드(조합)의 지도자였다. 아데미는 풍요의 여신이었다. 아데미 상은 에베소에 있는 아데미 신전에 있었다. 이 신전은 고대의 불가사의 건물 중의 하나이다. 건물의 길이 115m, 폭 55m, 높이 19m의 대리석 기둥 127개가 지탱하고 있는 거대한 규모이고, 이집트의 알렉산드리아 도시를 설계한 '데이노크라테스'가 설계하였다. 아덴에 있는 파르테논 신전의 4배의 규모이기도 하다. 아데미 축제 때는 거대한 술판과 음행으로 타락이 극심하였다. 에베소 사람들은 아데미 여신의 은 조각상을 만들어 파는 것이 수입원이었기 때문에, 사람들이 예수 그리스도를 믿고 우상들을 버리기 시작하면서 생업의 곤란을 겪게 되었다. 데메드리오가 이 부분을 선동하여 군중은 그리스도인에 대한 분이 가득했고 극장에서 시위를 하였다. 에베소는 로마 제국의 통치를 받고 있어 서기장은 치안상의 이유로 이들을 설득하여 해산시켰다. 이 사건 이후 사도 바울은 3차 전도여행을 마치게 된다.

예루살렘으로 귀향

A.D. 53년 말에서 57년 초의 일이다.

에베소 → 마게도냐 → 빌립보 → 드로아

1) 드로아에서 유두고를 살려냄(행 20:1~20)

〈고린도후서〉 2장 12~13절과 7장 5~7절에서 드로아(마게도냐)의 기록을 볼 수 있다. 〈고린도후서〉는 이 기간에 기록한 것 같다. 〈고린도전서〉는 에베소에서 기록되었다. 바울은 드로아에서 7일간 머물렀다. 바울이 드로아를 떠나기 전날 밤에 설교를 했는데, 그때 사건이 발생하였다.

> "그 주간의 첫날에 우리가 떡을 떼려 하여 모였더니 바울이 이튿날 떠나고자 하여 그들에게 강론할새 말을 밤중까지 계속하매"(행 20:7)

안식 후 첫날에 떡을 떼려고 모였다고 했다. 초대 교회의 모임이 안식일, 즉 토요일보다 일요일이었다는 사실을 알 수 있다. 떡을 떼는 것은 성찬식의 모습이다. 낮에는 일을 해야 해서 바울이 저녁 때 강론을 시작한 것 같다.

> "유두고(다행이다)라고 하는 청년이 창에 걸터 앉아 있다가 깊이 졸더니 바울이 강론하기를 더 오래 하매 졸음을 이기지 못하여 삼 층에서 떨어지거늘 일으켜보니 죽었는지라"(행 20:9)

창문에 걸터앉아 있던 유두고는 바울의 설교를 듣다가 졸았으며, 졸다가 삼층에서 떨어져 죽고 말았다. 저자인 누가는 의사였으며 죽었다는 사실을 분명히 확인하고 있다. 이때에 바울이 유두고를 살려낸다.

2) 밀레도에서 에베소 장로를 만나다(행 20:17~24)

바울은 서둘러서 오순절 기간에 예루살렘에 도착하려고 애썼다. 예루살렘 성도들을 위하여 각 교회에서 모은 헌금을 지참하고 있었다(롬 15:25~26, 고전 16:1~4, 고후 8:1~9:15). 이 무렵 예루살렘 교회는 험난한 시기를 겪고 있었다.

> "바울이 밀레도에서 사람을 에베소로 보내어 교회 장로들을 청하니"(행 20:17)

바울은 에베소 교회 장로들을 만나고자 밀레도로 자기를 만나러 와 달라고 소식을 전했다.

"오매 그들에게 말하되 아시아에 들어온 첫날부터 지금까지 내가 항상 여러분 가운데서 어떻게 행하였는지를 여러분도 아는 바니 곧 모든 겸손과 눈물이며 유대인의 간계로 말미암아 당한 시험을 참고 주를 섬긴 것과"(행 20:18~19)

바울 사역의 특징은 겸손과 눈물, 인내이다. 냉정함도 있었지만, 따뜻함과 동정, 인내를 보여 주는 사역이다. 그는 "유대인의 간계로 당한 시험을 참았다"라고 말한다.

성경에서 죽은 자를 살려낸 일

구약에서 엘리야와 엘리사(사르밧 과부의 아들, 수넴 여인의 아들)가 한 번씩, 신약에서 예수님이 세 번(야이로의 딸, 나인 성 과부의 아들, 나사로), 베드로(도르가)가 한 번, 바울이 한 번(유두고) 기록되어 있다.

"내가 달려갈 길과 주 예수께 받은 사명 곧 하나님의 은혜의 복음을 증언하는 일을 마치려 함에는 나의 생명조차 조금도 귀한 것으로 여기지 아니하노라"(행 20:24)

바울의 생애에서 가장 중요한 목표는 예수 그리스도에 관하여 다른 사람들에게 전파하는 것이었다(빌 3:7~13). 바울의 사명은 하나님의 은혜의 복음을 전하는 일이었다. 바울은 밀레도에서 에베소에 온 장로들에게 고별 설교를 한다(행 20:25~38).

3) 가이사랴의 선지자 아가보의 예언(행 21:1~16)

21장에서부터 바울의 고난의 시작을 볼 수 있다.

밀레도 → 두로 → 가이사랴 → 예루살렘

바울은 예루살렘으로 가는 길이 하나님의 뜻이라 생각했다(행 20:22, 21:14). 23장 11절에서는 예수님이 바울에게 직접 로마로 가라고 말씀하셨다.

"여러 날 머물러 있더니 아가보라 하는 한 선지자가 유대로부터 내려와 우리에게 와서 바울의 띠를 가져다가 자기 수족을 잡아매고 말하기를 성령이 말씀하시되 예루살렘에서 유대인들이 이같이 이 띠 임자를 결박하여 이방인의 손에 넘겨주리라 하거늘"(행 21:10~11)

아가보는 이미 로마 제국 일대에 극심한 기근이 임할 것을 예언한 선지자로 알려져 있다(행 11:27~28). 그의 예언은 황제 글라우디오 통치 기간 중 실현되었다(행 11:28). 아가보는 바울이 예루살렘의 유대인들에게 체포될 것이며 이방인들에게 넘겨질 것을 예언했다.

"우리가 그 말을 듣고 그 곳 사람들과 더불어 바울에게 예루살렘으로 올라가지 말라 권하니 바울이 대답하되 여러분이 어찌하여 울어 내 마음을 상하게 하느냐 나는 주 예수의 이름을 위하여 결박 당할 뿐 아니라 예루살렘에서 죽을 것도 각오하였노라 하니 그가 권함을 받지 아니하므로 우리가 주의 뜻대로 이루어지이다 하고 그쳤노라"(행 21:12~14)

아가보의 예언에 자극을 받은 가이사랴의 성도들은 바울에게 예루살렘으로 올라가지 말라고 권했다. 바울은 예루살렘에서 감옥에 갇힐 것을 알고 있었지만 로마로 가는 것이 하나님이 원하시는 일이라고 생각했다. 그들은 바울이 말을 듣지 않자 "주의 뜻대로 이루어지이다"라고 했다.

"이 여러 날 후에 여장을 꾸려 예루살렘으로 올라갈새 가이사랴의 몇 제자가 함께 가며 한 오랜 제자 구브로 사람 나손을 데리고 가니 이는 우리가 그의 집에 머물려 함이라 예루살렘에 이르니 형제들이 우리를 기꺼이 영접하거늘"(행 21:15~17)

가이사랴에서 예루살렘까지는 약 100km의 거리이다. 예루살렘에 도착한 바울을 형제들이 영접하였다. 사도 바울이 모금해 온 구제금에 대한 감사의 표시였고, 여기서 바울의 3차 전도여행의 막이 내린다.

4. 바울의 4차 전도여행(행 27:1~28:31)

3차 전도여행 후 예루살렘 성전에서 체포되어 2년간 감옥에 있다가 로마로 향하였다. 로마에 도착하여 2년 동안 가택 연금 중(28:30)에서도 예수님을 증거하고 옥중서신을 기록하였다.

예루살렘 → 가이사랴 → 시돈 → (배) → 무라 → 니도 → 살모네 → 라새아 → 미항 → 멜리데 → 수라구사 → 레기온 → 보디올 → 압비오 저자(광장) → 트레이스 타베르네(세 여관) → 로마

5. 바울의 5차 전도여행

바울의 행적을 〈사도행전〉에서는 알 수 없으나 서신(〈디모데전후서〉, 〈디도서〉)을 통하여 다음과 같이 추정해볼 수 있다.

로마 연금 해제 → 그레데(디도) → 에베소(디모데) → 라오디게아, 골로새, 히에라폴리스(방문) → 드로아(가보의 집) → 마게도냐(빌리보 정도에서 〈디모데전서〉 씀, 〈디도서〉는 장소가 불분명) → 니고볼리(전도 집회) → 로마 마메틴 감옥(바울의 유서: 〈디모데후서〉, 옥중서신)

〈사도행전〉의 정리

구분	성경	내용
베드로, 요한, 제자들 (예루살렘)	행 1	40일 동안 나타나심, 승천하시면서 성령 보내심(감람산), 마가의 다락방에 모여 기도함, 가룟 유다의 죽음, 맛디아가 12제자로 선정됨.
	행 2	오순절 성령 충만, 설교를 방언으로 말함, 베드로가 요엘 선지자와 다윗 말씀 인용, 제자 수가 3,000명으로 증가, 성도들의 공동생활
	행 3	베드로가 앉은뱅이 고침.
	행 4	베드로, 요한을 제사장과 사두개인들이 붙잡음, 예수님 부활의 도를 전하지 못하게 함, 1일 가둠, 대제사장 안나스, 가야바, 요한, 알렉산더 참여하여 제자 둘 심문, 예수님의 증거로 처벌할 법이 없어 위협 후 놓아줌, 박해당한 사도들의 기도, 바나바가 그의 밭을 팔아서 사도에게 전함.
	행 5	아나니아와 삽비라: 소유를 판 값을 조금 남김으로 죽음, 사도들을 대제사장이 옥에 가둠–주의 사자가 나타남–옥에서 나옴–성전에서 가르침, 끌어가 공회에 세움, 왜 예수의 도를 금했는데 가르치느냐, 사도들–"사람보다 하나님을 순종하는 것이 마땅하다"라고 말함, 노하여 죽이려 할 때, 바리새인 율법교사 가말리엘 중재–채찍질하고 내보냄, 성전과 집에서 예수를 증언함.
스데반, 빌립, 사울, 바나바 (사마리아, 다메섹)	행 6	구제 불만으로 7집사 뽑음(스데반, 빌립, 브로고로, 니가노르, 디몬, 바메나, 니골라), 제자 수가 많아지고 제사장의 무리도 복종, 스데반과 변론함.
	행 7	스데반의 설교(아브라함부터–예수까지 증명), 저들이 마음이 찔림, 이를 갊, 돌로 쳐 죽임(스데반의 순교)–사울 잠시 등장
	행 8	큰 핍박으로 예루살렘에서 흩어짐, 스데반 장사, 사울이 교회 핍박–옥에 가둠, 빌립의 사마리아 복음 전파, 귀신, 중풍병자, 앉은뱅이 나음, 마술사 시몬도 빌립을 따름, 베드로와 요한 사마리아로 옴, 빌립은 물세례만 주었지만 베드로와 요한이 성령세례 줌, 빌립은 구스 내시를 가르치고 세례를 줌, 빌립은 아소도를 거쳐 가이사랴로 감.
	행 9	사울의 위협, 다메섹으로 가는 공문 받음, 도상에서 예수님 만남, 3일간 식음 전폐, 제자 아나니아에게 예수님 나타나심, 아나니아가 사울을 만나 안수–눈에 비늘 벗겨짐, 사울의 복음 전파, 사울을 죽이려 함, 제자들이 광주리에 달아 내림, 예루살렘으로 향함, 예수 제자들이 두려워함, 바나바가 데리고 제자들에게 감, 예수님을 증언하자 죽이려 해 가이사랴를 거쳐 다소로 보냄, 베드로 룻다에서 중풍병자(8년) "네 자리를 정돈하라", 욥바의 여제자 도르가 죽음, 베드로에게 연락–시체 앞에서 기도, 살아남, 무두장이 시몬의 집에 머무름.
베드로, 고넬료	행 10	고넬료(가이사랴) 백부장 경건하게 하나님을 경외함, 베드로를 초대함, 베드로의 환상(속되고 깨끗지 아니한 물건)–고넬료 하인 둘 도착–하루 밤 자고 가이사랴 고넬료 집으로 이동–베드로의 설교(예수님 증거)–세례를 줌.
베드로 (예루살렘)	행 11	예루살렘에서 베드로가 무할례자들과 있었을 때 비판함–베드로의 환상을 이야기함, 흩어진 제자들의 전도로 믿는 자가 많아진다는 소식을 듣고 바나바를 안디옥으로 보냄, 사울을 다소(고향: 약 10년 운둔)에서 데려옴, 1년간 가르침, 예루살렘에 부조금 들고 방문함.
	행 12	헤롯(아그립바 1세)이 야고보(요한 형제)를 칼로 죽임, 베드로도 잡힘–옥에 가둠(무교절), 교회가 간절히 기도함, 천사가 나타나 구해 줌, 마가의 집으로 감, 탈출 경위를 알려 주고 다른 곳으로 이동, 날이 새매 베드로가 옥에 없음을 보고 파수꾼을 심문하고 죽임, 헤롯(아그립바 1세)의 죽음(두로와 시돈과 화목 행사)–하나님께 영광을 돌리지 않아 벌레가 먹어 죽음, 바나바와 사울이 마가 요한을 데리고 안디옥으로 돌아감.
바울, 바나바, 마가요한, 디모데, 실라	행 13	바나바와 사울 1차 전도여행 출발–실루기아▶구부로(배)▶살라미▶바보(총독 서기오 바울, 박수 엘루마가 바울의 명에 의해 소경됨을 보고 예수를 믿음)▶밤빌리아의 버가(배)▶요한 돌아감, 비시디아 안디옥(회당에서 바울이 복음 전함), 유대인들에게 쫓겨남.

바울, 바나바, 마가요한, 디모데, 실라	행 14	이고니온, 유대인들에 의해 쫓겨남▶루스드라(나면서 앉은뱅이 바울이 고침), 유대인(안디옥, 이고니온에서 옴)이 바울을 돌로 치고, 성 밖으로 내침-다시 일어나 성으로 감▶바나바와 함께 더베로 감(복음 전하고)▶루스드라▶이고니온▶안디옥▶비시디아▶밤빌리아▶버가▶앗달리아▶시리아안디옥(배)-이방인들에게 믿음의 문을 열었다.
	행 15	유대인이 와서 모세의 율법대로 아니하면 구원을 얻지 못한다고 하는 말에 교회가 문제 됨, 바울과 바나바가 문제를 예루살렘으로 가서 해결하려 함, 변론할 때 베드로가 정당성 호소, 바울과 바나바도 이방인의 구원을 말함, 야고보가 결정하고 인정, 유다와 실라-편지로 보냄. 제2차 전도여행(36절), 바나바는 마가와 구브로로, 바울은 실라를 데리고▶수리아▶길리기아
	행 16	▶더베▶루스드라(디모데 만남: 할례 행함) 성령이 아시아를 떠나게 함▶브루기아▶갈라디아▶무시아▶드로아▶사모드라게로 직행(배)▶네압볼리▶빌립보, 루디아(자색 옷감 장수)세례 줌, 귀신 들린 여종 고침-주인 고발-많이 맞고 옥에 갇힘, 기도로 지진, 놀란 간수가 데리고 가서 맞은 자리를 씻겨 주고 세례 받음-풀려남▶암비볼리
	행 17	▶아볼로니아▶데살로니가, 예수님을 전함, 유대인들의 시기로 소동▶베뢰아, 또 소동, 실라와 디모데를 두고 ▶아덴(우상이 가득함을 봄)"범사에 종교심이 많도다"라고 함.
아굴라, 브리스길라	행 18	▶고린도, 아굴라와 브리스길라 만남, 장막 만듦, 실라와 디모데 도착, 유대인의 훼방으로 이방인에게 전도 시작, 고린도 사람 세례 줌, 1년 6개월 사역▶겐그레아, 머리 깎고▶에배소(배), 유대인과 변론▶가이사랴(배)▶안디옥▶ 제3차 전도여행(23절)▶갈라디아▶브루기아▶에베소(24절), 브리스길라와 아굴라가 아볼로 교육-아볼로 고린도로 보냄.
바울, 누가	행 19	▶바울 에베소 도착, 3달 동안 회당서 전도, 두란노 서원에서 2년 동안 제자 양성, 바울의 몸에 걸쳤던 손수건이나 앞치마를 병든 자에게 얹으면 나음, 아데미 신상을 만드는 자들의 소동으로 이동.
	행 20 ~24절	▶마게도냐(빌립보 3달 체류)▶드로아, 3층에서 떨어진 유두고 살림▶앗소▶미둘레네▶기오▶사모▶밀레도, 에베소 장로들을 청함. "내가 달려갈 길과 주 예수께 받은 사명 곧 하나님의 은혜의 복음을 증언하는 일을 마치려 함에는 나의 생명조차 조금도 귀한 것으로 여기지 아니하노라"(20:24)
	행 21	▶고스▶로도▶바다라▶베니게▶두로(배), 7일 머뭄▶돌레마이▶가이사랴(빌립 집에서 유함), 예루살렘 못 가게 만류▶예루살렘, 야고보 만남, 유대인들에게 잡힘, 헬라인(에베소 사람 드로비모)을 데리고 성전을 더럽게 하였다고 해서 잡혀감.
바울/ 로마행	행 22	바울이 유대인에게 히브리 방언으로 말하는 도중 죽이려함, 로마 시민임을 말함, 바울이 공회 앞에 섬
	행 23	공회에서 바울의 말에 의해 사두개파와 바리새파의 분쟁 예수님께서 로마에서도 증거 하는 일을 하라고 명하심, 식음을 전폐하고 바울을 죽이려는 자가 40명, 생질이 바울에게 알려줌, 로마 시민으로 알고 밤에 가이사랴 벨렉스 총독에게 보냄, 헤롯 궁에 갇힘.
	행 24	대제사장 아나니아와 장로들이 총독에게 와서 천하에 퍼진 유대인들의 소요한자로 송사, 바울이 변론-예수님을 증거함, 2년 동안 벨릭스와 그의 아내 유대여자에게 예수의 도를 전함.
	행 25	총독 베스도가 부임, 예루살렘으로 가지 않고 죽이려함, 가이사에게 가기를 청함, 아그립바2세와 베니게가 총독 베스도에게 문안하러 가이사랴에 옴, 바울을 보고자 함.
	행 26	아그립바 앞에 선 바울, 다메섹에서 만난 예수님을 증거함, 회개하고 전도함을 주장, 바울이 무죄임을 인정함.
	행 27	▶이달리야로 향함, 가이사랴▶시돈▶길리기야▶밤빌리야▶루기아의 무라 시▶라새아 시, 바울이 항해를 말리나 그냥감▶유라굴라 광풍 만남▶가우다섬(짐을 다버림)▶오랫동안 굶주림, 14일 만에 멜리데 섬에 도착▶토인들이 대접함, 병든 사람들을 고침, 3달 동안 머뭄▶수라구사▶레기온▶보디올(7일 유함)▶로마행
	행 28	가택 연금 중에 아침부터 저녁까지 찾아오는 자들에게 하나님의 나라를 전파함, 2년 동안 연금 중에서도 예수님을 증거함.

데살로니가전서

본 서신은 사도 바울이 제2차 전도여행 중 고린도(3:1~2, 행 18:11)에서 기록한 것으로 바울이 쓴 최초의 서신으로 알려져 있다. 기록 연대는 고린도에 갈리오 총독(행 18:12)이 재임했을 때인 A.D.51년경으로 추정된다. 데살로니가는 로마와 소아시아를 연결해 주는 유명한 에그나티아 도로를 통과하는 항구도시로 무역의 중심지였고 마게도냐의 최대 도시이자 수도였다. 바울이 데살로니가의 유대의 한 회당에서 전도 사역을 시작할 때 새로 설립된 데살로니가 교회에는 일부 유대인들도 포함되어 있었다. 그러나 서신에서 이 교회의 주된 구성원들이 이방인(1:9~10, 행 17:4)이었음을 알 수 있다. 바울은 데살로니가에서 세 안식일(3주)에 성경으로 강론하고 예수가 곧 그리스도라고 전하여 큰 무리들과 적지 않은 귀부인들도 믿게 되었다(행 17:2~3). 이것을 시기한 유대인들이 바울을 죽이고자 저자의 불량배를 동원하여 소동을 벌여 바울은 그곳을 떠나게 되었다(행 17:5~10). 짧은 시간의 전도로 이방 종교에서 회심한 성도들은 아무런 대책도 없었다. 바울은 이러한 데살로니가 교회의 성도들의 믿음을 칭찬해 주며 일상생활에 충실하도록 하고, 이미 죽은 자들의 미래를 확신시켜 주기 위해 예수 그리스도의 날 휴거(부활)에 대하여 바로 알려 주는 이 서신을 기록(3:1~2)하여 디모데에게 보내게 되었다. 〈데살로니가전서〉는 본서 전체(1:10, 2:19, 3:13, 4:16, 5:23)에서 모두 예수 그리스도의 강림에 관한 언급을 하고 있으며 4장에서는 특별히 예수 그리스도의 강림의 날의 모습을 보여 주고 있다. 그리고 바울은 약 6개월 후에 고린도에서 데살로니가 교회 성도들의 잘못된 생활 모습과 예수 그리스도의 재림에 대한 잘못된 생각을 전해 듣고 근심하여 〈데살로니가후서〉를 써 보냈다. 〈사도행전〉과 〈데살로니가전후서〉에서 바울과 그의 동료들의 위치를 확인해 보면 전도 사역의 어려움을 많이 볼 수 있다. 밤에 형제들이 바울과 실라를 데살로니가에서 베뢰아로 피신시켰다(행 17:10). 〈사도행전〉 16장에서 디모데가 동행했으나 이름이 언급되지 않는 것을 보아 디모데는 데살로니가에 그대로 머물러 있었거나, 다른 지역으로 피해 있다가 다시 베뢰아에서 바울과 실라와 합류했을 것으로 보인다(행 17:14). 바울은 베뢰아에서도 박해를 받자 실라와 디모데를 베뢰아에 머물게 하고 아덴으로 피해 갔다(행 17:14). 이후 바울은 실라와 디모데를 아덴에 있는 자기에게로 오도록 소식을 전했다(행 17:15). 그리고 바울은 계속해서 고린도로 여행하고(행 18:1) 있었으며 실라와 디모데는 고린도에 있는 바울에게로 돌아와서(3:6, 행 18:5) 전도 사역을 동역하는 모습을 볼 수 있다. 바울은 그곳에서 1년 6개월(행 18:11)을 머물면서 〈데살로니가전후서〉를 기록하게 된다.

- 데살로니가는 알렉산더 대왕 사후 그 뒤를 이어 마게도냐 왕이 된 카산더가 빌립보에 있었던 수도를 옮겨서 자기 아내의 이름인 살로니가를 따서 이름 지은 도시(B.C.315년경)이다.
- 로마와 소아시아를 연결하는 중간에 위치하여 번창하였다.
- 새롭게 생겨난 도시는 상업과 무역으로 많은 유대인들이 도시의 구성원이 되었다.
- 유대인의 회당이 있어 바울이 찾아가 복음을 전하였다.
- 바울이 데살로니가에 체류한 기간은 3주이지만 그들 중에 많은 사람이 복음을 받아들이게 되었다.
- 유대교의 핍박에서 자신들의 신앙을 잘 유지하고 있는지, 디모데를 통하여 그들의 신앙이 견고하여 흔들리지 않고 있었다는 보고를 받고 격려하기 위하여 서신을 썼다(A.D.50~52년 경).
- 바울은 핍박과 고난 가운데서 데살로니가 교회 성도들의 인내와 사랑을 칭찬하고 격려하며, 주님의 강림을 바라보고 흔들리지 말 것을 권면하였다.
- 고난이 있다 해도 주님의 강림을 바라보고 낙심치 말라는 당부의 말씀이다.
- 본서의 매 장 끝에는 주님의 강림에 대한 말씀을 강조하고 있다(1:10, 2:19, 3:13, 4:16, 5:23).

본 서신은 주님의 재림에 초점이 맞추어진 글이다.

> "또 죽은 자들 가운데서 다시 살리신 그의 아들이 하늘로부터 강림하실 것을 너희가 어떻게 기다리는지를 말하니 이는 장래의 노하심에서 우리를 건지시는 예수시니라"(1:10)

그리스도의 날은 그리스도께서 자신의 백성을 데리러 오는 기쁜 날이다. 우리는 장차 주님의 구원의 날이 오기 때문에 실망하지 말고 미래에 대한 소망을 가지고 그날을 기다리며 살아야 한다.

> "우리의 소망이나 기쁨이나 자랑의 면류관이 무엇이냐 그가 강림하실 때 우리 주 예수 앞에 너희가 아니냐"(2:19)

소망과 기쁨으로 강림하시는 날을 맞이해야 한다.

> "너희 마음을 굳건하게 하시고 우리 주 예수께서 그의 모든 성도와 함께 강림하실 때에 하나님 우리 아버지 앞에서 거룩함에 흠이 없게 하시기를 원하노라"(3:13)

주님이 강림하실 때에 하나님 아버지 앞에서 거룩함에 흠이 없게 하는 노력으로 살아야 할 것이다.

> "형제들아 자는 자들에 관하여는 너희가 알지 못함을 우리가 원하지 아니하노니 이는 소망 없는 다른 이와 같이 슬퍼하지 않게 하려 함이라"(4:13)

소망 안에서 기쁘게 살아야 한다.

> "우리가 예수께서 죽으셨다가 다시 살아나심을 믿을진대 이와 같이 예수 안에서 자는 자들도 하나님이 그와 함께 데리고 오시리라"(4:14)

부활하신 예수님께서 이미 죽은 자들도 데리고 오실 것이다.

> "우리가 주의 말씀으로 너희에게 이것을 말하노니 주께서 강림하실 때까지 우리 살아 남아 있는 자도 자는 자보다 결코 앞서지 못하리라 주께서 호령과 천사장의 소리와 하나님의 나팔 소리로 친히 하늘로부터 강림하시리니 그리스도 안에서 죽은 자들이 먼저 일어나고 그 후에 우리 살아 남은 자들도 그들과 함께 구름 속으로 끌어올려 공중에서 주를 영접하게 하시리니 그리하여 우리가 항상 주와 함께 있으리라 그러므로 이러한 말로 서로 위로하라"(4:15~18)

주께서 강림하실 때에 죽은 자들이 먼저 살아나고 그 후에 우리 살아 있는 자들도 구름 속으로 끌어올림을 받게 될 것이다. 그러므로 이 말로 서로 위로하라고 하신다.

> "삼가 누가 누구에게든지 악으로 악을 갚지 말게 하고 서로 대하든지 모든 사람을 대하든지 항상 선을 따르라 항상 기뻐하라 쉬지 말고 기도하라 범사에 감사하라 이것이 그리스도 예수 안에서 너희를 향하신 하나님의 뜻이니라"(5:15~18)

하나님께서는 성도들이 항상 선을 따르고 우리가 주 안에서 소망을 가지고 항상 기쁘고 기도하며 감사하는 사람으로 살기를 원하신다.

평강의 하나님께서 친히 우리를 온전하게 하실 것이다. 그러므로 우리의 영과 혼과 몸이 주님 강림하실 때에 흠 없이 보전되기를 원하신다(5:23). 우리는 우리의 영만 보존되면 되는 줄로 생각한다. 그러나 바울은 우리의 정신과 몸까지도 흠 없이 보전해야 한다고 말하고 있다.

데살로니가후서

본 서신은 〈데살로니가전서〉가 기록된 지 약 6개월 후쯤 기록되었다. 바울은 본서를 디모데가 〈데살로니가전서〉를 전달해 주고 되돌아온 후, 소식을 듣고 A.D.51~52년경에 고린도에서 기록했다(1:1, 3:17, 행 18:11). 데살로니가 성도들은 환난 속에서도 좋은 믿음을 가지고 있었으나 예수 그리스도의 재림을 가지고 일부 성도들을 유혹하여 불의를 행하는 문제들이 일어났다. 그래서 이 서신은 주의 날 즉 예수 그리스도의 재림에 대한 잘못된 교리를 고쳐 주고, 방탕하고 규모 없이 사는 성도들에게 꾸준히 생계를 위해 일하도록 권면하려는 목적에서 기록한 것이다. 〈데살로니가전서〉의 주제가 '그리스도의 강림의 날'이라면 〈데살로니가후서〉의 주제는 '주의 날은 진노와 심판의 날'이다. 주님의 재림의 날을 기다리면서 일하라고 권면하고 있다.

1. 문제점

- 데살로니가에 있는 성도들이 바울의 서신을 받아 본 이후 주님의 재림에 대하여 오히려 문제가 발생하였다.
- 주님의 재림이 임박한 줄 알고, 일도 하지 않고 돌아다니면서 문제를 일으키는 사람들이 많았다.
- 이에 대하여 바울은 잘못된 주님의 재림에 대한 오해를 바로잡기 위하여 서신을 썼다.
- 바울은 재림에 대한 신앙과 그 교리는 옳지만, 그들의 삶의 자세와 태도는 문제가 있다고 지적하였다.

2. 주님 재림 전에 성취되어야 할 징조

- 세상에 있는 교회들이 배도하게 될 것
- 거짓 선지자들이 많은 이적을 행할 것
- 적그리스도가 성전에 앉아 군림할 것
- 적그리스도가 자신을 하나님이라고 할 것

3. 교훈

- 쉽게 마음이 변하거나 두려워하지 마라.
- 이적과 표적을 따라 다니지 마라.
- 사람들의 말에 미혹되지 마라.
- 일하기 싫어하거든 먹지도 말게 하라.
- 성실히 일하여 자기 양식을 먹으라.
- 선을 행하다가 낙심하지 마라.
- 어디 가서 양식을 값 없이 먹지 마라.
- 타인에게 누와 폐를 끼치지 마라.
- 사도들의 가르침과 전통을 지키라.
- 규모 없이 행하는 자와 사귀지 마라.
- 원수 같이 대하지 말고 형제같이 권하라.

> "형제들아 우리가 너희를 위하여 항상 하나님께 감사할지니 이것이 당연함은 너희의 믿음이 더욱 자라고 너희가 다 각기 서로 사랑함이 풍성함이니 그러므로 너희가 견디고 있는 모든 박해와 환난 중에서 너희 인내와 믿음으로 말미암아 하나님의 여러 교회에서 우리가 친히 자랑하노라"(1:3~4)

데살로니가 교회는 믿음의 역사와 소망의 인내, 사랑의 수고가 있는 교회였다. 이들은 심한 박해를 이겨 내면서 믿음, 소망, 사랑을 키울 수가 있었다. 이들은 심한 박해를 받으면서 주님의 강림이 이른 것이 아닌가 생각을 했다. 그래서 사도 바울은 장차 그날이 오기는 하지만 지금은 아니라고 하였다.

> "이는 하나님의 공의로운 심판의 표요 너희로 하여금 하나님의 나

라에 합당한 자로 여김을 받게 하려 함이니 그 나라를 위하여 너희가 또한 고난을 받느리라"(1:5)

이 환난은 그 나라를 위한 준비 작업을 하는 것일 뿐이다.

"환난을 받는 너희에게는 우리와 함께 안식으로 갚으시는 것이 하나님의 공의시니 주 예수께서 자기의 능력의 천사들과 함께 하늘로부터 불꽃 가운데에 나타나실 때에 하나님을 모르는 자들과 우리 주 예수의 복음에 복종하지 않는 자들에게 형벌을 내리시리니 이런 자들은 주의 얼굴과 그의 힘의 영광을 떠나 영원한 멸망의 형벌을 받으리로다"(1:7~9)

주님을 모르는 자들과 불의를 행하는 자들은 그 날에 하나님께서 심판하실 것이다.

"형제들아 우리가 너희에게 구하는 것은 우리 주 예수 그리스도의 강림하심과 우리가 그 앞에 모임에 관하여 영으로나 또는 말로나 또는 우리에게서 받았다 하는 편지로나 주의 날이 이르렀다고 해서 쉽게 마음이 흔들리거나 두려워하거나 하지 말아야 한다는 것이라"(2:1~2)

주의 날에 두려워하지 말아야 한다.

"누가 어떻게 하여도 너희가 미혹되지 말라 먼저 배교하는 일이 있고 저 불법의 사람 곧 멸망의 아들이 나타나기 전에는 그 날이 이르지 아니하리니 그는 대적하는 자라 신이라고 불리는 모든 것과 숭배함을 받는 것에 대항하여 그 위에 자기를 높이고 하나님의 성전 에 앉아 자기를 하나님이라고 내세우느니라"(2:3~4)

그날에는 멸망의 아들이 하나님의 성전에 앉아 자기를 하나님이라고 할 것이다.

"그 때에 불법한 자가 나타나리니 주 예수께서 그 입의 기운으로 그를 죽이시고 강림하여 나타나심으로 폐하시리라 악한 자의 나타남은 사탄의 활동을 따라 모든 능력과 표적과 거짓 기적과 불의의 모든 속임으로 멸망하는 자들에게 있으리니 이는 그들이 진리의 사랑을 받지 아니하여 구원함을 받지 못함이라 이러므로 하나님이 미혹의 역사를 그들에게 보내사 거짓 것을 믿게 하심은 진리를 믿지 않고 불의를 좋아하는 모든 자들로 하여금 심판을 받게 하려 하심이라"(2:9~12)

지금도 적그리스도들이 돌아다닌다. 그러나 마지막에 나타날 적그리스도는 아직 오직 않았다. 그들은 표적과 이적을 많이 행한다. 그러므로 이적이나 표적을 성경보다 더 사랑하는 사람들은 그들을 따라갈 가능성이 있다. 그러나 하나님을 사랑하는 사람들은 이러한 이단에 미혹되지 않는다.

"너희 마음을 위로하시고 모든 선한 일과 말에 굳건하게 하시기를 원하노라"(2:17)

"형제들아 우리 주 예수 그리스도의 이름으로 너희를 명하노니 게으르게 행하고 우리에게서 받은 전통대로 행하지 아니하는 모든 형제에게서 떠나라"(3:6)

주님의 재림만 기다리면서 오히려 문제만 일으키는 사람들이 있었다. 그들은 일도 하지 않고 규모가 없이 행하고 바울이 전해 준 대로 살지 않는 사람들이었다.

> "이런 자들에게 우리가 명하고 주 예수 그리스도 안에서 권하기를 조용히 일하여 자기 양식을 먹으라 하노라"(3:12)

각자의 맡은 바 일들에 최선을 다하여 수고의 양식을 먹으라고 권면한다. 선을 행하다가 낙심하지 말고, 권하는 말에 순종하지 않거든 사귀지 말고 그가 부끄럽게 여기게 하라고 한다. 그러나 원수같이 생각하지 말고 형제같이 권면하라 한다.

갈라디아서

〈갈라디아서〉의 저자는 본 서신에서 사도 바울(1:1)로 밝히고 있다. 바울이 A.D.47년경 1차 전도행 때 갈라디아 지방에 예수 그리스도의 복음을 전한 후 어떤 유대교인들(율법주의자)이 갈라디아에 들어와 이미 예수 그리스도를 믿고 있는 성도들에게 유대교인들처럼 율법을 지키지 않으면 구원을 받지 못한다며 다른 복음을 전하였다. 그래서 바울은 갈라디아의 여러 교회에게 자신이 전한 복음과 율법을 비교하면서 그리스도인의 자유와 성령 안에서의 새로운 삶에 대하여 기록하였다. 서신에서의 유대주의자들이란 구약의 의식적인 관행들이 교회에도 구속력을 가지고 있다고 믿는 교회 내에 들어온 유대교인들을 가리킨다. 바울이 갈라디아 지방에서 전도를 하여 교회가 세워졌다는 소식에 율법주의자들은 기독교로 개종한 이방인들은 할례 의식을 행해야 된다고 주장했다. 또한 이 율법주의자들은 바울이 진정한 사도가 아니고, 바울이 이방인들에게 율법적인 요구 사항들을 없애 버렸다고 주장했다. 바울은 자기의 사도권은 예수 그리스도께 직접 계시로 받았다고 분명하게 밝히고(1:1) 자신이 전파한 복음을 구체적으로 입증하였다.

율법주의자들은 칭의중생(하나님의 자녀가 됨, 거듭남) 이후 의롭다 일컬음을 받는 것에 율법을 준행할 것을 요구함으로 은혜의 복음을 왜곡했다. 사도 바울은 이 서신에서 사람은 오직 예수 그리스도를 믿음으로써만 의롭게 되며, 율법적인 행위로써 성화되는 것이 아니고, 예수 그리스도와 성령의 은혜와 권능을 믿고 순종하며 성령의 자유하게 하는 역사 가운데서 새로운 삶을 영위해 나감으로써 성화된다고 하였다. 〈갈라디아서〉(1:18~19과 행 9:26~30, 2:1~10과 행 11:29~30)에서 바울은 회심한 지 3년 후와 첫 번째 방문한 후 14년 후에 예루살렘을 두 번 방문하였다고 기록하고 있다.

이 서신은 16세기 종교개혁 당시 루터로 하여금 성경 속 복음의 진리에 눈을 뜨게 해 준 책이기도 하다. 종교개혁도 바로 이 〈갈라디아서〉의 복음의 진리를 재발견함으로써 가능해진 것이다. 〈갈라디아서〉는 흔히 '루터의 책'이라고 일컬어지는데, 마르틴 루터가 이 서신을 통하여 중세 가톨릭의 잘못을 알게 되어 비텐베르크 대학 정문에 95가지의 문제점을 제시하였기 때문이다. 루터는 "〈갈라디아서〉는 내 애인이다, 나는 〈갈라디아서〉와 결혼을 했다"라고 말하였다. 〈갈라디아서〉를 계기로 일반적인 신학을 반대하는 그의 저서와 논문들인 《독일 기독교 귀족에게 고함》, 《교회의 바벨론 포로에 대하여》, 《그리스도인의 자유》를 기록했다.

"그리스도의 은혜로 너희를 부르신 이를 이같이 속히 떠나 다른 복음을 따르는 것을 내가 이상하게 여기노라"(1:6)

예수 그리스도의 은혜로 금방 돌아왔는데 벌써 정도에서 벗어나 다른 길로 가려고 돌아서고 있는 것을 도저히 이해할 수가 없다고 말한다.

"내가 그리스도와 함께 십자가에 못 박혔나니 그런즉 이제는 내가 사는 것이 아니요 오직 내 안에 그리스도께서 사시는 것이라 이제 내가 육체 가운데 사는 것은 나를 사랑하사 나를 위하여 자기 자신을 버리신 하나님의 아들을 믿는 믿음 안에서 사는 것이라"(2:20)

예수 그리스도와 연합하여 믿음으로 살아가는 것이다. 우리는 이제 육체를 따라 살지 않고 예수 그리스도와 함께 정과 욕심을 십자가에 못을 박았기 때문에 성령을 따라 살면서 성령의 열매를 나타나게 되어야 한다.

"그리스도께서 우리를 자유롭게 하려고 자유를 주셨으니 그러므로 굳건하게 서서 다시는 종의 멍에를 메지 말라"(5:1)

예수 그리스도를 통해서 죄의 노예로 사는 것에서 자유를 얻게 되었으므로, 그 자유에 굳게 서서 다시는 종의 멍에를 메지 말라는 것이다.

"육체의 일은 분명하니 곧 음행과 더러운 것과 호색과 우상숭배와 주술과 원수 맺는 것과 분쟁과 시기와 분냄과 당 짓는 것과 분열함과 이단과 투기와 술 취함과 방탕함과 또 그와 같은 것들이라 전에 너희에게 경계한 것 같이 경계하노니 이런 일을 하는 자들은 하나님의 나라를 유업으로 받지 못할 것이요"(5:19~21)

육체를 따라 살 때에 맺히는 열매들이다.

"오직 성령의 열매는 사랑과 희락과 화평과 오래 참음과 자비와 양선과 충성과 온유와 절제니 이같은 것을 금지할 법이 없느니라"(5:22~23)

예수 그리스도와 연합하여 성령을 따라 살 때에 맺히는 열매이다. 우리에게 이러한 것들이 부분적으로 있으나 부족한 것은 육체를 따라 살기 때문이다.

"그리스도 예수의 사람들은 육체와 함께 그 정욕과 탐심을 십자가에 못 박았느니라"(5:24)

예수 그리스도를 믿는 것은 바로 이렇게 자유를 얻는 것이니 다시는 율법을 지키려는 것으로 돌아가서 종의 멍에를 메지 말라고 한다.

"사람이 의롭게 되는 것은 율법의 행위로 말미암음이 아니요 오직 예수 그리스도를 믿음으로 말미암는 줄 알므로 우리도 그리스도 예수를 믿나니 이는 우리가 율법의 행위로써가 아니고 그리스도를 믿음으로써 의롭다 함을 얻으려 함이라 율법의 행위로써는 의롭다 함을 얻을 육체가 없느니라"(2:16)

〈갈라디아서〉의 주제는 2장 16절이며 율법에서 자유를 얻고 예수 그리스도와 연합되어야 의롭다 함을 얻을 수 있다는 것이다.

고린도전서

본 서신(1:1~2, 16:21)에서 바울이 저자라고 밝히고 있다. 바울이 에베소에서 3년간 체류할 당시의 말기인 A.D.55년경에 기록된 것으로 보고 있다(16:5~9, 행 20:31). 바울이 〈고린도전서〉를 기록했을 때 거의 1년 정도 에베소에 머무르고 있었고, 오순절까지 에베소에 머무르려 한다고 서신에서 밝히고 있다(16:8). 고린도는 옛 '아가야'를 말하며, 지금의 그리스이다. 당시 큰 상업 도시가 그러했듯이, 고린도도 개방적이고 무절제한 부도덕의 중심지였다. 아프로디테 여신을 숭배하였고, 종교라는 미명아래 1,000명의 성별된 창녀들이 매음 행위를 하면서 신전에서 봉사를 하고 있었다. 부도덕한 고린도는 "고린도인과 같이 행한다"라는 말로 널리 알려져 있었는데, 이는 헬라어로 '성(性)적 부도덕을 행한다'라는 의미로 사용되었다. 이와 같은 배경에 비추어 볼 때, 고린도 교회에 많은 문제들이 있었다는 사실을 알 수 있다. 고린도가 아덴(아테네)과 같은 큰 도시는 아니었으나 고린도 시민들은 헬라 철학에 관심이 있고 철학적인 지혜를 높이 평가하던 헬라 문화 도시였다.

바울은 고린도 교회가 부흥하였으나 교회 내에 여러 가지 심각한 문제가 있다는 소식을 여러 통로로 듣게 되었다. 글로에의 집의 몇 사람이 고린도 교회에 분쟁이 발생했음을 바울에게 알려왔다(1:11). 에베소에 있는 바울의 전도 사역을 돕기 위해서 온 사람들도 있었다(16:17). 고린도 교회에서 찾아온 사람들은 교회 내의 문제들에 관하여 바울의 자문을 구하기 위하여 편지를 가지고 왔다(7:1). 비록 고린도 교회가 은사들을 받기는 했으나(1:4~7) 고린도 교회는 성숙하지 못하고, 신령하지 못한 상태였다(3:1~4). 바울에게 온 사람들 중 몇이 고린도 교회의 도덕적 타락상들에 관한 좋지 않은 소식을 전해 왔다(5~6장). 〈고린도전서〉 이전에 이미 바울이 도덕적 타락에 관한 편지를 고린도 교회에 보냈음을 알 수 있다(5:9~10). 그는 성도들에게 "음행하는 자들과 사귀지 말라"(5:9)고 경고했다. 그럼에도 고린도 교인들이 계속하여 타락했기 때문에 바울은 이제 단호한 행동을 취하도록 권면해야 할 필요를 느꼈다(5:3~5:13). 바울은 그 문제들을 듣고 해결하기 위하여 서신을 기록하여 보낸 것이다(16:8~9). 이 서신은 교회 내의 성도들의 문제, 개인적인 문제, 은사의 문제와 부활 사상의 문제를 다루고 있다. 바울의 삶(4:8~13)은 자기를 위해서 자유를 쓰지 않고, 그 자유를 가지고 사랑으로 종 노릇하면서 섬기는 삶이었다. 모든 사람에 대해서 자유롭지만 모든 사람의 종이 된 것은 더 많은 사람을 얻고자 함이었다. 바울은 하나님께로부터 선택되고 또 예수 그리스도의 피로써 자유를 얻었지만, 방종한 자유가 아니라 진리를 알고 진리를 누리는 자유, 그 자유와 사랑을 가지고 종 노릇하면서 섬기는 삶을 살았다.

고린도는 우상숭배가 성행했던 도시이며 헬라 철학의 중심지였기에 그 영향을 받아 교회 안에 파벌이 생겼고 세상의 지혜를 논했으며, 행음과 우상의 제물이 유행했고 부활을 믿지 않았다. 바울이 이 서신을 기록한 목적은 이러한 고린도 교회의 미성숙한 부분에 있어서 성도들을 교훈하고, 분쟁 사건들, 부도덕함, 법정에서의 소송 사건, 성만찬을 남용하는 것 등 그릇된 행실들을 시정하고 부활에 관한 그릇된 교훈을 바로잡기 위해서이다. 그리고 예루살렘에 있는 궁핍한 성도들에게 헌금하는 문제에 대해 교훈하기도 한다.

고린도 사람들은 특히 부활에 대해서 이해하지 못했다. 그리스와 고린도, 아테네 사람들은 육체가 부활한다는 것은 도무지 받아들이지 못했다. 탈레스로 시작하여 바울이 복음을 전할 시기까지 750년 동안 프로타고라스, 소크라테스, 플라톤, 아리스토텔레스 등의 헬라 철학 사상이 지배하였다. 그들은 죽음이 두려워서 철학을 한 것이었고, 그들에게 부활은 이해할 수 없는 것이었다. 그들은 '영은 선한 것이고 물질은 악한 것인데 선한 영이 악한 물질적 요소인 육체에 갇혀 있다'라고 생각했다. 선한 영이 죽음을 통해서 해방되는 것이기 때문에 죽음은 두려운 것이 아니라고 생각했다.

영혼이 하늘을 날고 싶은데 육체 안에 갇혀 있어 죽음을 통해 해방된다고 생각하는 그들에게 육체가 부활한다는 사도 바울의 주장은 이해할 수 없는 것이었다.

문제와 해결

- 고린도에는 바울이 개척했던 교회가 있었다.
- 바울은 고린도의 소식을 글로에의 편지, 아볼로, 스데바나, 브드나도, 아가이고 집사에게 들었다.
- 고린도에서 바울에게 보낸 편지를 통하여 고린도 교회의 사정을 알게 되었다.
- 이에 본서를 기록하여 디모데를 고린도에 보내어 수습하려고 하였다.
- 파벌 간에 갈등: "너희가 바울의 이름으로 세례를 받았느냐? 어떻게 그리스도의 몸이 나누어졌느냐?" 하고 질책함.
- 어떤 패륜아의 문제: 당장 내쫓으라고 지도함.
- 성도 사이의 송사: 성도와 성도 사이의 이권 개입은 차라리 손해를 보더라도 이방 법정에서 소송하지 말라고 권면함.
- 성도의 결혼 문제: 결혼 자체가 잘못된 것이 아닌데, 처녀들에게 임박한 환난 날에 결혼하지 않는 게 낫다고 말한 것이 교리화되어 버렸다고 함.
- 우상에게 드려졌던 제물: 시장에서 파는 것은 그냥 묻지 말고 먹고, 괜히 물어서 시험 들 필요 없이 기도하고 먹되, 자유롭지 못한 영혼 앞에서는 먹지 않는 것도 좋을 것 같다고 권면함.
- 바울의 사도권 문제: 다른 사람에게는 사도가 아닐지라도 너희에게는 내가 사도라며 절대 양보하지 않음.
- 여인들의 머리에 쓰는 수건 문제: 머리를 깎지 않으려면 남자가 되어야 할 것인데 그게 아니라면 수건을 쓰라고 권면함.
- 주일 예배 후 애찬의 문제: 가난한 사람을 소외시키는 애찬은 하지 말라고 권면함.
- 여러 가지 은사 문제: 여러 가지가 있지만 특히 방언에 관하여 사랑이 없는 방언은 꽹과리에 불과하고 교회에서는 통역하는 사람이 없으면 하지

말 것을 권면함.

- 부활에 대한 오해: 15장에서 다시 강조.
- 연보에 대하여: 매 주일 첫날에 하라(16:2).

고린도후서

본 서신에서 바울이 저자라고(1:1) 밝히고 있다. 서신 첫 부분에서 고린도 교회와 아시아(아가야 지방) 전역(1:8)에 있는 성도들을 위해 기록했다고 언급되어 있다. 이 서신은 A.D.55년경에 기록한 것으로 추정된다. 〈고린도전서〉 16장 5~8절 말씀에서 〈고린도전서〉가 오순절 전에 에베소에서 기록되었으며, 〈고린도후서〉는 같은 해 후반에 기록되었음을 알 수 있다. 바울은 이 서신(2:13, 7:5)도 마게도냐에서 기록했음을 밝히고 있다.

고린도 교회에는 사도 바울의 권위에 도전하는 거짓 사도들(11:13)이 침투해 있었다. 바울이 고린도 성도들에게 짧게 두 번 방문하느니 차라리 한 번 오랫동안 방문하겠다는 자신의 여행 계획을 변경(1~7장)한다고 통보했다. 이 말에 대하여 거짓 사도들은 바울의 말에 신실성이 없다고 주장했다. 그들은 또한 바울이 참된 사도가 아니며, 예루살렘 교회의 가난한 성도들을 위해서 자기들이 헌금했던 돈을 바울이 자신을 위하여 사용한다고 말하였다. 이에 대해 바울은 고린도 성도들(10장)에게 자신이 고린도에 있을 때 자신의 삶이 언제나 명예로웠다고 말한다. 바울은 고린도 성도들에게 자신의 임박한 방문을 위하여 1년 전부터 모으기 시작했던 헌금을 미리 준비(8~9장)해 두도록 촉구하고 있으며, 문제 있는 성도들을 처리함으로써 자신의 방문을 대비하도록 권면한다. 그리고 사도권의 확실성을 말하면서 사도로서 필요한 경우에 징계권을 행사할 준비가 되어 있음을 강조하고 있다(10~13장). 바울은 자기가 서신에 써서 보낸 내용을 가서 확인하겠다고 고린도 성도들에게 경고하고 있다.

이 서신은 내용을 자세히 보면 본래 두 개의 서신(1~9장, 10~13장)이 붙어 있는 것으로 볼 수 있다. 10~13장 내용이 먼저이고 이후 1~9장의 서신이 보내진 것으로 보는 학자들의 견해도 있다(신학자 '윌리암 버클리'도 이를 받아들이고 있다). 그래서 고린도에 보내진 서신을 〈고린도전서〉 전에 먼저 보낸 편지(5:9), 〈고린도전서〉, 〈고린도후서〉 10~13장, 〈고린도후서〉 1~9장의 총 4개로 보는 견해도 있다.

〈고린도전서〉의 편지를 받은 고린도 교회 성도들은 바울의 편지를 받고 회개한 사람들도 있었고, "바울이 사도인지 우리가 어떻게 아느냐? 직접 예수 그리스도께 배운 제자도 아니고, 예수 그리스도의 부름을 진짜로 받았는지 우리가 어떻게 아느냐?" 하며 바울에 대해 반대하고 반발하는 사람들도 있었다. 바울이 이러한 소식을 전해 듣고 마게도냐에서 편지를 써서 디도에게 전달한다.

〈고린도전서〉를 받은 후 고린도 교회 성도들의 반응

- 사도 바울의 사도권에 대한 중상모략: 절대 양보 안 함, 사도의 적법성 주장.
- 바울의 외모에 대하여 험담: 그리스도의 영이 들어 있을까?
- 바울의 언어에 대한 부정적 평가: 언변의 부족 이유
- 바울의 독신 생활에 문제 제기: 바울의 결혼은 정확한 기록을 알 수 없다.
- 바울이 사례금을 받지 않은 것에 대한 험담: 바울이 사도가 아니라서 받지 않았다고 주장.
- 바울이 방문 약속을 지키지 않음에 대해 문제 제기: 무슨 성령이 말을 자주 바꾸는가?
- 바울 속에 있는 그리스도의 영에 대한 의혹: 외모 험담(바울의 모습: "키는 작고 머리는 대머리, 눈썹은 한데 붙어 있고 코는 매부리코, 눈은 침침하고 말은 따따부따하고, 다리는 안짱다리이고 항상 병이 있어 골골하고, 때로는 천사 같기도 하고 사람 같기도 하더라"-기록)
- 고린도 교인들의 바울 선교 후원에 대하여 문제 제기: 고린도를 떠난 후 재정 지원에 불만.
- 바울의 지병을 문제 삼음: 죄가 있어 병이 낫지 않는다고 주장(갈 4:13~15).

로마서

이 서신의 저자는 사도 바울이고(1:1), 수신인은 로마에 있는 성도들(1:7)이며 '더디오'가 기록하였다(16:22). 이 서신을 통하여 바울의 전도 사역과 생애를 잘 알 수 있다. 그 당시 바울은 제3차 전도 행 중에 있었는데, 그가 전도했던 교회들이 예루살렘의 가난한 성도들을 위해서 헌금한 것을 예루살렘으로 가지고 가서 구제를 하려던 중이었다(15:25~27). 바울이 〈고린도전후서〉를 쓸 때가 이 시기였으며, 에베소에 두 해 동안 머물고 있었다(행 19:10). 아직 헌금이 모아지지 않은 것으로 보아 〈로마서〉는 〈고린도전후서〉가 기록(A.D.55년경)된 이후에 기록(행 20:3)된 것으로 보인다. 기록된 장소일 확률이 큰 곳은 고린도나 겐그레아이다. 〈로마서〉를 겐그레아의 뵈뵈(16:1) 자매에게 전하는 것을 그 근거로 볼 수 있다. 바울이 〈로마서〉를 기록한 목적은 앞으로 전도할 로마와 서바나(스페인, 1:10~15, 15:22~29)를 가거나 설령 바울이 로마에 가지 못하더라도 아브라함을 예를 들어 로마 교회에 구원의 복음을 교리로 제시하기 위함이다. 복음서와 〈사도행전〉은 역사적인 사실을 기록한 것이나 〈로마서〉는 앞의 책들의 역사적인 사실을 해석하여 주고 있다. 〈로마서〉는 다른 복음이나 새로운 교훈을 주기 위한 것이 아니라 예수 그리스도 안에서 구원의 복음을 교리화하여 성도들이 구원의 과정을 알기 쉽게 하고 성도들에게 해야 할 일들을 가르치기 위한 것이다. 〈로마서〉의 주제는 유대인들이나 헬라인들이나 모든 믿는 자의 구원은 하나님의 능력에 달렸다는 것이다(1:16~17). "하나님의 의"(1:17)가 나타나서 믿음으로 믿음에 이르게 한다는 것이다.

〈로마서〉의 특징은 서신이라기보다는 구약성경을 많이 인용하여 기독교 교리에 대해 강조하고 있다는 것이다. 이 서신은 죄, 구원, 은혜, 믿음, 의, 구속, 죽음, 그리고 부활과 같은 중요한 신학적인 주제들을 다루고 있다. 그리고 바울은 회심은 성도들의 체험 시작에 불과하기 때문에, 성도들이 죄와 율법 사이에서 어떻게 자유하게 되는지를 보여 준다. 이것은 이미 죽었다가 부활하신 예수 그리스도와의 연합, 성령의 내재와 권능에 의해서 가능하다고 말한다. 또한 이스라엘 백성들의 현재 신분과 이방인과의 관계를 기록하고 있다. 지금은 이스라엘 백성들의 믿음이 온전하지 못하지만, 이스라엘 백성들도 하나님의 주권적인 구원 계획에 들어 있다고 말하고 있다. 이스라엘 백성들이 지금은 남은 자로서 이방인들의 회심을 위해 양보되고 있으나, 때가 되면 모든 이스라엘 백성들이 구원을 받을 것이라(11:26)며 이스라엘의 최종적 구원에 관해 다루고 있다.

〈로마서〉의 주제는 무엇인가?

"의인은 믿음으로 말미암아 살리라"(1:17)이다.

"곧 예수 그리스도를 믿음으로 말미암아 모든 믿는 자에게 미치는 하나님의 의니 차별이 없느니라 모든 사람이 죄를 범하였으매 하나님의 영광에 이르지 못하더니 그리스도 예수 안에 있는 속량으로 말미암아 하나님의 은혜로 값 없이 의롭다 하심을 얻은 자 되었느니라"(3:22~24)

- 모든 사람이 죄를 범했다.
- 모든 사람이 완전하지 못하다.
- 하나님의 영광에 이르지 못했다.
- 예수 그리스도 안에 있는 구속으로 말미암아 대가를 지불하고 샀다는 것이다.
- 구원은 하나님의 은혜로 값없이 주는 선물이다.
- 예수 그리스도께서 값없이 대가를 지불하셨기 때문에 우리는 아무런 대가를 지불할 필요가 없다.
- 모든 사람이 죄를 범하였으매 하나님의 영광에 이르지 못하였더니, 예수 그리스도 안에 있는 구속으로 말미암아 하나님의 은혜로 값없이 의롭다 하심을 얻은 것이다.
- 예수 그리스도 안에 있는 것은 예수님의 계명을 지키며 삶을 살아가는 것이다.

1장: 하나님께서 버려둔 자들의 죄악

서신의 집필 동기와 주제 설명, 문안 인사가 17절까지이고 18절부터 마지막까지는 죄 아래 그냥 버려진 사람들, 다시 말해 유대인이나 이방인이라도 율법에 상관없이 하나님을 떠나서 살고 있는 사람들의 모습을 말하고 있다. 버려두었다는 말이 3번씩이나(24, 26, 28절) 등장한다. 하나님이 버린 자식처럼 내버려 두는 인간은 29~31절의 모습이다.

2장: 유대인들이 범하는 죄악들

율법을 가지고 있고, 종교를 가지고 신앙생활하면서도 악을 행할 수 있는 인간의 연약함과 악함을 말하고 있다. 유대인처럼 율법을 가진 사람들이 율법이 없는 사람들보다 조금 낫긴 하겠지만 율법이 없으면 죄 아래에서 종노릇하는 것은 당연한 것이고, 율법을 가지고 있는 사람들도 율법을 가지고 있지만 죄인으로 태어났기 때문에 율법 앞에서 자기가 죄인이라는 것이 드러나는 것이므로 율법을 가지고 있다고 죄인이 아니라고 할 수 없다. 결국 모든 사람은 죄인이라는 것이다.

3장: 모든 사람은 하나님 앞에 죄인이다

10~12절에서 유대인이나 이방인, 즉 율법을 가진 사람들이나 율법이 없는 사람들이나 결과적으로 하나님 앞에서 모두 죄인인데, 하나님과 사람 사이에 죄의 관계를 회복하고 의롭다고 인정받는 길이 무엇인가를 제시하고 있다.

4장: 하나님과 바른 관계

바울은 아브라함의 믿음을 모델로 제시하고 있다. 바랄 수 없는 것을 바라보고 믿을 수 없는 것을 믿었는데, 그 믿음을 하나님께서 의로 여기셨다는 것이다. 100세에 아기를 낳게 되는 것, 사라가 아기를 가지게 되는 것, '하나님의 말씀'이라서 아브라함이 그 약속을 믿었더니 하나님께서는 이를 '의'로 여기셨다는 것이다.

5장: 하나님과 더불어 화평을 누리자

하나님과 화목이 이루어지는 것을 말하고 있다. 하나님과 등을 돌리고 하나님을 원수처럼 생각하며 죄의 종노릇하고 율법을 범하면서 하나님을 격노하게 했던 인간들이 하나님과 화목이 이루어지는 교리를 다루었다.

6장: 원죄의 성질

사람은 어차피 종이라는 것이다. 사람은 자유인인 것 같지만 죄에 순종하여 죄의 종이 되든지, 의에 순종하여 의에 종이 되든지 둘 중에 하나일 수밖에 없다는 것이다. 죄의 종이 되어서 사망에 이르는 것보다 하나님의 의의 종이 되어서 영생에 들어가는 것이 복된 것이라고 말하고 있다. 12~13절에서 우리가 인격적으로 누구에게 내 몸과 마음을 바칠 수 있는데 하나님께 우리가 인격적으로 드리게 되면 죄라는 것이 사람을 주관하지 못한다고 말한다.

7장: 원죄의 심각성

바울은 6장과 7장에서 '원죄의 역할'과 '원죄의 영향'을 다루면서 비유를 설명하고 있다. 죄를 남편으로 모실 것인가? 율법의 아내가 될 것인가? 새로운 남편인 예수 그리스도를 모실 것인가? 바울은 선을 행하기 원하는 자신에게 악이 함께 있다는 것을 깨닫게 된다. 자기 스스로의 힘으로는 악의 손아귀에서 벗어나지 못한다는 사실을 알게 되어, 새로운 남편인 예수 그리스도를 만나기 위해서는 죽는 길밖에 없다는 것이다. 예수 그리스도와 함께 죽으면 죄와 율법이 전혀 관계할 수 없고, 죄와 율법과 결별하며 예수 그리스도와 함께 죽었다가 다시 살아서 율법과 저주에서 벗어난 뒤 예수 그리스도를 남편으로 섬기고 다시 살게 된다는 것이다.

8장: 원죄로부터 해방되는 길

이렇게 된 사람들은 결코 정죄함이 없고 하나님께서 정죄할 수 없는 사람이 된다는 것이다. 죄에 대하여는 예수 그리스도와 함께 죽은 자이기 때문에 더 이상 죗값을 묻지 못하므로 정죄할 수 없고, 다시 살았다는 것은 예수 그리스도 안에서 다시 살았기 때문에 옛날 법에 아무 구속력이 없고 죄를 대신한 예수 그리스도로 말미암아 자유하게 되었음을 선포하는 말씀이다. "그리스도 예수 안에 있는"(8:1)이라는 말은 "내가 아버지의 계명을 지켜 그의 사랑 안에 거하는 것 같이 너희도 내 계명을 지키면 내 사랑 안에 거하리라"(요 15:10) 하는 것이다.

- 예수 그리스도를 믿음으로 말미암아 하나님과 바른 관계에 있는 사람 → 그리스도 예수 안에 있는 자, 죄와 사망의 법에서 해방된 자
- 죄와 사망의 법이 억압하고 있었는데 거기서 해방되었다는 것 → 영에 따라 행하는 자(육신의 일이 아니라 영의 일을 생각함)
- 하나님의 영이 속에 있는 사람, 하나님의 양자의 영을 받아서 하나님을 아버지라고 부른다. → 하나님의 영이 그 속에 거하는 자
- 하나님의 영인 성령으로 늘 인도함을 받기 때문에 이제는 선한 길로 갈 수 있다는 것 → 성령으로 말미암아 인도함을 받은 자
- 우리가 받은 고난은 장래에 받을 영광과는 비교할 수 없을 만큼 큰 영광에 참여할 자 → 몸의 구속을 기다리는 자
- 우리가 영적으로 구원받아서 자유하게 되었지만, 아직 부활은 되지 않았다. 영혼의 중생뿐 아니라 몸도 완전히 영화롭게 되어야 할 자 → 부활을 바라보는 자
- 지금은 보이지 않지만 보이지 않는 것을 믿는 자 → 참고 기다리고 있는 자
- 예수 그리스도를 믿는다고 할지라도 아직은 완전한 사람이 아니고 연약하여서 때론 하나님께 어떻게 기도해야 할지 모르기도 하지만 그래도 거듭난 사람이다. 확실한 증거는 하나님을 아버지라 부를 뿐 아니라 하나님을 사랑하는 자 → 연약하여 마땅히 빌 바를 모르는 자

- 하나님을 사랑하는 자, 하나님을 아버지라 부르는 자 → 하나님의 뜻대로 부르심을 입은 자
- 우리가 하나님을 믿음으로 하나님께서 아들을 삼았다는 것이 아니다. → 하나님께서 미리 아신 자
- 우리가 믿기 전부터 하나님께서 미리 알고 계셨고 창세전부터 알고 계셨다는 것 → 미리 정하신 자(예정)
- 하나님의 택하심을 입은 사람은 하나님께서 정죄하지 않고 의롭다고 인정하니 아무도 송사를 못한다. 우리가 받을 재판과 심판, 저주가 예수 그리스도의 십자가에서 끝났기 때문에 아무도 송사할 수 없다. → 의롭다하심을 얻은 자, 재판이 이미 끝나 버린 자, 독생자 예수 그리스도가 자기 자신의 목숨을 내버리기까지 위하신 자

그러므로 죄의 굴레에서 벗어나게 되고 율법의 저주와 율법의 심판에서 자유하게 되어 승리의 기쁨을 노래하게 된다.

9장: 바울의 골육, 친척을 위한 심정

다시는 육신을 좇지 않고 영을 좇아가는 삶을 말하고 있다. 그런데 이런 큰 구원의 빛이 이방인에게 비친다는 것 때문에 큰 승리를 깨닫지만 바울은 마음 한편으로는 낙심이 된다. 자신의 동족인 유대인은 어떻게 될 것인가? 이런 놀라운 구원의 은총을 거절하여 바울 자신의 동족인 유대인들이 하나님의 은혜에서 소외되는 것은 너무 마음이 아프고 견딜 수 없는 심정이다. 바울이 자기 동족과 친족들의 구원을 위하여 얼마나 애를 태웠는지 알 수 있다.

바울은 예루살렘에 갔다가 로마에서 스페인으로 가면 다시는 돌아오지 못할 것을 각오했다. 바울이 땅에 있는 고향이 중요한 것이 아니고 하늘에 있는 본향을 바라보면서 호흡이 끊어지는 날까지 복음을 가지고 복음을 듣지 못한 곳에 달려가는 모습을 볼 수 있다. 이런 정신과 열정은 유대인을 위한 것이었

다. 유대인을 믿게 하는 단 한 가지 방법은 이방인이 예수를 믿고 복과 은혜를 받아서 유대인들이 이방인을 시기하여 하나님께 돌아오는 길밖에 없다고 믿었다. 자기 민족을 사랑하기에 빨리 이방인에게 복음을 전하여 예수 그리스도를 믿고 복 받게 하는 일에 힘쓰는 것을 볼 수 있다.

10~11장: 전도와 선교의 원리, 유대인들의 궁극적인 구원 계획

바울은 부지런히 이방인들을 전도하여서 이방인들이 예수 그리스도를 믿고 하나님의 은혜를 독차지하는 것을 보게 되면 마침내 유대인들이 시기가 나서 결국은 하나님께 돌아올 것을 기대하면서 하나님의 구원 계획을 이야기한다.

12장 1~8절: 실천에 앞서 헌신을 권면

바울은 중생한 성도들에게 헌신과 실천을 요구한다. 하나님께 완전히 자신을 드렸을 때 사람들에게 직분이 주어지게 되고, 직분에 맞는 은사도 주어져 은사에 따라 봉사를 하여야 한다는 것이다.

12장 9절~13장: 성도들의 시민 윤리

예수 그리스도의 향기가 되는 삶을 사는 윤리적인 삶의 중요성을 말한다.

14~15장: 보다 연약한 사람들을 위한 배려, 약한 자들의 약점을 담당

일루리곤(15:18~19)은 고린도에서 서북쪽으로 올라가면 아드리아 해 해변을 따라 붙어 있는 '비아 이그나티아' 도로가 통과하는 도시이다. 달마디아까지 가지 않고 아가야와 달마디아 사이에 있는 이탈리아 반도의 동편, 발칸 반도의 중서부가 일루리곤 지역이다. 예루살렘에서 복음이 시작되어 갑바도기아, 갈라디아, 부르기아, 무시아, 아시아, 마게도냐, 아가야, 일루리곤까지 복음이 전파된 것으로 보인다.

바울이 걸어간 큰 길은 로마에서 동방으로 통하는, 즉 바벨론까지 통하는 '

비아 이그나티아'라고 하는 유명한 길이다. '실크로드'가 '비아 이그나티아' 도로와 이어지면서 동서양을 잇는 가장 큰 길에 있는 큰 도시마다 거점을 확보하면서 전도하였다.

15장 22~24절은 로마에는 이미 복음을 듣고 예수 그리스도를 믿고 있는 사람들이 있다는 것을 인정하고 있다. "너희에게 알지 못하는 복음을 전하겠다는 것이 아니고, 지나가면서 주고받은 은혜로 유익이 되었으면 좋겠고, 이 편지를 통해서 나를 알고 내가 무슨 일을 하는지 좀 더 이해하고 내가 로마를 지나갈 때 스페인까지 갈 수 있도록 도와주었으면 좋겠다." 하는 사도 바울의 심정을 알 수 있다.

16장: 문안, 인사, 권면

겐그리아 일꾼 자매 뵈뵈는 더디오가 기록(17절)한 〈로마서〉를 가지고 간 사람이다. 로마에 돌아온 브리스굴라와 아굴라에게 또 사도 바울의 전도로 아시아의 첫 열매인 에베네도에게도 문안을 하고 있다. 6~15절에서 20여 명에게 문안을 하는 것을 보아 바울은 이미 많은 사람과 교제하여 알고 있는 것으로 보인다. 특히 13절의 루포는 학자들의 견해로 예수님의 십자가를 지고 간 구레네 시몬의 아들 알렉산더 루포라고 보고 있다. 그리고 사도 바울은 우리 주 그리스도를 섬기지 아니하고 다만 자기들의 배만 생각하고 교활한 말과 아첨하는 말로 순진한 자들을 미혹하는 자들에게 떠나라고 권면한다.

에베소서

바울은 자신이 저자임을 밝히고 있다(1:1, 3:1). 이 서신은 에베소에 있는 교회뿐만 아니라 다른 교회들을 위한 회람 서신이었다. 바울은 〈골로새서〉와 거의 같은 시기인 A.D.60~61년경, 그가 로마에 가택 연금되어 있을 때(행 28:30) 기록했다. 에베소는 소아시아(터키) 지방에 위치한 항구도시로 국제 무역 때문에 상업의 중심지로 발전하였다. 에베소 사람들은 로마의 여신 아데미(아르테미스)의 신상을 섬겼고(행 19:23~31) 마술이 성행하였다(행 19:13~19). 에베소는 우상의 도시였으나 사도 바울이 복음을 전하여 교회를 세우고 수리아 안디옥 교회에 이어 3년 동안 전도의 중심지로 삼았다(행 19:10). 에베소 교회의 성도들은 대부분 회심한 이방인들이었으며 유대인들도 많이 있었다. 그래서 교회가 교리적으로 혼란을 야기하고 있어 바울은 이방 종교에서 회심하고 돌아온 성도들에게 예수 그리스도의 몸 된 교회와 성도의 바른 교회 생활에 대하여 말하고 있다.

서신의 시작 부분에서 하늘에 속한 신령한 복들에 대해 언급함으로써 하나님의 예정을 말하고 있다. 우리가 구원받은 것은 우리 개인의 유익이며 또한 하나님께 찬양과 영광을 돌리게 함이라는 점을 강조(1:13~14)하고 있다. 하나님의 목적은 하늘에 있는 것이나 땅에 있는 것을 예수 그리스도 안에서 통일되게 하려는 것이다(1:10). 성도들이 이것을 깨닫는 것이 대단히 중요하기 때문에, 바울은 성도들에게 지혜와 계시의 영으로 하나님을 알게 하시고, 마음의 눈을 밝히셔서 하나님이 부르시는 소망을 알게 하시기를 하나님께 기도(1:15~23)하고 있다. 바울은 교회에 대한 하나님의 위대하신 뜻은 하나님의 은혜와 예수 그리스도의 죽음을 통해 막혔던 장벽을 깨뜨리시고 하나님께 구원받은 사람들을 교회로 연합시키시는 것이라고 한다. 바울은 이것이 '비밀'(1:9)이라고 설명하고 있다. 즉 교회는 하나님께서 그것을 통해서 "땅(본문 하늘: 잘못된 번역)에 있는 통치자들과 권세들"(3:10)에게 하나님의 '각종 지혜'를 드러나게 하시고자 세우신 것이다. 바울은 성도들의 경험은 단순히 땅에서만 속한 것이 아니라 하늘로부터 부여받은 것이라고 말하고 있다. 성도들의 생활은 땅에서 이루어지고 있지만, 성도들의 실제적인 일상생활은 하나님의 목적을 이루기 위해서 영위되고 있다는 것이다. 하늘에 계신 예수 그리스도께서 교회의 구성원들로 하여금 서로 봉사하고, 연합을 이루게 하기 위해서 그들에게 '은사들'(4:11~12)을 주셨다. 그래서 예수 그리스도를 몸과 머리로 하여 교회가 연합되는 것은 '하늘과 땅에 있는 모든 것'이 예수 그리스도 안에서 통일되게 하려 하신 것(1:10)이라고 기록하고 있다.

- 바울이 로마에서 가택 연금되어서 기록한 서신이다.
- 모든 교회가 돌려가면서 읽는 회람 문서이다.
- 하나님의 예정에 기초한 교회론을 다루고 있다.
- 교회라는 신비한 공동체는 그리스도 안에서만 드러나게 된 하나님의 비밀이다.
- 그리스도의 몸 된 교회에 속하게 된 사람들이 어떻게 살아야 하는지를 가르치는 말씀이 기록되어 있다.

에베소 교회

- 사도 바울이 개척하였다.
- 바울이 두란노 서원에서 제자들을 가르쳤다.
- 〈갈라디아서〉도 이곳에서 기록되었다고 보고 있다.
- 〈고린도전후서〉가 기록되었다.
- 〈에베소서〉는 이 교회에 보내진 편지이다.
- 〈디모데전후서〉가 에베소 교회에 보내졌다.
- 디모데가 에베소에서 순교하였다.
- 누가와 디모데가 섬겼던 교회이다.
- 누가의 무덤이 에베소에 있다.
- 〈요한1,2,3서〉가 이곳에서 기록되었다.
- 〈요한복음〉과 〈요한계시록〉이 기록되었다.
- 사도 요한이 말년에 사역했던 곳이다.

- 사도 요한의 무덤이 지금까지 있다.
- 〈요한계시록〉에서 처음 사랑을 잃어버리고 주님께 책망받은 교회이다.
- A.D. 431년 마리아를 예수님의 어머니로 결정한 장소이다.

〈에베소서〉의 가장 중요한 주제는 '예수 그리스도의 몸을 세우는 것' 즉 교회를 세우는 것이다. 에베소 사람들이 교회를 형성했는데 교회 안에 많은 문제가 발생하였다. 특히 이방인과 유대인 사이에 분쟁 사건이 발생하였다. 그래서 사도 바울은 예수 그리스도 안에서 유대인과 이방인이 하나가 되었음을 설명하고 있다. 바울은 이 둘을 합하여 한 교회를 지으시려는 하나님의 구원의 계획을 선포하고 서로 하나가 될 것을 가르치고 있다. 우리가 구원받은 것은 내가 믿어서 구원받은 것이 아니라 하나님께서 창세전에 이미 예수 그리스도 안에서 우리를 예정하신 것이다. 그리고 그 계획대로 예수 그리스도께서는 우리를 구속해 주셨으며, 성령 하나님께서 우리를 부르시고 믿게 하며 중생해 주셨던 것이다. 우리가 이 일을 알게 되면 하나님의 사랑에 대한 감격이 나타나게 된다. 하나님의 교회는 바로 이러한 사람들이 모여서 이루어지는 것이다. 그리고 이것은 마치 건물을 지어 나가듯이 성도를 불러서 교회를 세워 가는 것이다. 교회를 지어 가기 위하여 우리들을 한 사람씩 부르시고 계시는 것이다.

"너희는 그 은혜에 의하여 믿음으로 말미암아 구원을 받았으니 이것은 너희에게서 난 것이 아니요 하나님의 선물이라 행위에서 난 것이 아니니 이는 누구든지 자랑하지 못하게 함이라"(2:8~9). 그래서 구원 문제만은 아무도 자랑할 수가 없다. 이와 같은 과정을 통해서 교회를 지어 나가고 있기 때문에 모든 사람이 다 결합하여 한 교회를 지어 가는 것이다. 그러므로 한 사람도 필요 없는 사람이 없다. 만약 한 사람이라도 없으면 교회가 완성될 수가 없다. 그런데도 불구하고 서로 상대방이 필요 없다고 싸우고 있는 것을 보고 사도 바울은 답답해하고 있다. 모든 사람이 각각 은사(4:11~12)를 받은 대로 그 은사를 발휘하여 일을 이루어 가야 하는 것이다.

"서로 연합하라". 교회의 초석은 바로 예수 그리스도이시다. 그리고 교회의 토대는 구약의 선지자들과 신약의 사도들이다. 구약의 선지자들과 신약의 사도들이 토대가 되어 그 위에 교회를 세워 가고 있는 것이다(3:5). 이 건물은 언젠가 완성될 때가 있는데, 그때는 나팔 소리가 울려 퍼지며 예수 그리스도께서 자신의 신부인 교회를 데리러 올 것이다. 우리 모두는 성령님에 의해서 교회를 지어 가고 있는 것이다. 선지자들과 사도들이 교회의 기초를 쌓고 돌아가셨다. 그리고 현재에는 복음 전하는 자와 사역자들을 주셨다. 사역자들은 성도를 세우기 위하여, 교회를 세우기 위하여 성경 말씀을 가르치고 각 성도가 은사를 사용하여 각 위치에서 교회의 역할을 할 수 있도록 만들어 주어야 한다. 결국 봉사 일을 하게 하며 성도가 목회(전도)를 할 수 있게 사역자들은 성도를 훈련시켜야 한다. 선지자와 사도와 복음 전하는 자가 복음의 기초를 쌓고 복음의 기초를 전해 놓으면 교회(건물) 안에서는 사역자들이 성도들을 훈련시켜서 목회를 하는 것이 '예수 그리스도의 몸을 세우는 것'이다. 그리하여 함께 교회를 세워 가는 것이다.

술 취하지 말고 성령 충만함 삶을 살고 가정생활과 사회생활에서 성숙한 삶을 살아 하나님을 본받는 자(5:1)가 되라고 한다. 그리고 하나님의 전신 갑주(6:11)를 입고, 진리의 띠, 의의 호심경, 믿음의 방패, 구원의 투구, 성령의 검(6:14~17)으로, 즉 하나님의 말씀을 가지고 교회를 세워야 한다.

골로새서

〈골로새서〉는 바울의 서신이고(1:1), 또한 다른 교회들을 위한 회람 서신이다(4:16). 바울이 2년 동안 가정집에 가택 연금되어 있었던 로마에서 기록된 것으로 추정된다(행 28:16~31). 보통 바울이 모든 옥중서신들(〈에베소서〉, 〈골로새서〉, 〈빌립보서〉, 〈빌레몬서〉)을 기록한 장소를 로마로 보고 있다. 〈골로새서〉는 〈에베소서〉와 〈빌레몬서〉와 같은 때인 A.D.60~61년경에 기록된 것으로 보고 있다. 골로새는 라오디게아와 히에라볼리와 함께 소아시아(터키)의 내륙 지방에 위치한 작은 도시이고 에바브라가 교회를 개척하였으며(1:7) 빌레몬의 집에서 모였던 것으로 보인다(몬 1:9). 바울이 에베소에서 3년간 전도하는 동안 에바브라가 회심하여 복음을 골로새에 전파하였다(1:7~8, 행 19:10). 이때 골로새 교회는 이단(영지주의, 천사 숭배, 금욕주의)들의 공격 대상이 되었기 때문에 에바브라가 로마에 있는 바울을 방문하게 되었으며, 골로새 교회 안에 들어온 이단들을 경계하기 위해서 바울이 〈골로새서〉를 쓰게 되었던 것이다. 사도 바울은 이단들이 예수 그리스도의 신성을 부인하고 천사들을 숭배하며 율법을 강조하는 것에 대하여 오직 예수 그리스도만이 우리의 구세주이시고 하나님이시라고 하였다. 골로새에는 에바브라나 바울에 의해 회심한 성도들의 노력으로 라오디게아와 히에라볼리에도 교회가 이미 세워졌다. 그 교회들 중에는 가정 교회도 많이 있었고(4:15), 성도들 대부분은 이방인들이었다.

- 바울이 로마에서 가택 연금되어서 기록한 서신이다.
- 모든 교회가 돌려 가면서 읽는 회람 문서이다.
- 주제는 교회의 머리가 되시는 예수 그리스도에 관한 진리이다.
- 바울의 제자 에바브라가 개척한 골로새 교회에 예수 그리스도를 바르게 가르치려고 이 편지를 썼다.
- 골로새 지방에는 천사 숭배자와 영지주의자와 같은 이단들이 있었고, 신화와 철학으로 속이는 유대교인들의 훼방도 있었다.
- 바울은 성도들이 위에 계신 예수 그리스도의 교훈에 따라 구별되게 생활할 것을 가르치고 있다.
- 에베소 출신 두기고가 골로새 교회에 전달했다.

"그는 보이지 아니하는 하나님의 형상이시요 모든 피조물보다 먼저 나신 이시니 만물이 그에게서 창조되되 하늘과 땅에서 보이는 것들과 보이지 않는 것들과 혹은 왕권들이나 주권들이나 통치자들이나 권세들이나 만물이 다 그로 말미암고 그를 위하여 창조되었고 또한 그가 만물보다 먼저 계시고 만물이 그 안에 함께 섰느니라 그는 몸인 교회의 머리시라 그가 근본이시요 죽은 자들 가운데서 먼저 나신 이시니 이는 친히 만물이 으뜸이 되려 하심이요."(1:15~18)

〈골로새서〉의 주제는 '교회의 머리 되신 신성이 충만'하신 그리스도이다. 바울의 목적은 골로새 교회 내의 이단을 배격하는 것이었다. 이러한 목적을 달성하기 위해서 바울은 그리스도를 바로 하나님의 형상(1:15), 창조주(1:16), 만물보다 선재하셔서 만물이 그 안에 있는 자(1:17), 교회의 머리(1:18), 만물의 으뜸 되신 자(1:18), 신성이 육체에 충만하신 분(1:19, 2:9), 육체의 죽음으로 자기와 화목케 하신 분(1:20~22)으로 높이고 있다.

이처럼 예수 그리스도는 완전히 충만하신 분이다. 반면에 골로새 교회 내의 이단은 헛되고 속이는 철학과 속임수에 불과했고(2:8), 육체의 죄악을 금하는 데 유익이 없는 것이었다(2:23).

빌레몬서

바울은 본 서신을 〈골로새서〉와 같은 시기에 기록했고(A.D.60~61년경), 동행한 오네시모와 두기고 편으로 〈골로새서〉를 보냈다. 그는 이 두 서신을 로마의 가택 연금 당시 기록하였다(행 28:30). 바울은 골로새 교회의 사역자이며 다른 사람들과 같이 노예를 소유하고 있었던 빌레몬에게 이 서신을 보냈다(골 4:1). 이 서신은 가택 연금된 바울이 제자 빌레몬(사랑)에게 그의 종이었던 용서받은 한 영혼을 위해서 간구하는 아름다운 서신이다. 그의 종들 중의 하나인 오네시모(유익하다)는 서신에서는 알 수 없지만, 무언가를 훔쳐(18절) 도망간 것으로 보인다. 당시 이러한 행동을 한 사람은 로마법에 의해 사형에 처해졌다. 그러나 오네시모는 바울을 만났고 그의 전도를 통해 그리스도인이 되었다(10절). 이제 그를 그의 주인 빌레몬에게로 돌려보내고자 했고, 그래서 바울은 빌레몬에게 종 오네시모를 "갇힌 중에서 낳은 아들"(1:10)이라며 종같이 대하지 말고, 사랑받는 형제로 받아들이도록 요청하기 위해서 이러한 개인적인 호소문을 써 보냈다(16절).

빌레몬에 대해 많이 알려진 것은 없다. 두란노 서원에서 바울에게 성경을 배운 사람으로 추측된다. 빌레몬에게 오네시모라는 종이 있었다. 그런데 그 종이 주인의 물건을 훔쳐서 도망하였다. 그런데 그가 도망을 가서 바울을 만나 예수 그리스도를 믿게 되었다. 그리고 오네시모는 이 모든 사실을 고백하였다. 그러자 바울이 오네시모를 빌레몬에게 보내서 형제에 대하여 용서해 줄 것을 권유하는 서신이다.

> "그가 만일 네게 불의를 하였거나 네게 빚진 것이 있으면 그것을 내 앞으로 계산하라"(1:18)

이것이 '대속과 용서의 원리'이다.

전승에 의하면 이후 안디옥 교회 감독인 이그나티우스(사도 요한의 제자)가 로마로 소환되면서 서머나에서 에베소 교회의 감독에게 보낸 서신 중 '감독 오네시모'라는 이름이 나오는 것을 알 수 있다. 서신 중 이그나티우스는 에베소 감독을 위대한 감독으로 존경하는 것을 볼 수 있다. 그리고 빌레몬도 골로새 교회에 감독으로 부임하게 되었다. 네로 황제 탄압 시 오네시모와 빌레몬은 순교를 하였다고 한다. 미국의 16대 대통령 에브라함 링컨이 이 〈빌레몬서〉를 읽고 "자유와 노예가 함께하는 민주주의 나라는 없다"라며 노예 해방 운동을 결심하게 되었고 세계 역사를 바꾸어 놓은 예가 되었다.

빌립보서

〈빌립보서〉는 바울이 로마 가택 연금 당시 기록하였다(1:1). 기록 연대는 A.D. 60~61년경으로 추정된다. 바울은 그곳에서 2년 동안 가택에 연금되었는데 자기에게 오는 모든 사람에게 자유로이 복음을 전했다. 바울이 로마에서 가택 연금되었다는 소식을 듣고 바울을 위문하기 위하여 빌립보 교회의 에바브로디도라는 사역자가 방문하였다. 방문한 에바브로디도가 중병에서 낫게 되자 바울은 기쁨을 가지고 소식을 전하면서 서신을 써 보냈다.

바울이 본서를 기록한 목적은 빌립보 교인들이 자신이 로마에 투옥된 사실을 알고서 자신에게 쓸 것을 보낸 데 대해 감사하기 위함이었다. 그리고 빌립보 교인들에게 박해를 받을 때 믿음을 굳게 지키고 기뻐하도록 격려하고 겸손할 것과 연합할 것을 권면하였다. 또한 빌립보 교회에 디모데는 "자식이 아버지에게 함같이 나와 함께 복음을 위하여 수고"(빌 2:22)한 자, 에바브로디도는 "나의 형제요 함께 수고하고 함께 군사 된 자요 너희 사자로 내가 쓸 것을 돕는 자"(빌 2:25)로 소개하고 있으며, 빌립보 성도들에게 그들 중에 있는 율법주의자를 경계하고 유오디아와 순두게의 두 파의 갈등을 화목하게 하라고 권면하고 있다. 〈빌립보서〉는 교리보다는 성도들의 믿음 생활을 강조한다. 이 서신은 어려운 상황에 처해 있는 교회 안의 성도들이 믿음으로 어려움을 극복할 수 있도록 하기 위하여 기록한 것이다.

빌립보는 로마의 식민지였으며 그곳에는 유대인들이 많이 없었으며 회당이 설립되지 않았다. 빌립보 교회는 유럽에서 탄생한 첫 번째 교회였고 자색 옷감 장사를 하는 루디아의 회심으로 세워지게 되었다(행 16:13~15). 최초로 모인 장소는 하나님을 공경하는 루디아의 집이었다. 바울이 2차 전도여행으로 빌립보에 갔을 때 두아디라의 자색 옷감 장수인 루디아라는 여자를 만나서 교회가 시작되었다. 지금도 교회는 있지만 빌립보 교회라고 하지 않고 '루디아 기념 교회'라고 부른다. 지금도 루디아의 집이 보존되어 있고 큰 길 옆에는 무릎을 꿇고 앉아 있는 루디아의 머리 위에 물을 붓는 조각상(세례)이 있다. 이 서신은 '기쁨의 서신'으로 알려져 있다. 바울은 기뻐하라는 말만 한 것이 아니라 자신이 먼저 기뻐하였다. 어떻게 감옥에서 이런 기쁨을 누릴 수 있었을까? 기쁨의 생활은 참된 성도들의 특징이다.

- 빌립보 교회는 바울이 개척한 교회이다.
- 바울의 제자 에바브로디도가 섬기고 있었다.
- 교회 안에서 여성들인 유오디아와 순두게가 반목하고 있었다.
- 이 갈등을 수습하기 위하여 바울이 방문도 하였다.
- 바울을 방문차 로마에 도착한 에바브로디도가 병들어 많은 근심을 했다.
- 에바브로디도의 병에 차도가 있어 기쁨을 회복하게 하려고 편지를 썼다.
- 에바브로디도를 먼저 보내고 디모데를 이어 보내려고 했다.
- 바울은 교회를 섬기는 자세를 교훈하고 있다(2:1~16).
- 〈빌립보서〉는 유오디아와 순두게의 화목을 권하고 있다.
- 에바브로디도 편으로 보내준 교인들의 정성 어린 후원에 감사의 마음을 전했다.

〈빌립보서〉의 주제는 '그리스도인들은 겸손한 마음'을 가져야 한다는 것이다(2:1~11).

〈빌립보서〉에서 자주 등장하는 단어는 바로 "기쁨"이다.

> "간구할 때마다 너희 무리를 위하여 기쁨으로 항상 간구함은"(1:4)

> "그러면 무엇이냐 겉치레로 하나 참으로 하나 무슨 방도로 하든지 전파되는 것은 그리스도니 이로써 나는 기뻐하고 또한 기뻐하리라"(1:18)

"내가 살 것과 너희 믿음의 진보와 기쁨을 위하여 너희 무리와 함께 거할 이것을 확실히 아노니"(1:25)

"주 안에서 항상 기뻐하라 내가 다시 말하노니 기뻐하라"(4:4)

"내가 주 안에서 크게 기뻐함은 너희가 나를 생각하던 것이 이제 다시 싹이 남이니 너희가 또한 이를 위하여 생각은 하였으나 기회가 없었느니라"(4:10)

사도 바울은 기뻐하라는 말만 한 것이 아니라 자신이 먼저 연금 상태에서 기뻐하였다. 어떻게 감옥에서 이런 기쁨을 누릴 수가 있었을까? 기쁨의 생활은 참된 성도들의 특징이다. 진정으로 성령 안에서 거듭나면 하나님의 평강이 우리 마음을 사로잡는다.

"너희 안에서 착한 일을 시작하신 이가 그리스도 예수의 날까지 이루실 줄을 우리는 확신하노라"(1:6)

내 안에서 선한 일을 시작하신 그분이 결국 주님의 날까지 모든 일을 이루실 줄을 확신하기 때문에 기쁘다. 사도 바울은 자기의 능력을 의지해서가 아니라 하나님을 신뢰하기 때문에 담대할 수 있었다.

"나의 간절한 기대와 소망을 따라 아무 일에든지 부끄러워하지 아니하고 지금도 전과 같이 온전히 담대하여 살든지 죽든지 내 몸에서 그리스도가 존귀하게 되게 하려 하나니 이는 내게 사는 것이 그리스도니 죽는 것도 유익함이라"(1:20~21)

사도 바울은 무슨 일을 하든지 예수 그리스도를 존귀하게 하려고 하였다. 살아도 예수 그리스도를 위해서 살았고, 죽어도 예수 그리스도를 위해서 죽으려 하였기 때문에 바울에게는 살든지 죽든지 다 유익한 것이다.

> "너희 안에 이 마음을 품으라 곧 그리스도 예수의 마음이니 그는 근본 하나님의 본체시나 하나님과 동등됨을 취할 것으로 여기지 아니하시고 오히려 자기를 비워 종의 형체를 가지사 사람들과 같이 되셨고 사람의 모양으로 나타나사 자기를 낮추시고 죽기까지 복종하셨으니 곧 십자가의 죽으심이라"(2:5~8)

예수 그리스도께서도 자신을 낮추셨다. 하나님께서는 자신을 낮춘 예수 그리스도를 높이셨다. 그러므로 우리 자신을 낮추면 하나님께서 우리를 높이신다. 교만하면 고난이 많고 겸손하면 기쁘게 살 수 있다.

> "하늘에 있는 자들과 땅에 있는 자들과 땅 아래에 있는 자들로 모든 무릎을 예수의 이름에 꿇게 하시고 모든 입으로 예수 그리스도를 주라 시인하여 하나님 아버지께 영광을 돌리게 하셨느니라"(2:10~11)

예수 그리스도의 자기 비움으로 하나님은 그를 지극히 높여 모든 이름 위에 뛰어난 이름을 주셨다.

> "그러나 무엇이든지 내게 유익하던 것을 내가 그리스도를 위하여 다 해로 여길뿐더러 또한 모든 것을 해로 여김은 내 주 그리스도 예수를 아는 지식이 가장 고상하기 때문이라 내가 그를 위하여 모든 것을 잃어버리고 배설물로 여김은 그리스도를 얻고 그 안에서 발

견되려 함이니"(3:7~9상반절)

의로움은 율법에 의해서가 아니라 예수 그리스도를 믿음으로 얻는 것이며, 예수 그리스도를 아는 지식이 가장 고상하다고 율법주의자에게 교훈하고 있다.

"형제들아 나는 아직 내가 잡은 줄로 여기지 아니하고 오직 한 일 즉 뒤에 있는 것은 잊어버리고 앞에 있는 것을 잡으려고 푯대를 향하여 그리스도 예수 안에서 하나님이 위에서 부르신 부름의 상을 위하여 달려가노라"(3:13~14)

오직 예수 그리스도께 잡힌 바 되어 그것을 잡으려고 하나님이 위에서 부르신 부름의 상을 위하여 달려가고 있는 사도 바울의 삶을 볼 수 있다.

"아무 것도 염려하지 말고 다만 모든 일에 기도와 간구로 너희 구할 것을 감사함으로 하나님께 아뢰라 그리하면 모든 지각에 뛰어난 하나님의 평강이 그리스도 예수 안에서 너희 마음과 생각을 지키시리라"(4:6~7)

빌립보 성도들에게 모든 일에 기도와 간구로 구할 것을 감사함으로 아뢰라고 말하고 있다.

"내게 능력 주시는 자 안에서 내가 모든 것을 할 수 있느니라"(4:13)

능력 주시는 예수 그리스도로 인해 모든 것을 할 수 있다.

"나의 하나님이 그리스도 예수 안에서 영광 가운데 그 풍성한 대로

너희 모든 쓸 것을 채우시리라"(4:19)

하나님은 예수 그리스도 안에서 모든 쓸 것을 채워 주실 것이라고 권면하고 있다.

디모데전서

〈디모데전서〉는 사도 바울이 "믿음 안에서 참 아들"(1:2) 된 그의 동역자 루스드라(터키) 출신인 디모데에게 보낸 목회 서신이다(1:1~2). 이 서신은 A.D.62~63년경 로마의 가택 연금이 풀려 다시 전도여행을 하면서 마게도냐에서 기록했다고 전해진다. 바울이 제1차 전도여행 때 디모데를 전도하여 제2차 전도여행 때 디모데와 동행을 하고 있다. 이때 바울은 디모데의 어머니는 유대 여자이고 아버지는 헬라인(행 16:1)이기 때문에, 그가 유대인들에게 전도하는 데 문제가 될까 하여 그에게 할례를 행하였다(행 16:3). 디모데는 마게도냐와 아가야 지방의 전도에도 함께하였다(행 19:22). 또한 디모데는 바울과 함께 에베소에서 마게도냐, 고린도에서 다시 마게도냐, 소아시아로 전도여행을 하였다(행 20:1~6). 마침내 그는 바울과 함께 전도한 교회에서 구제 헌금을 모아서 예루살렘까지 동행하였고, 그곳에서 바울이 첫 번째 감옥에 갇힐 때에도 그와 함께 있었다. 바울이 〈사도행전〉28장 이후 로마의 가택 연금에서 석방된 후에도 디모데는 바울과 함께 다시 제4차 전도여행을 하였다. 그러나 디모데는 결국 에베소 교회의 문제들을 다루기 위해서 에베소에 머물렀고, 바울만 계속해서 마게도냐로 여행하였다. 바울은 그의 생애 마지막 때에 마메틴 감옥에서 〈디모데후서〉를 통하여 디모데에게 "너는 어서 속히 내게로 오라"(딤후 4:9) 하며 로마에 있는 자기에게로 와 줄 것을 요청하였다. 〈디모데전서〉를 쓴 제4차 전도여행 기간 동안 바울은 자신은 마게도냐로 가면서 디모데에게 에베소 교회를 돌보도록 지시했다(1:3). 바울은 자기가 가까운 장래에 에베소로 돌아오지 못할 것을 알고 있었기에(3:14~15), 에베소에 머물고 있는 디모데에게 교회 사역을 잘 감당하도록 하기 위하여 목회 서신인 〈디모데전서〉를 써 보냈다. 이 서신은 거짓 교리에 대처하고 자질 있는 교회의 일꾼들을 임명하여 에베소 교회의 일들을 잘 감독하게 하기 위한 것이었다. 에베소 교회의 문제점은 영지주의와 잘못된 유대주의, 거짓된 금욕주의가 혼합된 이단 사상이었다. 그러므로 〈디모데전서〉에는 목회자에 대한 권면과 부탁, 교회 안에서 지도자의 직분과 사명 거짓 교훈에 대한 깨우침과 성도들의 실제적인 믿음 생활에 대하여 기록하고 있다. 우리 주 예수 그리스도께서 나타나실 때까지 흠도 없고 책망받을 것도 없이 이 명령을 지키라고 하고 있다(6:14).

- 바울이 로마의 가택 연금에서 풀려나 개척한 교회들을 방문하였던 기간에 기록하였다.
- 바울이 초기에 기록한 서신들은 예수 그리스도의 재림에 대한 기대가 계속되고 있었다.
- 〈에베소서〉, 〈골로새서〉에서는 예수 그리스도의 재림에 대한 기대가 많이 멀어져 있음을 알 수 있다.
- 그동안의 전도여행과 기도와 계시로 예수 그리스도의 재림이 빠르지 않다는 것을 알게 되었고, 교회는 여러 세대에 굳게 서서 복음을 전해야 한다는 사실을 인식하게 되었다(엡 2:7).
- 교회를 지도해 갈 장로와, 교회를 섬길 집사들을 세워서 교회를 조직화할 필요를 느끼게 되었다.
- 장로의 자격과 집사를 세우는 기준을 가르치고 있다.
- 로마의 가택 연금에서 나와 그레데(디도), 에베소(디모데)를 거쳐 골로새, 드로아, 사모드라게, 네압볼리, 빌립보, 마게도냐, 데살로니가를 거쳐 니고볼리에서 겨울 집회 이후 행방을 알 수 없으며, 로마 마메틴 감옥에 수감되어 〈디모데후서〉를 쓰고 있는 모습이다.
- 목회자와 성도들 사이의 관계를 가르치고 있으며, 목회자의 사역에 대해서 교훈을 주고 있다.
- 목회자가 마땅히 해야 할 일과 해서는 안 될 일들을 가르치고 있다.
- 목회자로서 알아야 할 일들을 가르쳐 젊은 디모데가 성도들로부터 멸시받지 않고 일할 수 있도록 지도하고 있다.
- 교회 안에 다른 교훈이 들어오지 못하도록 감독하는 일도 목회자가 감당해야 할 일이다.

• 무엇보다도 중요한 것은 착한 양심을 가지고 주님이 피로 사신 하나님의 양 무리를 먹이는 것이라고 가르친다.

"아들 디모데야 내가 네게 이 교훈으로써 명하노니 전에 너를 지도한 예언을 따라 그것으로 선한 싸움을 싸우며"(1:18)

바울은 목회를 선한 영적 전쟁으로 보고 있다.

"미쁘다 이 말이여, 곧 사람이 감독의 직분을 얻으려 함은 선한 일을 사모하는 것이라 함이로다 그러므로 감독은 책망할 것이 없으며 한 아내의 남편이 되며 절제하며 신중하며 단정하며 나그네를 대접하며 가르치기를 잘하며 술을 즐기지 아니하며 구타하지 아니하며 오직 관용하며 다투지 아니하며 돈을 사랑하지 아니하며 자기 집을 잘 다스려 자녀들로 모든 공손함으로 복종하게 하는 자라야 할지며 (사람이 자기 집을 다스릴 줄 알지 못하면 어찌 하나님의 교회를 돌보리요) 새로 입교한 자도 말지니 교만하여져서 마귀를 정죄하는 그 정죄에 빠질까 함이요 또한 외인에게서도 선한 증거를 얻은 자라야 할지니 비방과 마귀의 올무에 빠질까 염려하라"(3:1~7)

집사와 장로의 자격이 거의 비슷하다. 교회의 지도자는 신앙과 삶, 인격을 모두 바르게 갖추어야 한다.

"크도다 경건의 비밀이여, 그렇지 않다 하는 이 없도다 그는 육신으로 나타난 바 되시고 영으로 의롭다 하심을 받으시고 천사들에게 보이시고 만국에서 전파되시고 세상에서 믿은 바 되시고 영광 가운데서 올려지셨느니라"(3:16)

이 말씀이 이 서신의 주제이고 예수 그리스도의 경건의 비밀이다.

> "누구든지 네 연소함을 업신여기지 못하게 하고 오직 말과 행실과 사랑과 믿음과 정절에 있어서 믿는 자에게 본이 되어"(4:12)

목회자의 삶이 성도들에게 본이 되어야 한다고 강조하고 있다.

> "네가 네 자신과 가르침을 살펴 이 일을 계속하라 이것을 행함으로 네 자신과 네게 듣는 자를 구원하리라"(4:16)

목회자는 강제로 권위를 주장하지 말고 본을 보임으로 리더십을 세워야 한다. 그러면 자신과 듣는 자를 구원할 수 있게 된다.

5장에서는 노인, 과부, 장로들에 대한 태도, 몸 관리를 잘하라며 종들의 일을 말하고 있다.

> "그러나 자족하는 마음이 있으면 경건은 큰 이익이 되느니라 우리가 세상에 아무 것도 가지고 온 것이 없으매 또한 아무 것도 가지고 가지 못하리니 우리가 먹을 것과 입을 것이 있은즉 족한 줄로 알 것이니라"(6:6~8)

목회자는 먹을 것, 입을 것만 있으면 감사할 줄 알아야 한다.

디도서

〈디도서〉는 사도 바울이 A.D.62~63년경 예수 그리스도 안에서 "나의 참 아들"(1:4) 된 동역자 디도에게 쓴 목회 서신이다. 디도는 사도 바울을 통하여 회심하였으며 그의 부모는 헬라인이다. 디도에 대해서 별로 알려진 것은 없지만 전승에 의하면 〈사도행전〉의 기록자인 누가의 동생이라고도 한다. 디도가 사역한 곳인 그레데는 지중해의 큰 섬으로 에게 해 바로 남쪽에 위치해 있다(행 27:7~13). 그레데인의 삶은 도덕적으로 비난받을 만큼 저속했고 그레데인의 부정직과 탐욕과 게으름은 속담이 될 정도였다(1:12). 바울이 디도와 함께 그 섬을 방문했을 때 그레데에 복음을 전도하였고, 복음을 받아들인 자들을 위하여 디도를 그레데에 머무르게 하였다. 바울은 그레데 섬을 지나 여행하는 세나와 아볼로 편(3:13)에 본서를 디도에게 보냈고, 서신에서 바울이 니고볼리에 도착하지 않은 것으로 보아(3:12) 이 서신을 데살로니가 부근에서 기록한 것으로 보인다. 사도 바울이 〈디도서〉를 기록한 목적은 그레데 교회의 사역자인 디도를 권면하고, 그레데 성도들의 위선적인 삶에 대해 구원은 하나님의 은혜와 믿음으로 받지만 그 믿음의 증거로 선행이 따라야 한다는 것(2:11~14, 3:4~7)을 가르치며 교회의 조직과 직분들에 대한 교훈을 주고자 하는 데 있다.

바울은 예루살렘 교회의 지도자들과 이방인 전도에 대해 원칙을 정하려고(행 15장) 안디옥에 갈 때, 디도를 데리고 갔다(갈 2:1). 그리고 이방인인 디도를 할례 없이 그리스도인으로 받아들이는 것을 볼 수 있다(갈 2:3~5). 사도 바울이 〈고린도후서〉에서 디도를 에베소에서 고린도로 보내어 고린도 교회를 돕도록 한 것(고후 12:18)을 보면 디도도 제3차 전도여행 때, 바울과 함께 에베소에서 사역을 한 것으로 보인다. 그리고 바울이 그의 첫 번째 로마 가택 연금에서 석방된 후, 바울과 디도는 그레데에서 함께 사역하였고(1:5), 그 후에 바울은 디도를 자기 대신 그레데에 머무르게 하여 그레데 교회에서 사역하도록 하였다. 바울은 자기가 보낸 사역자인 아데마나 두기고가 도착하면(3:12) 니고볼리에 오도록 권하고 있다. 니고볼리에서 겨울을 보낸 이후 바울의 행적을 잘 알 수가 없으나 마메틴 감옥에서 그의 유서로 볼 수 있는 〈디모데후서〉를 쓰고 있는 모습을 볼 수 있다. 그러나 이 서신에서 디도는 달마디아(유고슬라비아)로 가서 그의 전도 사역을 계속했음을 알 수 있다(딤후 4:10).

디도에 대해서는 자세히 알려진 것은 없지만, 바울이 디모데와 디도를 지역 상황에 따라 적합하게 교회를 잘 지도할 수 있는 탁월한 인물로 인정한 것으로 보인다. 디도는 고린도 교회의 복잡한 문제를 해결하였고, 이러한 사역의 결과로 바울에게 신임을 얻은 것 같다. 디도에게 맡겨진 그레데는 어려운 지역이었다. 지중해 한복판에 위치한 그레데는 수많은 뱃사람이 오가는 곳으로 거칠고 거짓된 사람들이 많았다. 그러한 곳에서 디도는 사역을 담당할 수 있는 사람이라고 인정받은 것 같다.

본 서신에서 그레데 교회에 장로(1:7)와 집사를 세우는 기준과 교훈은 〈디모데전서〉와 비슷하다. 바울은 교회들을 순회하는 동안에 교회의 교육이 절실하다는 것을 느끼면서 에베소로의 귀환 일정이 무기한 연기된 것 같다. 디도에게 보낸 이 편지에서 바울은 니고볼리에서 겨울을 보낼 계획을 말하고 있으며, 그레데에 있는 디도까지 니고볼리로 오라고 하고 있다. 그에 앞서 아볼로와 율법교사 세나를 니고볼리로 보내어 사전에 집회 준비를 하도록 말하고 있다. 또한 어리석은 변론과 족보 이야기, 분쟁과 율법에 대한 다툼은 피하라고 하고(3:9), 이단에 속한 사람들은 한두 번 권한 후에는 멀리하라는 교훈(3:10)을 주고 있다.

디모데후서

이 서신은 사도 바울이 "사랑하는 아들"(1:2) 디모데에게 두 번째로 쓴 목회 서신이다. 바울은 A.D.62~63년경에 로마 가택 연금에서 석방된 후, 제4차 전도여행 때 〈디모데전서〉와 〈디도서〉를 기록했다. 그는 이 여행 기간에 디도가 그레데에서 사역하게 했고, 디모데는 에베소 교회에서 사역하도록 하였다. 그리고 바울은 계속해서 마게도냐의 빌립보를 전도하면서, 그곳에서 〈디모데전서〉와 〈디도서〉를 기록한 것으로 보인다(A.D.63~65년경). 그 후에 그는 로마로 여행했고, 거기서 2차 투옥되었는데 처형되기 직전 〈디모데후서〉를 기록했다. 이후 서신에서는 자세히 알 수 없으나 네로 황제 통치 때(A.D.66~67년경) 로마 마메틴 감옥에 있는 모습이다.

사도 바울은 A.D.67년경 로마의 마메틴 감옥에서 이 서신을 기록하였다. 그는 차가운 지하 감방에서(4:13), 사슬에 매인 채(1:16, 2:9) 쓸쓸히 지내고 있었다. 그가 갇혀 있는 곳을 찾아오는 친구들도 없었다. 바울은 자신의 사역과 생애가 끝날 시각이 다 되었다는 것을 알았다(4:6~8). 사도 바울이 이 서신을 기록한 목적은 복음을 위해서 고난을 받고 있는 목회자 디모데를 위로하고 그에게 힘을 주어 자신이 남겨 둔 복음 전도를 잇게 하려는 데 있는 것 같다. 로마의 춥고 어두운 감옥에서 이 서신을 기록할 때 사도 바울은 이미 연로한 것으로 보인다. 그는 자신의 생명이 얼마 남지 않았음을 알고 있었으므로 〈디모데후서〉는 유언과 같은 서신이다. 〈디모데후서〉에는 교리적인 내용보다는 사도 바울이 디모데에게 사적으로 전한 내용이 많이 기록되어 있다.

〈사도행전〉과 바울 서신서들을 통하여 바울의 마지막 전도여행을 추적해보면, 니고볼리로 오라는(딛 3:12) 말이 있은 후의 행적은 알 수가 없고, 로마의 감옥에 투옥되어 〈디모데후서〉를 쓰고 있는 것만 알 수 있다. 이번 감옥은 사형수들이 투옥되는 로마의 마메틴 감옥이었다. 바울은 다시 석방될 가능성이 없고, 자신이 그 길로 순교자의 반열(4:7~8)에 들게 될 것을 내다보고 있었다. 그래서 에베소에 있는 디모데에게 이 편지를 쓰게 되었다. 바울은 디모데를 보고 싶어 하는 마음을 기록(4:9)하였다. 바울의 마지막 서신이면서 최후의 유언과도 같은 서신이다(3:1~4:8). 바울은 마가도 보고 싶어 했다(4:11). 바울이 감옥에 있으면서 대부분의 제자들이 자신을 떠나 버린 이야기를 하고 있다(4:10~11).

바울은 이 편지를 쓴 후 다음 해 A.D.67년경 네로에 의해 참수형을 당했다. 바울이 니고볼리에서 복음 전도를 너무 심하게 한 것으로 추측이 된다. 이 시기의 로마 황제 네로는 거의 미쳐 있었다. 2차 투옥은 가택 연금이 아니라 마메틴 감옥의 돌 감옥이었다. 감옥의 반은 지하에 묻혀 있고 반은 지상에 노출되어 있는 곳으로 지상에 올라온 부분에는 창문도 없고, 구멍만 하나 있다. 그곳에서는 사형장으로 끌려가는 길만 볼 수 있었다. 그때 디모데는 에베소 교회를 돌보고 있었고 바울이 두 번째 체포될 당시에는 바울의 주변에 있는 사람들은 모두 도망을 갔다. 전도하는 사역팀도 대부분 흩어졌다. 바울 자신만이 체포되고 디도는 달마디아로 피신하였다(4:10).

바울은 기도할 때 환상 가운데 면류관을 보면서 자신이 순교할 것을 예상하고 급히 서신을 써 디모데를 오라고 한다(4:9). 디모데를 바울과 같은 좋은 병사(2:3), 경기하는 자(2:5), 수고하는 농부(2:6)와 같은 사람이라 비유하고 있다. 예수 그리스도의 사역자로, 그리스도의 군사로서 충성하며, 경기하는 자와 같이 달려갈 길을 다 달리고, 선한 싸움을 다 싸우면, 수고한 농부가 가을에 풍성한 열매를 거두듯이 결국에는 의의 면류관을 받게 된다는 교훈이다. 말세에 고통하는 때(3:1~5)가 이르지만 어려서부터 배운 성경에서 떠나지 말고 다른 사람에게 가르치라(3:15)고 권면한다. 바울은 이제 죽을 때가 되었고(4:6), 자기를 위하여 면류관이 준비되어 있다고 말한다(4:8). 누가만이 바울 곁에 있음을 알 수 있다(4:11). 4장 2절에는 "너는 말씀을 전파하라 때를 얻든지 못 얻든지 항상 힘쓰라 범사에 오래 참음과 가르침으로 경책하며 경계하며 권하라"고 기록하고 있다.

히브리서

〈히브리서〉는 '히브리인에게 보낸 서신'으로 저자는 자신이 누구인지 밝히고 있지 않으나, 그는 이 서신의 수신자들에게 잘 알려진 인물인 것 같다. 본문 중 "우리가 이같이 큰 구원을 등한히 여기면 어찌 그 보응을 피하리요 이 구원은 처음에 주로 말씀하신 바요 들은 자들이 우리에게 확증한 바니"(2:3)란 말씀은 저자가 예수 그리스도의 공생애 사역 동안에 함께 있지 않았으며, 바울과 같이(갈 1:11~12) 부활하신 예수 그리스도께 직접 특별한 계시를 받지도 않았다는 사실을 알 수 있다. 즉 저자는 당시 교회에서 권위 있는 자였고, 구약성경에 능통한 히브리 그리스도인으로 추측된다. 〈히브리서〉는 A.D.65년경 예루살렘 교회가 문을 닫고, A.D.70년 예루살렘과 예루살렘 성전이 파괴되기 이전에, 기독교를 포기하고 유대교로 되돌아가려는 유혹을 받고 있는 유대인 성도들을 위해 유대교와 기독교를 비교하면서 기록한 것으로 보인다.

〈히브리서〉의 기록 목적은 구약성경의 모든 중심이 예수 그리스도임을 가르쳐 주기 위함이다. 즉 하나님은 과거의 선지자들을 통해 말씀하셨으나 예수 그리스도는 옛 선지자들보다도, 천사들보다도, 모세보다도, 아론과 그의 후손인 제사장들보다도 더 뛰어나심을 제시하고 있다. 저자는 유대교로 돌아가려는 성도들에게 옛 유대인의 제도는 예수 그리스도의 단 한 번의 제사에 의해 완성되었기 때문에, 예수 그리스도를 믿는 성도들은 이제 그의 대속적인 죽음과 부활, 승천으로 하늘에 있는 참된 성소로 가는 길을 열어 놓으신 예수 그리스도만을 바라보아야 한다고 말하고 있다. 예수 그리스도가 믿음의 주체임을 증언하고 있다.

• 히브리인에게 보내진 편지이며 유대교와 기독교를 비교한 서신으로 간주된다.
• A.D. 65년경 예루살렘 교회가 쇠퇴하게 되었고 히브리인들 중에서 예수 그리스도를 믿었던 사람들이 다시 옛 유대교로 돌아가는 시점에 쓴 서신으로 본다.
• 선지자와 비교(선지자들보다 우월하신 예수 그리스도): 이제 옛적에 여러 '선지자'들로 우리 조상들에게 말씀하신 하나님이 선지자를 보내시고 그래도 안 되니, 마지막에 아들인 예수 그리스도를 보내셨다. 선지자들을 다 모아도 예수 그리스도와는 비교가 되지 않는다.
• 천사와 비교(천사보다 뛰어나신 예수 그리스도): 유대인의 '천사'론에 대하여 "천사들에 관하여는 그는 그의 천사들을 바람으로 그의 사역자들을 불꽃으로 삼으시느니라 하셨으되 아들에 관하여는 하나님이여 주의 보좌는 영영하며 주의 나라의 규는 공평한 규이니이다"(1:7~8) 하고 하나님께서 "모든 천사들은 섬기는 영으로서 구원받을 상속자들을 위하여 섬기라고 보내심이 아니냐"(1:14) 하며 그러므로 예수 그리스도와 천사는 비교가 되지 않는다고 한다.
• 모세와 비교(모세보다 뛰어나신 예수 그리스도): 모세는 하나님의 집 맡은 종에 불과하고 예수 그리스도는 하나님의 집을 맡은 아들이라 비교가 되지 않는다.
• 여호수아와 비교(여호수아보다 위대하신 예수 그리스도) : 여호수아가 가나안 땅을 정복해서 분배한 것은 사실이지만 안식을 준 것은 아니다. 만약 안식을 주었다면 그 후에 다윗이 다른 안식을 말하지 않았을 것이다. 영원한 안식은 여호수아가 준 것이 아니라 예수 그리스도가 주시는 것이다.

그것은 사람이 죽은 후에 천국에서 누릴 영원한 안식이다. 그러므로 여호수아는 예수 그리스도와 비교가 되지 않는다.

- 아론과 비교(아론보다 위대하신 대제사장 멜기세덱) : 레위 지파 아론의 자손에게 권위가 있는 것은 사실이지만, 그런 대제사장들도 흠이 있어 백성의 죄를 속죄하기 위해서 자기 죄를 먼저 속죄해야 하는 불완전한 제사장이었다. 그런데 예수 그리스도는 멜기세덱의 반차를 좇는 영원한 대제사장이다. 멜기세덱을 아브라함이 만날 때에 레위(아론-레위-야곱-이삭-아브라함)는 조상의 허리에 불과할 뿐이다.
- 성전의 비교(성전보다 뛰어나신 예수 그리스도): 건물 성전은 참 성전이 아니다. 아론의 자손이 섬기고 있는 성전은 하늘에 있는 것의 모형과 그림자다. 참 성전은 하늘에 있는 예수 그리스도가 들어가신 곳이다.
- 염소피나 송아지 피의 비교(염소나 송아지 피보다 더 나은 보배 피 예수 그리스도): 짐승의 피는 죄를 없이 하는 것이 아니고 죄를 다시 생각나게 하는 것이다. 진정으로 죄를 영원히 없애는 것은 하나님의 아들 독생자 예수의 피다.
- 진리를 알고 지식을 받은 후에 짐짓 죄를 범한다면 다시는 속죄할 제사가 없고 오직 무서운 심판을 기다리는 것과 대적하는 자를 소멸하는 맹렬한 불만 남아 있다. 하나님께서 "원수 갚는 것은 내게 있으니 내가 갚으리라"고 하셨다. 살아 계신 하나님의 손에 떨어지는 것은 무서운 일이니, 하나님의 선한 말씀과 내세의 능력에 은혜를 받고 나서 타락한 자들은 다시 새롭게 할 수 없다.
- 이스라엘 집과 유다 집에 새로운 언약을 세우신다. 첫 언약은 약점과 결점이 있어 완전치 못했기 때문에 완전하게 하시려고 예수 그리스도가 오셔서 더 좋은 언약을 주셨다.
- 예수 그리스도의 재림이 늦어지니까 낙심하고 돌아가는데, 우리는 영원을 구원하는 믿음을 가진 것이다. 기록된 바 "의인은 믿음으로 말미암아

살리라" 하였다.

- 징계를 받고 낙심하여 돌아가는데 사랑하는 자에게는 징계하신다. 그러니 그리스도인들은 온전히 예수 그리스도를 바라보며 살아가야 하는 것이다.

제사장이란?

구약의 종교를 구성하는 가장 중요한 것이 제사장일 것이다. 하나님과 인간 사이에 중보자가 없이는 '하나님과의 교제'가 불가능하기 때문이다.

구약의 사제

구약에서는 세상의 어떤 종교도 따라올 수 없는 완벽한 '제사장 제도'가 있었다.

1. 레위 지파 아론의 자손이어야 한다

백성들 중에서 뽑힌 레위 자손들 중에서 또 뽑힌 자들, 제사장직은 신의 불가침 영역(사울, 웃시야 왕 처벌)이다. 인간이 아니라 하나님이 절대적으로 세우신 것이다.

2. 제사장에게는 특별한 권한이 주어진다

일반 제사장에게는 특별한 옷이 주어지고 대제사장에게는 에봇이 주어진다. 특별한 음식(하나님께 드린 예물들이 그들의 음식)이 주어지고, 십일조(레위인들이 드린 십일조 받음: 십일조 중의 십일조), 첫 것 중에 첫 것 즉, 최상위의 것을 받았다.

3. 그들에게는 엄한 생활 규정이 있었다

백성들보다 특별한 생활을 해야 하는 의무가 있었다. 포도주, 독주는 못 마시고, 소제 예물에는 누룩을 넣지 말고 먹고, 화제 중에 주어진 음식은 거룩한 곳(성막)에서 먹어야 하며, 시체는 보거나 만지지 말아야 하며, 결혼이나 재혼도 이스라엘 처녀만으로 제한되었다.

이러한 까다로운 규정 때문에 불의의 죽임을 당한 자들도 있다(엘리의 아들 홉니와 비느하스는 전쟁터에서 죽음, 아론의 아들 나답과 아비후는 제단의 불에 죽음, 엘르아살과 이다말은 모세의 꾸지람). 구약의 제사장들은 인간성을 극복하지 못함으로 인해 제사장직을 수행하기에 많은 어려움이 있었다. 그들은 자신도 죄인이면서 남의 죄를 위해 제사를 드려야 하는 모순을 저지를 수밖에 없었던 것이다. 다시 말해 '하나님과 인간 사이의 중보자인 제사장'은 '죄가 없어야 하는 것'이 기본 조건인데, 이 조건이 완전하지 못한 상태에서 속죄 제사를 드리는 것은 효력이 있을 리가 없다는 것이다. 그래서 '대 속죄일'에는 먼저 자신들을 위해 속죄 제사를 드렸다. 이러한 구약 제사는 불완전한 것이다. '완전한 것이 올 때는 사라져야 할 인위적 제도'이다(히 5:2, 9:10).

완전하고 참된 사제는 예수 그리스도

신약에서는 아론과 같은 인간 제사장은 없다. 완전한 제사장이 나타났기 때문이다. 어떻게 해서 예수 그리스도가 완전한 제사장인지 〈히브리서〉가 설명하고 있다.

1. 멜기세덱 반차를 쫓는 분이다. 아브라함보다 높은 멜기세덱의 반차를 따르는 제사장(히 7:3).
2. 하나님이 맹세하신 분(히 7:21)이다. 맹세(언약)는 법보다 우위에 있는 것(갈 3:17)이다. 어떠한 법도 무효화 할 수 없다. 아론의 후손들은 맹세로 된 것이 아니라 법에 의해 된 것이기 때문에 예수 그리스도의 제사장직과는 감히 비교할 수 없다.
3. 하나님이 제물로 마련하여 놓으신 육체가 되어 오신 분이다(히 10:5). 짐승도 아니고 하나님께서 친히 마련해 놓으신 육체를 제물로 삼아 제사했다는 것은 그 제사가 얼마나 완벽한 제사인지 보여 준다.
4. 그는 도덕적으로 흠이 없는 제사장이시다(히 7:26).

5. 그는 도덕적으로 흠이 없는 제물이시다(히 9:14).
6. 성령으로 제사하셨다(히 9:14).
7. 하늘의 성소에서 제사하셨다(히 9:11, 9:24). 사람이 많은 성소에서 드린 것이 아니라 하늘에서 드려졌다는 것은 '모형이 아닌 실제적 제사'였다는 것이다.
8. 영원한 효력을 갖는 제사를 드렸다(히 10:12, 10:18).
9. 구약의 제사를 폐하시고 '우리가 하나님께 직접 나갈 수 있는 새 길'을 여셨다(히 10:19, 10:20).
10. 이스라엘과 이방의 구역을 없애셨다(엡 2:16). 이스라엘 백성만을 위한 제사가 아니라 '모든 인류를 위하여 제사'를 드렸다. 이와 같이 완전한 사제에 의해 완전한 제사가 드려졌기 때문에 더 이상 제사를 드릴 필요가 없게 되었다.

예수 그리스도를 믿는 자라면 누구든지 하나님 앞에 나갈 수 있는 것이다. 종교개혁자들은 이것을 '만인 제사장'이라는 말로 표현하였다. 분명한 것은 이제는 하나님과 나의 단독적인 관계는 예수 그리스도 외에는 누구도 중재할 수 없다는 것을 정확히 알고 말씀과 삶으로 예배를 드려야 하는 것이다.

야고보서

〈야고보서〉의 저자는 자신을 "하나님과 주 예수 그리스도의 종"(1:1)으로 밝히고 있다. 신약성경에는 여러 명의 야고보가 나오는데, 이 서신은 예루살렘 교회에서 지도자로 두각을 나타낸 야고보(행 15:13, 21:18)가 기록한 것으로 보인다. 이 사람은 "주의 형제 야고보"(갈 1:19, 2:9)였다. 마리아와 요셉의 아들인 야고보는 그의 형 예수 그리스도가 부활하여 그에게 나타날 때까지 그가 메시아임을 믿지 않았다(마 13:55, 요 7:5, 고전 15:7). 〈야고보서〉의 수신자는 "흩어져 있는 열두 지파"(1:1)의 성도들이며, 연대를 정확히 알 수 없으나 A.D.40~50년경으로 추정된다. 바울은 그를 교회의 기둥이라고 불렀고(갈 2:9), 바울이 회심한 이후 처음으로 예루살렘을 방문했을 때 야고보를 만났다(갈 1:19). 그리고 마지막으로 예루살렘을 방문했을 때도 야고보를 만났다(행 21:18). 헤롯 아그립바 1세가 사도 야고보를 죽인 것을 유대인들이 기뻐하는 것을 보고, 사도 베드로 역시 유월절이 지나면 죽이려고 감옥에 가두었다. 천사의 도움으로 감옥에서 탈출했을 때, 그 사실을 제일 먼저 보고받은 사람이기도 하다(행 12:17). 야고보는 이방인의 전도에 대한 중요한 회의였던 예루살렘 총회의 책임자였다(행 15:13).

〈야고보서〉의 주제는 "영혼 없는 몸이 죽은 것 같이 행함이 없는 믿음은 죽은 것이니라"(약 2:26)고 할 수 있다. 〈야고보서〉의 기록 목적은 예루살렘 교회의 지도자로서 환난에 직면해 흩어져 있는 그의 성도들에게 교훈과 격려를 주기 위함이다. 당시 성도들이 당하고 있는 핍박에 대한 성도들의 잘못된 행동에 대해서 권면하고, 올바른 믿음의 행위를 가르치기 위한 것이다. 예수 그리스도를 믿는 성도들의 살아 있고 실제적인 믿음은 선한 행위와 같으며, 선한 행위를 하지 않는 자들은 진정한 성도가 아니라고 하며 또한 시험과 시련, 박해 앞에서 무엇으로 대처해야 하는지를 가르치고 있다. 야고보가 권면하는 것은 하나님의 주권적 선하심에 순종하고, 참된 경건의 삶을 살며, 또한 선한 행위를 해야 한다는 것이다. 그러므로 〈야고보서〉는 성도들의 생활과 행동에 대한 실질적인 지침서이기도 하다. 유대 역사가 요세푸스에 따르면, 야고보는 A.D.62년에 성전 꼭대기에서 던져져 죽임을 당했다고 전해지고 있다.

성도들은 믿음으로만 구원받는 것이 아니고 행함이 따라야 한다. 이것은 믿음과 행함으로 구원받는다는 것이 아니다. 구원은 믿음으로 받는데 그 믿음은 행함이 있는 믿음으로, 생명력이 있고 살아 있는 믿음을 강조한 것이다. 성도들이 믿음으로써 구원을 받는다고 생각하다 보니 실천적인 삶이 따르지 못하고 아무 행위도 없어 믿음과 삶이 일치되지 않는 것을 보고 권면하는 것이다. 성도들이 시련을 받게 될 때 낙심해서는 안 되며 오히려 기뻐하고 또한 믿음은 반드시 행위가 따르므로, 믿음이 있다고 하는 자는 선을 행함으로써 본을 보이며 모든 일에 참고 견디며 교만하지 말고, 겸손히 하나님과 함께 동행할 것을 가르치고 있다.

- 시련과 시험을 능히 이겨 내는 믿음
- 행함이 있는 믿음(참 믿음, 사람들을 구체적으로 돕고 긍휼을 베푸는 실천하는 믿음)
- 인내로써 결실하는 믿음(인내로써 결실하여 선한 열매를 얻는 믿음)
- 인간 차별을 하지 않는 믿음(부자와 가난한 자의 차별, 사람 평등)
- 자신의 혀를 제어할 수 있는 믿음(해야 할 말과 하지 말아야 할 말의 구별)
- 겸손하고 온유한 믿음(하나님은 교만한 자를 물리치시고 겸손한 자에게 은혜를 베푸심)
- 올바른 인내의 기도(이기적이거나 정욕의 기도가 아니고 참 믿음의 바른 기도)
- 세상과 벗하지 않은 믿음(간음한 여인들아 이 세상과 벗된 것이 하나님과 원수됨을 알지 못하느냐 그런즉 누구든지 세상과 벗이 되고자 하는 자는 스스로 하나님과 원수 되는 것이니라)
- 사랑과 긍휼이 있는 믿음(긍휼이 없는 자에게는 긍휼 없는 심판이 있다)

베드로전서

〈베드로전서〉는 사도 베드로가 A.D.64년경에 쓴 것으로 추정된다(1:1). 이 서신은 박해로 인하여 소아시아 지방의 본도, 갈라디아, 갑바도기아, 아시아와 비두니아에 흩어진 나그네 성도들에게 보낸 것이다. 이 서신에 나타난 박해는 네로 시대(A.D.64~68년)의 박해 상황을 묘사하고 있다. 성도들의 생활과 행실도 많이 언급하고 있다. 〈베드로전서〉의 목적은 "너희에게 간단히 써서 권하고 이것이 하나님의 참된 은혜임을 증언하노니 너희는 이 은혜에 굳게 서라"(5:12)는 것이다. 또한 믿음의 시련을 당하는 성도들을 위로하고 믿음을 굳게 하여 임박할 핍박을 이기고, 예수 그리스도 앞에 설 때 칭찬과 영광이 되는 성도들이 될 수 있도록 권면해 주고 있다.

일부 학자들은 서신에 나타난 헬라어의 관용적인 표현이 베드로의 실력 이상의 것이라고 주장한다. 그러나 베드로가 "그들이 베드로와 요한이 담대하게 말함을 보고 그들을 본래 학문 없는 범인으로 알았다가 이상히 여기며"(행 4:13)에서도 볼 수 있듯이 많은 노력을 한 것 같다. 비록 초기에는 학문적으로 많은 것이 부족하였더라도 〈베드로전서〉가 기록된 시대까지 수십 년이 지나면서, 그가 헬라어가 복음 전도의 중요한 수단임을 인식하고 그것을 익혔을 것으로 보아야 할 것이다. 또한 베드로는 서신(5:12)에서 자기가 실루아노의 도움으로 이 편지를 기록하고 있다고 언급하고 있다. 이 말은 단순히 실라가 편지의 전달자라는 의미만이 아니라 실라가 이 서신을 기록한 것이다.

베드로는 이 서신에서 자기가 바벨론에 있었다고 말하고 있다(5:13). 그러나 이 장소가 학자들 간에 많은 논쟁거리가 된다. 〈베드로전서〉의 기록 장소인 바벨론은 서신을 쓸 때, 유프라테스 강 지역에 있는 작은 마을로서 실재했다고 알려져 있다. 또한 〈요한계시록〉이 기록되기까지 바벨론이란 말이 비유적이거나 영적인 표현으로 사용되었다는 증거는 찾아볼 수 없다. 그래서 이 서신의 바벨론(이라크)은 실제적으로 베드로가 전도 활동한 장소로 보아야 한다.

- 하나님의 약속에 근거한 참 소망
- 이루어진다는 보장이 있는 소망
- 썩지 않고 더럽지 않고 쇠하지 않은 소망
- 영혼의 닻같이 든든한 소망
- 죽음 너머까지 이어지는 소망
- 환난과 핍박을 이기고 견디게 하는 소망
- 우리를 거룩하게 하는 소망
- 사람들에게 설명할 수 있는 소망

〈베드로전서〉가 기록된 때에 네로 황제의 기독교 박해가 시작되었고 베드로는 이러한 박해로 잠시 동안 시험과 시련을 겪어야 될 것을 말하고 있다. 교회의 역사가 오순절부터 시작된다고 보면 아직 40년도 되지 않은 짧은 역사를 가지고 있었다. 여러 곳에 흩어져 있던 성도들이 시험과 시련을 잘 이길 수 있도록 격려와 위로, 소망의 편지로 권면하는 내용이다. 베드로가 그리스도인을 '나그네'(1:1)로 표현한 것으로 보아 터키 전 지역을 대상으로 하는 말씀이다. 성도들에게 시련과 환난, 고난의 날들이 다가올 때에 우리가 가진 참 믿음에 기초한 소망이 있기 때문에 시련을 이겨 나갈 것을 권면하였다. 참 믿음을 가진 사람들에게 보장된 소망은 하나님의 약속에 근거한 것이다. 베드로는 이 소망은 쇠하지 않는 소망, 살아 있는 소망이니 이 소망을 가지고 선한 싸움을 하라고 말하고 있다. 이 소망은 우리가 죽으면 끝나는 것이 아니고, 죽음으로 인하여 오히려 시작되는 천국의 약속이며 하나님의 약속의 끈이라는 것이다.

베드로후서

〈베드로후서〉의 저자는 자신을 시몬 베드로라고 밝히고(1:1), 자신이 예수 그리스도의 변화 산의 영광을 본 목격자라고 말하고 있다(1:16~18, 막 9:2~3). 그는 이 서신에서 성도들에게 두 번째 편지임을 말하고 있으며(3:1), 바울을 "우리가 사랑하는 형제"(3:15)라고 언급하고 있다. 베드로는 〈베드로전서〉를 기록하여 보낸 후 그의 말년의 사역이 끝나 갈 시점에 〈베드로전서〉에서와 같은 성도들에게 거짓 교훈과 이단인 영지주의자들을 경계하라면서, 자기의 죽음이 다가오는(1:14) 것을 알고 유서의 모습으로 〈베드로후서〉를 기록하여 보냈다(1:12~15).

베드로는 네로의 통치 기간에 순교했기 때문에 그의 죽음은 A.D.68년 이전에 이루어졌음에 알 수 있다. 따라서 베드로가 〈베드로후서〉를 A.D.65년~68년 사이에 기록했음을 추정할 수 있다. 베드로는 〈베드로전서〉에서는 교회 밖에서 받을 고난에 어떻게 대처할 것인가에 대해 교훈함으로써 성도들을 가르쳤다(벧전 4:12~14). 그러나 〈베드로후서〉에서는 교회 안에서 일어나고 있는 더 심각한 위험인 배교와 거짓된 가르침(2:1)에 대하여 이야기하고 있다. 이 서신은 거짓 선지자들과 거짓 선생들의 교훈을 경계(2장)하고 있으며, 또 주의 날이 도둑같이 올 때를 맞이하여 성도들이 어떠한 삶을 살아야 할 것인가를 가르쳐 주고 있다(3장).

신성한 성품에 참여하기 위한 성장과 성화, 성숙의 단계(1:4~7)

- 믿음: 하나님과의 인격적 신뢰로 시작
- 덕망: 덕을 세우기 힘쓰라.
- 지식: 하나님을 아는 지식에서 자라 가라.
- 절제: 범사에 절제하라. • 인내: 인내를 온전히 이루라.
- 경건: 하나님과의 관계는 종적인 관계
- 우애: 형제들과의 관계는 횡적인 관계
- 사랑: 최고의 계명, 사랑으로 완성된다.

베드로 서신에 나타난 이단들은 예수 그리스도의 재림을 부인하는 자들이다. 이들은 예수 그리스도의 재림이 그들의 눈앞에서 실현되지 않자, 재림의 약속은 사람들이 고의로 만들어 낸 거짓말이라고 주장하였다. 여기에 거짓 선지자들도 이들과 합세하여 예수 그리스도를 비방하고 십자가 위에서 피 흘려 돌아가신 예수 그리스도를 부인하였다. 그 결과 부도덕한 성범죄를 합리화하는 등, 성도들의 양심을 무감각하게 만들고 간교한 말로써 재물을 탈취하였다. 이에 사도 베드로는 재림의 사건은 교묘히 만든 것이 아니라 예수 그리스도의 입술을 통해 직접 들었으며, 그의 크신 위엄을 친히 보았고 하나님의 약속임을 강조하였다(벧후 1:16). 또한 거짓 선지자들에게 장차 하나님의 무서운 심판이 내려질 때, 경건한 자는 시험에서 건지시고 불의한 자는 형벌 아래에 두시어 심판 날까지 지키실 것임을 선포하고, 성도들에게는 거짓 선지자들에게 미혹당하지 말 것을 권면하였다(벧후 2장).

요한1서

〈요한1서〉는 사도 중 한 사람인 예수님께서 '사랑하시는 자'(요 13:23) 요한이 기록한 서신이다. 요한이란 이름은 '여호와는 인자하시다'(히:요하난)라는 뜻이다. 〈요한1서〉의 수신인은 누구이며 어디에 살았는지 명시되어 있지 않다. 이 서신에는 아무 사람의 이름도 명시되어 있지 않다. 사도 요한이 소아시아 지방의 여러 교회 성도에게 보낸 회람 서신이었을 것으로 추정한다. 그 이유는 〈요한1, 2, 3서〉가 모두 A.D.85~90년경에 에베소에서 기록된 것으로 보이기 때문이다.

〈요한1서〉 당시 영지주의자들은 예수님의 성육신(하나님께서 인간이 되셨다는 의미)은 실제로 이루어진 것이 아니라 외형적으로 나타난 것에 불과하다고 했다. 그중 사도 요한과 동시대에 살았던 케린투스가 주도하는 학파는 기록에 의하면 "예수라는 인간이 세례를 받을 때 그리스도라는 영이 그 위에 임하였다가 그가 십자가에서 죽을 때 그에게서 떠났다"라고 주장하였다. 또 다른 학파는 "예수님의 인성은 완전히 허구에 불과한 것이며 따라서 십자가에 못 박았던 자는 허상을 십자가에 박았던 것이다"라고 덧붙였다. 또 어떤 이들은 "실제로 못 박혔던 인물은 구레네 시몬이었으며 당시 예수님은 앉아 이 광경을 바라보셨다"라고 주장하기도 하였다.

그러나 성경을 보면 예수님이 세례 받은 것은 온 세상 죄를 어린 양이신 구세주에게 전가시키는 의식임을 알 수 있다. 따라서 사도 요한은 〈요한복음〉에서 "말씀이 육신이 되어 우리 가운데 거하시매"(요 1:14)라고 예수 그리스도께서 실제 인간이 되셨음을 설명하였다. 또한 그는 "이는 물과 피로 임하신 이시니 곧 예수 그리스도시라 물로만 아니요 물과 피로 임하셨고"(요일 5:6)라고 강조하였다. 이는 곧 예수께서 세례 받으실 때뿐 아니라, 십자가에서 죽으실 때도 메시아요, 하나님의 아들이셨음을 나타내는 말이다. 즉 십자가에서 돌아가신 그분은 세례 받으신 그분과 동일하게 진실로 성육신하신 하나님의 아들이라는 것이다. 〈요한1서〉는 거짓 선지자와 거짓 교사들의 잘못된 가르침에 의하여 희생되어 가던 성도들을 위하여 기록하였다.

성도의 교제는 관계의 회복이다(참사랑)

- 빛의 열매로서의 사랑
- 진리 안에서의 사랑 • 하나님 사랑과 형제 사랑
- 부끄러움과 두려움이 없는 사랑
- 행함과 진실로 열매 맺는 사랑
- 심판에도 담대하게 하는 사랑
- 계명을 지키는 사랑

이 서신은 사도 요한이 거짓 교사(영지주의)들을 폭로하기 위해서(2:26), 성도들에게 구원의 확신을 주기 위해서(5:13) 기록했다. 거짓 교사들과 대항하려고, 요한은 특별히 죄를 짓는 자들은 마귀에 속한 자라고 말하고 있다(3:8~10). 그리고 예수 그리스도의 성육신에 대해 목격자적 증언을 함으로써, 그는 성도들이 성육신하신 예수 그리스도에 대한 믿음을 굳게 갖도록 촉구했다(1:3). 이러한 믿음이 완성되면 기쁨을 갖게 될 것이라고 선포하고 있다(1:4).그 당시 성도들은 세상의 것을 사랑하였고, 성도들 간에 서로 싸우고 있었다. 거짓 교사들은 성도들을 예수 그리스도에게서 떨어지도록 하기 위하여 거짓으로 유혹하였다. 그러므로 사도 요한은 그들에게 영생을 가졌음을 깨닫고, 죄를 범하지 말고 믿음으로 서로 사랑하면서 살도록 권면하고 있다. 이 서신은 예수 그리스도를 믿는 성도들이 어떠한 사람들인가를 가르쳐 주고 있다. 즉 하나님은 빛이시므로 그리스도인들은 빛 가운데 거해야 하고, 또한 하나님은 사랑이시므로 서로 사랑하며 성도들은 죄를 범하지 말고, 믿음으로 살아갈 것을 가르쳐 준다.

요한2서

저자는 〈요한1서〉를 기록한 사도 요한이다. 저자는 자신을 장로로만(1:1) 밝히고 있지만, 유대 전승과 학자들은 이 서신의 저자를 사도 요한이라고 하고 있다. 이 서신은 A.D.90년경 에베소에서 기록되었고, 본문에서 "택하심을 받은 부녀와 그의 자녀"(1:1)라는 말씀으로 보아 개인적인 믿음의 친구와 그의 자녀에게 보낸 서신으로 볼 수 있다. 〈요한2서〉는 당시 소아시아 지방에 만연했던 이단과 거짓 교사들의 유혹에서 성도들을 보호하고자 기록하였다.

• 예수 그리스도께서 육체로 임하심을 부인하는 적그리스도, 즉 영지주의 이단을 경계하기 위하여 기록하였다.
• 이단의 유혹에 넘어가지 말고 진리 안에서 거하자.
• 예수 그리스도의 교훈을 벗어나지 말고 처음부터 주셨던 계명 안에 거하자.

이 서신은 사도 요한이 택하심 받은 어떤 부녀와 그의 자녀들이 온갖 이단들이 핍박한다 할지라도 흔들리지 않고 진리 안에서 살아간다는 소식을 듣고 요한이 기쁨으로 충만하여 그들을 방문할 계획을 가지고 썼다. 〈요한2서〉의 주제는 "너희는 스스로 삼가 우리가 일한 것을 잃지 말고 오직 온전한 상을 받으라"(1:8)라는 말씀이다. 이 서신은 복음의 진리 안에서 행하는 성도는 하나님 안에서 사랑과 계명을 지키는 자로, 바로 진리 안에서 행하는 자라고 가르치고 있다.

요한3서

저자는 〈요한2서〉를 기록한 사도 요한이다. 〈요한2서〉와 〈요한3서〉에서 저자는 자신을 '장로'라고 밝히고 있다. 이 서신은 교회의 성도 '가이오'라는 남자에게 보낸 것으로 보인다. 기록 시기는 A.D.90년경으로 〈요한1서〉와 같은 시기로 보고 있다. 초대 교회 당시에는 순회 전도자들과 순회 교사들이 직접 다니면서 전도하였다. 성도들은 이 전도자들을 자기 집에 맞아들이고서 그들이 떠날 때에는 필요한 물품과 여비까지 마련해 주었다. 그런데 소아시아 지방의 한 교회의 지도자인 디오드레베가 요한이 보낸 순회 전도자들을 배척하고, 사도 요한이 보낸 전도자들을 대접했던 성도들을 교회에서 쫓아내어 버렸다. 그리하여 요한은 가이오에게 그 나그네 된(순회 전도자들) 자들을 물질적으로 지원해 주도록 하며, 간접적으로는 디오드레베에게 경고와 권면을 하기 위해 서신을 써 보냈다.

- 진리 안에서 행하자.
- 나그네 전도자를 영접하고 전송하자.
- 악한 것을 본받지 말고 선한 것을 본받자.
- 진리를 위하여 함께 수고하고 동참하자.

수신자 '가이오'에 대한 설명은 없지만 사도 요한을 존경하고 따르는 사람으로 요한의 가르침을 그대로 지켜 나가며 교회 일을 맡아 보는 인물인 것 같다. 사도 요한은 '가이오'에게 '사랑한다'라고 말하고 있다. 본 서신은 〈요한2서〉와 비슷한 시기에 쓰인 것 같다. 그 당시에는 '케린투스파'라는 영지주의 이단이 설치고 있었다. 영지주의는 초대 교회의 최대의 이단이었다. 그들의 주장은 예수님께서 육체로 온 것을 이해할 수 없다는 것이다. 육체나 물질은 악하고 영혼은 선한 것이라는 그리스 철학의 영향으로 하나님께서 어떻게 악한 육체가 되었느냐며 예수 그리스도께서 이 땅에 육체로 온 것이 아니라고 주장했다. 당시에 복음을 전도하며 교회를 순회했던 전도자를 '나그네'라는 이름으로 기록하고 있다. 나그네는 거짓 선지자를 구별하는 일을 하였으며 교회가 이들의 숙식을 제공하는 것은 당연한 것이었으나, 이들을 악한 말로 비방하고 맞아들이지 않으며 교회에서 내쫓는 고약한 '디오드레베'라는 사람이 있었다. 사도 요한은 '가이오'에게 그 영혼이 잘됨과 같이 범사에 잘되고 강건하기를 간구하는 마음으로 서신을 쓰고 있다.

유다서

저자는 야고보의 형제이며, 예수 그리스도의 형제인 유다가 기록하였다고 밝히고 있다(1:1). 이 서신은 A.D.60~68년경에 기록하여 그가 사역하였던 소아시아 지역의 성도들에게 보낸 것으로 추정된다. 〈유다서〉는 그 당시 교회 안에 '가만히 들어온 거짓 선지자'들의 잘못된 가르침으로 부도덕한 행위를 일삼고 예수 그리스도를 배교하는 성도들에게 구약의 역사적인 사건(1:9,11,14)을 통하여 경고하고, 아직 미혹되지 않은 성도들은 하나님의 사랑 안에서 자신들을 지키며 영생에 이르도록 예수 그리스도의 긍휼을 기다리라고 가르치고 있다.

〈베드로후서〉와 〈유다서〉 사이에는 내용에 많은 유사성이 있어(〈베드로후서〉 2장과 〈유다서〉 1장 3~16절), 학자들 사이에 많은 논쟁이 있었다. 그래서 많은 학자들은 〈유다서〉가 〈베드로후서〉를 인용했다고 주장한다. 그러나 두 서신 간에 많은 차이점도 볼 수 있어, 어느 한 편이 다른 편지를 인용했다고 주장하기에는 무리가 있어 보인다. 이 두 서신은 기록자의 목적에 알맞은 자료들 중 같은 것을 적용하여 기록한 것으로 보아야 좋을 것 같다.

- 가만히 들어온 이단을 경계하라.
- 이들은 경건치 않은 자들이며, 은혜를 방탕한 것으로 바꾸는 자들이며, 예수 그리스도를 부인하는 자들이다.
- 꿈을 꺠지 못한 사람들이고 영광을 훼방하는 사람들이며 가인의 후예들이다.
- 삯을 위해서 불의한 길을 달려가는 발람의 후예들이다.
- 고라와 함께 반역자의 길을 가는 사람들이다.
- 애찬의 암초와 같은 존재들이며, 자기 몸만 기르는 목자들이다.
- 물 없는 구름이요, 죽고 또 죽어 뿌리까지 뽑힌 열매 없는 가을 나무들이며 캄캄한 흑암에 들어갈 유리하는 별들이다.

〈유다서〉에는 수신자들과 수신 지역도 명시되어 있지 않다. 이 서신은 유대인 성도들이나 이방인 성도들 모두에게 적용될 수 있다. 〈베드로후서〉와 〈유다서〉에서 말하고 있는 이단은 당시에 널리 퍼져 있었다. 서신에서 말하고 있는 거짓 교사들은 영지주의자들로 생각된다.

그래서 교회 안에 예수 그리스도를 믿으면서도 부도덕한 행위와 지도자들에 대한 원망과 불평으로, 은혜로 주신 믿음의 길을 떠난 성도들이 많이 발생하였다. 이 서신은 유다가 교회에 가만히 들어온 자 중에서 하나님의 은혜를 도리어 방탕한 것으로 바꾸고 예수 그리스도를 부인하는 자들을 경계시키지 않으면 안 되겠다고 생각하여(1:4) 기록하였다.

거짓 교사들은 성도들은 은혜로 구원받았기 때문에 더 이상 죄에 의한 고통을 받지 않을 것이므로 어떤 죄를 지어도 괜찮다고 가르치고 있었다. 그래서 유다는 그의 성도들에게 그러한 자들(거짓 교사들)을 경계하고, 그들의 잘못된 가르침을 하나님의 은혜의 진리로서 대항하도록 권면하고 있다.

요한계시록

“예수 그리스도의 계시”(계 1:1)이고 “예언의 말씀을 인봉하지 말라”(계 22:10)라고 말씀하신다. ‘계시록’이란 말은 헬라어 ‘아포칼립시스’이고 그 뜻은 ‘계시, 드러내는 것’을 의미한다. 〈요한계시록〉은 인봉된 말씀이 아니라 보여 주고 알게 하시려고 기록된 책이다. “내게 말하되 이 두루마리의 예언의 말씀을 인봉하지 말라 때가 가까우니라”(22:10)의 말씀에서 감추어진 책이 아니라 그 내용이 이해될 수 있는 책임을 알 수 있다.

1. 기록자

기록자는 자신을 "종 요한"(1:1)이라고 밝히고 있다. 이 계시록은 아시아에 있는 일곱 교회에 보낸 것이다. 요한은 갈릴리 벳새다 사람이고 부친은 세베대, 모친은 살로메, 형은 큰 야고보이며 예수 그리스도의 이종사촌(요 19:25)이다. 그는 가족과 함께 어업을 하였다(눅 5:10). 처음에는 세례 요한의 제자가 되었다가 세례 요한이 예수 그리스도를 가리켜 하나님의 어린 양을 보라고 증언하니 곧 예수 그리스도를 좇아(요 1:35~39) 12사도 중에 참여하여(마 10:2) 가장 어린 자로 예수 그리스도의 사랑을 받았다(요 13:23, 19:26).

이후 에베소에서 전도하다가 도미티아누스 황제가 교회를 핍박할 때에 밧모 섬에 유배되어 있으면서 하나님의 계시를 받아 아시아 일곱 교회에 그것을 보내고 석방된 후 다시 에베소에서 종신토록 사역하였으며 성도들에게 "피차 서로 사랑하라"고 권면하였다. A.D.100년경 소천 때 그의 나이 94세 정도로 추정된다.

2. 기록 연대

기록 연대는 밝히지 않고 있다. 〈요한계시록〉을 연구한 학자들의 견해는 도미티아누스 황제(A.D.90~96)가 재위하고 있던 시기로 보고 있다.

3. 기록 장소

기록한 장소 역시 확실하지 않지만 밧모 섬 또는 에베소로 보는 것이 일반적인 견해이다. 밧모 섬에 사도 요한이 유배되어 있었던 기간도 정확하게 밝혀져 있지 않다. 밧모 섬은 로마 시대에 정치범들이 유배되었던 곳으로 이 섬의 이름은 '팔모사(파티모스)'이다. 로마 시대에는 이곳에 채석장이 있었고 정치범들이 그곳에서 강제 노동에 혹사당했던 것으로 전해진다. 요한이 계시를 받은 후 그 섬에 머무르는 동안에 기록했는지 아니면 도미티아누스 황제가 죽은 후 풀려나와 에베소에서 기록했는지 확실하지는 않지만 두 곳 중 한 곳에서 기록했을 것으로 추정된다.

4. 기록 동기와 시대적 배경

사도 요한이 〈요한계시록〉을 기록하였던 때로부터 20년 전, 네로 황제(A.D.64년-67년)가 기독교를 심하게 핍박하였다. 그로 말미암아 사도 바울이 로마에서 순교하였고, 다른 사도들도 전부 순교하여 교회들이 큰 환난을 겪고 있었다. 이제 교회는 새로운 박해를 당하게 되었고 그때까지 살아 있었던 유일한 사도인 요한이 체포되어 밧모 섬에 유배되었다. 네로 황제의 1차 박해가 끝난 후에는 평온을 유지하면서 전도하였으나, 도미티아누스 황제(A.D90-A.D.96)의 2차 박해가 시작되면서 사도 요한이 유배되자 교회와 성도들의 불안은 극에 달했다. 유배되었던 사도 요한이 주일을 맞이하여 교회를 걱정하면서 기도하다가 예수 그리스도의 음성을 듣고 모습도 보게 되었다. 그리고 예수 그리스도로부터 "네가 보는 것을 두루마리에 써서 에베소, 서머나, 버가모, 두아디라, 사데, 빌라델비아, 라오디게아 등 일곱 교회에 보내라"(1:11)하시는 명령을 받고 기록하게 되었다. 1차 박해 이후 성도들은 예수 그리스도의 재림을 기대했다. 그런 가운데 〈요한복음〉 21장 18~22절의 내용이 와전되어서 사도 요한이 살아 계실 때 예수 그리스도가 재림한다는 소문이 떠돌고 있었다. 그러나 예수 그리스도께서는 그 당시 2차 박해가 막 진행 중이던 때에 성도들이 소망을 갖고 박해를 견딜 수 있는 위로와 격려가 필요하다는 것을 아시고 요한에게 이 계시를 보여주셔서 염려하는 교회들과 사역자들을 격려하신 것으로 볼 수 있다. 교회는 이제 겨우 두 번째 박해를 맞이하게 되었는데 그날 이후 콘스탄틴 황제가 A.D.313년 밀라노 칙령을 내릴 때까지 10차례(약 250년)의 큰 박해를 겪어야 했다.

5. 기독교 10대 박해 사건

시기(A.D.)	황제	박해 사건	피해와 순교자
64~67년	네로 황제	• 로마와 그 주변에서 박해. • 기독교인들이 로마 화재의 주범으로 몰려 희생당함. • 네로가 기독교인들을 불태워 정원을 밝히는 만행.	바울, 베드로 순교.
90~96년	도미티아누스 황제	• 주로 로마와 소아시아 지역에서 심한 박해.	클레멘트 순교, 요한의 밧모 섬 유배
98~117년	트라얀 황제	• 산발적으로 번져 나갔음. • 로마에 대한 애국심을 의심받던 다른 단체들과 함께 박해를 받음. • 기독교인들은 발견되기만 하면 형을 집행, 미리 교육을 시켜 교인들의 피해를 모면함.	이그나티우스, 시므온, 소지무스, 루푸스 등의 순교.
117~138년	하드리안 황제	• 트리얀 황제 시대의 정책을 그대로 계승되어 교회를 박해. • 기독교에 대하여 변호하는 사람들까지 처벌.	텔레스포루스 순교.
161~180년	마르쿠스 아우렐리우스 황제	• 황제 자신이 스토아학파였기 때문에 기독교를 반대하여 박해. • 기독교인에게 자연재해의 원인이 있다고 박해.	저스틴, 포티누스, 블랜디나 등 순교.
202~211년	셉티무스 세베루스 황제	• 기독교로 개종을 금지하는 정책.	레오니다스, 이레니어스, 페르페투아 등 순교.
235~236년	막시미누스 황제	• 기독교의 성직자들을 처형하라고 명령. • 기독교인들이 암살당했던 전임 황제를 지지하였다고 박해.	우르슬라, 히폴리투스 등 순교.
249~251년	데키우스 황제	• 로마 제국의 전 지역으로 확산. • 황제만이 신으로 숭배되었고 다른 신은 숭배 할 수 없게 금지. • 기독교를 완전히 없애려고 함.	파비아누스, 알렉산더 등 순교.
257~260년	발레리안 황제	• 기독교인들의 재산 압수. • 기독교인들의 집회 금지.	오리겐, 키프리안, 식스투스 2세 순교.

303~311년	디오클레티안 갈레리우스 황제	• 최악의 박해 시기. • 교회들은 무너지고 성경책은 소실. • 모든 기독교인이 자격 정지. • 기독교인들이 이방신의 제물로 희생.	마우리티우스 같은 일반 성도들도 많은 수가 희생당함.

6. 수신자

공식적인 수신자는 아시아의 일곱 교회이다. 그러나 진정한 의미에서 수신자는 모든 시대의 교회들이다. 일곱 교회에 보내는 개별적인 말씀들의 끝에는 동일하게 "귀 있는 자는 성령이 교회들에게 하시는 말씀을 들을지어다"라고 말씀하고 있다. 기록된 말씀의 교훈들은 어느 시대, 어느 교회들에게도 보편적으로 필요한 진리이기 때문에 기록된 이 예언의 말씀을 지켜 행하는 모든 성도는 복을 받게 되는 것이다.

〈요한계시록〉의 내용상 구분

구분	내용
1장 역사적 관점	'네가 본 것' – 사도 요한이 보았던 것 사도 요한이 살던 당시 역사적으로 너무 절박한 당면 문제(핍박, 박해)를 다루고 있음. 예수 그리스도께서 두려워하지 말라는 소망의 말씀을 주심.
2장, 3장 일반적 관점	'지금 있는 일' 사도 요한이 살아 있던 당시의 7개 교회에 대한 예수 그리스도의 칭찬과 책망. 그때 당시의 일이면서, 오늘날 언제라도 있을 수 있는 일.
4장 ~ 22장 예언적 관점	'장차 될 일'을 보여 줌. 4장~5장 : 천상의 예배 장면 일곱 봉인의 환상 일곱 나팔의 환상 일곱 대접의 환상

일곱 봉인은 마지막 때의 특성, 일곱 나팔은 마지막 때의 징조, 일곱 대접은 마지막 때의 환난으로 해석해야 될 것 같다.

〈1장〉

1장 전체의 주제는 "두려워하지 말라"(1:17)라는 예수 그리스도의 메시지이다.

"예수 그리스도의 계시라"(1:1)

"이 예언의 말씀을 읽는 자와 듣는 자와 그 가운데에 기록한 것을 지키는 자는 복이 있나니 때가 가까움이라"(1:3)

〈요한계시록〉의 말씀을 읽고 실천하는 자가 복을 받는다.

"요한은 아시아에 있는 일곱 교회에 편지하노니 이제도 계시고 전에도 계셨고 장차 오실 이와 그의 보좌 앞에 있는 일곱 영과 또 충성된 증인으로 죽은 자들 가운데에서 먼저 나시고 땅의 임금들의 머리가 되신 예수 그리스도로 말미암아 은혜와 평강이 너희에게 있기를 원하노라 우리를 사랑하사 그의 피로 우리 죄에서 우리를 해방하시고 그의 아버지 하나님을 위하여 우리를 나라와 제사장으로 삼으신 그에게 영광과 능력이 세세토록 있기를 원하노라 아멘 볼지어다 그가 구름을 타고 오시리라 각 사람의 눈이 그를 보겠고 그를 찌른 자들도 볼 것이요 땅에 있는 모든 족속이 그로 말미암아 애곡하리니 그러하리라 아멘 주 하나님이 이르시되 나는 알파와 오메가라 이제도 있고 전에도 있었고 장차 올 자요 전능한 자라 하시더라"(1:4~8)

성부, 성자, 성령의 모습이다. 예수 그리스도의 피로 우리의 죄를 사하시고 교회(성도)를 제사장, 즉 만인 제사장으로 만드셨다.

"촛대 사이에 인자 같은 이가 발에 끌리는 옷을 입고 가슴에 금띠를 띠고 그의 머리와 털의 희기가 흰 양털 같고 눈 같으며 그의 눈은 불꽃 같고 그의 발은 풀무불에 단련한 빛난 주석 같고 그의 음성은 많은 물 소리와 같으며 그의 오른손에 일곱 별이 있고 그 입에서 좌우에 날선 검이 나오고 그 얼굴은 해가 힘있게 비치는 것 같더라"(1:13~16)

예수 그리스도의 위엄 있는 모습이다.

"내가 볼 때에 그의 발 앞에 엎드러져 죽은 자 같이 되매 그가 오른손을 내게 얹고 이르시되 두려워하지 말라 나는 처음이요 마지막이니"(1:17)

예수 그리스도가 살아 계실 때 사랑받았던 사도 요한이 예수 그리스도의 모습에 떠는 모습이다.

"곧 살아 있는 자라 내가 전에 죽었었노라 볼지어다 이제 세세토록 살아 있어 사망과 음부의 열쇠를 가졌노니"(1:18)

예수 그리스도는 살아 계시고 사망과 음부의 열쇠를 가졌으니 두려워 마라.

"그러므로 네가 본 것과 지금 있는 일과 장차 될 일을 기록하라"(1:19)

예수 그리스도가 요한에게 천사를 통해 보여 준 계시를 기록하라고 하신다.

"네가 본 것은 내 오른손의 일곱 별의 비밀과 또 일곱 금 촛대라 일곱 별은 일곱 교회의 사자요 일곱 촛대는 일곱 교회니라"(1:20)

사자(使者)는 일곱 교회의 사역자를 말한다. 즉 사역자들을 붙잡고 있으니 두려워 말라고 권면하는 것이다.

〈2장~3장〉

"네가 보는 것을 써서 일곱 교회에 보낸다". "귀 있는 자(개인)는 성령이 교회들(복수,7교회들)에게 하시는 말씀을 들을지어다"

교회마다 보낸 서신 마지막 말씀으로 일곱 교회 모두에게 하는 말을 들어볼 것을 의미한다.

주님께서 일곱 교회에 말씀하신 것을 도표

아시아의 7개 교회	예수님의 칭찬	예수님의 책망	예수님의 훈계	책망/훈계를 무시하면?	예수님이 주시는 상급
에베소 교회 (계 2:1 ~2:7) '셀주크'	에베소 교회의 수고와 인내, 악한 자들을 용납하지 않음. 자칭 사도라는 자들을 시험하여 그 거짓된 것을 드러냄. 에베소 교회의 참음. 예수님의 이름을 위해 수고하고 낙심치 아니함. 예수님도 미워하시는 니골라 당의 행위를 미워함.	처음 사랑을 버렸다.	어디서 떨어졌는지를 기억하고 회개할 것 처음 행위를 가질 것	예수님께서 에베소 교회에 임하여 에베소 교회의 촛대를 옮기실 것임.	이기는 자에게는 예수님께서 하나님의 낙원에 있는 생명나무의 과실을 주어 먹게 할 것임.

서머나 교회 (계 2:8 ~2:11) '이즈미르'	서머나 교회가 당하는 환난과 궁핍을 예수님이 아심. 실상은 서머나 교회가 부유한 자라고 예수님이 칭찬하심. 자칭 유대인이라 하나 실상은 사탄의 회인 자들의 신성모독에 대해 예수님이 알고 계심.		장차 받을 고난을 두려워 말 것 마귀가 장차 너희 가운데 몇 사람을 옥에 던져 시험하여 10일간 환난을 받게 할 것		죽기까지 신실하라. 그리하면 생명의 면류관을 주겠다. 이기는 자는 둘째 사망의 해(害)를 받지 않을 것임.
버가모 교회 (계 2:12 ~2:17) '베르가마'	버가모 교회의 행위를 예수님이 알고 계심. 사탄의 처소가 있는 곳에서도 예수님의 이름을 굳게 붙잡음. 안디바라는 순교자가 나왔으며 죽임을 당한 그 때에도 예수님에 대한 믿음을 부인하지 않음.	발람의 교리를 붙드는 자들이 있음. 우상숭배 및 음행. 니골라 당의 교리를 붙드는 자들이 있음.	회개하라.	예수님께서 속히 네게 가서 예수님의 입의 칼로 그들과 싸울 것임.	이기는 자에게는 감추어 둔 만나를 주어 먹게 할 것임. 새 이름이 기록되어 있어 그 돌을 받는 자 외에 아무도 그 이름을 알지 못하는 흰 돌을 줄 것임.
두아디라 교회 (계 2:18 ~2:29) '아키사르'	네 행위와 사랑과 섬김과 믿음과 네 인내를 아노니 나중 것이 처음 것보다 많도다. 내가(예수님께서) 너희와 두아디라에 있는 남은 자들, 곧, 이 교리를 가지지 아니하고 그들이 말하는 대로 사탄의 깊은 곳을 알지 아니한 모든 자들에게 말하노니, 내(예수)가 어떤 다른 짐도 너희에게 지우지 아니하리라.	이세벨이라는 여자를 용납함. 이세벨이 스스로를 여자 대언자라 하며 예수님의 종을 꾀어 음행하게 하고 우상 제물을 먹게 함. 예수님께서 이세벨에게 회개할 기회를 주었으나 회개하지 아니함.	그녀(이세벨)와 함께 간음하는 자들도 만일 자기 행실을 회개하지 아니하면, 예수님께서 큰 환난 속에 던져 넣을 것임. 예수님께서 각자의 행위에 따라 각 사람에게 줄 것임. 이미 가지고 있는 것을 예수님이 오실 때가지 굳게 붙잡을 것	내(예수)가 그녀(이세벨)를 침상에 던져 넣을 것임. 예수님께서 사망으로 이세벨의 자녀들을 죽여서, 모든 교회가 예수님께서 사람의 뜻과 마음을 살피는 자인 줄 알게 할 것임.	이기고 나의 행위를 끝까지 지키는 자에게는 민족들을 다스릴 권능을 줌. 새벽별을 줌.
사데 교회 (계 3:1 ~3:6) '사르디스'	사데에도 자기 옷을 더럽히지 아니한 몇 명이 네게 있어 그들이 흰 옷을 입고 나(예수)와 함께 걸으리니 그들은 합당한 자들이니라.	살았다는 이름은 있으나 죽었다 하나님 앞에서 사데 교회의 행위의 온전한 것을 예수님이 찾지 못했음.	깨어서 그 남은 바 죽게 된 것을 굳게 할 것 네가 어떻게 받았고 들었는지 기억하고 굳게 붙잡아 회개하라. 예수님이 어느 시각에 네게 이를지 네가 알지 못한다.	깨어 있지 아니하면, 예수님께서 도둑같이 올 것임.	이기는 자, 곧 그는 흰 옷을 입을 것 내가 그의 이름을 생명책에서 지우지 않겠다. 내가 그의 이름을 내 아버지 앞과 그분의 천사들 앞에서 시인할 것이다.

빌라델비아 교회 (계 3:7 ~3:13) '알라세히르'	빌라델비아 교회의 행위를 예수님이 알고 계심. 네가 적은 힘을 가지고도 내 말을 지키며 내 이름을 부인하지 않았다. 네가 나의 인내의 말을 지켰다. 나도 너를 지켜 시험의 시간(앞으로 온 세상에 임하여 땅에 거하는 자들을 시험하는 시간)을 면제하겠다. 스스로 유대인이라 하나 실상 사탄의 회당에 속한 거짓말하는 자들을 네 앞에 오게 하여 네 발 앞에 경배하게 하여 내가 너를 사랑하는 줄 알게 할 것임.		내가 네 앞에 열린 문을 두었으니 아무도 닫지 못하리라. 내(예수)가 속히 오리니 네가 가진 것을 굳게 붙잡아 아무도 네 관을 빼앗지 못하게 하라.		이기는 자는 내가 내 하나님의 성전에서 기둥이 되게 하며 다시는 나가지 아니할 것임. 내가 내 하나님의 이름과 내 하나님의 도시 곧 하늘에서 내 하나님께로부터 내려오는 새 예루살렘의 이름을 그 위에 기록하고 나의 새 이름을 그 위에 기록할 것임.
라오디게아 교회 (계 3:14 ~3:22) '에스키히사르'		내가 네 행위를 아노니 네가 차지도 아니하고 뜨겁지도 아니하다. 네가 이르기를, 나는 부자라 내가 재산을 불렸으니 아무것도 부족한 것이 없다 하면서 네 가련한 것과 비참한 것과 가난한 것과 눈먼 것과 벌거벗은 것을 알지 못한다.	네가 차든지 뜨겁든지 하기를 원한다. 너는 내게서 불로 정제한 금을 사서 부유한 자가 되라. 흰 옷을 사서 입어 네 벌거벗은 수치를 드러내지 말라. 네 눈에 안약을 발라라. 내가 사랑하는 자들을 다 책망하고 징계하노니 그런즉 열심을 내고 회개하라. 내가 문 밖에 서서 두드리노니, 누구든지 내 음성을 듣고 문을 열면 내가 그에게로 들어가 그와 함께 만찬을 먹고 그는 나와 함께 먹으리라.	네가 미지근하여 차지도 뜨겁지도 아니하므로 내가 내 입에서 너를 토하여 내리라.	이기는 자에게는 나 역시 이긴 뒤에 내 아버지와 함께 그분의 왕좌에 앉게 된 것같이 내 왕좌에 나와 함께 앉는 것을 내가 허락하리라.

〈4장〉

4장부터는 '장차 될 일'을 사도 요한에게 보여 주신다. 특히 〈요한계시록〉 4장과 5장에서는 장차 될 일을 보기 전에 천상에서 벌어지는 예배 광경을 사도 요한이 보고 있다.

> "이 일 후에 내가 보니 하늘에 열린 문이 있는데 내가 들은 바 처음에 내게 말하던 나팔 소리 같은 그 음성이 이르되 이리로 올라오라 이 후에 마땅히 일어날 일들(장차 될 일)을 내가 네게 보이리라 하시더라"(4:1)

"이 일 후에 내가 보니"라고 말하는 것은 아시아의 일곱 교회에 보내는 편지의 내용을 다 들은 후에 요한이 위를 쳐다보았더니 나팔 소리와 같은 음성으로 "이리로 올라오라" 하신 것이다. 여기서 세대주의 종말론자들은 본문의 "이리 올라오라" 하는 말씀이 휴거와 관계가 있는 말씀으로 해석하고 있지만 매우 잘못된 해석이다. 역사의 종말이 있을 휴거의 명령이 아니고 사도 요한에게 하신 말씀이다. 4장 1절의 "이후에 마땅히 일어날 일들"은 1장 19절의 "장차 될 일"과 같은 말인데 세대주의적 종말론자들은 잘못 해석하고 있다.

〈5장〉

'장차 될 일'을 보기 전 요한이 천상의 모습을 자세히 묘사하고 있다.

〈6장〉

장차 될 일들을 볼 수 있고, 어린 양이 봉해진 책의 인을 하나씩 뗄 때마다, 땅에 재앙이 오며 일곱 번째 인을 뗄 때에 일곱 나팔의 재앙이 시작된다. 6장부터 일곱 개의 인봉을 떼면서 나타나는 환상들, 진짜 장차 될 일들이 나타난다.

- 첫째 인(6:1): 흰 말 - 승리자가 타고 들어오는 말

- 둘째 인(6:3): 붉은 말 - 전쟁을 의미.
- 셋째 인(6:5): 검은 말 - 기근을 의미.
- 넷째 인(6:7): 청황색 말 - 사망의 색(세계 인구의 1/4이 죽는 일이 발생함).
- 다섯째 인(6:9): 제단 아래에 있는 순교자들(세대주의 환란 전 새로 생긴 순교자들이라 주장)
- 여섯째 인(6:12): 지진이 나고 지구에 수많은 별들이 떨어지고, 산과 섬이 움직이는 천재지변이 발생하고, 하나님이 마지막 때에 믿음이 식어지고 잠을 자는 시대를 깨우기 위해서 우주 전체를 흔들어서 사람들을 회개시키고자 하심. 이 때 회개를 하지 않으면 인 치심 받을 기회가 없음.

단위 설명

저울: 기근을 의미(레 26:26).
데나리온: 1일 품삯(약 5만 원 정도)
되: 한 컵이라는 '코이닉스'를 잘못 번역함, 살인적인 기근과 물가 폭등을 의미함(5만 원에 밀가루 한 컵을 의미)

〈7장〉

천사들이 회개한 자들의 이마에 인을 치신다(7:3, 겔 9장 참조). 이스라엘 자손들의 각 지파별로 1만 2천 명씩 12지파 총 14만 4천 명이 인을 받는다고 한다(상징적인 수치인지 실제 수치인지는 알 수 없음). 이방인들은 셀 수 없는(7:9) 수들이 인을 받는다고 한다(구원받은 자들, 의복을 빤 자들).

〈8~9장〉

일곱 번째 인에 포함된 일곱 개의 나팔, 일곱 번째 인을 떼자(8:1), 일곱 천사가 일곱 나팔을 불려고 준비한다. 일곱 천사가 나팔을 불 때마다 땅에 재앙이 임하며 일곱째 나팔을 불 때 이 땅에 하나님의 비밀이 이루어진다(11:15).

- 첫째 나팔(8:7) - 피 섞인 우박과 불이 나와서 땅 위로 쏟아지니 나무의 1/3이 타고 푸른 풀이 다 탐.
- 둘째 나팔(8:8) - 불붙는 큰 산과 같은 것이 바다에 던져지니 바다의 1/3이 피가 되며, 또 바다에서 생명을 가진 피조물의 1/3이 죽고 배들의 1/3이 부서짐.
- 셋째 나팔(8:10) - 등불처럼 타는 큰 별이 하늘로부터 떨어져 강들의 1/3

과 물들의 근원 위에 떨어지니, 그 별의 이름은 쑥이라 함. 그 물들의 1/3이 쑥이 되어 물이 쓰게 되므로 많은 사람들이 그 물들로 인하여 죽음.

- 넷째 나팔(8:12) - 해, 별, 달의 1/3이 타격을 받아 빛을 내지 않고 어두워짐.
- 다섯째 나팔(9:1) - 무저갱으로부터 황충이 올라와 하나님의 인을 받지 않은 사람들을 5개월 동안 괴롭힘. 그날엔 죽고자 하나 죽음이 그들을 피할 것임.
- 여섯째 나팔(9:13) - 사람들의 1/3을 죽이는 큰 전쟁이 유프라테스 강(중동 지역)에서 발생해 2억 정도의 기병대가 참전. 여섯째 나팔 직후 지구상의 절반의 인구가 죽음.

〈10~11장〉

10장 1~6절에서 일곱 번째 나팔을 불기 전, 한 천사가 나타나 일곱 번째 나팔에 대한 예고를 한다. 10장 7절에서 일곱 번째 천사가 음성을 내는 날들, 곧 나팔을 불기 시작할 때에 하나님의 신비(휴거, 고전 15:51~52)가 예수 그리스도께서 밝히신 대로 이루어지리라 한다.

> "보라 내가 너희에게 비밀을 말하노니 우리가 다 잠 잘 것이 아니요 마지막 나팔에 순식간에 홀연히 다 변화되리니 나팔 소리가 나매 죽은 자들이 썩지 아니할 것으로 다시 살아나고 우리도 변화되리라"(고전 15:51~52)

〈고린도전서〉 15장 51절에 나오는 "마지막 나팔" 소리는 〈요한계시록〉 10장 7절의 일곱 번째 나팔 소리이다.

〈요한계시록〉 11장 15절에서 마지막 나팔(일곱 번째 나팔)을 분다. 〈고린도전서〉 15장 51~52절에 따르면 마지막 나팔, 즉 일곱 번째 나팔을 불 때에 성도들이 휴거됨을 알 수 있다. 〈고린도전서〉 15장 51~52절에서 기록된 휴거는 〈요한계시록〉 11장 15절의 일곱 번째 나팔을 불 때 이루어지는 것이다. 결국 〈요한계시록〉 11장 15절의 일곱 번째 나팔을 불면서 믿음을 지킨 성도들은 휴거되어 지상에 없고, 휴거되지 못한 사람들만 지상에 남아서 분리된다.

7. 〈요한계시록〉 12장~20장의 내용 구조(3가지 방향)

11장 이후에는 휴거된 성도와 그렇지 아니한 사람들이 구분되면서 12장부터 14장까지는 창세부터 〈요한계시록〉 11장까지 과거에서 지금까지 진행되어 왔던 내용들을 함축 요약하여 설명한다(12장 → 13정 → 14장으로 진행: 과거에서 재림 때까지 진행되어 왔던 역사들의 함축).

〈요한계시록〉 11장과 〈고린도전서〉 15장 51~52절에 언급된 성도들의 휴거에 대한 내용은 〈요한계시록〉 15장, 19장, 20장에서 보여 준다(11장 → 15장 → 19장 → 20장으로 진행: 믿음이 있어 구원받은 자들).

휴거되지 못하고 지상에 남은 사람들이 받는 하나님의 진노에 대한 장면은 〈요한계시록〉 16장, 17장, 18장에서 보여 준다. (16장 → 17장 → 18장으로 진행: 믿음이 없어 세상에 남아 있게 된 자들)

결론적으로 11장 끝에서 3가지 방향으로 전개된다. 천사가 사도 요한에게 땅에서 일어나는 일과 하늘에서 일어나는 일을 동시에 보여 주지만, 사도 요한이 글로써 기록할 때에는 일직선상에 기록하였다.

① 12장, 13장, 14장

② 15장, 19장, 20장

③ 16장, 17장, 18장

→ 이후 21장, 22장으로 〈요한계시록〉이 끝난다.

〈12장〉

1절에 묘사된 한 여인은 마리아가 아니라 '이스라엘 민족'을 나타낸다(창 37:9 요셉의 꿈 -11개의 별은 요셉을 빼고 말함, 요셉을 포함하면 12개의 별). 5절에 묘사된 사내아이는 '예수 그리스도'를 의미한다.

1~6절은 이스라엘 민족을 통해 예수 그리스도가 육신을 입고 메시아로 오시는 모습과 메시아로 오시는 것을 방해하려는 사탄의 모습을 비유적으로 묘사하고 있다. 6~12절은 사탄이 천상에서 미가엘과 싸우다가 패하여 하늘에서 땅으로 쫓겨나는 모습을 보여 준다. 13~17절에서는 사탄이 여자(이스라엘)를 탄압하려고 하나 그 여자가 도망간다.

〈13장〉

용(사탄)이 짐승에게 권세를 주고, 온 세상이 이 짐승(적그리스도)을 따라 용에게 경배한다. 짐승의 수 666을 받지 마라.

〈14장〉

곡식을 수확한다. 포도를 수확하여 하나님의 진노의 포도즙 틀에 던져 그 피가 엄청나게 나온다(14:18~20, 포도는 불신자들의 심판을 의미함).

〈15장〉

2절에서 요한이 본, 불 섞인 유리 바다와 같은 것이 있다. 그것은 짐승과 그의 형상, 그의 표와 그의 이름의 수를 이기고 승리한 자들이 유리 바다 위에 서 있는 것인데, 구약의 〈출애굽기〉의 홍해를 연상시킨다. 출애굽에서 홍해를 사이에 두고 이스라엘 민족과 이집트 군대가 다시 만날 수 없게 나누어진 것처럼, 불 섞인 유리 바다를 사이에 두고 휴거되어 구원받은 자와 구원받지 못한 자가 영원히 나누어짐을 의미한다.

3절은 모세와 어린 양이 부르는 노래이다. 모세의 노래는 출애굽기 15장에 나오는 노래로, 모세와 이스라엘 자손이 홍해에서 이집트 군대의 추격을 받았으나 하나님의 도우심으로 홍해가 갈라지게 되어 이스라엘 자손은 홍해를 무사히 건너고, 이집트 군대는 홍해에서 수장되어 이스라엘 민족이 구원받은 것을 하나님께 찬양하는 노래이다. 마찬가지로 구원받고 휴거된 성도들은 출애굽기의 이스라엘 민족처럼 영원한 멸망에서 구원과 영생을 받게 되어 모세의 노래와 어린 양의 노래를 부르며 찬양을 하는 모습이다.

〈16장〉

출애굽에서 모세가 하나님의 능력으로 바로에게 행했던 10가지 재앙을 연상할 수 있다. 구원받지 못하고 지상에 남은 불신자들에게 일곱 대접(16:1)을 부어서 하나님의 진노를 쏟아붓는다.

예수 그리스도 재림 직전에 일곱 대접의 재앙이 이루어진다.

- 첫째 대접(16:2) - 땅에 대접이 쏟아지니, 짐승의 표를 받은 사람들과 우상숭배자들에게 독한 종기가 발생함(피부병 종류).
- 둘째 대접(16:3) - 바다에 대접이 쏟아지니, 바다가 피같이 되면서 바다의 모든 생물이 죽음.
- 셋째 대접(16:4) - 강과 물의 근원에 대접을 쏟으니 피가 됨.
- 넷째 대접(16:8) - 대접을 해(태양)에 쏟으니 사람들을 불로 태움.
- 다섯째 대접(16:10) - 대접을 짐승 보좌에 부으니 그 나라가 어두워지고 사람들이 아파서 자기 혀를 깨묾.
- 여섯째 대접(16:12) - 큰 강 유브라데에 대접을 쏟으니, 귀신의 영이 나와 전쟁을 예비함(아마겟돈 전쟁).
- 일곱째 대접(16:17) - 대접을 공중에 쏟아부으니 전무후무한 음성과 천둥과 번개, 큰 지진이 발생함. 모든 도시가 파괴되고, 모든 섬이 사라지며 산도 보이지 않고, 큰 우박이 하늘에서 사람들에게 떨어져서 하나님을 모독한 자들을 심판함.

- 일곱 대접의 심판을 보여 주고 난 후에는 일곱 대접의 심판 결과 중에서 천사가 요한에게 두 곳을 보여 주고 있다. 17장의 음녀와 짐승의 심판, 18장의 바벨론의 멸망이다.

〈17장〉

음녀와 짐승에 대한 심판이다. 음녀는 거짓 종교를 의미하며, 음녀는 짐승과 같이 정치적으로 활동한다.

〈18장〉

- 큰 바벨론의 멸망하여 다시는 일어나지 못하게 된다는 것
- 이 시대의 바벨론의 의미는 무엇일까?(악의 세력을 의미)

〈19장〉

- 예수 그리스도의 재림
- 거짓 대언자(선지자), 짐승을 유황불에 던져 넣는다(19:20).

〈20장〉

- 용(사탄)을 무저갱에 붙잡아 1천 년간 가두어 놓는다(20:1~3).
- 1천 년 동안 불신자들은 부활되지 못한 상태로 있고, 구원받은 성도들만이 천년왕국에 참여하게 된다(20:4).
- 부활되지 못한 자들은 음부에 있다가 1천 년 후에 부활되어서 심판을 받는다(20:11~15).

〈21장〉

- 예수 그리스도의 신부인 새 예루살렘의 모습을 묘사하고 있다(21:1~2).

〈22장〉

에덴동산에서 아담이 생명 과실을 따 먹을 수 있었으나 따 먹지 못했다. 그래서 새 예루살렘 성의 열두 진주 문을 열고 들어가서 생명나무 열매를 따 먹어야 완전한 영생을 한 것이다. (21:21, 22:2).

> "나 예수는 교회들을 위하여 내 사자를 보내어 이것들을 너희에게 증언하게 하였노라 나는 다윗의 뿌리요 자손이니 곧 광명한 새벽 별이라 하시더라"(22:16)

성경은 하나님께서 구속을 완성하시고 그의 영원한 나라가 올 것을 확증하고 있다. 예수 그리스도는 면류관을 쓰신 승리의 왕이시다. 그는 마지막 때에 오셔서 세상을 심판하신다.

"세상 나라가 우리 주와 그의 그리스도의 나라가 되어 그가 세세토록 왕 노릇 하시리로다"(11:15)라는 말씀같이 〈요한계시록〉은 하나님이 아브라함과 맺으신 언약을 통하여(창 12:1~3), 모든 민족에게 복을 주시는 하나님의 계획이 최종적으로 어떻게 성취되는가를 보여 주고 있다. 예수 그리스도의 초림과 함께 시작된 하나님의 나라는 그의 재림 때에 완성되는 것이다.

구약성경 연대순 읽기표

구분	장	구분	장
〈창세기〉	1~50	〈열왕기하〉 4	17~23
〈출애굽기〉	1~40	〈하박국〉	1~3
〈레위기〉	1~27	〈스바냐〉	1~3
〈민수기〉	1~36	〈예레미야〉	1~52
〈신명기〉	1~34	〈열왕기하〉 5	24~25
〈여호수아〉	1~24	〈예레미야 애가〉	1~5
〈사사기〉	1~21	〈다니엘〉	1~12
〈룻기〉	1~4	〈에스겔〉	1~48
〈사무엘상〉	1~31	〈욥기〉	1~42
〈사무엘하〉	1~24	〈시편〉	1~150
〈열왕기상〉	1~22	〈잠언〉	1~31
〈열왕기하〉 1	1~13	〈전도서〉	1~12
〈요나〉	1~4	〈아가서〉	1~8
〈열왕기하〉 2	14	〈역대상,하〉	1~29,1~36
〈아모스〉	1~9	〈에스라〉 1	1~4
〈호세아〉	1~14	〈학개〉	1~2
〈요엘〉	1~3	〈스가랴〉	1~14
〈열왕기하〉 3	15~16	〈에스라〉 2	5~6
〈미가〉	1~7	〈에스더〉	1~10
〈이사야〉 1	1~39	〈에스라〉 3	7~10
〈이사야〉 2	40~66	〈느헤미야〉	1~13
〈나훔〉	1~3	〈말라기〉	1~4
〈오바댜〉	1		

신약성경 연대순 읽기표

구분	장	구분	장
마태복음	1~28	골로새서	1~4
마가복음	1~16	빌레몬서	1
누가복음	1~24	빌립보서	1~4
요한복음	1~21	디모데전서	1~6
사도행전 1	1~18:11	디도서	1~3
데살로니가전서	1~5	디모데후서	1~4
데살로니가후서	1~3	히브리서	1~13
사도행전 2	18:12~19:20	야고보서	1~5
갈라디아서	1~6	베드로전서	1~5
고린도전서	1~16	베드로후서	1~3
고린도후서 1	10~13	요한1서	1~5
고린도후서 2	1~9	요한2서	1
사도행전 3	19:21~20:3	요한3서	1
로마서	1~16	유다서	1
사도행전 4	20:4~28장	요한계시록	1~22
에베소서	1~6		

신구약 성경 읽기표(16주)

통독일	날짜	오늘의 말씀	확인	비고
제1일	월	〈창세기〉 1~11장		1주
제2일		〈창세기〉 12~22장		
제3일		〈창세기〉 23~35장		
제4일		〈창세기〉 36~50장		
제5일		〈출애굽기〉 1~11장		
제6일	토	〈출애굽기〉 12~19장		
제7일	월	〈출애굽기〉 20~31장		2주
제8일		〈출애굽기〉 32~40장		
제9일		〈레위기〉 1~10장		
제10일		〈레위기〉 11~27장		
제11일		〈민수기〉 1~9장		
제12일	토	〈민수기〉 10~19장		
제13일	월	〈민수기〉 20~30장		3주
제14일		〈민수기〉 31~36장		
제15일		〈신명기〉 1~9장		
제16일		〈신명기〉 10~20장		
제17일		〈신명기〉 21~34장		
제18일	토	〈여호수아〉 1~12장		
제19일	월	〈여호수아〉 13~24장		4주
제20일		〈사사기〉 1~9장		
제21일		〈사사기〉 10~21장		
제22일		〈룻기〉 1~4장, 〈사무엘상〉 1~7장		
제23일		〈사무엘상〉 8~16장		
제24일	토	〈사무엘상〉 17~25장		
제25일	월	〈사무엘상〉 26~31장,		5주
제26일		〈사무엘하〉 1~10장		
제27일		〈사무엘하〉 11~24장		
제28일		〈열왕기상〉 1~10장		
제29일		〈열왕기상〉 11~22장		
제30일	토	〈열왕기하〉 1~13장, 〈요나〉 1~4장		
제31일	월	〈열왕기하〉 14장, 〈아모스〉 1~9장		6주
제32일		〈호세아〉 1~14장		

제33일		〈요엘〉 1~3장, 〈열왕기하〉 15~16장, 〈미가〉 1~7장		
제34일		〈이사야〉 1~11장		
제35일		〈이사야〉 12~27장		
제36일	토	〈이사야〉 28~39장		
제37일	월	〈이사야〉 40~52장		7주
제38일		〈이사야〉 53~66장		
제39일		〈나훔〉 1~3장, 〈오바댜〉 1장, 〈열왕기하〉 17~23장		
제40일		〈하박국〉 1~3장, 〈스바냐〉 1~3장		
제41일		〈예레미야〉 1~10장		
제42일	토	〈예레미야〉 11~24장		
제43일	월	〈예레미야〉 25~35장		8주
제44일		〈예레미야〉 36~42장		
제45일		〈예레미야〉 43~52장		
제46일		〈열왕기하〉 24~25장, 〈예레미야애가〉 1~5장		
제47일		〈다니엘〉 1~12장		
제48일	토	〈에스겔〉 1~9장		
제49일	월	〈에스겔〉 10~20장		9주
제50일		〈에스겔〉 21~32장		
제51일		〈에스겔〉 33~39장, 40~48장		
제52일		〈욥기〉 1~10장		
제53일		〈욥기〉 11~19장		
제54일	토	〈욥기〉 20~31장		
제55일	월	〈욥기〉 32~42장		10주
제56일		〈시편〉 1~41편		
제57일		〈시편〉 42~72편		
제58일		〈시편〉 73~89편		
제59일		〈시편〉 90~106편		
제60일	토	〈시편〉 107~150편		
제61일	월	〈잠언〉 1~15장		11주
제62일		〈잠언〉 16~31장		
제63일		〈전도서〉 1~12장		
제64일		〈아가서〉 1~8장		
제65일		〈역대상〉 1~14장		
제66일	토	〈역대상〉 15~29장		

제67일	월	〈역대하〉 1~18장		12주
제68일		〈역대하〉 19~36장		
제69일		〈에스라〉 1~4장, 〈학개〉 1~2장		
제70일		〈스가랴〉 1~12장		
제71일		〈에스라〉 5~6장, 〈에스더〉 1~10장		
제72일	토	〈에스라〉 7~10장, 〈느헤미야〉 1~7장		
제73일	월	〈느헤미야〉 8~13장, 〈말라기〉 1~4장		13주
제74일		〈마태복음〉 1~12장		
제75일		〈마태복음〉 13~22장		
제76일		〈마태복음〉 23~28장		
제77일		〈마가복음〉 1~8장		
제78일	토	〈마가복음〉 9~16장		
제79일	월	〈누가복음〉 1~12장		14주
제80일		〈누가복음〉 13~24장		
제81일		〈요한복음〉 1~11장		
제82일		〈요한복음〉 12~21장		
제83일		〈사도행전〉 1~18장 11절		
제84일	토	〈데살로니가전서〉 1~5장, 〈데살로니가후서〉 1~3장		
제85일	월	〈사도행전〉 18장 12절~19장 20절, 〈갈라디아서〉 1~6장		15주
제86일		〈고린도전서〉 1~16장		
제87일		〈고린도후서〉 1~9장, 10~13장		
제88일		〈사도행전〉 19장 21절~20장 3절, 〈로마서〉 1~16장		
제89일		〈사도행전〉 20장 4절~28장, 〈에베소서〉 1~6장		
제90일	토	〈골로새서〉 1~4장, 〈빌레몬서〉 1장, 〈빌립보서〉 1~4장		
제91일	월	〈디모데전서〉 1~6장, 디도서 1~3장, 〈디모데후서〉 1~4장		16주
제92일		〈히브리서〉 1~13장		
제93일		〈야고보서〉 1~5장, 〈베드로전서〉 1~5장		
제94일		〈베드로후서〉 1~3장, 〈요한1서〉 1~5장, 〈요한2서〉 1장, 〈요한3서〉 1장		
제95일		〈유다서〉 1장, 〈요한계시록〉 1~11장		
제96일	토	〈요한계시록〉 12~22장		

⊙시가서를 바벨론 포로 후에 배열한 것은 포로 시 시가서들을 정리한 시기로 간주하였음.
⊙역대상하는 바벨론 포로 귀환 시 기록됨을 역사적 시점으로 보고 배열하였음.